THE UNIVERSITY OF MICHIGAN
CENTER FOR SOUTH AND SOUTHEAST ASIAN STUDIES

MICHIGAN PAPERS ON SOUTH AND SOUTHEAST ASIA NO. 47

Ann Arbor, Michigan

संस्कृतसुबोधिनी

SAṂSKṚTASUBODHINĪ

A Sanskrit Primer

Madhav M. Deshpande

Michigan Papers on South and Southeast Asian Studies
No. 47

CENTER FOR SOUTH ASIAN STUDIES
UNIVERSITY OF MICHIGAN
2014

Library of Congress Catalog Card Number: 96-72139

ISBN 0-89148-078-1 (cloth)
ISBN 0-89148-079-X (paper)

First Edition published 1997, Second Printing 1999
Third Printing 2001, Fourth Printing 2003,
Fifth Printing 2007, Sixth Printing 2014

Printed in the United States of America

Dedicated
to
Late Professor Shreedhar Ganesh Jinsiwale
(1852-1903)
my great-grand-mother's maternal uncle
who was
the first Professor of Sanskrit
(at the Free Church College, Bombay)
in our family
and
whose stories inspired me
since my childhood
to follow in his footsteps

CONTENTS

Audio files for lessons and readings:

www.ii.umich.edu/csas/publications

PREFACE

To
The Fourth Reprint Edition

I started working on this book around 1976 and almost twenty generations of my students at Michigan used its successively improved versions before the book was finally officially published in 1997. During its long pre-publication life, this book received attention and assistance from a number of my students, especially Ann Wehmeyer, Sandy Huntington, Brian Akers, Patrick Pranke, and Jonathan Silk. Professor Gudrun Buhnemann (Wisconsin) and Professor Stella Sandahl (Toronto) have also offered suggestions for improving the book. Professor Thomas Hudak (Arizona) offered invaluable help in preparing the camera-ready copy of the book and made suggestions for formal consistency. Besides these students and colleagues, I also want to thank (Late) Pt. N.N. Bhide and Professor S.D. Laddu of Pune for their extensive comments. The current fourth reprint of the book incorporates corrections pointed out by Dr. Gary Tubb (Columbia). With all this help, I still bear the ultimate responsibility for the final shape of the book.

This book looks at Sanskrit as a productive language, rather than as a dead language which can only be deciphered. I have not insisted on each Sanskrit example being a citation from a classical text, though many examples are versions of classical passages modified to fit the level of grammar covered in a given lesson. I have personally contributed poems, plays, and serious writing, and have participated in literary and Śāstric debates in Sanskrit. Therefore, I have not felt shy in composing Sanskrit passages myself, though I have deliberately kept modernisms of modern Sanskrit at a minimum and have emphasized the classical patterns. The book is expressly designed to be *introductory*. That means it does not pretend to cover and explain all possible nuances of Sanskrit grammar, and does not go into every possible exception to its rules. It deals with the standard classical language, and does not deal with Vedic Sanskrit, or with peculiarities of the epic, Buddhist or other non-standard varieties of Sanskrit.

The book is oriented toward learning and teaching Sanskrit as a language, and does not aim at teaching Sanskrit linguistics, either in its Indo-European or Pāṇinian dimensions. In this regard, I have been influenced a lot by the textbooks of English, German and French I used to learn these languages. Those students who need more direct access to Sanskrit linguistics should be directed to specific works in that category. Similarly, the book is not intended to teach Hinduism, Buddhism, or Jainism. The examples are inclusive of these traditions, but they also include Sanskrit poetry and satire, and are intended to teach Sanskrit as a language, rather than as a moral, religious, or a mystical code.

Each introductory book ultimately needs to make a choice of facts, explanations, and the order and the amounts in which these facts and explanations should be provided to the student. My choice is guided by my own experience of teaching Sanskrit for the past thirty-two years. The book is not designed for self-study, and assumes that the instructor knows a great deal more Sanskrit than what is contained in this book and can provide more detailed explanations if demanded by students. I hope that the publication of this book will advance the cause of Sanskrit instruction.

I have myself composed the bulk of stories and exercises in this book. A few of them are direct quotations from classical works, and others are altered versions of classical passages modified to fit the level of grammar known to the student at a given point. I have not consciously and deliberately excerpted examples from other Sanskrit textbooks. However, there will necessarily be a certain amount of shared examples. I studied Sanskrit since the age of ten, using a wide variety of teaching materials in Marathi, Sanskrit, and English, and these materials have an enormous overlap in cited examples. As a result, it is not possible to attribute a given example to a specific source. I wish to acknowledge my general indebtedness to all the teaching materials I have used over the years to acquire the knowledge of Sanskrit.

I am extremely pleased to see that this book is now going into its fourth printing in a short span of seven years. Its success as a basic textbook for teaching Sanskrit is by now self-evident. In this fourth reprint, I have made additional corrections for the minor typographical and other errors which I noticed myself, and also those which were pointed out to me. However, except for these very minor corrections, the book remains identical with the first three printings.

Ann Arbor, May 27, 2003 **Madhav M. Deshpande**

SANSKRIT LANGUAGE

Professor Madhav M. Deshpande

Sanskrit is the oldest attested member of the Indo-Aryan language-family, itself a sub-branch of Indo-Iranian, which is in turn a branch of the Indo-European family of languages. The oldest known Indo-Aryan texts, the *Veda*s, were composed in an archaic form of Sanskrit called Vedic. The oldest among the *Veda*s, the *R̥gveda,* dates to the middle of the second millennium B.C. and was composed largely in the Northwestern region of the Indian sub-continent. Subsequently, Indo-Aryans moved further east and south within the sub-continent, and later Vedic texts were produced in these areas. The late Vedic period continued until the middle of the first millennium B.C.

In all probability, writing was not known in this period, and the literature relevant for religious ritual was preserved by an extraordinarily accurate oral tradition which survives to this day in many parts of India. One can, however, detect dialectal differences as far back as the *R̥gveda*, and these increased as the Indo-Aryans moved into different regions. With these migrations, the orally transmitted Vedic texts themselves imperceptibly underwent successive alterations, as is evident from the branches and sub-branches of the Vedic textual traditions. The *R̥gveda* was followed by other *Veda*s, i.e., the *Atharvaveda*, *Yajurveda* and *Sāmaveda*, in various recensions. These texts consist largely of prayers to Vedic deities composed by the Aryan priests, ritual formulae, curses, incantations, etc., and are generally referred to by the word *mantra* in the Indian tradition. These were followed by prose compositions, mostly commentatorial and exegetical in nature, called *Brāhmaṇa*s, and philosophical and mystical texts known as the *Upaniṣads*. The chronological divisions among these texts are not sharp and there is some overlap, but the language of the early Vedic texts can be neatly distinguished from that of the late Vedic prose. There are traces of vernacular languages, or what are later called Prakrits, even in early Vedic texts, but it is fairly clear that some form of Sanskrit was used as the first language by the Vedic poets.

Throughout its history, Sanskrit was influenced by the languages with which it came in contact and, in turn, it influenced them. Even the oldest Vedic texts show some signs of convergence with non-Aryan languages in phonology, syntax and lexicon. Indications of this convergence, only minor in early phases, become more pronounced in later centuries. Sanskrit, as a second language, was also substantially influenced by the first languages of its speakers, be they Indo-Aryan vernaculars such as the Prakrits or non-Aryan tongues such as the Dravidian languages of South India. At the same time, as the elite language par excellence, Sanskrit exerted tremendous influence on Indo-Aryan and non-Aryan vernaculars. In almost every case, the literary vernaculars were in fact Sanskritized varieties of these languages. The vernacularization of Sanskrit and the Sanskritization of vernaculars have been simultaneous processes in Indian linguistic history, which have substantially affected every dimension of all these languages. In the case of Sanskrit, the dedicated indigenous tradition of scholarship has helped maintain a certain amount of stability in the morphological structure of the language. A closer examination, however, reveals substantial changes in phonology, syntax and lexicon.

The middle of the first millennium B.C. marks a general transition to what is called Classical Sanskrit. Somewhat akin to the language of the late Vedic prose, the Classical language slowly began to lose its standing as a first language to becoming a second language important for religion and learning acquired through ritual apprenticeship and a study of grammar. By this time, the language of the Vedic hymns, which were orally preserved and recited, was becoming partially unintelligible, and its correct pronunciation and comprehension required deliberate study. This eventually led to the emergence of phonetic analysis, etymological studies, sophisticated recitational techniques, and general exegetical efforts. Eventually, this helped the development of the tradition of Sanskrit grammar. The oldest surviving grammar (i.e., *Aṣṭādhyāyī* "Grammar in Eight Chapters") is ascribed to Pāṇini who lived in the Northwestern corner of the sub-continent about 500 B.C. It presents a state of affairs in which the Vedic texts were orally preserved and studied, and a form of colloquial Sanskrit was widely used with near-native fluency. However, it also suggests the existence of vernacular languages which are fully attested a few centuries later as the Prakrits or the Middle Indo-Aryan languages. It is unlikely that Sanskrit was Pāṇini's mother-tongue, but it is obvious that it was widely used in various walks of life by different communities and was not restricted to the priestly class or to the context of ritual. In later centuries, the sociolinguistics of Sanskrit went on changing. Eventually, Sanskrit became a fossilized classical language, a second-language of high social prestige restricted generally to ritual and elite learning.

The earliest readable inscriptions in India, those of the King Aśoka in the 3rd century B.C., are in Prakrits (= Middle Indo-Aryan languages) and not in Sanskrit. The earliest known Sanskrit inscription of any importance comes from the Śaka (= Scythian) ruler Rudradāman (2nd century A.D.). It is important to note that the political patronage of Sanskrit in the ancient times emanated from the foreign rulers of western India and Sanskrit was given the status as the official language by the Guptas and by the "new" Kṣatriyas. Sanskrit was used by these rulers as a means to integrate themselves into the local society, as did Śakas, or else as a symbol of high status. Sanskrit eventually became the dominant language of inscriptions through the rest of the first millennium A.D. It was used by poets, philosophers, ministers, and was the language of technical literature ranging from medicine and mathematics to archery and erotics. While the Classical language generally follows the description given by Pāṇini, many Sanskrit dialects, differing from Pāṇini's description to varying degrees, are seen in the two great epics, the ***Mahābhārata*** and the ***Rāmāyaṇa***, in Buddhist and Jain religious texts, in inscriptions and in late popular literature. These varieties are often described by terms such as Epic Sanskrit, Buddhist Hybrid Sanskrit, Inscriptional Hybrid Sanskrit, Vernacular Sanskrit, and even Dog Sanskrit. The elite scholastic tradition generally maintained a strict adherence to Pāṇini's grammar, and Classical Sanskrit continues to be written and spoken in traditional Hindu academies to this day. *It is a living second language.* It has been recognized by the constitution of India as one of the national languages. It is widely used in temple and domestic ritual, to a limited extent for new literary activity and even for a daily news broadcast by the All India Radio. Its knowledge is essential for any non-superficial understanding of the linguistic, religious, social and even political history of the Indian sub-continent. In the field of linguistics, it was the "discovery of Sanskrit" by Sir William Jones and others in the 18th century that led to the development of the field of Indo-European historical and comparative linguistics in the West.

Writing System

In the course of its history, Sanskrit was written in many different scripts, yet the tradition of indigenous phonetics and grammar predates the appearance of writing and analyzes the oral language. The script most commonly used for Sanskrit currently is called Devanāgarī. It is a syllabic form of writing in which the consonant signs form the core of the written syllable. Vowels coming after the consonant are indicated by various add-on ligatures with the exception of the short *a* which is inherent in the consonant sign. Vowels are indicated with independent characters only when they appear in the beginning of a word. The organization of Sanskrit alphabet shows a highly sophisticated level of phonetic analysis dating back to the middle of the first millennium B.C. A chart of the Sanskrit Devanāgarī alphabet in the traditional order is given below.

Devanāgarī Alphabet

Independent Vowel-Signs

अ *a* आ *ā* इ *i* ई *ī* उ *u* ऊ *ū*

ऋ *r̥* ॠ *r̥̄* ऌ *l̥* ए *e* ऐ *ai* ओ *o* औ *au*

Add-on Vowel-Signs

xा *ā* िx *i* xी *ī* xु *u* xू *ū*

xृ *r̥* xॄ *r̥̄* xॢ *l̥* xे *e* xै *ai* xो *o* xौ *au*

Consonant-Signs (with Inherent *a*-Vowel)

Stops and Nasals

	-Voice -Asp	-Voice +Asp	+Voice -Asp	+Voice +Asp	+Voice -Asp
Velar	क *k*	ख *kh*	ग *g*	घ *gh*	ङ *ṅ*
Palatal	च *c*	छ *ch*	ज *j*	झ *jh*	ञ *ñ*
Cerebral	ट *ṭ*	ठ *ṭh*	ड *ḍ*	ढ *ḍh*	ण *ṇ*
Dental	त *t*	थ *th*	द *d*	ध *dh*	न *n*
Labial	प *p*	फ *ph*	ब *b*	भ *bh*	म *m*

Semi-Vowels (+Voice, -Asp)

य *y* र *r* ल *l* व *v*

Sibilants

-Voice	-Voice	-Voice	+Voice
श *ś*	ष *ṣ*	स *s*	ह *h*

-Voice	+Voice
x: *ḥ* (Visarga)	xं *ṃ* (Anusvāra)

The following provides a sample Sanskrit text printed in Devanāgarī along with the standard Roman transcription:

आसीद् राजा नलो नाम वीरसेनसुतो बली ।
उपपन्नो गुणैरिष्टै रूपवानश्वकोविदः ।।

āsīd rājā nalo nāma vīrasenasuto balī /
upapanno guṇairiṣṭai rūpavānaśvakovidaḥ //

"There was a powerful king named Nala, the son of Vīrasena. He was endowed with all desirable virtues, was handsome and was expert in dealing with horses."

Sounds

The Sanskrit sound system has thirteen vowels. Of these, *a*, *i*, *u*, *r̥* and *l̥* are short, and *ā*, *ī*, *ū*, *r̥̄*, *e*, *o*, *ai*, and *au* are long. The last two are diphthongs, while the rest are monophthongs. An extra-long variety (*pluta)* of most of these vowels is found occasionally in vocatives, etc. As given in the chart of the alphabet above, Sanskrit has thirty-six consonants, i.e. five series of stops and nasals, four semi-vowels, three voiceless sibilants, a voiced *h*, a voiceless *ḥ*, and *ṃ* or *Anusvāra*. In addition, ancient phonetic treatises note numerous variations and disputes concerning the exact nature of some of these sounds, e.g., *ṃ* and *ḥ*. Ancient phoneticians, for instance, debate whether *ṃ* (*anusvāra*) is a vowel or a consonant, and some even consider it to be a sibilant (*ūṣman*). Modern linguists sometimes question whether the sounds *ṅ*, *ñ*, *ḥ*, *ṃ* etc. should be considered allophones rather than independent phonemes. Similarly, the indigenous grammarians speak of nasalization of vowels and semi-vowels, yielding sounds like *ẽ*, *ĩ*, *ỹ*, *ṽ* and *l̃*. These may also be treated as allophones, and the same is true of extra-long vowels. There has been a great change in the vowels from Indo-European to Sanskrit. To illustrate this change, we may consider the case of diphthongs. For example, the twelve Indo-European diphthongs - **ei*, **oi*, **ai*, **eu*, **ou*, **au*, **ēi*, **ōi*, **āi*, **ēu*, **ōu* and **āu* - were reduced to four Indo-Iranian diphthongs **ai*, **au*, **āi* and **āu*. Of these, **ai* and **au* became the Sanskrit monophthongs *e* and *o*, while **āi* and **āu* became Sanskrit *ai* and *au*, respectively.

The consonant system of Sanskrit is marked by the opposition of aspirated and unaspirated stops, both voiced and voiceless, in each series. Some consonants are restricted in their use. For example, *ñ* appears only before or after palatals, and *ṅ* only finally or before gutturals (which may subsequently be lost). The sounds *h* and *ś* do not occur at the end of a word, and only *k*, *ṭ*, *t*, *p*, *ṅ*, *n*, *m*, and *ḥ* can occur at the end of a sentence. Certain sounds such as *jh*, which are not of Indo-European origin, occur in onomatopoeic expressions or words borrowed from Prakrits or non-Aryan languages. The retroflex or cerebral consonants constitute the chief innovation of Sanskrit. The origin of these sounds is hotly debated, and explanations range from developments internal to Indo-Aryan to borrowing from Dravidian and/or some other non-Aryan languages. It seems most likely that both the influences played a concurrent role. The pronunciation of some consonants is different depending on where they occur in a word. For instance, *y* and *v* were pronounced more strongly initially than intervocalically. The ancient Sanskrit of the Vedic texts as well as the spoken Sanskrit of Pāṇini had living accents. The Sanskrit grammarians distinguish between *udātta* "raised", *anudātta* "unraised", and *svarita* "rising-falling" accent. Of these, the position of the *udātta* generally agrees with that of the primary word-accent in I.E. Other Sanskrit accents are mainly prosodic in nature. These accents were lost in the later classical language, but were preserved in the recitation of the Vedic scriptures.

Grammar

Sanskrit, like Greek and Latin, is an inflected language, so that the bulk of grammatical information is carried by the morphology. The morphemes can be divided into stems and affixes. The stems are further divided into nominal stems and verbal roots. There are primary nominal stems (including adjectives, pronouns and indeclinables) such as *aṇḍa-* "egg", *kha-* "sky, space", *bala-* "strength", etc., which cannot be further broken down into components, and secondary nominal stems, generally of three kinds: a) nominals derived from other nominals via affixation, e.g., *kuru* + *a* › *kaurava* "a person belonging to the lineage of *kuru*", *nara* + *tva* › *naratva* "man-ness"; b) nominals derived from verb roots through affixation, e.g., *kr̥* + *tr̥* › *kartr̥* "doer, maker", *gam* + *ana* › *gamana* "action of going"; and c) compounds, e.g., *nara* + *pati* › *narapati* "lord of men, king", *cakra* + *pāṇi* › *cakrapāṇi* "one who has a discus in his hand, Viṣṇu". Verb roots can be divided into primary roots (e.g., *gam-* "to go") and secondary (e.g., *putra* "son" › *putrīya-* "to want to have a son"). A third category of stems is that of indeclinable items. These generally include particles (e.g., *upari* "above"), pre- and post-positions (e.g., *adhi, pari, anu*), adverbs (e.g., *satatam* "always"), connectives (e.g., *ca* "and", *vā* "or"), and occasionally even nouns (e.g. *svar* "heaven"). The inflections may be generally divided into prefixes (e.g., **a** + *gacchat*), infixes (e.g., *bhi*-**na**-*d* + *ti*) and suffixes (e.g., *as* + **ti**). They may also be divided into inflections producing secondary stems and roots, and inflections producing the final inflected items. The latter may be generally divided into case-affixes for nominal stems and finite verb endings for verb roots.

The nominal stem is characterized by gender as an intrinsic property. There are three genders, i.e. masculine, feminine and neuter. The gender is grammatical and usually cannot be correlated with any semantic factor, although male and female living beings are often masculine and feminine, e.g., *nara-* "man" (masc.) vs *nārī-* "woman" (fem.). Within this pair, the masculine can also be used as the generic. In the use of pronouns, generally, the neuter is most generic, and among animate entities, the masculine is the generic term, e.g., *kim* (neut.) "what?", *kaḥ* (masc.) "who (male or female)?", and *kā* (fem.) "who (female)?". The declension of nouns is affected by several factors, i.e. gender (masculine, feminine, neuter); the final sound or sounds of a given stem, e.g., the *a* of *nara-*, or the *an* of *rājan-*; number (singular, dual, plural) and case (nominative, accusative, instrumental, dative, ablative, genitive, locative, vocative). A sample nominal declension for the word *deva-* (masc.) "god" is given below:

	Singular	Dual	Plural
Nominative	*devaḥ*	*devau*	*devāḥ*
Accusative	*devam*	*devau*	*devān*
Instrumental	*devena*	*devābhyām*	*devaiḥ*
Dative	*devāya*	*devābhyām*	*devebhyaḥ*
Ablative	*devāt*	*devābhyām*	*devebhyaḥ*
Genitive	*devasya*	*devayoḥ*	*devānām*
Locative	*deve*	*devayoḥ*	*deveṣu*
Vocative	*deva*	*devau*	*devāḥ*

The nominative and accusative forms of a neuter nominal are identical with each other and these are also the same as the vocative, with the exception of the singular. All other forms of neuter nominals are identical with the corresponding masculine forms. Consider the relevant forms for *vana-* n. "forest":

	Singular	Dual	Plural
Nom., Acc.	*vanam*	*vane*	*vanāni*
Vocative	*vana*	*vane*	*vanāni*

The feminine nominal declension is slightly different in its affixes, e.g., *mālā-* f. "garland", instrumental sg. *mālayā*, dative sg. *mālāyai*, locative sg. *mālāyām*, etc.. The pronominal declensions are slightly different from the nominal declensions, e.g. masculine dative sg. *deva-* › *devāya* "to god" vs *ta(d)-* › *tasmai* "to him". The adjectives are not normally distinguished in declension from nouns. Vedic morphology differed in some cases from the Classical forms, e.g. nominative plural: classical *devāḥ* vs Vedic *devāsaḥ*; instrumental plural: classical *devaiḥ* vs Vedic *devebhiḥ*.

The Vedic verbal system is far more complex than the Classical system. Verb roots are generally of two types, athematic and thematic. The first type has a variable accent and a variable stem form to which terminations are directly attached, e.g., *as* + *ti* › *asti* "is". The second type had an invariable accent and stem, and the vowel *a* was inserted between this stem and the final termination (e.g., *budh* + **a** + *ti* › *bodhati* "knows"). This made the second type a more regular formation, since the thematic *a* prevented the far more complex interaction between the root-final and affix-initial consonants. In the history of Sanskrit, there is a gradual movement away from the athematic toward the thematic type. Despite the fact that Classical Sanskrit lost accents, the effects of these accents on the derivation, such as the alternations of *i/e/ai*, *u/o/au*, *r̥/ar/ār* etc., survive. In Vedic, a verb often has a number of stems. Consider the forms for the roots *gam-* "to go" and *bhū-* "to be, become", i.e. present (e.g., *gacch-*, *bhav-*), aorist (e.g., *gam-*, *bhū-*), perfect (e.g., *ja-gam-*, *ba-bhū-*), future (e.g., *gam-i-ṣya-*, *bhav-i-ṣya-*) etc., each stem providing a different aspectual dimension such as continuous, punctual and completed action. Each stem could have up to five moods, i.e. indicative (e.g. *gacch-a-ti* "goes", *bhav-a-ti* "is, becomes"), injunctive (e.g., *gacch-a-t* "May X go", *bhav-a-t* "May X be / become"), subjunctive (e.g., *gacch-ā-ti* "May X please go", *bhav-ā-ti* "May X please be / become"), optative (e.g., *gacch-e-t* "should go", *bhav-e-t* "should be / become") and imperative (e.g., *gacch-a-tu* "must go", *bhav-a-tu* "must be / become"). The indicative of the present, perfect and future stems could have present and past tense forms, while the aorist indicative was limited to the past tense. The different present stems indicated meanings such as indicative (e.g., *gacch-a-ti* "goes", *bhav-a-ti* "is / becomes"), intensive (e.g., *jaṅ-gam-ī-ti* "keeps on going", *bo-bhav-ī-ti* "keeps on becoming"), causative (e.g., *gam-aya-ti* "X makes Y go", *bhāv-aya-ti* "X makes Y be / become"), desiderative (e.g., *ji-gam-i-ṣa-ti* "X himself wants to go", *bu-bhū-ṣa-ti* "X himself wants to be / become"), etc. Each tense or mood had three persons (first, second and third) and three numbers (singular, dual and plural). Each tense or mood could also be conjugated in two voices with different terminations - active and middle (e.g., *gacch-a-ti* / *gacch-a-te* "goes", *bhav-a-ti* / *bhav-a-te* "is / becomes"). There were a number of participial forms indicating various tenses and voices (e.g., present active participle *gacch-ant-* "going", *bhav-ant-* "being / becoming"; present passive participle *gam-ya-māna-* "being gone to"; present middle participle *gacch-a-māna-* "going", *bhav-a-māna* "being / becoming"; past passive participle *ga-ta-* "gone to"; past active participle *ga-ta-* or *ga-ta-vant-* "gone", *bhū-ta-* or *bhū-ta-vant-* "that which was / has become"; future active participle *gam-i-ṣy-ant-* "he who will go", *bhav-i-ṣy-ant-* "he who will be / become"; future middle/passive participle *gam-i-ṣya-māṇa-* "that which will be gone to"), as well as a number of nonfinite verbal forms such as gerunds (e.g., *ga-tvā* "having gone", *ā-gam-ya* "having come", *bhū-tvā* "having been / become", *sam-bhū-ya* "having been born") and infinitives of various kinds (e.g., *gan-tum*, *gan-tave*, *gan-tavai*, *gam-a-dhyai*, *gan-toḥ* "to go"; *bhav-i-tum*, *bhav-i-toḥ* "to be / become") , and numerous kinds of verbal nouns (e.g., *gam-ana-*, *ga-ti-* "going", *gan-tṛ-* "goer", *bhav-ana-* "being", *bhāv-a-* "being"). Thus, for a given verb, the total number of derived forms was very large. This complexity was greatly reduced in the Classical language. The injunctive virtually disappeared and the subjunctive was largely incorporated into the imperative. The aorist and the perfect survived only in the indicative and the aorist participle was lost. The great variety of Vedic infinitives was reduced to a single form in *-tum*. The different meanings of the aorist, the perfect and the past tense forms of the present stem were all merged into a single notion of past. In the late Classical language, the frequency of the finite verb is greatly reduced and its function is taken over by participles and periphrastic constructions of various sorts; in general, the language came to favor nominal sentences over verbal sentences. The Classical language, as the repository of traditional learning, retained access to a variety of ancient verbal forms, but in practice the frequency of finite verbs was substantially reduced. A sample paradigm of the present tense active forms of the root *pat-* "to fall" are presented below.

	Singular	Dual	Plural
1st	*patāmi*	*patāvaḥ*	*patāmaḥ*
2nd	*patasi*	*patathaḥ*	*patatha*
3rd	*patati*	*patataḥ*	*patanti*

Syntax

Sanskrit syntax is in its general features Indo-European and the use of cases, tenses and moods in Sanskrit has close parallels in Greek and Latin. The older Sanskrit relied more on the finite verb as the center of its sentences, while the late Classical language became more nominal through the use of participles and purely nominal sentences. While Sanskrit is one of the so-called free-word-order languages, generally the word-order is of the SOV type, though the pragmatic shifts of focus and emphasis can alter this prototypical word-order. In non-emotive technical prose, the topic-comment (*uddeśya-vidheya*) order is generally followed, while in the conversational language, the emphasized part of the sentence is often fronted. The word-order dictated by pragmatic considerations has to interact with other rules requiring specific positions for pronouns, clitics etc., and this often leads to discontinuous constituents. Adjectives generally precede nouns, but when functioning as predicates, they generally follow a noun. The older language shows a free choice between prepositional and postpositional usage of adverbs, but the later language generally moves in the direction of postpositional use. The use of passive gradually increases in the Classical language, and the usage of passive participles, even where it is not warranted by the discourse-pragmatics, is taken as an indication of the influence of the ergativity in the substratum languages. The syntax of the late Classical language is substantially influenced by that of the first languages of its users, and features such as ergativity are reflected in the use of Sanskrit though changed frequencies of various forms. The most remarkable feature of the Classical language is the compounds, especially their phenomenal length. Long compounds are used with great facility to present vistas of frozen descriptions, while the action in the narrative is handled by means of participles and verbs. An example involving typical Sanskrit compounds is given below (Jayadeva's *Gītagovinda, 1.4.1)*:

candana-carcita-nīla-kalevara-pīta-vasana-vana-malī
Sandal-wood-smeared-blue-body-yellow-garment-forest-garland-possessing + Nom. Sg.

keli-calan-maṇi-kuṇḍala-maṇḍita-gaṇḍa-yugaḥ smita-śālī
play-moving-jewel-ear-ornament-adorned-cheek-pair + Nom. Sg.
smile-habit + Nom. Sg.

"[Krishna] is wearing forest garlands, a yellow garment, and has his blue body smeared with the paste of Sandalwood. He is always smiling and his cheeks are adorned with jeweled ear-ornaments which move during his play."

From Vedic to Classical Sanskrit

In becoming a Classical language, Sanskrit moved away from being anyone's mother-tongue and emerged as a powerful elite language, a status which it held for over two thousand years. In this process, we observe the following developments:

a) preservation of a great many surface forms of ancient Sanskrit,
b) loss of many semantic and syntactic distinctions,
c) incorporation of a large number of words from Indo-Aryan and non-Aryan vernaculars in a Sanskritized form,
d) strong influence of vernaculars on the pronunciation, semantics and syntax.

Such changes occurred throughout history, and created a certain gap between the actual performance of Sanskrit users in different regions and at different times, on the one hand, and the academically maintained prescriptive ideal of Pāṇinian Sanskrit on the other. The more elite a user of Sanskrit, the more his performance tended to approximate the Pāṇinian ideal; the more populist, the more his performance tended to approximate the local vernacular. Given these variations, the actual productions of each Sanskrit author show a unique balance between these sociolinguistic pressures. Only with this in mind can we hope to arrive at a realistic picture of the Sanskrit language as it is actually attested in the extant documents.

Bibliography

Delbrück, Berthold. 1888. *Altindische Syntax. Syntaktische Forschungen,* 5. Halle: Verlag der Buchhandlung des Waisenhauses.

Macdonell, A.A. 1916. *Vedic Grammar for Students.* Oxford University Press.

Bloch, Jules. 1965. *Indo-Aryan, from the Vedas to Modern Times.* Translated from French by Alfred Master. Librairie d'Amérique e d'Orient. Paris: Adrien-Maisonneuve.

Burrow, Thomas. 1955. *The Sanskrit Language.* London: Faber and Faber.

Speijer, J.S. 1886. *Sanskrit Syntax.* Leiden. Reprinted by Motilal Banarsidass, Delhi, 1973.

Wackernagel, Jakob. 1896- *Altindische Grammatik.* Göttingen: Vandenhoeck & Ruprecht.

Whitney, W.D. 1889. *Sanskrit Grammar.* 2nd edition. Tenth printing, 1964. Cambridge: Harvard University Press.

LESSON 1

THE SANSKRIT ALPHABET

1. The Sanskrit alphabet is organized as follows, reading from left to right:

Vowels (when not combined with consonants)

अ a	आ ā	इ i	ई ī	उ u	ऊ ū
ऋ ṛ	ॠ ṝ	ऌ ḷ			
ए e	ओ o	ऐ ai	औ au		

Consonants (with inherent vowel *a*)

Velar:	क ka	ख kha	ग ga	घ gha	ङ ṅa
Palatals:	च ca	छ cha	ज ja	झ jha	ञ ña
Cerebrals:	ट ṭa	ठ ṭha	ड ḍa	ढ ḍha	ण ṇa
Dentals:	त ta	थ tha	द da	ध dha	न na
Labials:	प pa	फ pha	ब ba	भ bha	म ma
Semivowels:	य ya	र ra	ल la	व va	
Sibilants:	श śa	ष ṣa	स sa		
Aspirate:	ह ha				

(Add-on signs:) ं ṃ (anusvāra) ः ḥ (visarga)

ऽ ' (avagraha) - the apostrophe
(used to indicate a lost 'a' sound)

2. Below is a guide to pronunciation of the respective Sanskrit sounds for native speakers of American English. It should be kept in mind that these are **only approximate equivalents.**

The vowels above should be pronounced as follows:

a - like the *a* in org*a*n or the *u* in c*u*t.

ā - like the *a* in c*a*r, held twice as long as short *a*.

i - like the *i* in ch*i*n.

ī - like the *ee* in w*ee*k, held twice as long as short *i*.

u	-	like the *u* in b*u*sh.
ū	-	like the *u* in r*u*le but held twice as long as short *u*.
ṛ	-	like the *ri* in *ri*m, (regionally as *ri*).
ṝ	-	like the *ree* in *ree*d, (regionally as *roo* in *roo*t).
ḷ	-	like *l* followed by *ṛ* (*lṛ*).
e	-	like the *e* in th*e*y.
ai	-	like the *ai* in *ai*sle.
o	-	like the *o* in g*o*.
au	-	like the *ow* in h*ow*.
ṃ		(*anusvāra*) - before pause, pronounced like *m*, contextually changes like *n* in bi*n*go, pu*n*ch, and mi*n*t.
ḥ		(*visarga*) - a final *h*-sound: *aḥ* is pronounced like *aha*

The consonants are pronounced as follows:

k	-	as in kic*k*	jh	-	as in he*dgeh*og
kh	-	as in Ec*kh*art	ñ	-	as in ca*ny*on
g	-	as in *g*ive	ṭ	-	as in *t*ub
gh	-	as in di*g-h*ard	ṭh	-	as in ligh*t-h*eart
ṅ	-	as in si*ng*	ḍ	-	as in *d*ove
c	-	as in *ch*air	ḍha	-	as in re*d-h*ot
ch	-	as in staun*ch-h*eart	ṇ	-	as *rna* (prepare to say the *r* and say *na*).
j	-	as in *j*oy			

Cerebrals are pronounced with tongue to roof of mouth, but following dentals are pronounced with tongue against teeth:

t	-	as in *t*ub but with tongue against teeth.			
th	-	as in ligh*t-h*eart but with tongue against teeth.			
d	-	as in *d*ove but with tongue against teeth.			
dh	-	as in re*d-h*ot but with tongue against teeth.			
n	-	as in *n*ut but with tongue between teeth.			
p	-	as in pi*p*e	l	-	as in *l*ight
ph	-	as in u*ph*ill (not *f*)	v	-	as in *v*ine

b	-	as in *b*ird	ś (palatal) - as in the *s* in German word *sprechen*
bh	-	as in ru*b*-*h*ard	ṣ (cerebral) - as the *sh* in cra*sh*ed
m	-	as in *m*other	h - as in *h*ome
y	-	as in *y*es	
r	-	as in *r*un	

3. All vowels are considered to be voiced sounds and do not have aspiration. In the following chart, the term 'voice' refers to a sonorous vibration, while the term 'aspiration' refers to a rush of air. The characters *ỹ*, *ṽ*, and *l̃*, refer to nasal counter parts of *y*, *v*, and *l*. The phonetic analysis of Sanskrit consonants is as follows:

Point of Articulation	**Stops**					**Semi-Vowels**	**Sibilants**	
	-Voice		**+Voice**					
	-Asp	**+Asp**	**-Asp**	**+Asp**	**-Asp +Nasal**	**+Voice -Asp**	**+Voice +Asp**	**-Voice +Asp**
Velar	*k*	*kh*	*g*	*gh*	*ṅ*		*h*	*ḥ*
Palatal	*c*	*ch*	*j*	*jh*	*ñ*	*y/ỹ*		*ś*
Cerebral	*ṭ*	*ṭh*	*ḍ*	*ḍh*	*ṇ*	*r*		*ṣ*
Dental	*t*	*th*	*d*	*dh*	*n*	*l/l̃*		*s*
Labial	*p*	*ph*	*b*	*bh*	*m*	*v/ṽ*		

4. The following character charts provide a clear view of the basic calligraphic shapes of the Devanāgarī letters, which are traditionally written with a pen with a slanted tip. There are minor regional differences in the shapes of Devanāgarī characters, and the shapes in these charts, as well as the shapes of Devanāgarī characters in the rest of this book, are close to the typography of the well known Nirṇayasāgara Press of Bombay.

अ आ

इ ई

उ ऊ

अ	आ	इ	ई	उ	ऊ
a	ā	i	ī	u	ū

ऋ ॠ

ऌ ए

ऐ ओ

ऋ	ॠ	ऌ	ए	ऐ	ओ
r̥	r̥̄	l̥	e	ai	o

औ अं

अः

औ	अं	अः
au	aṃ	aḥ

क ख

ग घ

ङ

क	ख	ग	घ	ङ
ka	kha	ga	gha	ṅa

च छ

ज झ

ञ

च	छ	ज	झ	ञ
ca	cha	ja	jha	ña

ट ठ

ड ढ

ण

ट	ठ	ड	ढ	ण
ṭa	ṭha	ḍa	ḍha	ṇa

त थ

द ध

न

त	थ	द	ध	न
ta	tha	da	dha	na

प फ

ब भ

म

प फ ब भ म

pa pha ba bha ma

य र

ल व

य र ल व

ya ra la va

श ष

स ह

Special Consonant Clusters

क्ष ज्ञ

श	ष	स	ह	क्ष	ज्ञ
śa	ṣa	sa	ha	kṣa	jña

Vowel	Add-on Vowel signs		
अ	consonant X by itself	क	ka
आ	xा	का	kā
इ	िx	कि	ki
ई	xी	की	kī
उ	xु	कु	ku
ऊ	xू	कू	kū
ऋ	xृ	कृ	kr̥
ॠ	xॄ	कॄ	kr̥̄
ऌ	x+ऌ	क्ऌ/कॢ	kl̥
ए	xे	के	ke
ऐ	xै	कै	kai
ओ	xो	को	ko
औ	xौ	कौ	kau
Add-on signs for *ṃ* and *ḥ*			
अं	xं	कं	kaṃ
अः	xः	कः	kaḥ

5. **Consonant+Vowel Combinations** (Exceptions marked with '*'):

+a	+ā	+i	+ī	+u	+ū	+ṛ	+ṝ	+e	+ai	+o	+au	+aṃ	+aḥ
क	का	कि	की	कु	कू	कृ	कॄ	के	कै	को	कौ	कं	कः
ख	खा	खि	खी	खु	खू	खृ	खॄ	खे	खै	खो	खौ	खं	खः
ग	गा	गि	गी	गु	गू	गृ	गॄ	गे	गै	गो	गौ	गं	गः
घ	घा	घि	घी	घु	घू	घृ	घॄ	घे	घै	घो	घौ	घं	घः
ङ	ङा	ङि	ङी	ङु	ङू	ङृ	ङॄ	ङे	ङै	ङो	ङौ	ङं	ङः
च	चा	चि	ची	चु	चू	चृ	चॄ	चे	चै	चो	चौ	चं	चः
छ	छा	छि	छी	छु	छू	छृ	छॄ	छे	छै	छो	छौ	छं	छः
ज	जा	जि	जी	जु	जू	जृ	जॄ	जे	जै	जो	जौ	जं	जः
झ	झा	झि	झी	झु	झू	झृ	झॄ	झे	झै	झो	झौ	झं	झः
ञ	ञा	ञि	ञी	ञु	ञू	ञृ	ञॄ	ञे	ञै	ञो	ञौ	ञं	ञः
ट	टा	टि	टी	टु	टू	टृ	टॄ	टे	टै	टो	टौ	टं	टः
ठ	ठा	ठि	ठी	ठु	ठू	ठृ	ठॄ	ठे	ठै	ठो	ठौ	ठं	ठः
ड	डा	डि	डी	डु	डू	डृ	डॄ	डे	डै	डो	डौ	डं	डः
ढ	ढा	ढि	ढी	ढु	ढू	ढृ	ढॄ	ढे	ढै	ढो	ढौ	ढं	ढः
ण	णा	णि	णी	णु	णू	णृ	णॄ	णे	णै	णो	णौ	णं	णः
त	ता	ति	ती	तु	तू	तृ	तॄ	ते	तै	तो	तौ	तं	तः
थ	था	थि	थी	थु	थू	थृ	थॄ	थे	थै	थो	थौ	थं	थः
द	दा	दि	दी	दु	दू	दृ	दॄ	दे	दै	दो	दौ	दं	दः
ध	धा	धि	धी	धु	धू	धृ	धॄ	धे	धै	धो	धौ	धं	धः
न	ना	नि	नी	नु	नू	नृ	नॄ	ने	नै	नो	नौ	नं	नः
प	पा	पि	पी	पु	पू	पृ	पॄ	पे	पै	पो	पौ	पं	पः
फ	फा	फि	फी	फु	फू	फृ	फॄ	फे	फै	फो	फौ	फं	फः
ब	बा	बि	बी	बु	बू	बृ	बॄ	बे	बै	बो	बौ	बं	बः
भ	भा	भि	भी	भु	भू	भृ	भॄ	भे	भै	भो	भौ	भं	भः
म	मा	मि	मी	मु	मू	मृ	मॄ	मे	मै	मो	मौ	मं	मः
य	या	यि	यी	यु	यू	यृ	यॄ	ये	यै	यो	यौ	यं	यः
र	रा	रि	री	रु*	रू*	रृ*	रॄ*	रे	रै	रो	रौ	रं	रः
ल	ला	लि	ली	लु	लू	लृ	लॄ	ले	लै	लो	लौ	लं	लः
व	वा	वि	वी	वु	वू	वृ	वॄ	वे	वै	वो	वौ	वं	वः
श	शा	शि	शी	शु	शू	शृ	शॄ	शे	शै	शो	शौ	शं	शः
ष	षा	षि	षी	षु	षू	षृ	षॄ	षे	षै	षो	षौ	षं	षः
स	सा	सि	सी	सु	सू	सृ	सॄ	से	सै	सो	सौ	सं	सः
ह	हा	हि	ही	हु	हू	हृ*	हॄ	हे	है	हो	हौ	हं	हः

6. **Consonant Clusters**

When two or more consonants occur successively without any intervening vowels, the consonants are written in a conjoined form.

In writing these conjoined forms, there are two principle ways:

1) Horizontal clusters: ccc →

2) Vertical clusters: c c c ↓

Horizontal clusters are read from left to right, and vertical clusters are read from top to bottom. By convention, certain combinations are always written as horizontal clusters or as vertical clusters, while certain combinations are written either way.

The rules for making consonant clusters depend mostly on whether the first consonant has a verticle line from top to bottom or a short central stem from which the character is suspended.

1) In a horizontal cluster, the final verticle lines of all but the last consonant are dropped, and then the remaining parts are joined together. Examples:

व् + य = व्‍ + य = व्य

प् + न = प्‍ + न = प्न

त् + म् + य = त्‍ + म्‍ + य = त्म्य

2) Characters suspended from a central stem have several forms. Doubling such a character is usually done by putting a truncated version of the sign beneath the full one, as in the examples below.

ट् + ट = ट्ट

द् + द = द्द

ड् + ड = ड्ड

ल् + ल = ल्ल (or ल्ल)

3) Other combinations are handled in various ways.

ट्	+	य	=	ट्य
द्	+	य	=	द्य
क्	+	य	=	क्य
क्	+	त	=	क्त,

When ल् is the second character in a consonant cluster, it may be written either below or after the first consonant.

क्	+	ल	=	क्ल or क्ल
म्	+	ल	=	म्ल or म्ल

4) Special forms: श् and र्

a. For श् a special combining form is generally used. Alternatively, श may be used.

श्	+	च	=	श्च or श्च
श्	+	ल	=	श्ल or श्ल
श्	+	र	=	श्र (but not श्‍र)

b. र् has several combining forms, depending on its position in the syllable and on the character it combines with.

(i) Following another consonant:

a) Consonants with a vertical line. The र् is represented by an oblique line as in the following examples.

प्	+	र	=	प्र	pra
क्	+	र	=	क्र	kra
ब्	+	र	=	ब्र	bra

Note these special forms:

त्	+	र	=	त्र	tra
क्	+	र	=	क्र	kra

b) Consonants with a central stem. The र् is represented by the sign ^ put below the consonant.

ट्	+	र	=	ट्र	ṭra
ड्	+	र	=	ड्र	ḍra

Note exception:

द्	+	र	=	द्र	dra

(ii) Preceding a syllable-final consonant. The र् is represented by a curve put over the following consonant and its vowel sign. If the vowel sign extends above the top bar, the curve goes to the right of the vowel sign.

र्	+	म	=	र्म	rma
र्	+	व	=	र्व	rva
र्	+	वे	=	र्वे	rve
र्	+	को	=	र्को	rko

7. **List of Consonant Clusters**

k-ka	क्क
k-kha	क्ख
k-ca	क्च
k-ṇa	क्ण
k-ta	क्त, क्त
k-t-ya	क्त्य
k-t-ra	क्त्र
k-t-r-ya	क्त्र्य
k-t-va	क्त्व
k-na	क्न
k-n-ya	क्न्य
k-ma	क्म
k-ya	क्य
k-ra	क्र, क्र
k-r-ya	क्र्य
k-la	क्ल, क्ल

k-va	क्व
k-v-ya	क्व्य
k-ṣa	क्ष
k-ṣ-ma	क्ष्म
k-ṣ-ya	क्ष्य
k-ṣ-va	क्ष्व
kh-ya	ख्य
kh-ra	ख्र
g-ya	ग्य
g-ra	ग्र
g-r-ya	ग्र्य
gh-na	घ्न
gh-n-ya	घ्न्य
gh-ya	घ्य
gh-ra	घ्र
ṅ-ka	ङ्क, ङ्क
ṅ-k-ta	ङ्क्त, ङ्क्त
ṅ-k-t-ya	ङ्क्त्य
ṅ-k-ya	ङ्क्य
ṅ-k-ṣa	ङ्क्ष, ङ्क्ष
ṅ-k-ṣ-va	ङ्क्ष्व
ṅ-kh-ya	ङ्ख्य
ṅ-ga	ङ्ग, ङ्ग
ṅ-g-ya	ङ्ग्य
ṅ-gha	ङ्घ, ङ्घ
ṅ-gh-ya	ङ्घ्य
ṅ-gh-ra	ङ्घ्र
ṅ-ṅa	ङ्ङ, ङ्ङ
ṅ-na	ङ्न
ṅ-ma	ङ्म
ṅ-ya	ङ्य

c-ca	च्च
c-cha	च्छ
c-ch-ra	
c-ña	च्ञ
c-ma	च्म
c-ya	च्य

ch-ya	छ्य
ch-ra	छ्र

j-ja	ज्ज
j-jha	ज्झ
j-ña	ज्ञ
j-ñ-ya	ज्ञ्य
j-ma	ज्म
j-ya	ज्य
j-ra	ज्र
j-va	ज्व

ñ-ca	ञ्च, ञ्च
ñ-c-ma	ञ्च्म
ñ-c-ya	ञ्च्य
ñ-cha	ञ्छ
ñ-ja	ञ्ज
ñ-j-ya	ञ्ज्य

ṭ-ṭa	ट्ट
ṭ-ya	ट्य, ट्य

ṭh-ya	ठ्य
ṭh-ra	ठ्र

ḍ-ga	ड्ग , ड्ग
ḍ-g-ya	ड्ग्य
ḍ-gha	ड्घ, ड्घ

ḍ-gh-ra	ड्घ्र
ḍ-ma	ड्म ,
ḍ-ya	ड्य, ड्य
ḍh-ya	ढ्य, ढ्य
ḍh-ra	ढ्र
ṇ-ṭa	ण्ट
ṇ-ṭha	ण्ठ
ṇ-ḍa	ण्ड
ṇ-ḍ-ya	ण्ड्य, ण्ड्य
ṇ-ḍ-ra	ण्ड्र
ṇ-ḍ-r-ya	ण्ड्र्य
ṇ-ḍha	ण्ढ
ṇ-ṇa	ण्ण
ṇ-ya	ण्य
ṇ-va	ण्व
t-ka	त्क
t-k-ra	त्क्र
t-ta	त्त , त्त
t-t-ya	त्त्य
t-t-ra	त्त्र
t-t-va	त्त्व
t-tha	त्थ
t-na	त्न, त्न
t-n-ya	त्न्य
t-pa	त्प
t-p-ra	त्प्र
t-ma	त्म
t-m-ya	त्म्य
t-ya	त्य
t-ra	त्र
t-r-ya	त्र्य
t-va	त्व

t-sa	त्स
t-s-na	त्स्न
t-s-n-ya	त्स्न्य
th-ya	थ्य
d-ga	द्‌ग , द्ग
d-g-ra	द्‌ग्र , द्ग्र
d-gha	द्‌घ , द्घ
d-gh-ra	द्‌घ्र , द्घ्र
d-da	द्‌द , द्द
d-d-ya	द्‌द्‌य
d-dha	द्‌ध , द्ध
d-dh-ya	द्‌ध्य
d-na	द्‌न ,
d-ba	द्‌ब , द्ब
d-bha	द्‌भ , द्भ
d-bh-ya	द्‌भ्य
d-ma	द्‌म , द्म
d-ya	द्‌य , द्य
d-ra	द्र
d-r-ya	द्र्य
d-va	द्‌व , द्व
d-v-ya	द्‌व्य
dh-na	ध्न
dh-n-ya	ध्न्य
dh-ma	ध्म
dh-ya	ध्य
dh-ra	ध्र
dh-va	ध्व
n-ta	न्त
n-t-ya	न्त्य
n-t-ra	न्त्र

n-da	न्द
n-d-ra	न्द्र
n-dha	न्ध
n-na	न्न
n-pa	न्प
n-p-ra	न्प्र
n-ma	न्म
n-ya	न्य
n-sa	न्स
p-ta	प्त
p-t-ya	प्त्य
p-na	प्न
p-pa	प्प
p-ma	प्म
p-ya	प्य
p-ra	प्र
p-la	प्ल
p-va	प्व
p-sa	प्स
p-s-va	प्स्व
b-gha	ब्घ
b-ja	ब्ज
b-da	ब्द
b-dha	ब्ध
b-na	ब्न
b-ba	ब्ब
b-bha	ब्भ
b-bh-ya	ब्भ्य
b-ya	ब्य
b-ra	ब्र
b-va	ब्व
bh-na	भ्न भ्न

bh-ya	भ्य
bh-ra	भ्र
bh-va	भ्व
m-na	म्न, म्न
m-pa	म्प
m-p-ra	म्प्र
m-ba	म्ब
m-bha	म्भ
m-ma	म्म
m-ya	म्य
m-ra	म्र
m-la	म्ल
m-va	म्व
y-ya	य्य
y-va	य्व
l-ka	ल्क
l-pa	ल्प
l-ma	ल्म
l-ya	ल्य
l-la	ल्ल, ल्ल
l-va	ल्व
l-ha	ल्ह
v-na	व्न
v-ya	व्य
v-ra	व्र
v-va	व्व
ś-ca	श्च, श्च, श्च
ś-c-ya	श्च्य, श्च्य
ś-na	श्न, श्न, श्न
ś-ya	श्य, श्य

ś-ra	श्र
ś-r-ya	श्र्य
ś-la	श्ल, श्ल
ś-va	श्व, श्व
ś-v-ya	श्व्य, श्व्य
ś-śa	श्श
ṣ-ṭa	ष्ट
ṣ-ṭ-ya	ष्ट्य
ṣ-ṭ-ra	ष्ट्र
ṣ-ṭ-r-ya	ष्ट्र्य
ṣ-ṭ-va	ष्ट्व
ṣ-ṭha	ष्ठ
ṣ-ṭh-ya	ष्ठ्य
ṣ-ṇa	ष्ण
ṣ-ṇ-ya	ष्ण्य
ṣ-pa	ष्प
ṣ-p-ra	ष्प्र
ṣ-ma	ष्म
ṣ-ya	ष्य
ṣ-va	ष्व
s-ka	स्क
s-kha	स्ख
s-ta	स्त
s-t-ya	स्त्य
s-t-ra	स्त्र
s-t-va	स्त्व
s-tha	स्थ
s-na	स्न
s-n-ya	स्न्य
s-pa	स्प
s-pha	स्फ
s-ma	स्म
s-m-ya	स्म्य

s-ya स्य
s-ra स्र
s-va स्व
s-sa स्स

h-ṇa ह्ण
h-na ह्न
h-ma ह्म
h-ya ह्य
h-ra ह्र
h-la ह्ल
h-va ह्व

8. **Punctuation**

1) To represent a single consonant, a short oblique line drawn from the lower right point of the letter
म्, प्, क्, श्

2) The end of a sentence is indicated by a single vert: line.
रामो गृहं गच्छति ।

3) In modern editions of Sanskrit texts, most types of English punctuation will be found: , : ?

Exercises

1) **Write the series of the following:**
घ , ठ , ज्ञ , क्ष , स्न्य , प्र

2) **Write the romanized words below in devanagari, and put the words in Devanagari into romanization:**

rāmeṇa	īkṣati
kamalam	jñānam
dāruṇā	śaknoti
vanayoḥ	vrātyasya
mātṝṇām	prajñābhyām
jalaiḥ	kṛtsnam
auṣadham	svapnebhyaḥ
oghaḥ	śrotrāṇām
iha	kātyāyanaḥ
ītiḥ	vakṣyati
ūkāraḥ	ज्ञाप्यते
देवानाम्	गुप्तस्य
रामाय	वैलक्षण्यम्
कमलैः	व्याख्यानम्
कृपायाः	प्रक्रमते
भवतः	स्थास्यति
लवनम्	गच्छति
डमरुः	उज्ज्वलत्वम्
आयुः	चातुर्वर्ण्यम्

3) Write the following in devanagari:

1) kena mārgeṇa bhoḥ svāmin dehī brahmamayo bhavet,
tvaṃ kṛpāṃ kuru me svāmin namāmi caraṇau tava.

2) gurudarśitamārgeṇa manaḥśuddhiṃ tu kārayet,
anityaṃ khaṇḍayet sarvaṃ, yat kiñcidātmagocaram.

3) kāśīkṣetraṃ tannivāso jāhnavī caraṇodakam,
gurur viśveśvaraḥ sākṣāt tārakaṃ brahma niścitam.

4) laukikāt karmaṇo yānti jñāna-hīnā bhavārṇavam,
jñānī tu bhāvayet sarvaṃ karma niṣkarma yat kṛtam.

5) piṇḍaṃ kiṃ tu mahādeva padaṃ kiṃ samudāhṛtam,
rūpātītaṃ ca rūpaṃ kiṃ etadākhyāhi śaṅkara.

4) Transcribe the following into Roman script:

नास्ति बुद्धिरयुक्तस्य न चायुक्तस्य भावना ।

न चाभावयतः शान्तिरशान्तस्य कुतः सुखम् ।।

इन्द्रियाणां हि चरतां यन्मनोऽनुविधीयते ।

तदस्य हरति प्रज्ञां वायुर्नावमिवाम्भसि ।।

तस्माद्यस्य महाबाहो निगृहीतानि सर्वशः ।

इन्द्रियाणीन्द्रियार्थेभ्यस्तस्य प्रज्ञा प्रतिष्ठिता ।।

या निशा सर्वभूतानां तस्यां जागर्ति संयमी ।

यस्यां जाग्रति भूतानि सा निशा पश्यतो मुनेः ।।

आपूर्यमाणमचलप्रतिष्ठं समुद्रमापः प्रविशन्ति यद्वत् ।

तद्वत् कामा यं प्रविशन्ति सर्वे स शान्तिमाप्नोति न कामकामी ।।

भवन्ति नम्रास्तरवः फलोद्गमैर्नवाम्बुभिर्भूरिविलम्बिनो घनाः ।

अनुद्धताः सत्पुरुषाः समृद्धिभिः स्वभाव एवैष परोपकारिणाम् ।।

LESSON 2

First conjugation active verbs in present tense

The basis of a Sanskrit verb form is a verbal-root (धातु) which is a grammatical abstraction from which a full verb form is derived. A Sanskrit verb is conjugated in three numbers: singular (एकवचन), dual (द्विवचन) and plural (बहुवचन); and three persons, i.e. first person (उत्तम पुरुष), second person (मध्यम पुरुष) and third person (प्रथम पुरुष) . There are two basic sets of terminations, i.e. active (परस्मैपद = P) and middle (आत्मनेपद = A). In active voice (कर्तरि प्रयोग), some verbs have active (परस्मैपद) terminations, some have middle terminations (आत्मनेपद), while a few can have either. In passive voice (कर्मणि प्रयोग, भावे प्रयोग), all verbs take middle (आत्मनेपद) terminations. While the terminology of the Sanskrit grammarians is clearer in some respects, the terminology in English uses the word "active" in two different contexts, a) active voice (कर्तरि प्रयोग) and b) active terminations (परस्मैपद). One must carefully distinguish these two concepts. In this lesson, we will deal only with those verbs which take active (परस्मैपद) terminations. According to structural characteristics verbs are classified into ten conjugations (गण). Of these, the first, fourth, sixth and tenth conjugations form a related group. Here we will deal with the active (= P) verbs of the first conjugation.

The active terminations (P) for the present tense are as follows:

	Sing.	**Dual**	**Pl.**
1st person	मि	वः	मः
	-mi	*-vaḥ*	*-maḥ*
2nd person	सि	थः	थ
	-si	*-thaḥ*	*-tha*
3rd person	ति	तः	अन्ति
	-ti	*-taḥ*	*-anti*

Before the final terminations, the root in this conjugation is followed by an infix -अ-. Such infixes in conjugations 1, 4, 6, and 10 are lengthened to -आ- before the terminations -मि, -वः and -मः. With several predictable internal sandhis, the final forms are produced. The verb वद् (*vad*) "to speak" is conjugated as:

	Sing.	**Dual**	**Pl.**
1st person	वदामि *vadāmi* I speak	वदावः *vadāvaḥ* we two speak	वदामः *vadāmaḥ* we (pl.) speak
2nd person	वदसि *vadasi* you speak	वदथः *vadathaḥ* you two speak	वदथ *vadatha* you (pl.) speak
3rd person	वदति *vadati* he speaks	वदतः *vadataḥ* they two speak	वदन्ति *vadanti* they (pl.) speak

Using this paradigm, other verbs of the 1st conjugation can be conjugated. A verb root should always be remembered along with its 3rd-person singular present form, which can be used as a model from which the rest of the forms can be derived, e.g. वद् (root), वदति (3rd sing.).

Formation of simple sentences

The agent (कर्तृ) of a sentence, in active voice (कर्तरि प्रयोग), takes the nominative case (प्रथमा विभक्ति, lit. the first case). The nominative forms of the personal pronouns in the first, second and third persons are presented below. Sanskrit nouns and pronouns, except the first and the second person pronouns, have one of the three genders, i.e. masculine, feminine or neuter. The gender is purely grammatical and unpredictable. At this point, we may temporarily translate सः, सा and तद् as "he", "she" and "it" respectively. However, these pronouns in actual discourse may refer to inanimate objects as well.

		S	D	P
1st		अहम् *aham* I	आवाम् *āvām* we two	वयम् *vayam* we (pl.)
2nd		त्वम् *tvam* you	युवाम् *yuvām* you two	यूयम् *yūyam* you (pl.)
3rd	**M**	सः *saḥ* he	तौ *tau* they two	ते *te* they (pl.)
	F	सा *sā* she	ते *te* they two	ताः *tāḥ* they (pl.)
	N	तद् *tad* it	ते *te* those two	तानि *tāni* they

In an active voice sentence, the number and person of the agent agrees with the verb. At this preliminary stage, one may say that the word order is grammatically not important, but in general the word order is **agent + object + verb**. Examples:

अहम् वदामि *aham vadāmi*	or	वदामि अहम् *vadāmi aham*	"I speak"
सा वदति *sā vadati*	or	वदति सा *vadati sā*	"She speaks"

Vocabulary

Verbs of class 1P

खाद् *khād*	खादति *khādati*	to eat	त्यज् *tyaj*	त्यजति *tyajati*	to abandon
जि *ji*	जयति *jayati*	to conquer	धाव् *dhāv*	धावति *dhāvati*	to run

गम्	गच्छति	to go	नी	नयति	to lead,
gam	*gacchati*		*nī*	*nayati*	take
सद्	सीदति	to sit	भू	भवति	to be, become
sad	*sīdati*		*bhū*	*bhavati*	
पा	पिबति	to drink	बुध्	बोधति	to know
pā	*pibati*		*budh*	*bodhati*	
स्था	तिष्ठति	to stand	वद्	वदति	to speak
sthā	*tiṣṭhati*		*vad*	*vadati*	
दृश्	पश्यति	to see	वस्	वसति	to dwell
dṛś	*paśyati*		*vas*	*vasati*	
स्मृ	स्मरति	to remember	पत्	पतति	to fall
smṛ	*smarati*		*pat*	*patati*	

Exercises

1) **Conjugate the following verbs in the present tense, active voice:**

जि , दृश् , बुध् , स्मृ , सद्

2) **Translate the following into English:**

अहम् वदामि । ते त्यजन्ति । पिबामः । ताः गच्छन्ति । आवाम् धावावः । सा बोधति । ते सीदतः । त्वम् तिष्ठसि । यूयम् जयथ । तानि पतन्ति । वयम् भवामः । यूयम् वसथ । युवाम् पिबथः । वयम् पश्यामः । सः खादति । तौ स्मरतः । अहम् जयामि । ताः सीदन्ति । तानि पिबन्ति । त्वम् स्मरसि । ते पश्यतः ।

3) **Translate the following into Sanskrit:**

1) You two speak. 2) It leads. 3) They (M) eat. 4) I go 5) You (Sg) conquer. 6) They two (F) stand. 7) We two run 8) They (N) sit. 9) He drinks. 10) They two (M) dwell 11) We two remember. 12) They (F) know. 13) She abandons 14) You (Pl) see. 15) They two (F) are (here).

4) **Complete the following sentences by using the appropriate verbal and pronominal forms:**

1) त्वम् दृश्------।
2) ----------(F) तिष्ठतः ।
3) तानि गम्------।
4) ---------- वदामः ।
5) सः जि------।
6) ---------- त्यजथ ।
7) अहम् वस्------।
8) ---------- धावथः ।
9) ----------(M) पिबतः ।
10) ताः स्मृ----- ।
11) ---------- खादावः ।
12) ----------(M) भवन्ति ।
13) ----------(F) बोधतः ।
14) सा नी------।
15) ----------(N) सीदति ।

5) **Write any five Sanskrit sentences of your own.**

LESSON 3

Masculine and neuter nouns in अ : nominative and accusative

In Sanskrit, the grammatical function of a noun in a sentence is indicated by special terminations called case-endings. For instance, the noun पुत्र "son" becomes पुत्रः when it is the subject of the sentence; it becomes पुत्रम् when it is the direct object. What we express in English by means of prepositions such as "with," "by," "to," "for," "from," "of," "in," etc., is sometimes rendered into Sanskrit by case endings. There are eight cases in Sanskrit: nominative, accusative, instrumental, dative, ablative, genitive, locative and vocative. As in the case of a verb, so also in the case of a noun, Sanskrit has three numbers: singular, dual and plural. Sanskrit nominals (i.e. nouns, adjectives, pronouns) also have three genders: masculine, feminine and neuter. The gender is unpredictable and has little semantic significance. Sanskrit gender is like gender in German. Adjectives are declined exactly like nouns, and take the same case, number and gender as the noun they modify. The various forms taken by a noun in all its cases and numbers are called the Declension of that noun. There are two types of nouns ending in अ. Some are masculine and some are neuter. Both masculine and neuter nouns in अ are declined in the same way except in the nominative, accusative and vocative cases.

कूप m. "(water) well"

	S	D	P
Nominative	कूपः	कूपौ	कूपाः
Accusative	कूपम्	कूपौ	कूपान्
Instrumental	कूपेन	कूपाभ्याम्	कूपैः
Dative	कूपाय	कूपाभ्याम्	कूपेभ्यः
Ablative	कूपात्	कूपाभ्याम्	कूपेभ्यः
Genitive	कूपस्य	कूपयोः	कूपानाम्
Locative	कूपे	कूपयोः	कूपेषु
Vocative	कूप	कूपौ	कूपाः

वन n. "forest"

	S	D	P
Nominative	वनम्	वने	वनानि
Accusative	वनम्	वने	वनानि
Instrumental	वनेन	वनाभ्याम्	वनैः
Dative	वनाय	वनाभ्याम्	वनेभ्यः
Ablative	वनात्	वनाभ्याम्	वनेभ्यः
Genitive	वनस्य	वनयोः	वनानाम्
Locative	वने	वनयोः	वनेषु
Vocative	वन	वने	वनानि

The verb agrees with its subject (= agent in an active voice sentence) in person and number. Examples:

बालः पतति ।	"A boy falls."
बालौ पततः ।	"Two boys fall."
बालाः पतन्ति ।	"(Three or more) boys fall."

Nominative case

The nominative case is used to indicate the agent of an active voice verb.

Example: जनकः नयति । "The father leads."

Accusative case

The accusative case is used:

1) To indicate the direct object of a transitive verb:
   Example: जनकः पुत्रान् नयति । "The father leads the sons."

2) To indicate the object of verbs for actions such as "going," which are transitive in Sanskrit:
   Example: दासः कूपम् गच्छति । "The servant goes to the well."

3) With the following prepositions:

(These items are used often as both pre- and post-positions, and the term 'preposition' is used here as a broad cover term.)

अनु	after, along	परितः	around
अभितः	near, in front of	विना	without
सर्वतः	on all sides of	अन्तरा	between
उभयतः	on both sides of	प्रति	to, towards
अन्तरेण	without, concerning		

4. With the word धिक् "curse upon x"

Accusative forms of the personal pronouns

		S	D	P
1st		माम्, (मा)	आवाम्, नौ	अस्मान्, नः
		me	us two	us
2nd		त्वाम्, (त्वा)	युवाम्, वाम्	युष्मान्, वः
		you	you two	you
3rd	**(M)**	तम्	तौ	तान्
		him	them (two)	them
	(F)	ताम्	ते	ताः
		her	them (two)	them
	(N)	तद्	ते	तानि
		it	those two	those

The bracketed forms are not common in the Classical language, but appear more frequently in the Sanskrit Epics and Vedic literature. The alternate forms do not occur sentence-initially.

Sandhi rules

"Sandhi" refers to a process of combining adjoining sounds. This process takes place within a word, as well as when two words occur in a sequence. The first is called internal sandhi and the second is called external sandhi. We shall concentrate mostly on the external sandhi rules. These rules for external sandhi are optional, but in actual usage they are almost always applied.

Sandhi rules apply to vowels and to consonants as well. Thus, in the sentences above, the final ':' and the final म् of a word followed by another word undergo various changes.

Anusvāra sandhi rules

1) Final म् , when followed by a consonant, is changed to *anusvāra*. (The change is not easy to show in pronunciation.)
   Example: रामम् वदति । रामं वदति ।

2) Optionally an *anusvāra* is further changed to a nasal consonant, which is homorganic with the following consonant.

	⟶	*ṅ*,	before the *k*, *kh*, *g*, *gh*, *ṅ*
	⟶	*ñ*,	before the *c*, *ch*, *j*, *jh*, *ñ*
	⟶	*ṇ*,	before the *ṭ*, *ṭh*, *ḍ*, *ḍh*, *ṇ*
ṃ ⟶	⟶	*n*,	before the *t*, *th*, *d*, *dh*, *n*
	⟶	*m*,	before the *p*, *ph*, *b*, *bh*, *m*
	⟶	*ỹ*,(य्ँ)	before *y*
	⟶	*ṽ*,(व्ँ)	before *v*
	⟶	*l̃*,(ल्ँ)	before *l*

Examples:

रामम् करोति	→	रामं करोति	→	रामङ्करोति
रामम् च	→	रामं च	→	रामञ्च
रामम् टीका	→	रामं टीका	→	रामण्टीका
रामम् तत्र	→	रामं तत्र	→	रामन्तत्र
रामम् पश्यति	→	रामं पश्यति	→	रामम्पश्यति
रामम् यत्र	→	रामं यत्र	→	रामय्ँयत्र
रामम् वा	→	रामं वा	→	रामव्ँवा
रामम् लता	→	रामं लता	→	रामल्ँलता

*An Anusvāra does not occur before a vowel or at the end of a sentence. Also note that it does not change to a homorganic nasal before the consonants र, श, ष, स, and ह. Before these, it remains an Anusvāra. Change of Anusvāra before य्, व्, and ल् is less common

Visarga sandhi rules

1) A final *visarga* remains unchanged before क्, ख्, प्, फ् :

रामः पतति ।

2) A final *visarga* changes to a sibilant homorganic with the following unvoiced consonants; marginally before श्, ष्, and स्.

becomes श् before च्, छ्, श्
जनाः च → जनाश्च ।

A *visarga* becomes ष् before ट्, ठ्, ष्
जनाः टीकाम् → जनाष्टीकाम् ।

becomes स् before त्, थ्, स्
रामः तत्र → रामस्तत्र

3) A *visarga* when preceded by आ and followed by a voiced consonant or vowel, is dropped:

बालाः धावन्ति → बाला धावन्ति ।
जनाः अभितः → जना अभितः । No re-combination.

4) When a *visarga* is preceded by अ and followed by a voiced consonant, the sequence अः is changed to ओ :

पुत्रः धावति → पुत्रो धावति ।
जनः वसति → जनो वसति ।

5) When preceded by अ and followed by any vowel except अ, the *visarga* is dropped:

पुत्रः उभयतः → पुत्र उभयतः । No re-combination.
धावतः इह → धावत इह । No re-combination.

6) When a *visarga* is preceded by अ and followed by अ, अः is changed to ओ while the following अ is elided. This 'lost' अ is indicated by the unpronounced sign 'ऽ' called *Avagraha*.

धावतः अश्वौ → धावतोऽश्वौ ।
पुत्रः अत्र → पुत्रोऽत्र ।

7) **An exception to the visarga sandhi**

The *visarga* after सः (that, he) and एषः (this, he) followed by a consonant does not follow any of the above sandhi-rules, but can simply be dropped optionally. Before vowels, it follows the normal sandhi rules. Examples:

सः तत्र	→	स तत्र ।
एषः गच्छति	→	एष गच्छति ।
सः अत्र	→	सोऽत्र ।
सः उभयतः	→	स उभयतः । No re-combination.
एषः च	→	एष च ।

Vocabulary

(The words are cited in their stem form.)

Masculine nouns

अश्व	horse
काक	crow
ग्राम	village
जन	person
दास	servant
नर	man
नृप	king
पर्वत	mountain
बाल	boy
वृक्ष	tree
जनक	father

Neuter nouns

अन्न	food
कनक	gold
कमल	lotus
जल	water
तृण	grass
दुःख	misery
पत्र	leaf
पात्र	vessel
फल	fruit
सुख	happiness
मांस	meat

Words governing the Accusative

अभितः	near, in front
परितः	around
सर्वतः	on all sides
उभयतः	on both sides
धिक्	fie on
विना	without
अन्तरेण	without, concerning
अनु	after, according to, along
प्रति	to, towards
अन्तरा	between

Additional Vocabulary

अत्र	here

Exercises

1) **Translate the following into English:**

१. काकः फलानि खादति ।
२. जलम् पतति ।
३. तौ बालौ दुःखम् स्मरतः ।
४. ते अश्वाः तम् पर्वतम् प्रति धावन्ति ।
५. नृपः माम् स्मरति ।
६. जनाः त्वाम् त्यजन्ति ।
७. ग्रामम् सर्वतः वृक्षाः भवन्ति ।
८. कूपम् उभयतः ते दासाः तिष्ठन्ति ।
९. अहम् कनकम् विना भवामि ।
१०. पात्रे अन्तरा काकः पत्रम् पश्यति ।
११. सा तद् कमलम् नयति ।
१२. ते नराः तान् नरान् जयन्ति ।
१३. आवाम् तानि तृणानि पश्यावः ।
१४. यूयम् माम् अनु गच्छथ ।
१५. दासाः नृपम् प्रति गच्छन्ति ।
१६. नृपः ग्रामान् जयति ।
१७. दासाः नृपम् परितः तिष्ठन्ति ।
१८. धिक् दासम् । धिक् नृपम् ।
१९. नृपम् अन्तरेण दासः जनान् वदति ।
२०. दासौ अन्तरा नृपः सीदति ।
२१. अश्वम् विना अहम् ग्रामम् गच्छामि ।
२२. अहम् त्वाम् ग्रामम् नयामि ।
२३. यूयम् अस्मान् जयथ ।
२४. तौ ताः पश्यतः ।
२५. ताः तान् पश्यन्ति ।

2) **Rewrite the above sentences by applying all the known sandhi rules.**

3) **Dissolve the following sandhis:**

नृपो जयति ।
बाला धावन्ति ।
नरस्तृणम्पश्यति ।

बालो जनं स्मरति ।
अश्वोऽत्र ।
जनोऽन्नङ्खादति ।
स गच्छति ।
स पतति ।

4) **Translate the following into Sanskrit and apply all the sandhi rules:**

1. Trees stand near the well.
2. The servant sees those crows.
3. The king conquers a village.
4. The man goes to the king.
5. The boy abandons the crow.
6. Men run to the mountain.
7. Those crows eat fruit.
8. The leaves fall.
9. The two servants carry grass.
10. The two boys dwell.
11. On both sides of the tree sit the crows.
12. The king knows gold.
13. We two abandon the king.
14. You two take two of us to the village.
15. Those two (girls) go to the mountains.

5) **Complete the following sentences:**

१. सा तानि कमल------ नी------।
२. ते नर------ तद्------ ग्रामान् जि------।
३. आवाम् तौ वृक्ष------ दृश्------।
४. वृक्ष------ पतन्ति ।
५. यूयम् ---(me)--- अनु गम्------।
६. दास------ नृप------ प्रति गच्छन्ति ।
७. वृक्ष------ उभयतः काक------ सीदन्ति ।
८. नृप------ कनकम् बोधति ।
९. आवाम् नृप------ त्यज्------ ।
१०. अहम् ---(you)--- ग्राम------ प्रति नी------ ।
११. ---(she)--- पर्वत------ प्रति गम्------ ।

6) **Decline fully the following nouns:**
दास, बाल, पर्वत, कमल, दुःख, फल

LESSON 4

Conjugations 4, 6, and 10 (in active = परस्मैपद)

Active verbs in the conjugations 4, 6, and 10 are very similar to the active verbs of the 1st conjugation. There is no difference in the final affixes, but some difference in the internal structure. For instance, while the verb बुध् (1P) "to know" is declined as बोधति, the verb तुद् (6P) "to strike" is declined as तुदति. Thus, while बुध् changes to बोध् before अ-ति, तुद् does not change. This is the main difference between the conjugations (1P) and (6P). There is also a difference in accentuation, but accents are not relevant in classical Sanskrit. While the verbs in the conjugations (1P) and (6P) have -अ- infix (e.g. verb stem + अ + affix), the verbs in the 4th conjugation have -य- infix (e.g. verb stem + य + affix), and verbs in the 10th conjugation have -अय- infix (e.g. verb stem + अय + affix). As in the 1st conjugation, the 3rd person singular form is the key to the rest of the forms in these conjugations as well.

4th conjugation (active) (with the infix -य-)

नृत् (4P) नृत् + य + ति = नृत्यति "to dance"

	S	D	P
1st	नृत्यामि	नृत्यावः	नृत्यामः
2nd	नृत्यसि	नृत्यथः	नृत्यथ
3rd	नृत्यति	नृत्यतः	नृत्यन्ति

Additional verbs of the 4th conjugation (active):

पुष्	(4P)	+	य	+	ति	पुष्यति	to be nourished (intr, 9P is trans)
दिव्	(4P)	+	य	+	ति	दीव्यति	to play, gamble
श्रम्	(4P)	+	य	+	ति	श्राम्यति	to be weary, toil
नश्	(4P)	+	य	+	ति	नश्यति	to be destroyed, perish (intr)
तुष्	(4P)	+	य	+	ति	तुष्यति	to be pleased (intr)

6th conjugation (active) (with the infix -अ-, and no changes in the root vowel)

तुद् (6P) तुद् + अ + ति = तुदति "to strike, hit, inflict pain"

	S	**D**	**P**
1st	तुदामि	तुदावः	तुदामः
2nd	तुदसि	तुदथः	तुदथ
3rd	तुदति	तुदतः	तुदन्ति

Additional verbs of the 6th conjugation (active):

क्षिप्	(6P)	+	अ	+	ति	क्षिपति	to throw
दिश्	(6P)	+	अ	+	ति	दिशति	to show
कृष्	(6P)	+	अ	+	ति	कृषति	to plow, farm
विश्	(6P)	+	अ	+	ति	विशति	to enter
स्पृश्	(6P)	+	अ	+	ति	स्पृशति	to touch

10th conjugation (active) (with the infix -अय-)

चुर् (10P) चुर् + अय + ति = चोरयति "to steal"

	S	**D**	**P**
1st	चोरयामि	चोरयावः	चोरयामः
2nd	चोरयसि	चोरयथः	चोरयथ
3rd	चोरयति	चोरयतः	चोरयन्ति

Additional verbs of the 10th conjugation (active):

धृ	(10P)	+	अय	+	ति	धारयति	to owe, to hold (takes Dative of the creditor)
गण्	(10P)	+	अय	+	ति	गणयति	to count
कथ्	(10P)	+	अय	+	ति	कथयति	to tell
चिन्त्	(10P)	+	अय	+	ति	चिन्तयति	to think, contemplate
पूज्	(10P)	+	अय	+	ति	पूजयति	to adore, worship

Negation and some connectives

1) The negative particle न is *normally* placed immediately before the verb (or before whatever is negated). Example:

अहम् अश्वम् पश्यामि ।	"I see a horse."
अहम् अश्वम् न पश्यामि ।	"I do not see a horse."

However, the sequences न अहम् अश्वम् पश्यामि and अहम् न अश्वम् पश्यामि are also used, and occasionally they indicate slightly different emphases, e.g. "**I** don't see a horse" or "I don't see **a horse**."

2) **Double Negative:** The use of two " न "s within a sentence literally signifies a negation of a negative statement and implies a strong positive statement. Example:

यद्यपि न रामो न पण्डितः, तथापि सः संस्कृतं न पठति ।

Trans: "Though it is not the case that Rāma is not learned, (--he obviously is--), he does not study Sanskrit."

3) The conjunction च "and" is either repeated after each item it connects, or is written only once after the last item of the series. Examples:

रामः च कृष्णः च गच्छतः ।	"Rāma and Kr̥ṣṇa go."
रामः कृष्णः माधवः च गच्छन्ति ।	"Rāma, Kr̥ṣṇa and Mādhava go."

While connecting two sentences, च "and" normally occurs after the first word of the second sentence. Examples:

रामः गच्छति कृष्णः च पतति ।	"Rāma goes and Kr̥ṣṇa falls."
रामः गृहं गच्छति जलं च पिबति ।	"Rāma goes home and drinks water."

4) वा "or" behaves like च "and". Examples:

रामः वा कृष्णः वा गच्छति ।	"Rāma or Kr̥ṣṇa goes."
रामः कृष्णः वा गच्छति ।	"Rāma or Kr̥ṣṇa goes."
रामः गृहं गच्छति जलं वा पिबति ।	"Rāma goes home or drinks

5) The particle एव "only" is placed after the item to which the restriction is intended to apply. Examples:

रामः जलं पिबति । "Rāma drinks water."

रामः एव जलं पिबति । "**Only Rāma** drinks water."

रामः जलम् एव पिबति । "Rāma drinks **only water**."

रामः जलं पिबति एव । "Rāma **certainly or only drinks** water."

Sometimes the exclusion aspect is not present on the surface, and the function of एव is merely emphatic. Example:

रामः वने एव जलम् पिबति । "Rāma drinks water **right there in the forest**."

6) इति "thus" is a quotation marker placed at the end of a direct quote. Basically there is no indirect discourse in Sanskrit. The quote can be a spoken or a mental quote.

रामः गृहं गच्छति इति अहं वदामि / इति अहं चिन्तयामि ।

"I say/think - 'Rāma is going home.'"

Word-Internal Sandhi rule: Change of न् to ण्

The nominative and accusative plural forms of neuter noun वन end in नि, e.g. वनानि. But the forms of the noun शरीर "body" end in णि, e.g. शरीराणि. This change of न् to ण् is governed by the following rule:

Dental न् changes to retroflex ण्, if within the same word, न् is preceded by ऱ्, ऋ, or ष्, and is followed either by a vowel or by व्, न्, म् or य्. This rule applies despite the intervention of the following sounds: vowels, semi-vowels (except ळ), k-series, p-series, and *anusvāra*. If any other sounds intervene, the rule does not apply. Examples:

शरीरानि	⟶	शरीराणि
नरानाम्	⟶	नराणाम्
नृपानाम्	⟶	नृपाणाम्
नरान्	⟶	no change, since न् is word-final.
अर्जुनेन	⟶	no change, since ज् intervenes.

Vocabulary

पुष्	(4P)	पुष्यति	to be nourished
श्रम्	(4P)	श्राम्यति	to be weary, toil
दिव्	(4P)	दीव्यति	to play, gamble
नश्	(4P)	नश्यति	to be destroyed, perish
तुष्	(4P)	तुष्यति	to be pleased
नृत्	(4P)	नृत्यति	to dance
तुद्	(6P)	तुदति	to strike, hit, inflict pain
क्षिप्	(6P)	क्षिपति	to throw
दिश्	(6P)	दिशति	to show
कृष्	(6P)	कृषति	to plow, farm, draw,. pull
विश्	(6P)	विशति	to enter
स्पृश्	(6P)	स्पृशति	to touch
चुर्	(10P)	चोरयति	to steal
धृ	(10P)	धारयति	to owe, hold (takes Dative of the creditor)
गण्	(10P)	गणयति	to count
कथ्	(10P)	कथयति	to tell
चिन्त्	(10P)	चिन्तयति	to think
पूज्	(10P)	पूजयति	to adore, to worship

न	not
च	and
वा	or
एव	only, certainly
इति	thus, (a quotation marker, follows a direct quote).

Exercises

1) **Complete the following sentences and translate them into English:**

१. अश्व--- तृण---(sing.) खादन्ति, पुष्यन्ति, तुष्यन्ति च ।
२. दास--- कनक--- चोरयति, नृपश्च दास--- दृश्--- तुद्--- च ।
३. अहं कमल--- दिश्---, त्वं च तानि न दृश्--- ।
४. काक--- फलानि चिन्तयतः, नर--- च तौ काक--- तुदन्ति ।

५. वृक्ष--- पर्वतमभितो नश्--- । दास--- च जनान् कथयन्ति -- "पर्वतो नश्--- सर्वतः" इति (thus) । जना वद्--- "पर्वतो न नश्यति, वृक्षा एव नश्--- इति ।
६. जन--- न अन्नं पिबन्ति, न वा पात्राणि खाद्--- ।
७. नृप--- ग्रामम् विशति, दासा उभयतो धाव्---, जनाश्च नृप--- पूजयन्ति ।
८. अहं ग्रामं वा पर्वत--- वा न कृष्---, त्वम् एव कृष्--- तं पर्वतम् ।
९. सा दासम् अन्तरेण पर्वतं विश्---, वृक्षान् स्पृश्---, पत्राणि च गण--- ।
१०. बालाः पर्वत--- प्रति धावन्ति श्रम्--- च । जनक--- तान् कथयति -- हे बालाः, यूयं जल--- पिबथ इति ।
११. युवां दासान् गण्---, तान् न तुद्--- ।
१२. नृप--- ग्रामं जयति श्राम्यति च । जन--- नृपं पश्यन्ति, तम् अनु धाव्---, तं च पूज्--- ।

2) **Join the following simple sentences and form a complex sentence:**

१. रामः गच्छति । अश्वः गच्छति ।
२. रामः गच्छति । रामः पतति ।
३. रामः फलं खादति । रामः मांसं खादति ।

3) **Change the emphasis of the following sentences as directed by placing the particle एव in the right place. Change:**

१. रामः फलं खादति । to "Only Rāma eats fruit."
२. अश्वः तृणं पश्यति । to "The horse sees only the grass.
३. बालः काकं त्यजति । to "The boy certainly abandons the crow."

4) **Change the following into negative sentences:**

१. अश्वाः पत्राणि वा तृणानि वा खादन्ति ।
२. जना मां पश्यन्ति, सर्वतश्च धावन्ति । अहं तान् पश्यामि, तुष्यामि च
३. अहं कनकं दीव्यामि, त्वं च कनकं चिन्तयसि तुष्यसि च ।

5) **Correct the following sentences:**

१. बाला नराण् पश्यति ।

२. अश्वः तृणाणि खादन्ति ।

6) **Translate the following into Sanskrit (apply the known rules of sandhi):**

1. I go to the village, and you sit near the tree.
2. The king goes to the mountain and abandons the gold.
3. The servants see the crows and count the fruits.
4. She enters and eats food. She eats fruits without me.
5. The boy worships (his) father and the father is satisfied.
6. I show him the crows and he remembers misery.
7. The horses run to the tree and stand.
8. Around the village, the people sit and watch the horses. The horses are weary.
9. I go after the king, and you run after the servant.
10. The king holds lotuses, counts them, touches them and is pleased.
11. The crow throws a fruit in between two vessels, and the fruit perishes.
12. I think (of) happiness, and see only misery around me.
13. I eat food and I dance. I am not weary, and I am satisfied.
14. The king touches the gold and abandons it. The servant sees the gold and says: "Gold is happiness."
15. The man holds leaves, counts them and throws them around the tree.

7) **Conjugate fully the following verbs:**

नश्	(4P)	नश्यति	पूज्	(10P)	पूजयति
स्पृश्	(6P)	स्पृशति	त्यज्	(1P)	त्यजति

LESSON 5

Explanation of cases

(Nominative and Accusative cases have been explained in Lesson 3)

Instrumental case is used:

1) to indicate the agent of a passive verb (will be treated later).

2) to indicate the **instrument** of an action. Examples:

सः पात्रेण जलं पिबति । "He drinks water with (= in) a vessel (=cup)."

नरः फलेन तुष्यति । "The man is pleased with the fruit."

3) to indicate the person or thing accompanying an action, where the "association" is indicated with prepositions like सह "with" . The **subordinate person** takes instrumental. Example:

दासेन सह नृपो गच्छति । "The king goes accompanied by the servant."

The preposition may be optionally omitted. Example:

दासेन नृपो गच्छति । "The king goes with the servant."

4) to indicate the cause or reason, i.e. to translate "on account of", "out of", "because of", etc. Example:

दुःखेन ग्रामं त्यजामि । "I abandon the village out of misery."

5) with the preposition विना "without". Example:

जलेन विना कमलं नश्यति । "A lotus perishes without water."

6) with the particles अलम् and कृतम् "enough". Example:

अलं दुःखेन । "Enough with misery."

Dative case is used:

1) to indicate the indirect object of verbs meaning "to give", "to show", "to send", etc. Example:
नृपो दासाय कनकं यच्छति । "The king gives gold to the servant."

2) with verbs meaning "to be angry with" (कुप्), "to long for" (स्पृह्), etc. Example:
जनकः पुत्राय कुप्यति । "The father is angry with the son."
जनकः पुत्राय स्पृहयति । "The father longs for his son."

3) with रुच् "to please" , although रुच् is used in context commonly where "to like" is used in English. Example:
कुसुमानि नृपाय रोचन्ते । "Flowers please the king."

4) with verbs of movement (optionally with accusative). Example:
दासो ग्रामं गच्छति । or दासो ग्रामाय गच्छति ।
"The servant goes to the village."

5) to express the purpose of an action. Example:
सः सुखाय वनं गच्छति । "He goes to the forest for the sake of happiness."

6) with the particles नमः "salutation to" and स्वस्ति "hail to", and अलम् "sufficient, capable". Examples:
नृपाय नमः / स्वस्ति । "Salutations / hail to the king!"
अलं मल्लो मल्लाय । "Wrestler X is able to face wrestler Y."

Ablative case is used:

1) to indicate the **point from which** the action begins or operates. Example:
नरो ग्रामात् वनं गच्छति । "The man goes from the village to the forest."

2) to express the cause or reason (instrumental case may also be used for this purpose). Example:
नृपो दासं दुःखात् तुदति । "On account of misery, the king strikes the servant."

3) with the prepositions प्राक् "before, to the east of" , पूर्वम् "before" , अनन्तरम् "after" , आ "until, since" , बहिः "outside" , ऋते "except" , विना "without" . The first four prepositions are used in both the temporal and spatial sense.

Genitive case is used:

1) to indicate a **relation**, usually rendered into English by "of" or by the apostrophe's. Example:
अहम् नृपस्य दासं पश्यामि । "I see the king's servant."

2) to translate the verb "have" in English. Example:
नृपस्य कनकं भवति । "King's is the gold" = "The king has gold."

3) with the prepositions उपरि "above", अधः "below", पुरतः "in front of", पश्चात् "behind", परतः "beyond", अग्रे, समक्षम् "in the presence of", कृते "for the sake of", समीपम् "in the vicinity of."

Locative case is used:

1) to indicate the place or time where the action takes place. To translate "in", "at", "on", "upon", "above", "among", etc. Example:
सः अश्वः कूपे पतति । "The horse falls into the well."

2) to translate expressions like "concerning", "in the matter of", etc. Example:
पुत्रे जनकः तुष्यति । "The father is happy about the son."

3) to indicate the object of emotions and feelings. Example:
जनकः पुत्रे स्निह्यति । "The father feels affection for the son."

Vocative case is used:

1) as the case of addressing. Example:
हे नृप । "O King!"

Vocabulary

Masculine Nouns

गज	elephant	हंस	swan / (wild) goose
चन्द्र	moon	ईश्वर	God
प्रासाद	palace	गुण	virtue
ह्रद	lake	लोक	world
भार	burden	आकाश	sky
वीर	hero	शृगाल	jackal

Neuter Nouns

कुसुम	flower	काव्य	poem, poetry
जीवन	life	दैव	fate
धन	wealth	बल	strength
गृह	house	मित्र	friend
तीर	bank	वचन	saying
भूषण	ornament	रत्न	jewel

Prepositions and Particles (with the cases they govern)

सह	with	(instr.)
विना	without	(acc., instr., abl.)
अलम्	enough, no more	(instr.)
अलम्	sufficient, a match for	(dat.)
कृतम्	enough, no more	(instr.)
नमः	salutation to	(dat.)
स्वस्ति	hail to	(dat.)
उपरि	above	(gen.)

अधः	below	(gen.)
पुरतः	in front of	(gen.)
प्राक्	before, to the east	(abl.)
पूर्वम्	before	(abl.)
अनन्तरम्	after	(abl.)
बहिः	outside	(abl.)
आ	until, since	(abl.)
ऋते	except	(acc., abl.)
परतः	beyond	(gen.)
अग्रे, समक्षम्	in the presence of	(gen.)
कृते	for the sake of	(gen.)
पश्चात्	behind	(gen.)
समीपम्	in the vicinity of	(gen.)

Verbs

खन्	(1P)	खनति	to dig
चल्	(1P)	चलति	to move
जीव्	(1P)	जीवति	to live
नम्	(1P)	नमति	to salute
दह्	(1P)	दहति	to burn
लिख्	(6P)	लिखति	to write
कृन्त्	(6P)	कृन्तति	to cut
मुच्	(6P)	मुञ्चति	to release
विद्	(6P)	विन्दति	to find, to get
कुप्	(4P)	कुप्यति	to get angry
स्निह्	(4P)	स्निह्यति	to love, be affectionate to
इष्	(6P)	इच्छति	to wish, want
क्षल्	(10P)	क्षालयति	to wash
घुष्	(10P)	घोषयति	to proclaim
पाल्	(10P)	पालयति	to protect
भक्ष्	(10P)	भक्षयति	to eat
स्पृह्	(10P)	स्पृहयति	to long for (takes dative)
भूष्	(10P)	भूषयति	to adorn, to decorate

Exercises

1) **Complete the following sentences, dissolving all sandhis, and translate them into English:**

१ जना ईश्वरस्य बलं चिन्त्--- । ते वद्--- । अलं धन---, ईश्वर--- नमः, ईश्वर--- स्वस्ति - इति ।

२ चन्द्र आकाशे गम्--- । लोकश्चन्द्रम् आकाशस्य भूषणं चिन्त्--- ।

३ कमल--- ह्रदे भवन्ति । तानि तीरे न जीव्--- । कमलानि कुसुमानि भू--- ।

४ मांस--- विना शृगाला न जीव्--- । गज--- मांसं न भक्षयन्ति । ते तृणाय स्पृह्--- । शृगालो गजाय न अलम् ।

५ गृह--- पुरतो दासो वीरस्य गुणान् घुष्--- । वीरो नृपो ग्रामस्य जनान् पाल्--- ।

६ नृपस्य प्रासादे कनकस्य रत्नानां च भूषणानि भू--- । दासस्य गृहे भूषणानि न भू--- ।

७ गृह--- उपरि काक--- सीदन्ति । काकानां गृह--- वृक्षेषु भवन्ति ।

८ ग्रामस्य जन--- वनस्य वृक्षान् दहन्ति । ते ग्रामस्य वृक्षान् न दह्--- ।

९ नृपस्य मित्र--- प्रासादे काव्यम् लिखति, नृपात् धनम् विद्---, धनेन च सुखम् विद्--- ।

१० अहं वृक्षे कुसुमानि दृश्--- । कुसुम--- वृक्षात् जले अधः पतन्ति ।

११ जल--- विना जन--- न जीवन्ति । जन--- जलं जीवनं वदन्ति ।

१२ दास--- वनं गच्छति, वृक्षान् च कृन्त्--- । स वृक्षाणाम् फलानां च भारं ग्रामे नयति ।

१३ सः फलैः धनम् विन्दति । धनेन स तुष्--- । सुखेन च जीव्--- ।

१४ ईश्वरस्य बलम् एव दैवम् इति अहं चिन्त्--- । त्वं चिन्त्--- । ईश्वरो न भू---, दैवम् एव भू--- इति । अहं वदामि - अलं दैव--- इति ।

१५ नृप--- कृते दासः प्रासादस्य उपरि वृक्षाणां फलानि कुसुमानि च नी--- ।

१६ जनकः पुत्रस्य अश्वौ मुच्--- । तौ च अश्वौ ग्रामात् वन--- प्रति धाव्--- ।

2) Translate the following into Sanskrit, applying the known sandhi rules:

1) The two servants of the king dig for gold behind the palace.
2) Gold is wealth. People desire wealth. For the sake of wealth, people farm and toil.
3) I think of God's power and I salute him. From God, I get happiness.
4) I write poetry. You see that poetry and are pleased.
5) The elephant goes to the forest. In the forest he eats grass and leaves. He does not eat meat.
6) The jackal has no virtues.
7) The servants proclaim: "The king is going to the village."
8) The burden falls from the tree.
9) The elephants see the moon in the lake. They touch the moon.
10) The king has no virtues. He burns the village. People live in misery.
11) The king does not desire the meat of a jackal. He is pleased with the meat of a swan.
12) The swan is an ornament of the lake. The lake adorns the forest.
13) "God's palace is in the sky." I do not see God or God's palace.
14) The boy worships God with flowers on the bank of the lake.
15) I am a friend of the king. I dwell in the palace with the king.

3) Write any five sentences of your own in Sanskrit.

LESSON 6

Active verbs: past imperfect, imperative and potential forms

Past imperfect tense (अनद्यतनभूत)

There are three past tenses in Sanskrit: the imperfect, the perfect, and the aorist. Sanskrit grammarians note the following semantic differences between these three: 1) the imperfect was used for past events witnessed by the speaker, 2) the perfect was used for remote past events not witnessed by the speaker, 3) the aorist was used for the immediate past. These semantic distinctions are no more observed in classical Sanskrit, though the forms survive.

In past imperfect, there are two ways of deriving forms. The first way is simply to take the present tense form and use स्म after that. However, it often has the sense of habitual. Example:

रामः गृहम् गच्छति ।	"Rama goes home."
रामः गृहम् गच्छति स्म ।	"Rama went / used to go home."

This usage is relatively less frequent compared to the standard inflected imperfect forms.

Standard imperfect paradigm (active): (Note the initial augment अ).

वद् (1P) वदति "to speak"

	S	D	P
1st	अवदम्	अवदाव	अवदाम
2nd	अवदः	अवदतम्	अवदत
3rd	अवदत्	अवदताम्	अवदन्

Imperfect forms for the conjugations 4P, 6P and 10P can be derived by simply using their third-person singular present form and following the paradigm of वद् above. For instance:

नृत्	(4P)	नृत्यति	"to dance"
		अनृत्यत्	"(He) danced."

तुद्	(6P)	तुदति	"to strike"
		अतुदत्	"(He) struck."
चुर्	(10P)	चोरयति	"to steal"
		अचोरयत्	"(He) stole."

***Note:** For roots with initial इ, उ, or ऋ, the combination with the augment अ leads to (Vr̥ddhi forms) ऐ, औ, and आर्, e.g., अ+इच्छत् = ऐच्छत्. For details, see Lesson 11 (p. 94).

Imperative mood

Imperative mood is used to express a command, advice, a wish, a request, etc. A negative command or prohibition is expressed by using मा plus the imperative form.

Standard imperative paradigm (active)

वद् (1P) वदति "to speak"

	S	D	P
1st	वदानि	वदाव	वदाम
2nd	वद	वदतम्	वदत
3rd	वदतु	वदताम्	वदन्तु

Imperative forms for 4P, 6P and 10P can be derived by following this paradigm. For instance:

नृत्	(4P)	नृत्य	"(You) dance."
		नृत्यतु	"Let (him) dance."
तुद्	(6P)	तुद	"(You) strike."
		तुदतु	"Let (him) strike."
चुर्	(10P)	चोरय	"(You) steal."
		चोरयतु	"Let (him) steal."

An optional affix -तात् is used for 2nd and 3rd singulars in expressing a blessing. Example: सुखं भवतात् "Let there be happiness."

Potential (or optative) mood

Potential (or optative) mood is used to express a wish, advice, a request, a possibility, or the near future. It is also used for conditional clauses, e.g. "If he would go...."

Standard potential paradigm (active)

वद् (1P) वदति "to speak"

	S	D	P
1st	वदेयम्	वदेव	वदेम
2nd	वदेः	वदेतम्	वदेत
3rd	वदेत्	वदेताम्	वदेयुः

Potential forms for 4P, 6P and 10P can be derived by following this paradigm. For instance:

नृत्	(4P)	नृत्यति	:	नृत्येत्	"(He) may dance."
तुद्	(6P)	तुदति	:	तुदेत्	"(He) may strike."
चुर्	(10P)	चोरयति	:	चोरयेत्	"(He) may steal."

Potential forms can be used to translate "may", "should", "would", "will".

Use of अपि "even, also, too"

The word अपि follows the word it modifies. In a sentence, just about any word can be modified by अपि.

रामः गृहे फलम् खादति ।	"At home, Rāma eats fruit."
रामः अपि गृहे फलम् खादति ।	"At home, even Rāma eats fruit."
रामः गृहेऽपि फलम् खादति ।	"Even at home, Rāma eats fruit."
रामः गृहे फलम् अपि खादति ।	"At home, Rāma eats even fruit."
रामः गृहे फलम् खादति अपि ।	"At home, Rāma even eats fruit."

Use of अपि as a question-marker

अपि in the sentence-initial position turns the sentence into a question: अपि रामो गजं पश्यति "Does Rāma see the elephant?"

Use of मा "don't"

The use of मा in the sense of 'don't' is common with imperative/optative forms: Example: मा फलं खाद / खादेः । "Don't eat the fruit."

Vocabulary

शंस् (1P) शंसति "to praise" मूर्ख (adj, mfn) foolish, fool
मेघ (m) cloud (*adjectives*, See Lesson 14)
अपि even, also a question-marker when used sentence-initially.
दा (→ यच्छ्) (1P) यच्छति "to give" मा don't, let not

Exercises

1) **Write the past imperfect, imperative and optative paradigms for one verb from each of the four conjugations.**

2) **Convert the Sanskrit sentences from Exercise 1, Lesson 3, into imperfect, imperative and optative.**

3) **Translate into English and rewrite without sandhis:**

१. शृगाला गजानां बलमचिन्तयन् । ते पर्वतं प्रति अधावन् ।
२. आकाशे मेघा भवन्तु इति जना इच्छन्ति । ते मेघान् पश्येयुस्तुष्येयुश्च ।
३. ते बाला जनको गच्छति इति अचिन्तयन्, जनकं प्रति च अधावन् ।
४. नृपो मित्रस्य काव्यं पश्यतु, काव्येन तुष्यतु, मित्राय च धनं यच्छतु ।
५. जनाश्चन्द्रमाकाशे अपश्यन् । ते मित्रेभ्यः (dative of indirect object) अकथयन् - चन्द्र आकाशस्य भूषणम् इति ।
६. गृहस्य पुरतो ह्रदो भवतु, पश्चात् वृक्षा भवन्तु, वृक्षेषु कुसुमानि भवन्तु, इति सा नृपाय अकथयत् ।
७. दासस्तृणानां भारं वनात् ग्रामे अनयत्, गजस्य च पुरतः अक्षिपत् ।
८. स वीरो नृपस्य प्रासादमपि दहतु । तम् शंसेम एव वयम् ।
९. अपि सा ग्राममविशत् मित्रस्य च गृहं प्रति अगच्छत् ।
१०. शृगाला वने मांसं न अविन्दन् । मांसेन विना वयं न जीवेम इति ते ईश्वराय अकथयन् ।
११. ग्रामे दासा वीरस्य नृपस्य गुणान् जनेभ्यः कथयन्तु ।
१२. नृपस्य गुणैः जनास्तुष्यन्तु नृपं च शंसन्तु इति एव अहमिच्छामि । अपि अहं नृपस्य मित्रम् ।
१३. अहमीश्वरस्य गुणान् अशंसम्, सुखञ्च अविन्दम् ।
१४. मित्राणि कनकं दीव्यन्तु, अहं च तत् कनकं विन्देयम् ।
१५. ह्रदस्य तीरे कुसुमानि भवन्ति, हंसाश्च तीरे नृत्यन्ति इति अहमपश्यम्
१६. अलम् दुःखेन । सुखस्य कृते त्वमीश्वरमेव चिन्तय ।

१७. ईश्वरो न भवति इति एव त्वं चिन्तयेः । त्वं दैवेन एव सुखं विन्देः ।
१८. शृगालानां काव्येभ्यो गजा न स्पृहयन्ति । दासानां वचनेभ्यो नृपा मा स्पृहयन्तु ।
१९. गृहस्य पश्चात् ह्रदस्य तीरे वृक्षस्य अधः सा सीदतु कमलस्य पत्राणि च गणयतु ।
२०. दासा वनाय गच्छन्तु वृक्षान् च कृन्तन्तु । ते फलानां भारं ग्रामे नयन्तु धनं च विन्दन्तु ।

4) Translate into Sanskrit and write with known sandhis:

1. We should go to the mountain, drink the water of the lake and praise God.
2. She sat under the tree and thought: "I long for the king. May the king also long for me (मह्यम्, dative of अहम्)."
3. Even the servants danced outside the king's palace.
4. The moon adorns the sky. It is an ornament of the sky.
5. The elephants see the moon in the lake and say: "O moon, We see you in the lake. We see you also in the sky."
6. Let him not (मा) see the king's poem. I should see that poem.
7. Only jackals are pleased by the virtues of jackals.
8. Fools (मूर्ख) think: "The clouds will (potential) fall from the sky."
9. I see the swans even on the lake. I see even the swans on the lake. Even I see the swans on the lake.
10. The jackals should be pleased with the swans. They long for the swans' meat.
11. The king should say: "Enough with wealth". He should contemplate only upon the happiness of the world.
12. Even the king's servant does not live in the palace.
13. Let the king's heroes protect the people.
14. I should get wealth from the king. He should be happy with my (मम) poetry.
15. O friend! Please go to the forest and get fruit for me (मम कृते).

5) Write any five Sanskrit sentences of your own.

LESSON 7

Declensions of personal pronouns

"I" अस्मद्

	S	D	P
Nom	अहम्	आवाम्	वयम्
Acc	माम्, (मा)	आवाम्, नौ	अस्मान्, नः
Ins	मया	आवाभ्याम्	अस्माभिः
Dat	मह्यम्, मे	आवाभ्याम्, नौ	अस्मभ्यम्, नः
Abl	मत्	आवाभ्याम्	अस्मत्
Gen	मम, मे	आवयोः, नौ	अस्माकम्, नः
Loc	मयि	आवयोः	अस्मासु

"you" युष्मद्

	S	D	P
Nom	त्वम्	युवाम्	यूयम्
Acc	त्वाम्, (त्वा)	युवाम्, वाम्	युष्मान्, वः
Ins	त्वया	युवाभ्याम्	युष्माभिः
Dat	तुभ्यम्, ते	युवाभ्याम्, वाम्	युष्मभ्यम्, वः
Abl	त्वत्	युवाभ्याम्	युष्मत्
Gen	तव, ते	युवयोः, वाम्	युष्माकम्, वः
Loc	त्वयि	युवयोः	युष्मासु

The bracketed forms are not common in the classical language.

"that, he, she, it" तद्

		S	D	P
(M)	**Nom**	सः	तौ	ते
	Acc	तम्	तौ	तान्
	Ins	तेन	ताभ्याम्	तैः
	Dat	तस्मै	ताभ्याम्	तेभ्यः

	Abl	तस्मात्	ताभ्याम्	तेभ्यः
	Gen	तस्य	तयोः	तेषाम्
	Loc	तस्मिन्	तयोः	तेषु
(F)	Nom	सा	ते	ताः
	Acc	ताम्	ते	ताः
	Ins	तया	ताभ्याम्	ताभिः
	Dat	तस्यै	ताभ्याम्	ताभ्यः
	Abl	तस्याः	ताभ्याम्	ताभ्यः
	Gen	तस्याः	तयोः	तासाम्
	Loc	तस्याम्	तयोः	तासु
(N)	Nom	तद्	ते	तानि
	Acc	तद्	ते	तानि
	Ins	तेन	ताभ्याम्	तैः
	Dat	तस्मै	ताभ्याम्	तेभ्यः
	Abl	तस्मात्	ताभ्याम्	तेभ्यः
	Gen	तस्य	तयोः	तेषाम्
	Loc	तस्मिन्	तयोः	तेषु

Use of indeclinables

1) By using interrogative words like कुत्र "where" , क्व "where" , कुतः "why, from where" , and कदा "when" , a sentence can be changed into a question. Examples:

रामः गच्छति ।	"Rāma goes."
रामः क्व गच्छति ।	"Where does Rāma go?"
रामः कदा गच्छति ।	"When does Rāma go?"

There is no grammatical restriction on the word order.

2) यदि "if" and तर्हि "then" (conditional) : These words are generally placed in the beginning of the clauses they qualify. The "if" clause normally comes first. Example:

यदि रामः फलं विन्देत्, तर्हि सः तुष्येत् ।

"If Rāma may get a fruit, he will be pleased."

3) यदा "when" and तदा "then" (temporal) : These words normally occur at the beginning of the clauses they qualify. Example:

यदा रामः गृहं गच्छति, तदा सः जलं पिबति ।

"When Rāma goes home, he drinks water."

Vocabulary

Verbs

पच्	(1P)	पचति	to cook
यज्	(1P)	यजति	to sacrifice, to worship
रक्ष्	(1P)	रक्षति	to protect
रुह्	(1P)	रोहति	to climb, to grow (intrans.)
वह्	(1P)	वहति	to carry, to flow
शंस्	(1P)	शंसति	to praise
दंश्	(1P)	दशति	to bite
निन्द्	(1P)	निन्दति	to blame, to accuse
हृ	(1P)	हरति	to take away, to steal
दा	(1P)	यच्छति	to give
हस्	(1P)	हसति	to laugh
पठ्	(1P)	पठति	to read, to recite
प्रच्छ्	(6P)	पृच्छति	to ask
रच्	(10P)	रचयति	to arrange, construct, build, compose
भ्रम्	(4P)	भ्राम्यति	to roam
शम्	(4P)	शाम्यति	to quieten, cease, become peaceful

Nouns

Masculine

कर	hand
देश	country
मेघ	cloud
सूर्य	sun
अनिल	wind
अनल	fire
तात	father
पण्डित	a learned man

Neuter

स्थान	place
शस्त्र	weapon
शास्त्र	sacred text, manual
शीर्ष	head
पुस्तक	book

Indeclinables

कुत्र	where?	क्व	where?
इह, अत्र	here	कुतः	why? from where?
ततः	therefore, from there then	यतः	since, because
यदि	if	तर्हि	then (conditional)
तदा	then (temporal)	कदा	when?
यदा	when (relative pronoun)	यत्र	where (relative pr.)
तत्र	there		

Exercises

1) **Translate the following into English:**

१. यदा रामः तस्याः गृहम् गच्छेत्, तदा स तुष्येत् ।
२. वीरः नृपस्य शीर्षम् शस्त्रेण तुदतु । वयम् तम् न निन्देम ।
३. मेघाः आकाशे भ्राम्यन्ति । मेघानाम् जलैः वने अनलः शाम्येत् ।
४. त्वम् पृच्छसि - हे राम, क्व गच्छसि । कुतो हससि । कुत्र तिष्ठसि - इति ।
५. यदि बालः पुस्तके शास्त्रम् पठेत्, तर्हि तस्य जनकः तस्मै फलम् यच्छेत् ।
६. यदा तस्मिन् देशे नृपः जनान् न रक्षेत्, तदा जनाः नृपं न शंसेयुः । ते तम् निन्देयुः एव ।
७. अनलः अनिलेन न शाम्यति । स जलेन एव शाम्येत् । ततः यत्र अनलः भवति तत्र जनाः पात्रैः जलम् नयन्तु ।
८. सः नृपः तस्मिन् ग्रामे अयजत् । ततः सः पुत्रम् अविन्दत् ।
९. सः बालः यदा वृक्षम् अरोहत्, तदा एव सः चन्द्रम् अपश्यत् ।
१०. यदि जनाः मेघेषु सूर्यम् पश्येयुः, तर्हि ते चिन्तयेयुः - सूर्यः मेघेषु वसति - इति ।
११. जनकाय बालः कराभ्याम् फलानि अयच्छत् । सः अवदत् - हे तात, सर्वाणि (सर्व = all) फलानि जलेन क्षालय । ततः च तानि भक्षय - इति ।
१२. जनकः अवदत् - हे पुत्र, त्वम् एव तानि फलानि जलेन क्षालयेः, ततः अहम् तानि भक्षयेयम् । त्वम् अपि मया सह तानि फलानि भक्षयेः - इति ।
१३. पुत्रः वने ह्रदस्य जलेन तानि फलानि अक्षालयत्, जनकाय च अयच्छत् । तौ फलैः अतुष्यताम् ।
१४. नृपः शस्त्रस्य एव बलम् बोधति । सः चिन्तयति - शस्त्रे एव बलम् भवति - इति । स चिन्तयति - अपि शास्त्रे बलम् भवति - इति ।
१५. पण्डितः नृपाय कथयति - हे नृप, शास्त्रे अपि बलम् भवति - इति ।

2) Rewrite the above sentences with the sandhis.

3) Translate the following into Sanskrit:

1. The servant ran to the palace, and told the king: "O king, there is fire in the town."
2. The father of the boy should wash the pots with the water of the well.
3. When the sun moves in the sky, people should be happy.
4. The man said to the boy: "O boy, where are you going? You should stay in your house."
5. The boy said: "Why do you ask me? I am not your son, and you are not my father."
6. The king saw the poem of the man. The king was pleased.
7. The man praised the king, and said to him: "O king, you should give me gold and jewels, if you are pleased by / with my poem."
8. The servant carries the pot on his head. There is no food in that pot. Therefore the servant should not get weary.
9. He was reading that book. She saw him. It was her book. She said to him: "Why did you steal my book?"
10. The boy struck the horse, and the horse ran to the forest. A man found that horse in the forest.
11. Rama took her away from the palace. She laughed and said: "I do not long for you. Do not take me away."
12. I did not write that book. You should not praise me. Praise him. He wrote that book.
13. She should protect her son, and the son should protect her.
14. If I blame you, then you may blame me. I did not blame you, and you still (*tathāpi*) blame me.
15. If you climb the tree, I shall (optative) tell your father. Then God alone will protect you from your father.

4) Write any five Sanskrit sentences of your own.

LESSON 8

Feminine noun declensions of stems in आ , ई , ऊ

नदी **(F)** **river**

	S	D	P
Nom	नदी	नद्यौ	नद्यः
Acc	नदीम्	नद्यौ	नदीः
Ins	नद्या	नदीभ्याम्	नदीभिः
Dat	नद्यै	नदीभ्याम्	नदीभ्यः
Abl	नद्याः	नदीभ्याम्	नदीभ्यः
Gen	नद्याः	नद्योः	नदीनाम्
Loc	नद्याम्	नद्योः	नदीषु
Voc	नदि	नद्यौ	नद्यः

लता **(F)** **a vine**

	S	D	P
Nom	लता	लते	लताः
Acc	लताम्	लते	लताः
Ins	लतया	लताभ्याम्	लताभिः
Dat	लतायै	लताभ्याम्	लताभ्यः
Abl	लतायाः	लताभ्याम्	लताभ्यः
Gen	लतायाः	लतयोः	लतानाम्
Loc	लतायाम्	लतयोः	लतासु
Voc	लते	लते	लताः

वधू (F) young woman, bride, daughter-in-law

	S	D	P
Nom	वधूः	वध्वौ	वध्वः
Acc	वधूम्	वध्वौ	वधूः
Ins	वध्वा	वधूभ्याम्	वधूभिः
Dat	वध्वै	वधूभ्याम्	वधूभ्यः
Abl	वध्वाः	वधूभ्याम्	वधूभ्यः
Gen	वध्वाः	वध्वोः	वधूनाम्
Loc	वध्वाम्	वध्वोः	वधूषु
Voc	वधु	वध्वौ	वध्वः

More pronouns

The interrogative pronoun किम् "who, what which" and the relative pronoun यद् "he who, she who, that which" are declined very much like तद्. Just as in the forms of *tad*, *ta* is the base for all the forms except neuter nominative and accusative singular, the forms of *kim* and *yad* have the bases *ka* and *ya* respectively, except in neuter nominative and accusative singular. Compare the following:

सः । यः । कः	(There are no separate relative
सा । या । का	forms for the first & second
तेन । येन । केन	person pronouns. Sanskrit
तया । यया । कया	usage combines forms of यद्
तस्मै । यस्मै । कस्मै	with forms of first & second
तानि । यानि । कानि	person pronouns, i.e. यः अहम्.)

Use of यद् (he who, she who, that which)

यद् is a relative pronoun and thus always occurs in a relative clause: for instance, in the sentence, "I saw the man who told her," the clause "who told her" will be यः तस्यै अकथयत् । The whole sentence will be: अहं तं नरम् अपश्यम्, यः तस्यै अकथयत् ।. The case of यद् is determined by the role played by the person or thing in the relative clause. Thus:

अहं तं नरमपश्यम्, यस्मै सा फलमयच्छत् ।
"I saw the man, **to whom** she gave the fruit."
अहं तानि फलानि खादामि, यानि त्वमिच्छसि ।
"I eat those fruits, **which** you want."
अहं तस्यै स्पृहयामि, यस्यै त्वं स्पृहयसि ।
"I long for her, **(she) whom** you long **for** (too)."

The clauses with forms of यद् such as case forms, or indeclinable forms such as यदि, यदा, and यत्र, are relative clauses. The relative clauses can come either before or after the main clause, i.e. the clause with forms of the co-relative pronoun such as तद् (including its case forms and indeclinable forms such as तर्हि, तदा, and तत्र). Usually, the noun referred to by the relative pronoun appears in the first clause of the complex sentence:

अहं तस्यै नार्यै स्पृहयामि, यस्यै त्वं स्पृहयसि । versus
अहं यस्यै नार्यै स्पृहयामि, तस्यै त्वं स्पृहयसि ।

Use of किम् (who? what? which?)

This is the interrogative pronoun mostly declined with the base क in masc./neut. and का in feminine, cf. forms of तद्. "What, which and who" are declined with genders and numbers. Examples:

कः गच्छति ।	"Who (M) goes?"
का गच्छति ।	"Who (F) goes?"
किम् खादति ।	"What (N) does X eat?"
कस्मै यच्छसि ।	"To whom (M) do you give?"
कस्यै यच्छसि ।	"To whom (F) do you give?"
कं चिन्तयसि ।	"Who (M) do you think of?"
कां चिन्तयसि ।	"Who (F) do you think of?"
किं चिन्तयसि ।	"What (N) do you think of?"

It may be noted that "who(M)" and "who(F)" could refer to inanimate things in Sanskrit, if the words for those things are masculine or feminine. Examples:

कं नरं पश्यसि ।	"Which man do you see?"
कं प्रासादं गच्छसि ।	"To which palace do you go?"
कां मालां पश्यसि ।	"Which garland do you see?"

Forms of एतद् "this" (he, she, it)

These forms are very similar to the forms of तद् "that" (he, she, it), except for some additional optional forms. Just compare the following:

M			F		
सः	।	एषः	सा	।	एषा
तौ	।	एतौ, एनौ	ताम्	।	एताम्, एनाम्
तम्	।	एतम्, एनम्	ते	।	एते, एने
तान्	।	एतान्, एनान्	ताः	।	एताः, एनाः
तेन	।	एतेन, एनेन	तया	।	एतया, एनया
तयोः	।	एतयोः, एनयोः			

N		
तद्	।	एतद्, एनद्
ते	।	एते, एने
तानि	।	एतानि, एनानि

Vocabulary

Nouns

लता	(F)	creeper	नदी	(F)	river
माला	(F)	garland	जननी	(F)	mother
भार्या	(F)	wife	भगिनी	(F)	sister
बाला	(F)	girl	वाणी	(F)	speech, sayings
शोभा	(F)	splendor	नारी	(F)	woman
सभा	(F)	assembly	नगरी	(F)	town

वधू	(F)	bride, young woman, daughter-in-law
चमू	(F)	army
श्वश्रू	(F)	mother-in-law

Pronouns

यद्	(MFN)	he who, she who, that which
किम्	(MFN)	who? what? which?
एतद्	(MFN)	this (he, she, it)

Exercises

1) **Translate the following into English:**

१ रामो भगिन्या सह तां नगरीमगच्छत् । तस्यां नगर्यां तस्य भगिनी नदीमपश्यत् । सा राममवदत् - हे राम, एतस्या नद्याः शोभां पश्य - इति । रामो भगिनीमवदत् - हे भगिनि, त्वं नदीमेव पश्यसि । तस्या नद्यास्तीरे या नारी तिष्ठति, सा ते श्वश्रूः । यदि सा त्वां पश्येत्, सा न तुष्येत् । ततस्त्वं गृहमेव गच्छ - इति । रामस्य भगिनी राममवदत् - यदि एषा मम श्वश्रूः, तस्या अपि श्वश्रूः गृहे भवति - इति । यदा सा श्वश्रूः रामस्य भगिनीमपश्यत्, तदा सा अवदत् - हे वधु, त्वं मामपश्यः नद्यास्तीरे । तत्(=द्) मम श्वश्र्वै मा कथय - इति । ततः सा श्वश्रूः वध्वा सह गृहमगच्छत् ।

२ का नारी तव भार्या भवति ।
३ का जननी मम श्वश्रूः भवति ।
४ नृपस्य सभायां सा बाला नृत्यतु ।
५ को मम भार्यां पश्यति ।
६ यो मम भार्यां स्पृशेत्, तमहं तुदेयम् ।
७ मम जनन्या भगिनी एतस्या लतायाः शोभामपश्यत् ।
८ नद्याः परतश्चमूस्तिष्ठति ।

2) **Write the above sentences without the sandhis.**

3) Translate the following into Sanskrit (with sandhis):

1. I see Rāma's wife on the bank of that river.
2. My mother would be pleased, if she were to see your sister.
3. The poet read his poems in the assembly of the king.
4. Her mother-in-law told me.
5. The king's army should conquer this town.
6. I think of the girl who I saw in your house.
7. Your sister's mother-in-law is my mother.
8. In which house do you live?
9. Who is your wife?
10. In whose assembly did you read your poems?
11. Who is that woman?
12. Does your wife see that army?
13. I am satisfied with that garland.
14. I see the splendor of the moon in the sky.
15. In which town do you live?

4) Write the declensions of the following:

भार्या , वाणी , श्वश्रू , एतद्

5) Write any five Sanskrit sentences.

LESSON 9

Declension of masculine nouns in इ and उ

मुनि (M) sage

	S	D	P
Nom	मुनिः	मुनी	मुनयः
Acc	मुनिम्	मुनी	मुनीन्
Ins	मुनिना	मुनिभ्याम्	मुनिभिः
Dat	मुनये	मुनिभ्याम्	मुनिभ्यः
Abl	मुनेः	मुनिभ्याम्	मुनिभ्यः
Gen	मुनेः	मुन्योः	मुनीनाम्
Loc	मुनौ	मुन्योः	मुनिषु
Voc	मुने	मुनी	मुनयः

तरु (M) tree

	S	D	P
Nom	तरुः	तरू	तरवः
Acc	तरुम्	तरू	तरून्
Ins	तरुणा	तरुभ्याम्	तरुभिः
Dat	तरवे	तरुभ्याम्	तरुभ्यः
Abl	तरोः	तरुभ्याम्	तरुभ्यः
Gen	तरोः	तर्वोः	तरूणाम्
Loc	तरौ	तर्वोः	तरुषु
Voc	तरो	तरू	तरवः

Declension of feminine nouns in इ and उ

मति (F) intelligence, thought, mind

	S	D	P
Nom	मतिः	मती	मतयः
Acc	मतिम्	मती	मतीः
Ins	मत्या	मतिभ्याम्	मतिभिः
Dat	मत्यै, मतये	मतिभ्याम्	मतिभ्यः
Abl	मत्याः, मतेः	मतिभ्याम्	मतिभ्यः
Gen	मत्याः, मतेः	मत्योः	मतीनाम्
Loc	मत्याम्, मतौ	मत्योः	मतिषु
Voc	मते	मती	मतयः

धेनु (F) cow

	S	D	P
Nom	धेनुः	धेनू	धेनवः
Acc	धेनुम्	धेनू	धेनूः
Ins	धेन्वा	धेनुभ्याम्	धेनुभिः
Dat	धेन्वै, धेनवे	धेनुभ्याम्	धेनुभ्यः
Abl	धेन्वाः, धेनोः	धेनुभ्याम्	धेनुभ्यः
Gen	धेन्वाः, धेनोः	धेन्वोः	धेनूनाम्
Loc	धेन्वाम्, धेनौ	धेन्वोः	धेनुषु
Voc	धेनो	धेनू	धेनवः

Compare the forms of मुनि and तरु. They are quite similar with each other. In general, it may be said that when the masculine nouns in इ have इ, ई, य् and ए, the masculine nouns in उ have उ, ऊ, व् and ओ respectively. But compare the forms मुन्योः and तर्वोः, मुनये and तरवे, and मुनौ and तरौ. Here the pairs have the same vowel in their final syllable, because the final vowels are part of the affixes.

The forms of मति and धेनु are also quite parallel in the same manner. It may be observed that the optional forms of मति and धेनु in the singular from dative to locative result because, for some reason, the feminine nouns in *i* and *u* in these places behave either like the masculine nouns in *i* and *u*, or optionally like the feminine nouns in long *ī* and *ū*. Compare the following:

मत्यै । नद्यै	मतये । मुनये
मत्याः । नद्याः	मतेः । मुनेः
मत्याम् । नद्याम्	मतौ । मुनौ
धेन्वै । वध्वै	धेनवे । तरवे
धेन्वाः । वध्वाः	धेनोः । तरोः
धेन्वाम् । वध्वाम्	धेनौ । तरौ

Visarga sandhi

A visarga (:) changes to र् if it is preceded by any vowel except अ or आ, and followed by a vowel or a *voiced* consonant. Examples:

मुनिः	+	अत्र	⟶	मुनिरत्र
मुनिः	+	गच्छति	⟶	मुनिर्गच्छति
तरोः	+	इति	⟶	तरोरिति
तरोः	+	धावति	⟶	तरोर्धावति

Vowel sandhi

A) Lengthening of similar simple vowels:

a) अ or आ + अ or आ ⟶ आ

Examples: राम + अत्र ⟶ रामात्र

माला + आकाशे ⟶ मालाकाशे

b) इ or ई + इ or ई ⟶ ई

Examples: उपरि + इति ⟶ उपरीति

नदी + इति ⟶ नदीति

c) उ or ऊ + उ or ऊ ⟶ ऊ

Example: गच्छतु + उपरि ⟶ गच्छतूपरि

गच्छतु + ऊर्मिः ⟶ गच्छतूर्मिः

d) ऋ or ॠ + ऋ or ॠ ⟶ ॠ

Example (rare) पितृ + ऋषिः ⟶ पितॄषिः

पितृ + ॠकारः ⟶ पितॄकारः

B) Simple vowels followed by dissimilar vowels:

a) इ or ई ⟶ य्, if followed by any other vowel.

Examples: उपरि + अश्वः ⟶ उपर्यश्वः

नदी + एव ⟶ नद्येव

b) उ or ऊ ⟶ व्, if followed by any other vowel.

Example: धावतु + अत्र ⟶ धावत्वत्र

c) ऋ or ॠ ⟶ र्, if followed by any other vowel.

Example: पितृ + अत्र ⟶ पित्रत्र

C) Formation of diphthongs:

a) अ or आ + इ or ई ⟶ ए

Examples: च + इति ⟶ चेति

मुनिना + इह ⟶ मुनिनेह

b) अ or आ + उ or ऊ ⟶ ओ

Examples: अत्र + उपरि ⟶ अत्रोपरि

मुनिना + उपरि ⟶ मुनिनोपरि

c) अ or आ + ए or ऐ ⟶ ऐ

Examples: च + एव ⟶ चैव

धेन्वा + एतद् ⟶ धेन्वैतद्

d) अ or आ + ओ or औ ⟶ औ

Examples: च + ओदनम् ⟶ चौदनम्

पिबाम + औषधम् ⟶ पिबामौषधम्

D) Exceptions:

Long ई, ऊ and ए do not change, if they occur at the end of dual forms of nouns or verbs. Similarly the final vowels of interjections like आ, हे and अहो remain unchanged.

Examples:	मुनी	+	अत्र	⟶	मुनी # अत्र
	धेनू	+	इति	⟶	धेनू # इति
	माले	+	अत्र	⟶	माले # अत्र

Vocabulary

Masculine

मुनि	sage
राशि	heap
अतिथि	guest
अरि	enemy
कवि	poet
तरु	tree
इषु	arrow
गुरु	teacher
शिशु	baby, child
पशु	beast, animal

Feminine

मति	intelligence, thought, mind
भक्ति	devotion
भूमि	earth, ground
रात्रि	night
शक्ति	power
धेनु	cow
चञ्चु	beak
रज्जु	rope
तनु	body
रेणु	dust

√ताड् (10P) to beat, to strike

Exercises

1) Translate the following into English:

१ रात्रौ मुनिर्नगरीमगच्छत् । तत्र स नृपस्य प्रासादमगच्छत्, प्रासादात् बहिर्भूमौ चासीदत् । नृपस्य दासस्तं मुनिमपश्यत् । सोऽचिन्तयत् - क एषोऽत्र प्रासादात् बहिस्तिष्ठति - इति । स दासो मुनिं प्रति अगच्छत् अवदत् च - कस्त्वम् । कुतोऽत्र नृपस्य प्रासादात् बहिस्सीदसि । त्वं नृपात् किमिच्छसि - इति । ततः स मुनिर्दासमवदत् - हे दास, अहं तव नृपस्य गुरुर्भवामि । त्वं नृपाय कथय - तव गुरुः प्रासादात् बहिस्तिष्ठति - इति । दासस्तद् नृपाय अकथयत् । नृपः

प्रासादात् बहिरगच्छत्, गुरुं चापश्यत् । स गुरुमवदत् - हे गुरो, नमस्ते । त्वं ममातिथिः । मम प्रासादे अहं त्वां पूजयेयम् । तुभ्यं कुसुमानि फलानि च यच्छेयम् । मम भक्त्या त्वं तुष्येः - इति । ततः स नृपस्तं मुनिं प्रासादे अनयत् । स तं तत्रापूजयत् । नृपो भार्यामवदत् - हे भार्ये, एष मे गुरुः । तस्मै यदि त्वं फलानि कुसुमानि च यच्छेः, स तुष्येत् । यदि स तुष्येत्, तर्हि आवयोः सुखं भवेत्, दुःखं च नश्येत् - इति । ततः सा भार्या भक्त्या तं मुनिमनमत्, अपूजयत् च । स मुनिस्तयोर्भक्त्यातुष्यत् । सोऽवदत् - हे नृप, तव भक्त्याहमतुष्यम् । त्वं यद् इच्छसि, तत् ते यच्छेयम् - इति । स नृपोऽवदत् - हे गुरो, अहं धनमिच्छामि । यद् अहं स्पृशेयं, तत् कनकं भवतु - इति । गुरुरवदत् - मम शक्त्या यत् त्वं स्पृशेस्तत् कनकं भवेत् - इति । नृपः सुखेन भार्यामस्पृशत् । तदैव सा भार्या कनकमभवत्, भूमौ चापतत् । स नृपो गुरुमवदत् - हे गुरो, किमेतद् । कुतो मम दुःखम् - इति । गुरुरवदत् - हे नृप, यतस्त्वं कनकाय अस्पृहयः, ततस्त्वं दुःखमविन्दः । यदा त्वं धनमचिन्तयः, तदा तव मतिरनश्यत् । यदा तव मतिरनश्यत्, तदा त्वमेव तव अरिः अभवः । कनकं मा चिन्तय । ईश्वरमेव चिन्तय । यदि त्वमीश्वरं चिन्तयेः, तर्हि ईश्वरस्य शक्त्या तव भार्या जीवनं विन्देत् - इति । ततः स नृपो भूमौ असीदत्, भक्त्या ईश्वरमनमत्, ईश्वरस्य शक्तिं चाशंसत् । तस्य भक्त्या ईश्वरोऽतुष्यत्, तस्य च भार्यायै जीवनमयच्छत् ।

२ काकास्तरौ असीदन् । ते चञ्चुभिः फलान्यखादन् । धेन्वाश्चञ्चुर्न भवति ।
३ वधूः श्वश्र्वाः शक्तिं नाबोधत् । ततः सा दुःखमविन्दत् ।
४ नृपस्य मित्रं कविर्भवति ।
५ यदि जनकः शिशुं ताडयेत्, तर्हि स शिशुस्तं जनकं पशुं चिन्तयेत् ।
६ वीरोऽरीणां तनूः शस्त्रेण कृन्ततु । वयं तस्य शक्तिं शंसेम ।
७ फलानां राशौ रेणवः पतन्ति । तानि फलानि यूयं मा खादेत ।
८ यो नरो मम धनमचोरयत्, तमहं रात्रौ रज्ज्वा अतुदम् ।

2) **Rewrite the above story after making sandhis where there are no sandhis, and dissolving the sandhis where there are sandhis.**

3) **Write the declensions of the following:**
अरि, शिशु, शक्ति, चञ्चु

4) **Translate the following into Sanskrit:**

There was a king. He desired (अ+इच्छत् = ऐच्छत्) happiness. He thought: "If I get gold, I would get happiness." He went to his friend and asked him: "O friend, are you satisfied in your life?" The friend said: "O king, I am satisfied. I am a poet, and a poet longs for his poetry. My poetry is my happiness. I do not have gold. I do not want gold. I am happy without gold." The king went to the forest. In the forest he saw a sage. The sage was sitting on a heap of leaves near a lake. The king asked the sage: "O sage, if you want gold, I may give you gold. Gold is happiness." The sage said: "I am satisfied, since I get what I want. I do not want gold. I am satisfied with the fruit I get in this forest."

5) **Write any five sentences of your own in Sanskrit.**

LESSON 10

Middle Verbs (आत्मनेपदिन्)

Here we shall consider middle (आत्मनेपदिन्) verbs. These verbs take **middle endings** (आत्मनेपद) in active voice. No real middle voice as such has survived in the classical language. In Classical Sanskrit, no semantic distinction between active (परस्मैपदिन्) and middle (आत्मनेपदिन्) verbs has survived, though the grammarians argue that for verbs which have a choice of परस्मैपद or आत्मनेपद endings, the आत्मनेपद forms are reflexive. The traditional example is that of the verb यज् "to sacrifice". The sentence नृपो यजते means "the king sacrifices (so that the fruit of the sacrifice goes to himself)." In contrast, the sentence ब्राह्मणो यजति means "the priest sacrifices (so that the fruit of the sacrifice goes to the host)." This semantic distinction has not survived in the classical language. As in the case of the active verbs, the middle verbs are also classified into 10 conjugations. Here we shall consider the middle verbs (**A** for आत्मनेपदिन्) in the conjugations 1, 4, 6 and 10. The middle verbs in these four conjugations have the same **infixes** as the corresponding active verbs.

Present tense middle forms

लभ् (1A) "to obtain, to get"

	S	**D**	**P**
1st	लभे	लभावहे	लभामहे
2nd	लभसे	लभेथे	लभध्वे
3rd	लभते	लभेते	लभन्ते

Examples:	मुद् (1A)	मोदते	to rejoice
	मन् (4A)	मन्यते	to think
	नुद् (6A)	नुदते	to incite, to push
	मन्त्र् (10A)	मन्त्रयते	to counsel

Vowel sandhi rules (continued)

a.1) ए + अ → ए

Examples: लभते + अत्र → लभतेऽत्र

वने + अपि → वनेऽपि

a.2) ए → अय्, before any vowel other than अ

Examples: वने + इह → वनयिह

देवे + इति → देवयिति

b.1) ओ + अ → ओ

Examples: प्रभो + अधुना → प्रभोऽधुना

गुरो + अत्र → गुरोऽत्र

b.2) ओ → अव्, before any vowel other than अ

Examples: गुरो + इति → गुरविति

शिशो + इति → शिशविति

c) ऐ → आय्, before any vowel

Examples: तस्मै + इति → तस्मायिति

नद्यै + इति → नद्यायिति

d) औ → आव्, before any vowel

Examples: कवौ + इह → कवाविह

गुरौ + इति → गुराविति

e) य् and व् resulting from the changes of ए, ओ, ऐ and औ may be optionally elided, and in the case of such elision of य् and व्, no further sandhi occurs. Examples:

वने	+	इह	→	वनयिह	or	वन # इह
गुरो	+	इति	→	गुरविति	or	गुर # इति
तस्मै	+	इति	→	तस्मायिति	or	तस्मा # इति
कवौ	+	इति	→	कवाविति	or	कवा # इति

Due to various sandhi rules, occasionally identical sequences result from different original sequences, and only the larger sentential context can help identify the originals. Compare and contrast the following:

(बालाः इह) बाला इह तिष्ठन्ति ।	"The boys stand here."
(बालौ इह) बाला इह तिष्ठतः ।	"Two boys stand here."
(बाला इह) बाला इह तिष्ठति ।	"A girl stands here."

Table showing the combinations of final and initial vowels in external sandhi

Final ↓ / With initial ⟶	अ	आ	इ	ई	उ	ऊ	ऋ	ॠ	ए	ऐ	ओ	औ
अ/आ	आ	आ	ए	ए	ओ	ओ	अर्	अर्	ऐ	ऐ	औ	औ
इ/ई	य	या	ई	ई	यु	यू	यृ	यॄ	ये	यै	यो	यौ
उ/ऊ	व	वा	वि	वी	ऊ	ऊ	वृ	वॄ	वे	वै	वो	वौ
ऋ/ॠ	र	रा	रि	री	रु	रू	ॠ	ॠ	रे	रै	रो	रौ
ए	एऽ	अया	अयि	अयी	अयु	अयू	अयृ	अयॄ	अये	अयै	अयो	अयौ
or		अआ	अइ	अई	अउ	अऊ	अऋ	अॠ	अए	अऐ	अओ	अऔ
ऐ	आय	आया	आयि	आयी	आयु	आयू	आयृ	आयॄ	आये	आयै	आयो	आयौ
or	आअ	आआ	आइ	आई	आउ	आऊ	आऋ	आॠ	आए	आऐ	आओ	आऔ
ओ	ओऽ	अवा	अवि	अवी	अवु	अवू	अवृ	अवॄ	अवे	अवै	अवो	अवौ
or		अआ	अइ	अई	अउ	अऊ	अऋ	अॠ	अए	अऐ	अओ	अऔ
औ	आव	आवा	आवि	आवी	आवु	आवू	आवृ	आवॄ	आवे	आवै	आवो	आवौ
or	आअ	आआ	आइ	आई	आउ	आऊ	आऋ	आॠ	आए	आऐ	आओ	आऔ

Vocabulary

Middle (आत्मनेपदिन्) Verbs

ईक्ष्	(1A)	ईक्षते	to see
अर्थ्	(10A)	अर्थयते	to request
क्लिश्	(4A)	क्लिश्यते	to suffer
खिद्	(4A)	खिद्यते	to be depressed
गाह्	(1A)	गाहते	to dive, plunge
ग्रस्	(1A)	ग्रसते	to swallow, devour
जन्	(4A)	जायते	to be born
वृत्	(1A)	वर्तते	to be
वृध्	(1A)	वर्धते	to grow (intransitive)
भाष्	(1A)	भाषते	to speak
मुद्	(1A)	मोदते	to rejoice
मन्	(4A)	मन्यते	to think
नुद्	(6A)	नुदते	to incite, push
मृ	(4A)	म्रियते	to die
विद्	(4A)	विद्यते	to be
रम्	(1A)	रमते	to sport, to rejoice in
लभ्	(1A)	लभते	to obtain, get
वेप्	(1A)	वेपते	to tremble
मन्त्र	(10A)	मन्त्रयते	to counsel
श्लाघ्	(1A)	श्लाघते	to praise

Indeclinables

अद्य	today
श्वः	tomorrow
ह्यः	yesterday
अधुना	now
यथा	just as
तथा	so, in that manner
एकदा	once
कदाचित्	sometimes
न कदापि	never

किन्तु	but
यद्यपि	even if (यदि अपि)
तथापि	even then (तथा अपि)

Exercises

1) **Translate the following into English:**

१. अधुना सा नारी गृहे श्वश्र्वा सह मन्त्रयते ।

२. यद्यपि चन्द्र आकाशे एव भवति, तथापि बाला मन्यन्ते - चन्द्रो ह्रदेऽपि वसति - इति ।

३. जनको जननीं भाषते - हे भार्ये, एतेन बालेन सह आवां मोदावहे - इति ।

४. ह्रदस्य जले गजा गाहन्ते । ते मन्यन्ते - चन्द्रोऽप्यत्रैव गाहते - इति ।

५. शृगाला वने गजमीक्षन्ते । गजस्य शक्तिं ते श्लाघन्ते ।

६. यथाकाशे चन्द्रो वर्धते, तथा गृहे बाला वर्धते ।

७. यदा जननी बालामीक्षते, तदा सा मोदते ।

८. हे भार्ये, अद्याहं त्वामर्थये - मां मा त्यज - इति ।

९. पर्वतस्योपरि वनं विद्यते । तस्मिन् वनेऽद्य गजा म्रियन्ते ।

१०. मित्रस्य वचनेन नृपः खिद्यते, किन्तु स भाषते - हे मित्र, यदाहं त्वामीक्षे, तदाहं मोदे - इति ।

११. यद्यपि मम भार्या मां निन्दति, तथाप्यहं तां श्लाघे । किन्तु सा मां न कदापि श्लाघते ।

१२. यदा स बालो वृक्षात् अधः पतति, तदा स वेपते । स जनकं भाषते - अहं न कदापि वृक्षं रोहेयम् - इति ।

१३. जना मां कविं मन्यन्ते । किन्त्वहं न कदापि काव्यमलिखम् । कविः काव्येन मोदते । अहं काव्येन क्लिश्ये । अहं शास्त्राय स्पृहयामि ।

१४. मम भार्या तस्या जनन्या वचने रमते । किन्तु अहं मम श्वश्र्वा वचनेन खिद्ये ।

१५. यद्यप्यद्य त्वं मां धनस्य कृते श्लाघसे, तथापि ह्यः त्वमेव मामनिन्दः ।

१६. यथा शृगालो मांसं ग्रसते, तथा मम दुःखं मां ग्रसते ।

१७. एतस्मिन् देशे जनाः सुखं न लभन्ते, किन्तु तस्मिन् देशे जना अन्नमपि न लभन्ते ।

१८. यतोऽहमद्य त्वां चिन्तयामि, ततः श्वः त्वमपि मां चिन्तयेः ।

१९. यां नारीमहं चिन्तयामि, सा मां न चिन्तयति । सा यं नरं चिन्तयति, स तां न चिन्तयति । स यां चिन्तयति, सा तं न चिन्तयति । सा कं चिन्तयति । सा मां चिन्तयति ।

२०. यस्मिन् वने स मुनिर्वर्तते, तस्मिन् एव वने सा नारी रमते ।

2) **Rewrite the above sentences, without the sandhis, but write with sandhis those sequences which are originally without sandhis.**

3) **Translate the following into Sanskrit:**

1) I praise the clouds, which wander (भ्रम् 1P, भ्रमति) in the sky, because the clouds give us water.
2) The fire swallows the trees in the forest, as a beast swallows food.
3) The elephants plunge into the water of the lake.
4) The sage looks at the world and thinks that there is only sorrow in the world.
5) In that country, the people are depressed today.
6) When the king strikes his enemies with a weapon, the sages read the sacred texts.
7) When I obtain gold, my happiness grows.
8) I suffer, when my friends blame my poetry.
9) I rejoice, when my enemies suffer.
10) When a man gets his wife's devotion, he rejoices.
11) I see the splendor of the flowers. The flowers are on the creeper.
12) Now when the daughter-in-law sees the mother-in-law, the mother-in-law trembles.
13) Today I say, "O friend, do not recite your poems. Due to those poems, you rejoice, but I feel depressed."
14) The trees grow in the forest.

4) **Write the present paradigms of the following verbs:**

क्लिश्	(4A)	क्लिश्यते	वृध्	(1A)	वर्धते
मन्त्र्	(10A)	मन्त्रयते	ईक्ष्	(1A)	ईक्षते

5) **Write any five sentences of your own in Sanskrit.**

LESSON 11

Middle Verbs (continued)

Past imperfect

लभ् (1M) लभते "to obtain, to get"

	S	D	P
1st	अलभे	अलभावहि	अलभामहि
2nd	अलभथाः	अलभेथाम्	अलभध्वम्
3rd	अलभत	अलभेताम्	अलभन्त

Examples:	मुद्	(1M)	मोदते	अमोदत
	मन्	(4M)	मन्यते	अमन्यत
	नुद्	(6M)	नुदते	अनुदत
	मन्त्र्	(10M)	मन्त्रयते	अमन्त्रयत

Imperative mood

लभ् (1M) लभते "to obtain, to get"

	S	D	P
1st	लभै	लभावहै	लभामहै
2nd	लभस्व	लभेथाम्	लभध्वम्
3rd	लभताम्	लभेताम्	लभन्ताम्

Examples:	मुद्	(1M)	मोदते	मोदताम्
	मन्	(4M)	मन्यते	मन्यताम्
	नुद्	(6M)	नुदते	नुदताम्
	मन्त्र्	(10M)	मन्त्रयते	मन्त्रयताम्

Potential mood

लभ् (1M) लभते "to obtain, to get"

	S	D	P
1st	लभेय	लभेवहि	लभेमहि
2nd	लभेथाः	लभेयाथाम्	लभेध्वम्
3rd	लभेत	लभेयाताम्	लभेरन्

Examples:	मुद् (1M)	मोदते	मोदेत
	मन् (4M)	मन्यते	मन्येत
	नुद् (6M)	नुदते	नुदेत
	मन्त्र् (10M)	मन्त्रयते	मन्त्रयेत

Note: In the case of verbs with initial vowels, the combination of the past-tense अ (or आ according to traditional Sanskrit grammar) with the initial vowel results in the *vṛddhi*-grade of that initial vowel. The *Guṇa* change is seen in बोधति and वर्तते.

Original	*Guṇa*-grade	*Vṛddhi*-grade
अ/आ	अ	आ
इ/ई	ए	ऐ
उ/ऊ	ओ	औ
ऋ/ॠ	अर्	आर्

Examples:	अ	+	इच्छत्	==>	ऐच्छत्
	अ	+	ईक्षत	==>	ऐक्षत
	अ	+	अर्थयत	==>	आर्थयत

On the use of the clitics चित् and चन

In Classical Sanskrit, the most common manner of saying "a man" or "some man" is to use the clitic चित् or चन after the forms of the pronoun किम्. With these clitics, the forms of the pronoun किम् do not remain interrogative, but come to mean "a", "some", "someone", "somebody", etc. Thus, while केन means "by whom?", केनचित्/चन means "by somebody." Similarly, कः नरः गच्छति । means "Which man goes?", but कश्चित्/चन नरः गच्छति । means "Some man" or "A man goes". The sandhi between the forms of किम् and the clitics चित् and चन is obligatory. The same effect may be obtained by using अपि with the forms of किम्. Compare the following:

1a) "Who is standing there?" कः तत्र तिष्ठति?

1b) "Someone is standing there." कश्चित् / कश्चन / कोऽपि तत्र तिष्ठति

2a) "Where did you go?" कुत्र त्वम् अगच्छः?

2b) "I went somewhere." अहम् कुत्रचित् / कुत्रचन / कुत्रापि अगच्छम् ।

3a) “Which tree did you see?” कं वृक्षं त्वम् अपश्यः?

3b) “I saw a/some tree.” अहम् कञ्चित् / कञ्चन / कमपि वृक्षम् अपश्यम् ।

4a) “Which fruit do you want?” त्वम् किम् फलम् इच्छसि?

4b) “I want a/some fruit.” अहम् किञ्चित् / किञ्चन / किमपि फलम् इच्छामि ।

5a) “In which town did you live?” कस्मिन् ग्रामे त्वम् अवसः?

5b) “I lived in a/some town.” अहम् कस्मिंश्चित् / कस्मिंश्चन / कस्मिन्नपि ग्रामे अवसम् ।

6a) “By which virtue do you get happiness?” केन गुणेन सुखं लभसे?

6b) “I get happiness by some virtue.” केनचित् / केनचन / केनापि गुणेन सुखं लभे ।

Note: Negative usages like न कदापि, न कोऽपि, न कुत्रापि etc. mean “never,” “no one,” and “nowhere,” respectively, rather than “not sometime,” “not someone,” etc. Also note that in the following story, constructions like यः यः . . . सः सः mean something like “whoever, ... all those.”

Vocabulary

स्व	(pron)	one's own	सत्य	(n)	truth
सर्वदा	(indcl)	always	स्वर्गलोक	(m)	heaven
स्नान	(n)	bath	पुनर्	(indcl)	again
मरण	(n)	death	सर्षप	(m)	mustard seed
एक	(pron)	one/some	सर्व	(pron)	all
शरीर	(n)	body	आ+√नी		to bring

Exercises

1) **Convert the sentences in Lesson 10 to past-tense, and imperative and potential moods.** (Make changes, if necessary, to make the sentences sensible.)

2) **Rewrite the following story by making all the Sandhis in the first paragraph and by dissolving all the Sandhis in the remaining paragraphs. Also translate it into English.**

एकदा कश्चित् बालः अम्रियत । यदा तस्य बालस्य जननी तस्य शरीरम् अपश्यत्, तदा सा अक्लिश्यत । सा अमन्यत - कुतः मम पुत्रः अम्रियत? अहम् मम जीवने सर्वदा ईश्वरम् भक्त्या अनमम्, तस्य च शक्तिम् अश्लाघे । येषाम् गुणाः भक्तिः च विद्यन्ते,

तेभ्यः ईश्वरः सुखम् एव यच्छति इति अहम् अमन्ये । मम पुत्रस्य गुणाः अवर्तन्त, भक्तिः अपि अविद्यत । यदि ईश्वरस्य मतिः शक्तिः गुणाः च वर्तेरन्, मम पुत्रः कुतः म्रियेत? ततः ईश्वरः न विद्यते, तस्य शक्तिः मतिः च न विद्येते । यतः मम पुत्रः अम्रियत, ततः अहम् अपि जीवने कुतः रमेय? अहम् अपि जीवनम् न इच्छामि । ततः अहम् वनम् गच्छेयम्, नद्याः जले जीवनम् च त्यजेयम् इति । एतया मत्या सा नारी वनम् अगच्छत्, नद्याः जले च स्वम् शरीरम् अक्षिपत् । तदा एव तस्याम् नद्याम् कः चित् मुनिः स्नानाय अगाहत । सः तस्याः नार्याः शरीरम् जले ऐक्षत, ताम् च जलात् तीरे अनयत् । यदा सा नारी तीरे असीदत्, तदा सा अवेपत । ताम् नारीम् सः मुनिः अभाषत - हे नारि, जनाः जीवनम् सुखम् मन्यन्ते, न च तत् कदा अपि त्यजन्ति । कुतः त्वम् तव जीवनम् नद्याम् अत्यजः? कुतः स्वं जीवनम् न इच्छसि? - इति । सा नारी दुःखेन अभाषत - हे मुने, कुतः त्वम् मम जीवनम् अरक्षः? यतः मम पुत्रः अम्रियत, ततः मे दुःखम् अजायत । यतः मे दुःखम् न शाम्यति, ततः अहम् मम जीवनम् त्यजामि, नद्याम् च पतामि । न अहम् जीवनम् इच्छामि । अहम् नद्याम् वा पतेयम् अनलः वा माम् दहतु पशवः वा माम् वने ग्रसन्ताम् । पुत्रः एव मम सुखम् अवर्तत । पुत्रेण विना जीवनम् मरणम् एव । यदि अहं जीवेयम् दुःखेन एव जीवेयम् । किम् तु यदि अहम् अद्य अत्र म्रियेय अद्य एव अहम् स्वर्गलोकम् गच्छेयम् तत्र मम पुत्रम् पश्येयम् तेन सह च अहम् सुखेन जीवेयम् इति । स मुनिः ताम् नारीम् अभाषत - हे नारि, त्वं न मरणम् बोधसि, न वा जीवनम् । मा क्लिश्यस्व । मा खिद्यस्व । एतद् ईक्षस्व । यदा पुत्रः जायते, तदा जनाः मोदन्ते । यदा कः चित् नरः म्रियते, न तदा जनाः मोदन्ते । किम् तु यः यः जायते, सः सः म्रियते एव । यः यः म्रियते, सः सः पुनः जायते एव कुत्रचित् । मरणेन विना जीवनम् न विद्यते । जीवनेन विना मरणम् न वर्तते । यथा वृक्षाः जायन्ते, वर्धन्ते, नश्यन्ति च, तथा पशवः अपि जायन्ते, वर्धन्ते, नश्यन्ति च । यथा पशवः तथा नराः । जनाः मन्यन्ते - मम पुत्रः जायताम् । तस्य अपि पुत्रः जायताम् । अहम् मम पुत्रस्य पुत्रम् ईक्षेय । तस्य भार्याम् ईक्षेय । न कः अपि कदा अपि म्रियताम् । न अहम् म्रियै । न मे भार्या म्रियेत । न वा मम पुत्रः म्रियेत । अहम् सर्वदा एव जीवेयम् इति । किम् तु जनाः न चिन्तयन्ति - यः यः जायते सः सः म्रियते इति । ततः हे नारि, त्वम् जीवेः । मा त्वम् क्लिश्येथाः इति ।

यद्यपि सा नारी मुनेर्वचनमबोधत्तथापि साभाषत - हे मुने, अहं त्वां नमाम्यहमीश्वरं नमाम्यहं यं कमपि नमेयम् । यद्यप्यहं बोधामि - यो जायते स म्रियत एवेति, तथाप्यहं त्वामेतदर्थय एष मम पुत्रस्तव शक्त्या पुनर्जीवनं लभतामिति । स मुनिरभाषत - यदि त्वं मह्यमेकं सर्षपं यच्छेस्तर्हि तव पुत्रः पुनर्जीवेत् । एतं ग्रामं गच्छ । तत्र यस्मिन् गृहे न कदापि कोऽप्यम्रियत, तस्मात् गृहात् एकं सर्षपमानय । यदि त्वं सर्षपमानयेस्तर्हि तव पुत्रो जीवेत् इति ।

सा नारी तं ग्राममगच्छत् । तत्र सा सर्वाणि गृहाण्यगच्छत्, सर्वान् च जनानपृच्छत् । जनास्तस्यायकथयन् - हे नारि, वयं तुभ्यं सर्षपान् यच्छेम, किन्त्वस्माक

गृहाणि मरणेन विना न विद्यन्ते । सर्वेषु गृहेषु केचित् नराः कदाचित् अम्रियन्तैव । सा नारी गृहात् गृहं, ग्रामात् ग्राममभ्राम्यत् । न क्वापि सा सर्षपमलभत । सर्वत्र सैतद् एवाबोधत् - यो जायते स म्रियत इति । यदा सा नारी - न कोऽपि न म्रियत इत्यबोधत्तदा सा तं मुनिं प्रति पुनरगच्छत् । सा तमभाषत - हे मुने, अहम् त्वां नमामि । त्वं मे सत्यमदिशः । यद्यपि मम पुत्रोऽम्रियत, तथाप्यधुनाहं न खिद्ये । लोके ये बाला जननीं विना भवन्ति, तेषामहं जननी भवेयम् । तेभ्योऽहं सुखं यच्छेयम् । तेषां सुखेन मम दुःखं नश्येत् अहमपि च सुखं लभेयेति । स मुनिरवदत् य एतद् बोधति, चिन्तयति च, तं दुःखं न कदापि ग्रसते, स एव दुःखं ग्रसते, सुखं च लभतयिति ।

3) **Translate the following into Sanskrit:**

There was a forest. In that forest, there lived a sage. The sage lived with his wife. Near the forest, there was a city. In that city, there lived a king. The king lived in his palace with his wife. The king's wife did not love (=long for) the king. Therefore, the king had no happiness. A man whose wife does not love him has no happiness. The king thought: "If I go to the forest and speak to a sage, my misery will end (√नश्)." The king went to the forest, saw the sage, and spoke to him. The sage laughed and said to the king: "O king, just as your wife does not love you, similarly my wife does not love me. That is why I became a sage and came (आ+√गम्, आगच्छति, to come) to this forest. You should also stay here in the forest with me. I will be (potential) your friend and you will be my friend. The two of us will have happiness." The king lived in the forest with his wife near the sage. In time (कालेन), the king's wife loved the sage, and the sage's wife loved the king. All of them lived with happiness in the forest.

4) **Write five Sanskrit sentences of your own.**

LESSON 12

Gerunds and infinitives

Gerunds:

Gerunds are indeclinable derivative forms derived from verb roots to signify a "preceding action", or to translate a phrase such as "having gone". The restriction on the use of gerunds is that the agent of the gerund and the main verb must be the same.

Example: यदा रामो गृहं गच्छति, तदा स जलं पिबति ।

"When Rāma goes home, he drinks water."

This sentence can be converted to a **gerund**-construction by using the gerund गत्वा "having gone".

Example: गृहं गत्वा रामो जलं पिबति ।

"Having gone home, Rāma drinks water."

However, consider the following sentence:

यदा सीता गृहं गच्छति, तदा रामो जलं पिबति ।

"When Sītā goes home, Rāma drinks water."

This sentence is grammatically correct with the construction यदा-तदा. But one cannot change this into a gerund-construction, because there are different agents for the two actions.

If there are several actions preceding a principal action, one can use a series of gerunds:

गृहं गत्वा, जलं पीत्वा, फलानि खादित्वा, रामः सुखेन बहिर्गच्छति ।

"Having gone home, having drunk water and having eaten fruit, Rāma goes out with happiness."

Note that all of these actions have the same agent.

One can use a gerund-construction, as long as there is a subordinate action preceding a principal action. The principal action may be expressed in any tense or mood. Examples:

गृहं गत्वा रामो जलं पिबति । "Having gone home, Rāma drinks water."
गृहं गत्वा रामो जलमपिबत् । "Having gone home, Rāma drank ..."
गृहं गत्वा रामो जलं पिबतु । "Having gone home, Rāma must drink ..."
गृहं गत्वा रामो जलं पिबेत् । "Having gone home, Rāma may drink ..."

There are two gerund-forming affixes, *-tvā* and *-ya*. The affix *-tvā* is used if the verb has no prefixes, and the affix *-ya* is used if the verb has any prefixes. Examples:

गम् + त्वा --> गत्वा "having gone"
सम् + गम् + य --> संगम्य / °त्य "having come together"

This is a purely morphological difference and does not involve any syntactic changes. We shall deal with the use of gerunds and infinitives with passive main-clauses in Lesson 16. For a less frequent gerund form in -अम्, see Lesson 44.

Infinitives:

Infinitives are indeclinable forms derived from the verb roots by adding the affix तुम्, e.g. गम् + तुम् --> गन्तुम् "to go". An infinitive expresses a subordinate action which is the goal, purpose or reason for the main action. Like the gerunds, the infinitive also has the same agent as the main verb. If the two actions have different agents, one cannot have an infinitive construction. Examples:

1) जलं पातुं रामो गृहं गच्छति ।
   "Rāma goes home to drink water."
2) सीता रामं द्रष्टुं वनमगच्छत् ।
   "Sītā went to the forest to see Rāma."
3) देशं रक्षितुं नृपो ऽरीनजयत् ।
   "To protect the country, the king conquered the enemies."
4) अहं त्वां कथयितुमिच्छामि ।
   "I want to tell you."

The following tables give gerunds and infinitives for the verbs done so far:

verb root	present	-*tvā* gerund	-*ya* gerund	infinitive
अर्थ्	अर्थयते	अर्थयित्वा	प्रार्थ्य	अर्थयितुम्
इष्	इच्छति	इष्ट्वा, एषित्वा	अन्विष्य	एषितुम्
ईक्ष्	ईक्षते	ईक्षित्वा	समीक्ष्य	ईक्षितुम्
कथ्	कथयति	कथयित्वा	प्रकथ्य	कथयितुम्
कुप्	कुप्यति	कुपित्वा, कोपित्वा	संकुप्य	कोपितुम्
कृष्	कृषति, कर्षति	कृष्ट्वा	आकृष्य	कर्ष्टुम्, क्रष्टुम्
कृन्त्	कृन्तति	कर्तित्वा	उत्कृत्य	कर्तितुम्
क्लिश्	क्लिश्यते	क्लिशित्वा, क्लिष्ट्वा	संक्लिश्य	क्लेशितुम्
क्षल्	क्षालयति	क्षालयित्वा	प्रक्षाल्य	क्षालयितुम्
क्षिप्	क्षिपति	क्षिप्त्वा	संक्षिप्य	क्षेप्तुम्
खन्	खनति	खनित्वा, खात्वा	उत्खाय	खनितुम्
खाद्	खादति	खादित्वा	आखाद्य	खादितुम्
खिद्	खिद्यते	खित्त्वा	परिखिद्य	खेत्तुम्
गण्	गणयति	गणयित्वा	विगणय्य	गणयितुम्
गम्	गच्छति	गत्वा	आगम्य/त्य	गन्तुम्
गाह्	गाहते	गाहित्वा, गाढ्वा	अवगाह्य	गाहितुम्/ढुम्
ग्रस्	ग्रसते	ग्रसित्वा, ग्रस्त्वा	संग्रस्य	ग्रसितुम्
घुष्	घोषयति	घोषयित्वा	उद्घोष्य	घोषयितुम्
चल्	चलति	चलित्वा	संचल्य	चलितुम्
चिन्त्	चिन्तयति	चिन्तयित्वा	संचिन्त्य	चिन्तयितुम्
चुर्	चोरयति	चोरयित्वा	संचोर्य	चोरयितुम्
जन्	जायते	जनित्वा	संजाय/न्य	जनितुम्
जि	जयति	जित्वा	विजित्य	जेतुम्
जीव्	जीवति	जीवित्वा	संजीव्य	जीवितुम्
तड्	ताडयति	ताडयित्वा	प्रताड्य	ताडयितुम्
तुद्	तुदति	तुत्त्वा	प्रतुद्य	तोत्तुम्
तुष्	तुष्यति	तुष्ट्वा	परितुष्य	तोष्टुम्
त्यज्	त्यजति	त्यक्त्वा	संत्यज्य	त्यक्तुम्
दंश्	दशति	दष्ट्वा	उपदश्य	दंष्टुम्
दह्	दहति	दग्ध्वा	संदह्य	दग्धुम्
दा	यच्छति	दत्त्वा	प्रदाय	दातुम्
दिव्	दीव्यति	देवित्वा, द्यूत्वा	आदीव्य	देवितुम्
दिश्	दिशति	दिष्ट्वा	आदिश्य	देष्टुम्

दृश्	पश्यति	दृष्ट्वा	संदृश्य	द्रष्टुम्
धाव्	धावति	धावित्वा, धौत्वा	प्रधाव्य	धावितुम्
धृ	धारयति	धारयित्वा	संधार्य	धारयितुम्
नम्	नमति	नत्वा	प्रणम्य	नन्तुम्
नश्	नश्यति	नशित्वा, नंष्ट्वा, नष्ट्वा	विनश्य	नशितुम्, नंष्टुम्
निन्द्	निन्दति	निन्दित्वा	विनिन्द्य	निन्दितुम्
नी	नयति	नीत्वा	आनीय	नेतुम्
नुद्	नुदते	नुत्त्वा	प्रणुद्य	नोत्तुम्
नृत्	नृत्यति	नर्तित्वा	प्रनृत्य	नर्तितुम्
पच्	पचति	पक्त्वा	विपच्य	पक्तुम्
पठ्	पठति	पठित्वा	प्रपठ्य	पठितुम्
पत्	पतति	पतित्वा	निपत्य	पतितुम्
पा	पिबति	पीत्वा	निपीय	पातुम्
पाल्	पालयति	पालयित्वा	संपाल्य	पालयितुम्
पुष्	पुष्यति	पुष्ट्वा	संपुष्य	पोष्टुम्
पूज्	पूजयति	पूजयित्वा	संपूज्य	पूजयितुम्
प्रच्छ्	पृच्छति	पृष्ट्वा	आपृच्छ्य	प्रष्टुम्
बुध्	बोधति	बुधित्वा, बोधित्वा	संबुध्य	बोधितुम्
भक्ष्	भक्षयति	भक्षयित्वा	संभक्ष्य	भक्षयितुम्
भाष्	भाषते	भाषित्वा	संभाष्य	भाषितुम्
भू	भवति	भूत्वा	संभूय	भवितुम्
भूष्	भूषयति	भूषयित्वा	विभूष्य	भूषयितुम्
भ्रम्	भ्राम्यति	भ्रमित्वा, भ्रान्त्वा	संभ्रम्य	भ्रमितुम्
मन्	मन्यते	मनित्वा, मत्वा	अवमत्य/न्य	मन्तुम्
मन्त्र्	मन्त्रयते	मन्त्रयित्वा	आमन्त्र्य	मन्त्रयितुम्
मुच्	मुञ्चति	मुक्त्वा	विमुच्य	मोक्तुम्
मुद्	मोदते	मोदित्वा, मुदित्वा	संमुद्य	मोदितुम्
मृ	म्रियते	मृत्वा	अनुमृत्य	मर्तुम्
यज्	यजति, ते	इष्ट्वा	समिज्य	यष्टुम्
रक्ष्	रक्षति	रक्षित्वा	संरक्ष्य	रक्षितुम्
रच्	रचयति	रचयित्वा	विरचय्य	रचयितुम्
रम्	रमते	रत्वा, रमित्वा	विरम्य/त्य	रन्तुम्
रुह्	रोहति	रूढ्वा	आरुह्य	रोढुम्
लभ्	लभते	लब्ध्वा	आलभ्य	लब्धुम्
लिख्	लिखति	लिखित्वा, लेखित्वा	आलिख्य	लेखितुम्

वद्	वदति	उदित्वा	अनूद्य	वदितुम्
वस्	वसति	उषित्वा	प्रोष्य	वस्तुम्
वह्	वहति	ऊढ्वा	प्रोह्य	वोढुम्
विद्	विद्यते	वित्त्वा	संविद्य	वेत्तुम्
विद्	विन्दति	विदित्वा, वेदित्वा	संविद्य	वेदितुम्, वेत्तुम्
विश्	विशति	विष्ट्वा	प्रविश्य	वेष्टुम्
वृत्	वर्तते	वर्तित्वा, वृत्त्वा	अनुवृत्य	वर्तितुम्
वृध्	वर्धते	वर्धित्वा, वृद्ध्वा	संवृध्य	वर्धितुम्
वेप्	वेपते	वेपित्वा	प्रवेप्य	वेपितुम्
शंस्	शंसति	शंसित्वा, शस्त्वा	प्रशस्य	शंसितुम्
शम्	शाम्यति	शान्त्वा, शमित्वा	निशम्य	शमितुम्
श्रम्	श्राम्यति	श्रान्त्वा, श्रमित्वा	विश्रम्य	श्रमितुम्
श्लाघ्	श्लाघते	श्लाघित्वा	संश्लाघ्य	श्लाघितुम्
सद्	सीदति	सत्त्वा	निषद्य	सत्तुम्
स्था	तिष्ठति	स्थित्वा	प्रस्थाय	स्थातुम्
स्पृश्	स्पृशति	स्पृष्ट्वा	संस्पृश्य	स्प्रष्टुम्, स्पर्ष्टुम्
स्पृह्	स्पृहयति	स्पृहयित्वा	संस्पृह्य	स्पृहयितुम्
स्मृ	स्मरति	स्मृत्वा	संस्मृत्य	स्मर्तुम्
हस्	हसति	हसित्वा	विहस्य	हसितुम्
हृ	हरति	हृत्वा	प्रहृत्य	हर्तुम्

A list of verbal pre-fixes (*upasarga*):

प्र, परा, अप, सम्, अनु, अव, निस्, निर्, दुस्, दुर्, वि, आ, नि, अधि, अपि, अति, सु, उद्, अभि, प्रति, परि, उप

The function of these prefixes will be discussed in Lesson 15.

Exercises

1) Translate the following sentences into English and change them to gerund- and/or infinitive constructions if possible:

१. यदाश्वास्तृणं खादन्ति, तदा ते पुष्यन्ति ।
२. यदा दासः कनकञ्चोरयति, तदा नृपो दासन्तुदति ।
३. यदाहं कमलान्यदिशम्, तदा त्वं काकमपश्यः ।
४. यदा जना मां पश्येयुस्तदा ते सर्वतो धावेयुः ।

५. यदा बालाः पर्वतं प्रत्यधावन्, तदा तेऽश्राम्यन् ।
६. यदाहं कनकमदीव्यम्, तदा त्वमतुष्यः ।
७. यदा जना नृपं पश्यन्ति, तदा ते तं पूजयन्ति ।
८. यदा जना ईश्वरस्य बलं चिन्तयन्ति, तदा ते ईश्वरं नमन्ति ।
९. यदा नृपः काव्यं लिखति, तदा स सुखं विन्दति ।
१०. यदा दासो वनं गच्छेत्, तदा स वृक्षान् कृन्तेत् ।
११. यदा जनकोऽश्वावमुञ्चत्, तदा तौ वनं प्रति अधावताम् ।
१२. यदा रामस्तस्या गृहं गच्छेत्, तदा स तुष्येत्, सा न तुष्येत् ।
१३. यदा बालश्शास्त्राण्यपठत्, तदा स फलान्यलभत ।
१४. यदा नृपोऽयजत्, तदा तस्य भार्या पुत्रमविन्दत् ।
१५. यदा बालो वृक्षं रोहेत्, तदा स चन्द्रं पश्येत् ।
१६. त्वं तानि फलानि क्षालय, ततश्च तानि भक्षय ।
१७. यदा श्वश्रूस्त्वां पश्येत्, तदा सा कुप्येत् ।
१८. कश्चित् मुनिर्नृपस्य प्रासादं प्रति अगच्छत्, नृपाय चावदत् ।
१९. यदा नृपस्तं मुनिं प्रासादमनयत्, तदा स मुनिर्धनायास्पृहयत् ।
२०. यदा ईश्वरोऽतुष्यत्, तदा स नृपाय जीवनमयच्छत् ।
२१. यदा मुनिः प्रासादमत्यजत्, तदा सोऽतुष्यत् ।
२२. यदा मम भार्या कुसुमानि स्पृशेत्, तदा सा सुखं विन्देत् ।
२३. यदा त्वं धनमचिन्तयस्तदा त्वमेव तवारिरभवः ।
२४. नारी गुरुमनमत्, ततश्च सासीदत् ।
२५. काकास्तरौ सीदेयुः फलानि च खादेयुः ।
२६. यदा गजा जले गाहन्ते, तदा ते मोदन्ते ।
२७. यदा जननी बालमीक्षेत, तदा सा कुप्येत् ।
२८. यदा बालो वृक्षात् पतति, तदा स वेपते ।
२९. अहं मम भार्याया वचनेन खिद्ये, वनं च गच्छामि ।
३०. यदा जननी बालस्य दुःखेनाक्लिश्यत, तदा सा अवेपत ।
३१. यदा स बालोऽम्रियत, तदा स स्वर्गमगच्छत्
३२. सा नारी वनेऽभ्राम्यत्, नृपमपश्यत्, अरमत च ।
३३. यदा पुत्रो जायते तदा जना मोदन्ते ।
३४. अहं नद्याम् पतेयं जीवनं च त्यजेयम् ।
३५. जना जीवनं सुखं मन्यन्ते, न च तत् कदापि त्यजन्ति ।
३६. यदा मुनिर्नार्याश्शरीरञ्जल ऐक्षत, तदा स तां जलात् तीरेऽनयत् ।
३७. यदा मे दुःखमशाम्यत्, तदाहं वनात् गृहमगच्छम्, भार्याञ्चापश्यम् ।
३८. मुनिर्नद्यामगाहत, कमलानि चालभत ।
३९. अहं वने वसामि, सुखं च लभे ।

४०. अहमीश्वरमश्लाघे, ततश्चाहं सुखमलभे ।

2) **Translate the following into Sanskrit using infinitive forms, if possible. Try to alter them to gerund-constructions.**

1) The horses run to the river to drink water.
2) She wants money to obtain happiness.
3) The crow sits on the tree to eat fruit.
4) The servants want to run after the king.
5) A servant steals gold to show it to his wife.
6) I go to the village to see my mother.
7) The king went to the mountain to see the sage and speak to him.
8) The boy worships his father to obtain money from him.
9) The people sat around the tree to watch the horses.
10) The woman held leaves in her hands to count them.
11) Elephants do not want to eat flesh.
12) The hero climbs the palace to see the enemies.
13) The king gives money to his friend to write poetry.
14) He steals jewels from the palace to live with happiness.
15) We request the hero to strike the king.
16) The boy washed the fruit to eat them.
17) The fool (मूर्खः) climbed the mountain to touch the sun and to eat the moon.
18) The man went to the river-bank to sit with the girl.
19) The servant went to the sage to ask him.
20) You go to the king to tell him.
21) The king took the sage into the palace to worship him.
22) He requested the man to enter the palace.
23) The sage sat on the ground to worship god.
24) The crows sat on the tree to eat fruit.
25) The jackals talk to the elephant to praise him.
26) O wife, I want you to abandon me.
27) I do not want to become a poet.
28) I read books to obtain happiness.
29) The jackal goes to the forest to find meat.
30) I want to think only of god.

3) Write any five sentences of your own in Sanskrit.

LESSON 13

Masculine and feminine nouns in ऋ

Masculine nouns in ऋ

There are two kinds of masculine nouns in ऋ : (A) agent-nouns (verb + तृ), and (B) nouns expressing family relations. There are slight differences in the declension of these two types. Italicized forms in the following paradigms should be compared and contrasted to understand the differences.

नेतृ "leader" (नी + तृ)

	S	D	P
Nom	नेता	*नेतारौ*	*नेतारः*
Acc	*नेतारम्*	*नेतारौ*	नेतॄन्
Inst	नेत्रा	नेतृभ्याम्	नेतृभिः
Dat	नेत्रे	नेतृभ्याम्	नेतृभ्यः
Abl	नेतुः	नेतृभ्याम्	नेतृभ्यः
Gen	नेतुः	नेत्रोः	नेतॄणाम्
Loc	नेतरि	नेत्रोः	नेतृषु
Voc	नेतर्	*नेतारौ*	*नेतारः*

पितृ "father"

	S	D	P
Nom	पिता	*पितरौ*	*पितरः*
Acc	*पितरम्*	*पितरौ*	पितॄन्
Inst	पित्रा	पितृभ्याम्	पितृभिः
Dat	पित्रे	पितृभ्याम्	पितृभ्यः
Abl	पितुः	पितृभ्याम्	पितृभ्यः
Gen	पितुः	पित्रोः	पितॄणाम्
Loc	पितरि	पित्रोः	पितृषु
Voc	पितर्	*पितरौ*	*पितरः*

Exceptions: The words भर्तृ "husband" and नप्तृ "grandson" are declined like the agent-nouns. नृ is like पितृ, except that it has an option in gen. pl.: नृणाम्/नॄणाम्.

Feminine nouns in ऋ

All of these are nouns denoting family relations. The paradigm of a feminine noun in ऋ is identical with that of the word पितृ "father", except in accusative plural. For instance, the accusative plural of मातृ "mother" is मातॄः.

The word स्वसृ "sister" is declined like an agent noun in ऋ, except in accusative plural, e.g. स्वसॄः.

Consonant sandhi rules

Here we shall consider important *external* consonant sandhi rules. One has in theory an option to combine or not to combine words in a sentence, though in Sanskrit texts, especially in verses, we see these Sandhis all made for us. Certain changes are optional even though words may be combined.

(1) unvoiced stop ⟶ voiced stop, before a voiced consonant or a vowel.

Examples:	वृक्षात्	+	अपतत्	⟶	वृक्षादपतत्
	ग्रामात्	+	वनम्	⟶	ग्रामाद्वनम्

(2) voiced stop ⟶ unvoiced stop, before an unvoiced C.

Examples:	तद्	+	कमलम्	⟶	तत्कमलम्
	एतद्	+	सर्वदा	⟶	एतत्सर्वदा

(3) Initial श् ⟶ छ्, optionally, if preceded by a dental stop or nasal.

Examples:	तत्	+	शंसति	⟶	तच्छंसति
	तान्	+	शंसति	⟶	ताञ्छंसति

Optionally: तच्शंसति and ताञ्शंसति (rare in texts).

(4) dental C ⟶ corresponding retroflex C, before a retroflex C.

Examples:	तत्	+	टीका	⟶	तट्टीका
	तद्	+	डमरुः	⟶	तड्डमरुः
(देवः =)	देवस्	+	टीका	⟶	देवष्टीका

(5) dental C ⟶ corresponding palatal C, before a palatal C.

Examples:	ग्रामात्	+	च	⟶	ग्रामाच्च
	ग्रामात्	+	जायते	⟶	ग्रामाज्जायते
(देवः =)	देवस्	+	च	⟶	देवश्च

(6) dental stop ⟶ ऌ्, before ऌ्.

Examples:	तद्	+	लभते	⟶	तल्लभते
	ग्रामात्	+	लोकः	⟶	ग्रामाल्लोकः

(7) dental न् ⟶ लँ्, before ल्.

Examples:	तान्	+	लभते	⟶	ताल्ँलभते
	देवान्	+	लोकः	⟶	देवाल्ँलोकः

(8) stop ⟶ corresponding nasal, before nasal, optionally.

Examples:	तद्	+	न	⟶	तन्न
	वाक्	+	मम	⟶	वाङ्मम
	तद्	+	मित्रम्	⟶	तन्मित्रम्

Optionally: तद्न, वाग्मम, and तद्मित्रम् (rare in texts).

(9) ह्, after a stop, is replaced by the corresponding voiced aspirated stop, optionally.

Examples:	तद्	+	हि	⟶	तद्धि
	वाक्	+	हि	⟶	वाग्घि

Optionally: तद्हि and वाग्हि (rare in texts).

(10) Final ङ्, ण् and न् are doubled, after a short vowel and before any vowel.

Examples:	अपतन्	+	इह	⟶	अपतन्निह
	अगच्छन्	+	आकाशम्	⟶	अगच्छन्नाकाशम्

(11) Final न्, before an unvoiced dental, palatal or retroflex stop, is replaced by an *anusvāra* plus a sibilant homorganic with the stop.

Examples:	देवान्	+	तत्र	⟶	देवांस्तत्र
	देवान्	+	च	⟶	देवांश्च

देवान्	+	टीका	⟶	देवांष्टीका

(12) Final र्, original or derived from a *visarga*, is deleted, before an initial र्, and the previous simple vowel is lengthened. (Original र् in पुनर्, बहिर्, अन्तर् etc.)

Examples:	पुनर्	+	रामः	⟶	पुना रामः
	मतिः	+	रामः	⟶	मती रामः
	शिशुः	+	रामः	⟶	शिशू रामः

(13) If a word ending in a short vowel is followed by छ, a च् is inserted between the two. This insertion is optional after a long vowel.

Examples:	कवि	+	छात्रः	⟶	कविच्छात्रः
	लक्ष्मी	+	छाया	⟶	लक्ष्मीच्छाया or लक्ष्मीछाया

Vocabulary

Agent Nouns

m.	दातृ	donor
m.	कर्तृ	doer, maker
m.	नेतृ	leader
m.	श्रोतृ	hearer
m.	जेतृ	conqueror
m.	गन्तृ	goer
m.	वक्तृ	speaker
m.	नृ	man

Other vocabulary

m.	मूर्ख	fool
n.	उद्यान	garden
m.	दरिद्र	poor
m.	श्वशुर	father-in-law

Relation Nouns

m.	पितृ	father
f.	मातृ	mother
m.	नप्तृ	grandson
m.	भ्रातृ	brother
m.	भर्तृ	husband
m.	जामातृ	son-in-law
f.	दुहितृ	daughter
f.	स्वसृ	sister
f.	ननान्दृ	sister-in-law (husband's sister)

Note: Forms of नर and नृ may look alike in certain contexts: नरः गच्छति verses नरः गच्छन्ति । Also the nominativ singular of नृ, i.e. ना, may be confused with न.

Exercises

1) **Decline fully the following:** नृ, श्रोतृ, भर्तृ, स्वसृ, ननान्दृ.

2) **Translate the following sentences into English, and rewrite them after splitting the sandhis:**

१. मम ननान्दा माम्पृष्ट्वैव गृहादुद्यानमगच्छत् ।
२. यद्यपि श्रोतारो वक्तुर्वचनैरतुष्यंस्तथापि ते तस्मै धनन्नायच्छन् ।
३. यत एष नृप एतस्मिन्नगरे सर्वेभ्यो दरिद्रेभ्यो जनेभ्यो धनयँयच्छति, ततस्तञ्जना दातारम्मत्वा सर्वदा शंसन्ति ।
४. यद्यपि सा सुखलँलब्धुवँवनमगच्छत्तथापि सा वनयेव सत्त्वान्नङ्खादितुन्नैच्छत् ।
५. रामो वनयेव स्थित्वान्नमखादज्जलञ्चापिबत् ।
६. रामस्य सर्वा मातॄः प्रासादस्योपर्यहमपश्यन्तथापि रामन्नापश्यम् ।
७. यदा स वीरो ग्रामञ्जित्वा तत्रागच्छत्तदा तञ्जेतारवँवीरन्दृष्ट्वा ग्रामस्य नार्यस्तमनिन्दन् ।
८. यान् याञ्जनानहन्दिशामि सर्वांस्तांस्त्वम्मूर्खान्मन्यसे ।
९. कर्तार एव नरो जीवने सुखलँलभन्ते ।
१०. यः कर्ता न स वक्ता, यो वक्ता न स कर्तेति लोके नरश्चिन्तयन्ति ।
११. को मे भार्याया भर्ता? यद्यहमेव तस्या भर्ता न भवेयन्तर्हि कथं सा मे भार्या भवेत् ।
१२. या मे स्वसुर्माता, सैव मे पितुर्भार्या ।
१३. मम पिता कस्य जामाता? स मे मातुः पितुर्जामाता ।
१४. तव जामातरः क्व वसन्ति? यतो मे पुत्रा एव विद्यन्ते, कथम्मे जामातरो भवेयुः?
१५. नृपो ऽवदत् - यतो मे जामाता मूर्खस्तस्मात् सर्वे जामातरो मूर्खा भवन्तीति । तदा नृपस्य भार्यावदत् - देव, त्वमपि मे पितुर्जामातैवेति ।
१६. कस्याश्चिन्नार्या न कदापि को ऽपि भर्ताभवत् । सेश्वरं पूजयित्वार्थयत - हे ईश्वर, अहम्मे नप्तुर्भार्यायाः करयोस्तस्या नप्तुर्नप्तारन्द्रष्टुमिच्छामि ।
१७. यद्यद्याहन्तुभ्यमश्वयँयच्छेयन्तर्ह्येव त्वं सुखलँलभेथाः ।
१८. कवी रामः काव्यानि लिखित्वैव धनलँलभते ।
१९. काचिन्नारी केनचिन्नरेण सह प्रासादमगच्छत् । तान्नारीन्दृष्ट्वा नृपो ऽपृच्छत् - हे नारि, क एष ना त्वया सह गच्छतीति । सा नार्यभाषत - हे नृप, एतस्य नुः पिता यस्य श्वशुरस्तस्य पिता मे श्वशुर इति । स ना तस्या नार्या भर्ता वा भ्राता वा पुत्रो वा?

२०. देवान् ना सर्वदा स्मरतु । देवान् नरः सर्वदा स्मरन्तु । देवान् नरः स्मरतु । नृणां दुःखानि मुनयश्चिन्तयन्ति । नृभिः सह नृपो गच्छति ।

3) **Join the following sequences by applying the appropriate sandhi rules:**

तान् तत्र	भवेत् अद्य	तद् नश्यति
तद् कमलम्	अवदन् ते	वनात् एव
वनात् ग्रामम्	रमेते अश्वौ	पितुः वचनम्
मतिः रामस्य	तान् इह	मतिः च एव अद्य
देवान् च	अपतन् अत्र	त्वत् भार्या

4) **Translate the following sentences into Sanskrit and apply all possible sandhi rules:**

1) My wife was not pleased with the words (speech) of the two sisters-in-law. Her two sisters-in-law are my two sisters.
2) I am the father of my grandson's father.
3) My son is the grandson of my mother-in-law.
4) My father-in-law is the husband of my mother-in-law. But my father-in-law is my mother's brother.
5) Your son-in-law is my daughter's husband. Who are you?
6) My father-in-law is the speaker in the king's court.
7) The hearers do not want to give money to the speakers. Therefore, the speakers do not want to speak.
8) Those girls do not long for foolish husbands.
9) A father gives his daughter to his son-in-law. Therefore, he is a donor.
10) Having seen the grandson of the conqueror king, he son-in-law gave him his daughter.

5) **Write any five Sanskrit sentences of your own.**

LESSON 14

Neuter nouns in इ, उ, and ऋ

All of these nouns essentially follow the same pattern as may be seen from the following paradigms of the words वारि n. "water", मधु n. "honey" and गन्तृ n. "goer". All agent nouns in ऋ may be potentially usable in neuter as neuter adjectives.

वारि n. "water"

	S	D	P
Nom	वारि	वारिणी	वारीणि
Acc	वारि	वारिणी	वारीणि
Inst	वारिणा	वारिभ्याम्	वारिभिः
Dat	वारिणे	वारिभ्याम्	वारिभ्यः
Abl	वारिणः	वारिभ्याम्	वारिभ्यः
Gen	वारिणः	वारिणोः	वारीणाम्
Loc	वारिणि	वारिणोः	वारिषु
Voc	वारि, वारे	वारिणी	वारीणि

मधु n. "honey"

	S	D	P
Nom	मधु	मधुनी	मधूनि
Acc	मधु	मधुनी	मधूनि
Inst	मधुना	मधुभ्याम्	मधुभिः
Dat	मधुने	मधुभ्याम्	मधुभ्यः
Abl	मधुनः	मधुभ्याम्	मधुभ्यः
Gen	मधुनः	मधुनोः	मधूनाम्
Loc	मधुनि	मधुनोः	मधुषु
Voc	मधु, मधो	मधुनी	मधूनि

गन्तृ n. "goer"

	S	D	P
Nom	गन्तृ	गन्तृणी	गन्तॄणि
Acc	गन्तृ	गन्तृणी	गन्तॄणि
Inst	गन्तृणा	गन्तृभ्याम्	गन्तृभिः
Dat	गन्तृणे	गन्तृभ्याम्	गन्तृभ्यः
Abl	गन्तृणः	गन्तृभ्याम्	गन्तृभ्यः
Gen	गन्तृणः	गन्तृणोः	गन्तॄणाम्
Loc	गन्तृणि	गन्तृणोः	गन्तृषु
Voc	गन्तृ, गन्तर्	गन्तृणी	गन्तॄणि

Adjectives

A. In Sanskrit a word such as "black" in the sentences "The black box" and "The box is black" functions morphologically the same way. An 'adjective' in its adjectival as well as predicative use agrees with the noun in gender, number and case.

B. An adjective ending in अ usually has its feminine form in आ. Examples:

		श्वेतः अश्वः	"White horse"
श्वेत	"white"	श्वेता लता	"white vine"
		श्वेतम् कमलम्	"white lotus"

C. In general, adjectives ending in a given vowel and having a certain gender follow the pattern of the nouns ending in that vowel and having that gender. Examples:

		शुचिः मुनिः	"pure sage"
शुचि	"pure"	शुचिः नारी	"pure woman"
		शुचि जलम्	"pure water"
		मृदुः कविः	"soft poet"
मृदु	"soft"	मृदुः माता	"soft mother"
		मृदु कमलम्	"soft lotus"

D. Adjectives in इ, उ and ऋ have certain additional optional forms. Some of these optional variations may be noted.

1) Neuter adjectives in इ, उ and ऋ may be optionally declined like the masculine except in the nom, acc and voc cases.

Examples: शुचिनः	or	शुचेः जलात्	"from the pure water"
गन्तुः	or	गन्तृणः शकटात्	"from a moving cart"
लघोः	or	लघुनः कमलात्	"from a small lotus"

2) Adjectives in उ, denoting a quality, in feminine, may optionally have an additional ई affix, and then be declined like नदी.

Example: लघुः or लघ्वी नदी "small river"

E. Agent-nouns in ऋ **always** have the affix ई in feminine, and are then declined like नदी.

Example: नेता नृपः "leader king"
नेत्री नारी "leader woman"

Vocabulary

Nouns			**Adjectives**	
वारि	n.	water	अन्ध	blind
मधु	n.	honey	उदार	generous
अश्रु	n.	tears	काण	one-eyed
अम्बु	n.	water	कुशल	well, skillful
दारु	n.	wood	क्षुद्र	small, mean
वस्तु	n.	thing	खञ्ज	lame
स्कन्ध	m.	shoulder	नव	new
ज्ञान	n.	knowledge	प्रसन्न	favorable, clear
शिष्य	m.	disciple	पीन	fat
शब्द	m.	word	हत	killed
नेत्र	n.	eye	मृत	dead
शकट	n.	cart	व्याधित	sick

गुरु	m.	teacher
कारण	n.	cause

वृद्ध	old
श्वेत	white
सुगन्धि	fragrant
शुचि	pure
बहु	much
साधु	virtuous
आशु	swift
चारु	beautiful
गुरु	heavy, big
मृदु	soft
स्वादु	sweet
समर्थ	able
दरिद्र	poor
लघु	small

Indeclinables

अन्यथा	otherwise
तु	however, but

Exercises

1) **Translate the following sentences into English:**

१. एतस्याः नद्याः जलम् प्रसन्नम् विद्यते । तत् प्रसन्नम् जलम् पीत्वा व्याधिताः जनाः अपि सुखम् लभन्ते । का एषा नदी? एषा गङ्गा । सा भारतदेशे वहति ।

२. एकदा कश्चिद् अन्धः कश्चित् च खञ्जः कस्मिंश्चित् ग्रामे अवसताम् । अन्धः न द्रष्टुम् समर्थः । खञ्जः न चलितुम् समर्थः । किन्तु अन्धः चलितुम् समर्थः । खञ्जः च द्रष्टुम् समर्थः । अन्धस्य स्कन्धे खञ्जः असीदत् । अन्धः मार्गेण अचलत् । कुशलः खञ्जः च तस्मै मार्गम् अदिशत् ।

३. एषः वृद्धः नरः वारि एव पिबति इति जनाः मन्यन्ते । सः न कदापि अन्नम् खादति इति अपि ते चिन्तयन्ति । तथापि एषः प्रसन्नः पीनः च कथम् वर्तते? अहम् तु चिन्तयामि - एषः वृद्धः रात्रौ बहु अन्नम् खादति इति । यदा सः रात्रौ अन्नम् खादति, तदा जनाः तम् न पश्यन्ति । ततः ते तम् शंसन्ति ।

४. या नदी सर्वेभ्यः जनेभ्यः सर्वदा सर्वम् जलम् यच्छति, सा किम् न उदारा? केचित् गुरवः शिष्येभ्यः सर्वम् ज्ञानम् न यच्छन्ति । ते न उदाराः । ते क्षुद्राः एव इति अहम् मन्ये । अस्माकम् गुरवः क्षुद्राः मा भवन्तु इति एव अहम् ईश्वरम् अर्थये ।

५. गुरुः कथम् गुरुः भवति? यतः गुरोः ज्ञानम् गुरु भवति, ततः सः गुरुः भवति इति गुरवः वदन्ति । केषाञ्चित् गुरूणाम् शरीराणि अपि गुरूणि भवन्ति । केषाञ्चित् तु शरीराणि एव गुरूणि भवन्ति । यतः तेषाम् ज्ञानम् लघु भवति, ततः ते गुरवः एव न वर्तन्ते इति सर्वे कुशलाः शिष्याः मन्यन्ते ।

६. यद् वारि तद् एव अम्बु तद् एव च जलम् । अत्र तद् एव वस्तु । बहवः तु शब्दाः । जनाः वारि पिबन्ति । ते अम्बुनि पात्राणि क्षालयन्ति । नद्याः जले च स्नानाय गाहन्ते । तथा बहवः देवाः, एकम् तु सत्यम् इति मुनयः जनेभ्यः कथयन्ति । एकः एव ईश्वरः । बहवः तु शब्दाः । केचित् जनाः शिवः इति वदन्ति, केचित् विष्णुः इति, केचित् अल्ला इति , केचित् तु जेहोवा इति । ईश्वरः तु सः एव ।

७. नवे पात्रे ऽहम् स्वादु मधु खादितुम् इच्छामि । मम माता माम् कथयति - नवम् पात्रम् क्षालयित्वा एव तस्मिन् मधु भक्षय - इति । ततः अहम् तत् नवम् पात्रम् क्षालयामि । यदा अहम् तत् पात्रम् क्षालयामि, तदा एव मे स्वसारौ गृहम् आगत्य सर्वम् मधु भक्षयतः । अधुना एतस्मिन् नवे पात्रे किम् भक्षयेयम् ।

८. दारुणो गृहम् अनलो दहति इति मत्वा अहम् दारुणो गृहे न वसामि ।

९. सः एतस्य देशस्य यद्यपि नेता भवति, तथापि तस्य भार्या तस्य नेत्री वर्तते । तस्मात् बहवो जनाः तम् नेतारम् न इच्छन्ति । ये जनाः तस्मै न स्पृहयन्ति, तान् सः शुचीन् साधून् च न मन्यते । यतः अहम् तस्मै स्पृहयामि, ततः अहम् साधुः भवामि इति सः चिन्तयति ।

१०. सुगन्धीनि कुसुमानि दृष्ट्वा अहम् तानि प्रति धावामि । यानि कुसुमानि सुगन्धीनि भवन्ति, तानि एव चारूणि इति अहम् मन्ये । एते कुसुमे यदि अपि चारुणी तथापि ते सुगन्धिनी न भवतः । ततः अहम् ताभ्याम् न स्पृहयामि । मम वृद्धा ननान्दा चारूणि एव कुसुमानि इच्छति । सुगन्धीनि कुसुमानि तस्यै न रोचन्ते ।

११. यस्य नरस्य भार्या चार्वी भवति, स बहूनि मित्राणि लभते । यस्याः नार्याः भर्ता चारुः भवति सा अपि बहूनि मित्राणि लभते ।

१२. सर्वे वृद्धाः नराः उदाराः न भवन्ति । यः खञ्जः वृद्धः अस्माकम् गृहस्य पुरतो वसति, सः काणः क्षुद्रः च वर्तते । यदि जनाः तम् मृतम् पश्येयुः तर्हि न कस्य अपि नेत्रयोः अश्रूणि भवेयुः ।

:) **Rewrite the above Sanskrit sentences with all known sandhis.**

3) **Decline fully the following nouns and adjectives, taking into account the optional variations discussed in this lesson.**

अश्रु, गुरु (n. and f.), नेतृ (f), समर्थ (f)

4) **Translate the following sentences into Sanskrit and make all possible sandhis:**

1. That beautiful girl fell into the water of that river. Since she was lame, she was not able to walk. But a brave man carried her out of the water and took her home.
2. The man went from the forest to the beautiful new house. After having seen that house, now he does not want to live in the forest.
3. All dead heroes are generous. Even if you strike them, they never strike you again.
4. If the king's wife were favorable, the king would also be favorable.
5. Poor people always think that those who have wealth do not have pure minds.
6. The two mean men never worshipped the generous god. Therefore the mean men became lame and blind.
7. When the lame king entered the new palace, I was pleased. The skillful men built that palace.
8. "O girl, if you say that my friend is handsome, then you are certainly blind. Even a generous old woman would not say that."
9. Having seen my wife's tears, I asked her: "What is the cause for these tears?" She said: "There is no water in the house. If you want to drink water, you must drink only my tears."
10. She said to her husband: "Even if you build a new house of gold for me, even then I would not live with you. A mean man does not become generous by a house of gold."

11. Because I ate many fruits and drank lots of water, I cannot now walk towards my house. I am sick.
12. When the Buddha abandoned his beautiful wife in the palace, she abused him: "He who does not understand his own wife's sorrow, would never understand the sorrow of the world."

5) Write any five Sanskrit sentences of your own.

LESSON 15

Verbs with prepositions

Sanskrit grammarians enumerate the following prepositions which are prefixed to verbs:

प्र, परा, अप, सम्, अनु, अव, निस्, निर्, दुस्, दुर्, वि, आ, नि, अधि, अपि, अति, सु, उद्, अभि, प्रति, परि, उप ।

These prepositions function in two distinct ways. Sometimes, they govern nouns and function as adverbial phrases. In this kind of usage, they govern different cases of nouns. In this usage, the Sanskrit grammarians call them कर्मप्रवचनीयs.

These prepositions can also be directly attached to verb roots. This way they lead to the formation of a new combination, which can have a distinct meaning. In this function, these are called उपसर्गs by the Sanskrit grammarians.

1) In classical Sanskrit, these उपसर्गs are always prefixed to the verb forms, and the sandhi between a verbal preposition and a verb is obligatory.

Examples:

प्र	+	ईक्षते	⟶	प्रेक्षते	"He watches."
अनु	+	ईक्षते	⟶	अन्वीक्षते	"He observes."
उद्	+	खनति	⟶	उत्खनति	"He digs up."

2) The verbal prepositions affect the meaning of a verb in diverse ways. One must individually look at different combinations and their meanings.

Examples:

गच्छति	"He goes."
आगच्छति	"He comes."
ईक्षते	"He sees."
प्रतीक्षते	"He awaits."
निरीक्षते	"He observes."
परीक्षते	"He examines."
हरति	"He takes."
आहरति	"He brings."

विहरति	"He wanders."

3) Two or three verbal prepositions may simultaneously be prefixed to a verb.

Examples:	व्याहरति	"He speaks."
	प्रत्यागच्छति	"He returns."
	अनुव्याहरति	"He repeats." (someone's words)

4) The past-tense marker अ is always prefixed to a verb before adding the verbal prepositions. Thus the resulting sequence is always: preposition + अ + verb.

Examples:	प्रविशति	present	"He enters."
	प्राविशत्	past	"He entered."
	अनुगच्छति	present	"He follows."
	अन्वगच्छत्	past	"He followed."
	उत्खनति	present	"He digs up."
	उदखनत्	past	"He dug up."
	विहरति	present	"He moves about."
	व्यहरत्	past	"He moved about."

However, note the following examples where the past-tense marker अ may not be readily visible:

आ		+		गच्छति	⟶	आगच्छति	"He comes."
आ	+	अ	+	गच्छत्	⟶	आगच्छत्	"He came."
आ		+		हरति	⟶	आहरति	"He brings."
आ	+	अ	+	हरत्	⟶	आहरत्	"He brought."

5) Sometimes, though not frequently, a middle verb become active and an active verb becomes middle, due to a verba preposition. Examples:

M	रमते	"He feels happy."
A	विरमति	"He desists, stops." (Also with आ, पा and उप.
A	तिष्ठति	"He stands."
M	सन्तिष्ठते	"He stays, remains." (Also with अव, प्र and वि)

A	जयति	"He conquers."
M	पराजयते	"He defeats." (Also with वि)
M	गच्छति	"He goes."
A	सङ्गच्छते	"He unites, meets with."
A	विशति	"He enters."
M	निविशते	"He occupies."

6) Verbs with prepositions have the affix य for gerunds.

Example: गत्वा / आगम्य, आगत्य
(Consult the list in Lesson 12).

Vocabulary

परीक्षते	=	परि	+	ईक्षते		to examine
प्रतीक्षते	=	प्रति	+	ईक्षते		to await, expect
आकर्षति	=	आ	+	कर्षति		to attract
उत्खनति	=	उद्	+	खनति		to dig up
अधिक्षिपति	=	अधि	+	क्षिपति		to abuse, accuse
प्रक्षिपति	=	प्र	+	क्षिपति		to throw
निक्षिपति	=	नि	+	क्षिपति		to throw down
संक्षिपति	=	सम्	+	क्षिपति		to summarize, shorten
अवगणयति	=	अव	+	गणयति		to despise, belittle
निर्गच्छति	=	निर्	+	गच्छति		to leave, go out
अधिगच्छति	=	अधि	+	गच्छति		to obtain
अवगच्छति	=	अव	+	गच्छति		to know, learn
आगच्छति	=	आ	+	गच्छति		to come, return
उपगच्छति	=	उप	+	गच्छति		to approach
संगच्छते	=	सम्	+	गच्छते		to unite, concur
आचरति	=	आ	+	चरति		to perform
विजयते	=	वि	+	जयते		to conquer, win
पराजयते	=	परा	+	जयते		to defeat
प्रज्वलति	=	प्र	+	ज्वलति		to burn
सन्तुष्यति	=	सम्	+	तुष्यति		to be pleased

परित्यजति	=	परि	+	त्यजति	to give up, forsake
अवदहति	=	अव	+	दहति	to burn down
आयच्छति	=	आ	+	यच्छति	to receive, take
प्रयच्छति	=	प्र	+	यच्छति	to give, offer
आदिशति	=	आ	+	दिशति	to command
उपदिशति	=	उप	+	दिशति	to advise, instruct
अभिधावति	=	अभि	+	धावति	to attack
प्रणमति	=	प्र	+	नमति	to salute
आनयति	=	आ	+	नयति	to bring
परिणयति	=	परि	+	नयति	to marry
प्रणयति	=	प्र	+	नयति	to compose (a book)
निर्णयति	=	निर्	+	नयति	to choose, decide
आपृच्छते	=	आ	+	पृच्छते	to take leave
प्रबोधति	=	प्र	+	बोधति	to awake
अनुभवति	=	अनु	+	भवति	to enjoy, feel, experience
उद्भवति	=	उद्	+	भवति	to arise, originate
परिभवति	=	परि	+	भवति	to overcome, defeat
प्रभवति	=	प्र	+	भवति	to originate, prevail, be able
अनुमन्यते	=	अनु	+	मन्यते	to permit, allow
आरोहति	=	आ	+	रोहति	to climb, mount
विवदते	=	वि	+	वदते	to disagree, dispute
अभिनिविशते	=	अभि-नि	+	विशते	to resort to (+acc)
उपविशति	=	उप	+	विशति	to sit
प्रविशति	=	प्र	+	विशति	to enter
निवर्तते	=	नि	+	वर्तते	to desist from
परिवर्तते	=	परि	+	वर्तते	to turn, change (intransitive)
प्रवर्तते	=	प्र	+	वर्तते	to proceed, begin
विश्राम्यति	=	वि	+	श्राम्यति	to take rest
प्रसीदति	=	प्र	+	सीदति	to become favorable, be pleased
विषीदति	=	वि	+	सीदति	to become depressed
अनुसरति	=	अनु	+	सरति	to follow
अधितिष्ठति	=	अधि	+	तिष्ठति	to occupy, dwell (+acc

उत्तिष्ठति	=	उद्	+	तिष्ठति	to stand up, rise
प्रतिष्ठते	=	प्र	+	तिष्ठते	to set out
विस्मरति	=	वि	+	स्मरति	to forget
परिहसति	=	परि	+	हसति	to laugh at
परिहरति	=	परि	+	हरति	to avoid
प्रहरति	=	प्र	+	हरति	to strike, hit
व्यवहरति	=	वि-अव	+	हरति	to behave
आहरति	=	आ	+	हरति	to bring
अतिक्राम्यति	=	अति	+	क्राम्यति	to cross
निर्वहति	=	निर्	+	वहति	to carry out
परिभ्रमति	=	परि	+	भ्रमति	to roam, wander

Additional Vocabulary

अन्यत्र	elsewhere	खेल्	(1P)	खेलति	to play
सेना F.	army	किम्	with inst. often means "what is the use of x?"		

Exercises

1) **Write past-imperfect 3rd-person forms (singular, dual and plural) for any thirty verbs with verbal prepositions.**

2) **Translate the following sentences into English:**

१. कवीनाम् सभायाम् उपविश्य सः नृपः एतस्य कवेः काव्यानाम् गुणान् पर्यैक्षत । काव्येषु गुणान् दृष्ट्वा प्रसन्नः सः नृपः एतस्मै कुशलाय कवये बहु धनम् प्रायच्छत् ।

२. यदा कश्चित् भर्ता भार्याम् अवगणयति, तदा सा अपि तम् भर्तारम् मूर्खम् मत्वा अधिक्षिपति ।

३. शास्त्राणि प्रदातुम् गुरवः न शिष्याणाम् गृहाणि गच्छन्ति । किन्तु शिष्या एव गुरोः गृहम् आगत्य शास्त्राणि अधिगच्छन्ति । अद्य तु यदि शिष्याः विद्यालयम् (school) न आगच्छेयुः, गुरवः क्व भवेयुः?

४. स नृपो मुनिम् उपगम्य तस्मै बहु कनकम् प्रायच्छत् । मुनिः तत् कनकम् कराभ्याम् आदाय भूमौ प्राक्षिपत् । सः अवदत् - कनकम् दृष्ट्वा न अहम्

विषीदामि न वा प्रसीदामि । किम् मे कनकेन? तव कनकम् तव एव प्रासादे विश्राम्यतु - इति ।

५. यथा वृद्धाः आचरन्ति तथा बालाः अपि व्यवहरन्ति । यतः बालाः वृद्धान् अनुसरन्ति, ततः वृद्धाः क्वचित् (sometimes) बालान् परिहरन्ति । बालाः च तान् परिहरन्ति ।

६. यदा स पुत्रः वृद्धम् पितरम् मातरम् च वने एव परित्यज्य चार्व्या भार्यया सह आशुना अश्वेन ग्रामाय प्रातिष्ठत, तदा तौ वृद्धौ पितरौ पुत्रम् अध्यक्षिपताम् ।

७. अस्माकम् नृपस्य वीरा सेना तम् अरीणाम् देशम् अभ्यधावत्, तान् च सर्वान् अरीन् पराजित्य तेषाम् सर्वान् ग्रामान् अवादहत् ।

८. यदा स भर्ता भार्यया सह व्यवदत, तदा सा कुशला नारी तम् आदिशत् - एतस्मात् गृहात् अधुना एव बहिर् गच्छ इति । यदा भर्ता गृहात् निर्गत्य कूपाय प्रातिष्ठत, तदा सा तस्मै अवदत् - मम कूपे अपि तव शरीरम् द्रष्टुम् न इच्छामि । अन्यत्र गच्छ इति ।

९. नरस्य जीवने सुखानि च दुःखानि च सर्वदा परिवर्तन्ते । सर्वे जनाः कदाचित् सुखम् विन्दन्ति, कदाचित् च दुःखम् अनुभवन्ति । किन्तु जनाः सुखम् अधिगन्तुम् दुःखम् च परिहर्तुम् इच्छन्ति । मुनयः तु सुखम् च दुःखम् च परित्यज्य वनम् एव अधितिष्ठन्ति । तेषाम् मतिः सुखानि च दुःखानि च विस्मृत्य ईश्वरे एव विश्राम्यति । यत् सुखम् मुनयः ईश्वरम् अनुभूय अधिगच्छन्ति, तत् न कदापि परिवर्तते ।

१०. कश्चित् खञ्जः नरः एतत् नगरम् अधितिष्ठति । स यदा यदा मार्गेण गच्छति , तदा तदा क्षुद्राः बालाः तम् दृष्ट्वा तम् अनुसरन्ति परिहसन्ति च । यद्यपि सः खञ्जः तान् बालान् कराभ्याम् प्रहर्तुम् न प्रभवति, तथापि सः तान् अधिक्षिपति ।

११. यद्यपि मातरः ताः न अनुमन्यन्ते, तथा अपि ताः बालाः बालैः एव सह खेलितुम् इच्छन्ति । यदा ताः बालैः सह विवदन्ते, तदा एव ताः बालाभिः सह खेलन्ति ।

१२. यदा सः गुरुः आगच्छत्, तदा तम् दृष्ट्वा बालाः उदतिष्ठन् । यदा ते गुरुम् प्राणमन्, तदा सः अभाषत - हे बालाः, उपविशत । शास्त्राणि अवगन्तुम् यूयम् अत्र आगच्छथ । तथापि युष्माकम् मतिः अन्यत्र एव परिभ्रमति इति । बालाः गुरुम् प्रणम्य अभाषन्त - हे गुरो, त्वम् एव तानि शास्त्राणि पठ । तत्र वयम् परिभ्रमितुम् इच्छामः, यत्र त्वम् तव शास्त्राणि च न भवेयुः इति ।

3) **Rewrite the above Sanskrit sentences with all known sandh**

4) **Translate the following sentences into Sanskrit, making all possible sandhis. Whenever possible, use the verbal preposition + verb forms contained in the vocabulary of this lesson.** (Use potential forms to translate English future until we learn the Sanskrit future forms in Lesson 17.)

1. Having married the beautiful girl in the garden, the king returned to the palace.
2. The servant put down the heavy wood. He said to his friend: "Having rested, I will carry this wood out." The friend advised him: "You should carry that wood in a cart."
3. The teacher awoke and decided to take leave of the fat king.
4. The woman roamed in the forest to obtain some small, fragrant flowers.
5. The disciples ask the teacher: "Does happiness originate in a pure mind?" The teacher tells them: "You must overcome (परा + जि) desire. If you would overcome desire, you would not experience happiness or misery."
6. The daughter brought her mother sweet honey in a heavy, white vessel.
7. Having composed a new book, the mean sage did not want to summarize it.
8. When he vanquished the village, the virtuous king was not able to burn it. He requested the enemy: "Let us unite for the sake of the people."
9. The old father-in-law awaited his son-in-law outside the house. The son-in-law thought: "My father-in-law will only abuse me." Avoiding him, the son-in-law set out for the forest.
10. The mother instructed her son: "You must eat only soft fruits. Otherwise, you will get sick."

5) **Write any five Sanskrit sentences of your own.**

LESSON 16

The passive voice (कर्मणि प्रयोग, भावे प्रयोग)

In Sanskrit, there are two kinds of passive voice, i.e. a) Transitive Passive (कर्मणि) and b) Intransitive Passive (भावे).

A) Transitive Passive Voice: Any transitive verb can be used in a transitive passive construction, where the object of the transitive action is the syntactic focus, and not the agent of that action. For any verb, the passive form is produced by essentially conjugating that verb as if it were a 4th conjugation middle (आत्मनेपद) verb: verb root + य + middle affixes. Examples:

गम्	+	य	+	ते	⟶	गम्यते	"is gone to"
नी	+	य	+	ते	⟶	नीयते	"is taken"
जि	+	य	+	ते	⟶	जीयते	"is won"
गण्	+	य	+	ते	⟶	गण्यते	"is counted"
दा	+	य	+	ते	⟶	दीयते	"is given"
दृश्	+	य	+	ते	⟶	दृश्यते	"is seen"

It should be noted that verbs undergo vocalic/consonantal changes in the passive forms. These changes should be studied by looking at the listed forms, e.g. दा ⟶ दी, यज् ⟶ इज्, वद् ⟶ उद्.

In transitive passive voice, the verb agrees with the object (कर्मन्) in number and person. Further, the object of a passive action takes nominative, and the agent takes the instrumental case. Examples:

	Nom	Acc	
Active Voice	रामो	गृहम्	गच्छति। "Rāma goes home."
Passive Voice	रामेण	गृहम्	गम्यते। "Home is gone to by R."
	Inst	Nom	

	Nom	Acc	
Active Voice	रामो	भूमिम्	खनति। "R digs up the ground."
Passive Voice	रामेण	भूमिः	खन्यते। "The ground is dug up by Rāma."
	Inst	Nom	

	↓	1st sing.	↓	
Active Voice	अहम्	पुत्रान्	पश्यामि ।	"I see (my) sons."
Passive Voice	मया	पुत्राः	दृश्यन्ते ।	"(My) sons are seen by me."
		↑ 3rd pl. ↑		

	↓	2nd sing. ↓		
Active Voice	त्वम्	भार्याम्	स्मरसि ।	"You remember (your) wife."
Passive Voice	त्वया	भार्या	स्मर्यते ।	"(Your) wife is remembered by you."
		↑3rd sing.↑		

All other items in the sentence, except adjectives of the object and the agent, remain unaffected by the change of voice.

Past imperfect, imperative and optative forms of transitive passive constructions can be produced simply by using the corresponding middle forms of past imperfect, imperative and optative. Examples:

Present	Active:	त्वम् भूमिम् खनसि ।	"You dig up the ground."
	Passive:	त्वया भूमिः खन्यते ।	"The ground is dug up by you."
Past Imp.	Active:	त्वम् भूमिम् अखनः ।	"You dug up the ground."
	Passive:	त्वया भूमिः अखन्यत ।	"The ground was dug up by you."
Imper.	Active:	त्वम् भूमिम् खन ।	"Dig up the ground."
	Passive:	त्वया भूमिः खन्यताम् ।	"The ground must be dug up by you."
Potent.	Active:	त्वम् भूमिम् खनेः ।	"You should dig up the ground."
	Passive:	त्वया भूमिः खन्येत ।	"The ground should be dug up by you."

Observe a sample passive paradigm of the verb गम् "to go":

Present

	S	**D**	**P**
1st	गम्ये	गम्यावहे	गम्यामहे
2nd	गम्यसे	गम्येथे	गम्यध्वे
3rd	गम्यते	गम्येते	गम्यन्ते

Past Imperfect

	S	D	P
1st	अगम्ये	अगम्यावहि	अगम्यामहि
2nd	अगम्यथाः	अगम्येथाम्	अगम्यध्वम्
3rd	अगम्यत	अगम्येताम्	अगम्यन्त

Imperative

	S	D	P
1st	गम्यै	गम्यावहै	गम्यामहै
2nd	गम्यस्व	गम्येथाम्	गम्यध्वम्
3rd	गम्यताम्	गम्येताम्	गम्यन्ताम्

Potential

	S	D	P
1st	गम्येय	गम्येवहि	गम्येमहि
2nd	गम्येथाः	गम्येयाथाम्	गम्येध्वम्
3rd	गम्येत	गम्येयाताम्	गम्येरन्

Note that all passive forms are essentially identical with the forms of a 4th conjugation middle verb such as मन्.

B) Intransitive Passive (भावे प्रयोग): One can have an intransitive passive construction for any intransitive verb, and for transitive verbs used without objects. The focus of this construction is neither the agent, nor the object (which does not exist in this case anyway), but the action (भाव) itself. Thus intransitive constructions can be rendered into English as:

"The action of going is being done by Rāma."
"The action of going was done by my friends."
"The action of eating should be done by the king."

These constructions appear somewhat strange in English, but are quite frequent in Sanskrit and are often more polite than the corresponding active constructions.

In intransitive passive constructions, the agent takes the instrumental case, and **the passive verb is always in 3rd person singular**. Examples:

Active	त्वम् गच्छसि । "You go / are going."
Intr. Pass.	त्वया गम्यते । "Going is being done by you."
Active	देवाः खादन्ति । "Gods eat / are eating."
Intr. Pass.	देवैः खाद्यते । "Eating is being done by the gods."
Active	अहम् अपतम् । "I fell."
Intr. Pass.	मया अपत्यत । "Falling was done by me."
Active	यूयम् गच्छत । "(You) Go!"
Intr. Pass.	युष्माभिः गम्यताम् । "Going must be done by you."
Active	नृपः अमन्यत । "The king thought."
Intr. Pass.	नृपेण अमन्यत । "Thinking was done by the king."

Note the identity of the active and the passive forms in the last example.

For any verb, the 3rd person singular present passive form is the key passive form, from which all other passive forms can be built. Below is a list of the key passive verb forms for all the verbs done so far.

Root	**Active V** कर्तरि	**Passive V** कर्मणि/भावे
अर्थ्	अर्थयते	अर्थ्यते
इष्	इच्छति	इष्यते
कथ्	कथयति	कथ्यते
कुप्	कुप्यति	कुप्यते
कृष्	कृषति, कर्षति	कृष्यते
कृन्त्	कृन्तति	कृत्यते
क्लिश्	क्लिश्यते	क्लिश्यते
क्षल्	क्षालयति	क्षाल्यते
क्षिप्	क्षिपति	क्षिप्यते
खन्	खनति	खन्यते

खाद्	खादति	खाद्यते
खिद्	खिद्यते	खिद्यते
गण्	गणयति	गण्यते
गम्	गच्छति	गम्यते
गाह्	गाहते	गाह्यते
ग्रस्	ग्रसते	ग्रस्यते
घुष्	घोषयति	घोष्यते
चल्	चलति	चल्यते
चिन्त्	चिन्तयति	चिन्त्यते
चुर्	चोरयति	चोर्यते
जन्	जायते	जन्यते
जि	जयति	जीयते
जीव्	जीवति	जीव्यते
तड्	ताडयति	ताड्यते
तुद्	तुदति	तुद्यते
तुष्	तुष्यति	तुष्यते
त्यज्	त्यजति	त्यज्यते
दंश्	दशति	दश्यते
दह्	दहति	दह्यते
दा	यच्छति	दीयते
दिव्	दीव्यति	दीव्यते
दिश्	दिशति	दिश्यते
दृश्	पश्यति	दृश्यते
धाव्	धावति	धाव्यते
धृ	धारयति	धार्यते
नम्	नमति	नम्यते
नश्	नश्यति	नश्यते
निन्द्	निन्दति	निन्द्यते
नी	नयति	नीयते
नुद्	नुदते	नुद्यते
नृत्	नृत्यति	नृत्यते
पच्	पचति	पच्यते
पठ्	पठति	पठ्यते
पत्	पतति	पत्यते
पा	पिबति	पीयते

पाल्	पालयति	पाल्यते
पुष्	पुष्यति	पुष्यते
पूज्	पूजयति	पूज्यते
प्रच्छ्	पृच्छति	पृच्छ्यते
बुध्	बोधति	बुध्यते
भक्ष्	भक्षयति	भक्ष्यते
भाष्	भाषते	भाष्यते
भू	भवति	भूयते
भ्रम्	भ्राम्यति	भ्रम्यते
मन्	मन्यते	मन्यते
मन्त्र्	मन्त्रयते	मन्त्र्यते
मुच्	मुञ्चति	मुच्यते
मुद्	मोदति	मुद्यते
मृ	म्रियते	म्रियते
यज्	यजति, ते	इज्यते
रक्ष्	रक्षति	रक्ष्यते
रच्	रचयति	रच्यते
रम्	रमते	रम्यते
रुह्	रोहति	रुह्यते
लभ्	लभते	लभ्यते
लिख्	लिखति	लिख्यते
वद्	वदति	उद्यते
वस्	वसति	उष्यते
वह्	वहति	उह्यते
विद्	विद्यते	विद्यते
विद्	विन्दति	विद्यते
विश्	विशति	विश्यते
वृत्	वर्तते	वृत्यते
वृध्	वर्धते	वृध्यते
वेप्	वेपते	वेप्यते
शंस्	शंसति	शस्यते
शम्	शाम्यति	शम्यते
श्रम्	श्राम्यति	श्रम्यते
श्लाघ्	श्लाघते	श्लाघ्यते
सद्	सीदति	सद्यते

स्था	तिष्ठति	स्थीयते
स्पृश्	स्पृशति	स्पृश्यते
स्पृह्	स्पृहयति	स्पृह्यते
स्मृ	स्मरति	स्मर्यते
हस्	हसति	हस्यते
हृ	हरति	ह्रियते
सृ	सरति	स्रियते
रुच्	रोचते	रुच्यते
ज्वल्	ज्वलति	ज्वल्यते

Passive Constructions with Gerunds and Infinitives:

There are no separate passive forms for the gerunds and infinitives in Classical Sanskrit. Thus in converting a sentence into passive, the gerunds and infinitives do not change their form. However, the following syntactic rules should be noted.

1. As long as the gerund or infinitive has the same object and agent as the main finite verb, the case of the object and the agent is determined by the voice of the main verb. Examples:

    1) पक्त्वा रामः ओदनं खादति ।
    "Having cooked (it), Rāma eats rice."
    2) रामः खादितुम् ओदनं पचति ।
    "Rāma cooks rice in order to eat it."
    3) पक्त्वा ओदनः खाद्यते रामेण ।
    "Having (been) cooked, rice is eaten by Rāma."
    4) खादितुम् ओदनः पच्यते रामेण ।
    "Rice has been cooked by Rāma to (be) eat(en)."

2. However, if a gerund or an infinitive has a different object, then that object is always expressed in accusative, despite the voice of the main verb and the cases of its agent and object. Examples:

1) गृहं गत्वा रामः ओदनं खादति ।

"Having gone home, Rāma eats rice."

2) गृहं गत्वा ओदनः खाद्यते रामेण ।

"Having gone home, rice is eaten by Rāma."

3) रामः ओदनं खादितुम् गृहं गच्छति ।

"Rāma goes home to eat rice."

4) रामेण ओदनं खादितुम् गृहं गम्यते ।

"Home is gone to by Rāma, to eat rice."

Many of the English translations above may appear extremely strange. However, the only purpose in stating them the way they have been stated is to clarify the structure of the Sanskrit sentences. What appears strange in English can be sometimes perfectly normal in Sanskrit.

Exercises

1) Write a complete passive paradigm (present, past, imperative and optative) for the following verbs: वद्, चुर्, वस्, यज्.

2) Transform into passive the first 10 sentences in exercise 1 and 2 of lesson 12. Make sure you use the appropriate gerund or infinitive forms in your passive sentences.

3) Translate the following into English:

१. तेन पात्रेण जलं पीयते ।
२. दासेन सह नृपेण गम्यते ।
३. नृपेण दासाय कनकं दीयते ।
४. जनकेन पुत्राय कुप्यते ।
५. दासेन ग्रामो गम्यते ।
६. मया नृपस्य दासो दृश्यते ।
७. मित्रस्य काव्यं दृष्ट्वा नृपेण तुष्यते ।
८. तेनाश्वेन कूपे पत्यते ।
९. मांसं विना शृगालैर्न जीव्यते ।

१०. गृहस्य पुरतो दासेन वीरस्य गुणा अघोष्यन्त ।
११. दासेन वनं गम्यतां वृक्षाश्च कृत्यन्ताम् ।
१२. नृपस्य कृते दासेन प्रासादस्योपरि कुसुमानि फलानि च नीयन्ताम् ।
१३. हे तात, एतानि फलानि जलेन क्षालयित्वा भक्ष्यन्ताम् ।
१४. नृपस्य दासेन स मुनिरदृश्यत ।
१५. हे दास, मया तव नृपस्य गुरुणा भूयते ।
१६. भार्यया भक्त्या स गुरुरनम्यत ।
१७. जनकेन शिशुस्ताडयेत ।
१८. यद्यपि भार्ययाहं निन्द्ये, तथापि मया सा न कदापि निन्द्यते ।
१९. या नारी मया चिन्त्यते तयाहं न चिन्त्ये ।
२०. त्वया मरणं न बुध्यते, न वा जीवनमिति मुनिनाभाष्यत ।

4) **Translate the following into Sanskrit using passive verbs:**
(These sentences may seem strange in English.)

1. Fruits are eaten by the crows.
2. Falling is done by the water.
3. Misery was remembered by those two boys.
4. Running toward that mountain is done by the horses.
5. Being around the village is done by those trees.
6. Being without gold is done by me.
7. Between the two pots, a leaf is seen by the crow.
8. That lotus is taken by her.
9. Those grasses should be seen by the two of us.
10. The villages must be conquered by the king.
11. Standing around the king must be done by the servants.
12. Without a horse, going to town is done by me.
13. Those two girls were seen by those two boys.
14. I should be remembered by the king.
15. You were praised by me.
16. The king was spoken to by the servant.
17. The woman should be saved by the sage.
18. When the boy's body was seen by the mother, crying was done by her.

19. All the houses were visited (lit. gone to) by that woman.

5) **Write any five passive sentences of your own in Sanskrit.**

LESSON 17

Future tense: -स्य Future

In Sanskrit, there are two kinds of future forms, namely, periphrastic and non-periphrastic. The periphrastic future has the infix *tās*, while the non-periphrastic future has the infix *sya*. The Sanskrit grammarians consider the *sya*-future to be "general future", while the *tās*-future is considered to be "non-today" future. However, no such aspectual distinction is exhibited by the classical language. Here we shall deal with only the non-periphrastic future. The forms of non-periphrastic future have the following structure:

Root + (often an augment इ) + स्य + Present Tense Affixes

Examples:

"He will be ..."	सः भविष्यति ।
"I will go."	अहम् गमिष्यामि ।
"He will fall."	सः पतिष्यति ।
"He will think."	सः चिन्तयिष्यति ।
"You will speak."	त्वम् वदिष्यसि ।

In a number of *sya*-future forms, the infix is preceded by the augment *i*, and hence we find the sequence *iṣya*. However, in many cases, the infix *sya* occurs without the augment *i*, e.g. पास्यति "He will drink." Absence and presence of the augment *i* must be studied by referring to the listed forms.

Usually, active and middle verbs follow the active and middle present tense patterns in *sya*-future. However, for some middle verbs, one can have optional active forms, e.g. वर्तिष्यते । वर्त्स्यति, मनिष्यते । मंस्यति, and for some active verbs, one can have middle forms, e.g. गमिष्यति । गंस्यते. Passive future forms are obtained by simply using the corresponding middle forms with *sya*-infix. Examples:

Active: रामः ग्रामं गमिष्यति ।
"Rāma will go to the village."

Passive: रामेण ग्रामः गंस्यते ।
"The village will be gone to by Rāma."

For middle verbs, the active and passive future forms look alike. However, the syntactic agreement between the agent, object and the verb will be different in active and passive. Example:

Active: रामः वाक्यम् भाषिष्यते ।
"Rāma will speak a sentence."
रामेण वाक्यम् भाषिष्यते ।
"A sentence will be spoken by Rāma."

Essentially, the 3rd person *sya*-future form is the key form, and by using that form the rest of the *sya*-future forms can be easily derived by following the present tense paradigms. Below is a list of the key future forms for all the verbs done so far.

Root	**Present**	**Future**	**Future-Passive**
अर्थ्	अर्थयते	अर्थयिष्यते	अर्थयिष्यते
इष्	इच्छति	एषिष्यति	एषिष्यते
ईक्ष्	ईक्षते	ईक्षिष्यते	ईक्षिष्यते
कथ्	कथयति	कथयिष्यति	कथयिष्यते
कुप्	कुप्यति	कोपिष्यति	कोपिष्यते
कृष्	कृषति, कर्षति	कर्क्ष्यति	कर्क्ष्यते
कृन्त्	कृन्तति	कर्तिष्यति, कर्त्स्यति	कर्तिष्यते
क्लिश्	क्लिश्यते	क्लेशिष्यते	क्लेशिष्यते
क्षल्	क्षालयति	क्षालयिष्यति	क्षालयिष्यते
क्षिप्	क्षिपति	क्षेप्स्यति	क्षेप्स्यते
खन्	खनति	खनिष्यति	खनिष्यते
खाद्	खादति	खादिष्यति	खादिष्यते
खिद्	खिद्यते	खेत्स्यते	खेत्स्यते
गण्	गणयति	गणयिष्यति	गणयिष्यते
गम्	गच्छति	गमिष्यति	गंस्यते
गाह्	गाहते	गाहिष्यते, घाक्ष्यते	गाहिष्यते
ग्रस्	ग्रसते	ग्रसिष्यते	ग्रसिष्यते
घुष्	घोषयति	घोषयिष्यति	घोषयिष्यते
चल्	चलति	चलिष्यति	चलिष्यते
चिन्त्	चिन्तयति	चिन्तयिष्यति	चिन्तयिष्यते
चुर्	चोरयति	चोरयिष्यति	चोरयिष्यते
जन्	जायते	जनिष्यते	जनिष्यते
जि	जयति	जेष्यति	जेष्यते

जीव्	जीवति	जीविष्यति	जीविष्यते
ज्वल्	ज्वलति	ज्वलिष्यति	ज्वलिष्यते
तड्	ताडयति	ताडयिष्यति	ताडयिष्यते
तुद्	तुदति	तोत्स्यति	तोत्स्यते
तुष्	तुष्यति	तोक्ष्यति	तोक्ष्यते
त्यज्	त्यजति	त्यक्ष्यति	त्यक्ष्यते
दंश्	दशति	दंक्ष्यति	दंक्ष्यते
दह्	दहति	धक्ष्यति	धक्ष्यते
दा	यच्छति	दास्यति	दास्यते
दिव्	दीव्यति	देविष्यति	देविष्यते
दिश्	दिशति	देक्ष्यति	देक्ष्यते
दृश्	पश्यति	द्रक्ष्यति	द्रक्ष्यते
धाव्	धावति	धाविष्यति	धाविष्यते
धृ	धारयति	धारयिष्यति	धारयिष्यते
नम्	नमति	नंस्यति	नंस्यते
नश्	नश्यति	नशिष्यति, नंक्ष्यति	नशिष्यते, नंक्ष्यते
निन्द्	निन्दति	निन्दिष्यति	निन्दिष्यते
नी	नयति	नेष्यति	नेष्यते
नुद्	नुदते	नोत्स्यते	नोत्स्यते
नृत्	नृत्यति	नर्तिष्यति, नर्त्स्यति	नर्तिष्यते, नर्त्स्यते
पच्	पचति	पक्ष्यति	पक्ष्यते
पठ्	पठति	पठिष्यति	पठिष्यते
पत्	पतति	पतिष्यति	पतिष्यते
पा	पिबति	पास्यति	पास्यते
पाल्	पालयति	पालयिष्यति	पालयिष्यते
पुष्	पुष्यति	पोक्ष्यति	पोक्ष्यते
पूज्	पूजयति	पूजयिष्यति	पूजयिष्यते
प्रच्छ्	पृच्छति	प्रक्ष्यति	प्रक्ष्यते
बुध्	बोधति	बोधिष्यति	बोधिष्यते
भक्ष्	भक्षयति	भक्षयिष्यति	भक्षयिष्यते
भाष्	भाषते	भाषिष्यते	भाषिष्यते
भू	भवति	भविष्यति	भविष्यते
भूष्	भूषयति	भूषयिष्यति	भूषयिष्यते
भ्रम्	भ्राम्यति, भ्रमति	भ्रमिष्यति	भ्रमिष्यते
मन्	मन्यते	मनिष्यते, मंस्यते, ति	मंस्यते
मन्त्र्	मन्त्रयते	मन्त्रयिष्यते	मन्त्रयिष्यते

मुच्	मुञ्चति	मोक्ष्यति	मोक्ष्यते
मुद्	मोदते	मोदिष्यते	मोदिष्यते
मृ	म्रियते	मरिष्यति	मरिष्यते
यज्	यजति, ते	यक्ष्यति, ते	यक्ष्यते
रक्ष्	रक्षति	रक्षिष्यति	रक्षिष्यते
रच्	रचयति	रचयिष्यति	रचयिष्यते
रम्	रमते	रंस्यते	रंस्यते
रुच्	रोचते	रोचिष्यते	रोचिष्यते
लभ्	लभते	लप्स्यते	लप्स्यते
लिख्	लिखति	लेखिष्यति	लेखिष्यते
वद्	वदति	वदिष्यति	वदिष्यते
वस्	वसति	वत्स्यति	वत्स्यते
वह्	वहति	वक्ष्यति	वक्ष्यते
विद्	विद्यते	वेत्स्यते	वेत्स्यते
विद्	विन्दति	वेत्स्यति	वेत्स्यते
विश्	विशति	वेक्ष्यति	वेक्ष्यते
वृत्	वर्तते	वर्तिष्यते, वर्त्स्यति	वर्तिष्यते
वृध्	वर्धते	वर्धिष्यते, वर्त्स्यति	वर्धिष्यते
वेप्	वेपते	वेपिष्यते	वेपिष्यते
शंस्	शंसति	शंसिष्यति	शंसिष्यते
शम्	शाम्यति	शमिष्यति	शमिष्यते
शुभ्	शोभते	शोभिष्यते	शोभिष्यते
श्रम्	श्राम्यति	श्रमिष्यति	श्रमिष्यते
श्लाघ्	श्लाघते	श्लाघिष्यते	श्लाघिष्यते
सद्	सीदति	सत्स्यति	सत्स्यते
सृ	सरति	सरिष्यति	सरिष्यते
स्था	तिष्ठति	स्थास्यति	स्थास्यते
स्पृश्	स्पृशति	स्प्रक्ष्यति, स्पर्क्ष्यति	स्प्रक्ष्यते, स्पक्ष्
स्पृह्	स्पृहयति	स्पृहयिष्यति	स्पृहयिष्यते
स्मृ	स्मरति	स्मरिष्यति	स्मरिष्यते
हस्	हसति	हसिष्यति	हसिष्यते
हृ	हरति	हरिष्यति	हरिष्यते

Exercises

1) **Write future paradigms for:** विश्, क्षल्, दृश् and ईक्ष्.

2) **Translate the following sentences into English:**

१. काकाः फलानि खादिष्यन्ति ।
२. जलेन पतिष्यते ।
३. ताभ्यां बालाभ्यां दुःखानि स्मरिष्यन्ते ।
४. तेऽश्वास्तं पर्वतम्प्रति धाविष्यन्ति ।
५. रात्रिर्गमिष्यति भविष्यति च प्रभातम् (morning) ।
६. सूर्य उद्गमिष्यति हसिष्यन्ति च कमलानि ।
७. ते वीरास्तान्ग्रामाञ्जेष्यन्ति ।
८. तैस्ता द्रक्ष्यन्ते ।
९. तया तानि कमलानि ह्रदाद्ग्रामं नेष्यन्ते ।
१०. रामः सीतां त्यक्ष्यतीति मत्वा जना दुःखमन्वभवन् ।
११. अश्वाः न पत्राणि न वा तृणानि खादिष्यन्ति ।
१२. यदाहं सर्वस्य दुःखस्य कारणं (cause) बोधिष्यामि तदाहं बुद्धो भविष्यामि ।
१३. सा ग्रामं प्रवेक्ष्यति मित्रस्य च गृहं गमिष्यति ।
१४. ह्रदस्य तीरे कुसुमानि भविष्यन्ति हंसाश्च ह्रदे नर्तिष्यन्ति ।
१५. सा भाषिष्यते । तया भाषिष्यते ।

3) **Convert the sentences in exercises 1 and 4 in lesson 14 into future sentences.**

4) **Translate the following into Sanskrit:**

1. The crows will sit on the trees and eat fruit.
2. The servants will stand around the king tomorrow.
3. The village will be visited (gone to) by me.
4. The king's teacher will come and teach the king.
5. The father will be worshipped by his sons.
6. The husband will be abused by his wife.
7. The poet will compose a poem and praise the king.
8. If the jackals will not get meat, they will die.
9. The servants will go to the forest and cut the trees.
10. God's virtues will be praised by me.
11. There will be flowers in a garden in front of the palace.

12. The daughter-in-law will follow her mother-in-law.
13. By God's power the king's wife will get back her life.
14. I will not rejoice with my mother-in-law's words.
15. I will go to heaven, will see my son, and will live in happiness.

5) Write any five Sanskrit sentences in future tense.

LESSON 18

Irregular and Rare Nouns Ending in Vowels

Masculine Nouns

The words पति (m) "husband" and सखि (m) "friend" are declined somewhat differently as compared to the paradigm of मुनि (m) "sage" given in Lesson 9. The paradigms for these words are also different from each other.

पति (m) "husband" — सखि (m) "friend"

	पति			सखि		
N	पतिः	पती	पतयः	सखा	सखायौ	सखायः
Acc	पतिम्	पती	पतीन्	सखायम्	सखायौ	सखीन्
I	पत्या	पतिभ्याम्	पतिभिः	सख्या	सखिभ्याम्	सखिभिः
D	पत्ये	पतिभ्याम्	पतिभ्यः	सख्ये	सखिभ्याम्	सखिभ्यः
Abl	पत्युः	पतिभ्याम्	पतिभ्यः	सख्युः	सखिभ्याम्	सखिभ्यः
G	पत्युः	पत्योः	पतीनाम्	सख्युः	सख्योः	सखीनाम्
L	पत्यौ	पत्योः	पतिषु	सख्यौ	सख्योः	सखिषु
V	पते	पती	पतयः	सखे	सखायौ	सखायः

Note that the word पति when it occurs at the end of compounds like नरपति "lord of the people, king" behaves in a normal fashion and follows the paradigm of मुनि. Also, one must distinguish the masculine word सखि from the feminine word सखी. The feminine word also refers to a (female) friend, but follows the normal paradigm of नदी. The feminine for पति "husband" is पत्नी "wife". This word follows the regular paradigm of नदी.

There are a few masculine words which end in आ, ई and ऊ. These are also irregular declensions:

गोपा (m) "cowherd"

N	गोपाः	गोपौ	गोपाः
Acc	गोपाम्	गोपौ	गोपः
I	गोपा	गोपाभ्याम्	गोपाभिः
D	गोपे	गोपाभ्याम्	गोपाभ्यः
Abl	गोपः	गोपाभ्याम्	गोपाभ्यः
G	गोपः	गोपोः	गोपाम्
L	गोपि	गोपोः	गोपासु
V	गोपाः	गोपौ	गोपाः

सुधी (m) "intelligent"

N	सुधीः	सुधियौ	सुधियः
Acc	सुधियम्	सुधियौ	सुधियः
I	सुधिया	सुधीभ्याम्	सुधीभिः
D	सुधिये	सुधीभ्याम्	सुधीभ्यः
Abl	सुधियः	सुधीभ्याम्	सुधीभ्यः
G	सुधियः	सुधियोः	सुधियाम्
L	सुधियि	सुधियोः	सुधीषु
V	सुधीः	सुधियौ	सुधियः

सेनानी (m) "army general"

N	सेनानीः	सेनान्यौ	सेनान्यः
Acc	सेनान्यम्	सेनान्यौ	सेनान्यः
I	सेनान्या	सेनानीभ्याम्	सेनानीभिः
D	सेनान्ये	सेनानीभ्याम्	सेनानीभ्यः
Abl	सेनान्यः	सेनानीभ्याम्	सेनानीभ्यः
G	सेनान्यः	सेनान्योः	सेनान्याम्
L	सेनान्याम्	सेनान्योः	सेनानीषु
V	सेनानीः	सेनान्यौ	सेनान्यः

खलपू (m) "sweeper"

N	खलपूः	खलप्वौ	खलप्वः
Acc	खलप्वम्	खलप्वौ	खलप्वः
I	खलप्वा	खलपूभ्याम्	खलपूभिः
D	खलप्वे	खलपूभ्याम्	खलपूभ्यः
Abl	खलप्वः	खलपूभ्याम्	खलपूभ्यः
G	खलप्वः	खलप्वोः	खलप्वाम्
L	खलप्वि	खलप्वोः	खलपूषु
V	खलपूः	खलप्वौ	खलप्वः

वातप्रमी (m) "antelope"

N	वातप्रमीः	वातप्रम्यौ	वातप्रम्यः
Acc	वातप्रमीम्	वातप्रम्यौ	वातप्रमीन्
I	वातप्रम्या	वातप्रमीभ्याम्	वातप्रमीभिः
D	वातप्रम्ये	वातप्रमीभ्याम्	वातप्रमीभ्यः
Abl	वातप्रम्यः	वातप्रमीभ्याम्	वातप्रमीभ्यः
G	वातप्रम्यः	वातप्रम्योः	वातप्रम्याम्
L	वातप्रमी	वातप्रम्योः	वातप्रमीषु
V	वातप्रमीः	वातप्रम्यौ	वातप्रम्यः

प्रतिभू (m) "guarantor"

N	प्रतिभूः	प्रतिभुवौ	प्रतिभुवः
Acc	प्रतिभुवम्	प्रतिभुवौ	प्रतिभुवः
I	प्रतिभुवा	प्रतिभूभ्याम्	प्रतिभूभि
D	प्रतिभुवे	प्रतिभूभ्याम्	प्रतिभूभ्य
Abl	प्रतिभुवः	प्रतिभूभ्याम्	प्रतिभूभ्य
G	प्रतिभुवः	प्रतिभुवोः	प्रतिभुव
L	प्रतिभुवि	प्रतिभुवोः	प्रतिभूषु
V	प्रतिभूः	प्रतिभुवौ	प्रतिभुव

The word क्रोष्टु "jackal" is irregular in that several of its forms show the base क्रोष्टृ. There are no real masculine nouns ending in ए, but there are the following nouns ending in ओ, औ and ऐ.

	क्रोष्टु (m) "jackal"			रै (m,f) "wealth"		
N	क्रोष्टा	क्रोष्टारौ	क्रोष्टारः	राः	रायौ	रायः
Acc	क्रोष्टारम्	क्रोष्टारौ	क्रोष्टून्	रायम्	रायौ	रायः
I	क्रोष्ट्रा/ष्टुना	क्रोष्टुभ्याम्	क्रोष्टुभिः	राया	राभ्याम्	राभिः
D	क्रोष्ट्रे/ष्टवे	क्रोष्टुभ्याम्	क्रोष्टुभ्यः	राये	राभ्याम्	राभ्यः
Abl	क्रोष्टुः/ष्टोः	क्रोष्टुभ्याम्	क्रोष्टुभ्यः	रायः	राभ्याम्	राभ्यः
G	क्रोष्टुः/ष्टोः	क्रोष्ट्रोः/ष्ट्वोः	क्रोष्टूनाम्	रायः	रायोः	रायाम्
L	क्रोष्टरि	क्रोष्ट्रोः/ष्ट्वोः	क्रोष्टुषु	रायि	रायोः	रासु
V	क्रोष्टो	क्रोष्टारौ	क्रोष्टारः	राः	रायौ	रायः

	गो (m,f) "bull, cow"			ग्लौ (m) "moon"		
N	गौः	गावौ	गावः	ग्लौः	ग्लावौ	ग्लावः
Acc	गाम्	गावौ	गाः	ग्लावम्	ग्लावौ	ग्लावः
I	गवा	गोभ्याम्	गोभिः	ग्लावा	ग्लौभ्याम्	ग्लौभिः
D	गवे	गोभ्याम्	गोभ्यः	ग्लावे	ग्लौभ्याम्	ग्लौभ्यः
Abl	गोः	गोभ्याम्	गोभ्यः	ग्लावः	ग्लौभ्याम्	ग्लौभ्यः
G	गोः	गवोः	गवाम्	ग्लावः	ग्लावोः	ग्लावाम्
L	गवि	गवोः	गोषु	ग्लावि	ग्लावोः	ग्लौषु
V	गौः	गावौ	गावः	ग्लौः	ग्लावौ	ग्लावः

Feminine Nouns

Like the paradigm of क्रोष्टु given above, the feminine paradigm of जरा "old age" is mixed with alternating forms of जरस्. The same mixture is carried into the masculine paradigms of निर्जर "without old age, gods".

जरा (f) "old age"

N	जरा	जरे / जरसौ	जराः / जरसः
Acc	जराम् / जरसम्	जरे / जरसौ	जराः / जरसः
I	जरया / जरसा	जराभ्याम्	जराभिः
D	जरायै / जरसे	जराभ्याम्	जराभ्यः
Abl	जरायाः / जरसः	जराभ्याम्	जराभ्यः
G	जरायाः / जरसः	जरयोः / जरसोः	जराणाम् / जरसाम्
L	जरायाम् / जरसि	जरयोः / जरसोः	जरासु
V	जरे	जरे / जरसौ	जराः / जरसः

निर्जर (m) "without old age, god"

N	निर्जरः	निर्जरौ / निर्जरसौ	निर्जराः / निर्जरसः
Acc	निर्जरम् / निर्जरसम्	निर्जरौ / निर्जरसौ	निर्जरान् / निर्जरसः
I	निर्जरेण / निर्जरसा	निर्जराभ्याम्	निर्जरैः
D	निर्जराय / निर्जरसे	निर्जराभ्याम्	निर्जरेभ्यः
Abl	निर्जरात् / निर्जरसः	निर्जराभ्याम्	निर्जरेभ्यः
G	निर्जरस्य / निर्जरसः	निर्जरयोः / सोः	निर्जराणाम् / रसाम्
L	निर्जरे / निर्जरसि	निर्जरयोः / सोः	निर्जरेषु
V	निर्जर	निर्जरौ / रसौ	निर्जराः / निर्जरसः

While the paradigm of नदी represents the normal paradigm for feminine nouns in long ई, several feminine nominals in long ई differ more or less from this paradigm. Words like लक्ष्मी "wealth", तरी "boat", तन्त्री "lute" are declined like नदी, except that their nominative singular ends with a Visarga, i.e. लक्ष्मीः, तरीः, and तन्त्रीः. This class also includes the monosyllabic words धी "intellect", श्री "wealth", भी "fear" and ह्री "shame". These monosyllabic words differ also in several other respects. The word स्त्री "woman" has its peculiar forms. Also compare the paradigm of the monosyllabic word word भू "earth" with the paradigm of वधू. Contrast पुनर्भू "a remarried widow". The word भ्रू (f) "brow" is declined like भू.

	धी (f) "intellect"			स्त्री (f) "woman"		
N	धीः	धियौ	धियः	स्त्री	स्त्रियौ	स्त्रियः
Acc	धियम्	धियौ	धियः	स्त्रियम्/स्त्रीम्	स्त्रियौ	स्त्रियः/स्त्रीः
I	धिया	धीभ्याम्	धीभिः	स्त्रिया	स्त्रीभ्याम्	स्त्रीभिः
D	धिये/यै	धीभ्याम्	धीभ्यः	स्त्रियै	स्त्रीभ्याम्	स्त्रीभ्यः
Abl	धियः/याः	धीभ्याम्	धीभ्यः	स्त्रियाः	स्त्रीभ्याम्	स्त्रीभ्यः
G	धियः/याः	धियोः	धियाम्/धीनाम्	स्त्रियाः	स्त्रियोः	स्त्रीणाम्
L	धियि/याम्	धियोः	धीषु	स्त्रियाम्	स्त्रियोः	स्त्रीषु
V	धीः	धियौ	धियः	स्त्रि	स्त्रियौ	स्त्रियः

	भू (f) "earth"			पुनर्भू (f) "remarried widow"		
N	भूः	भुवौ	भुवः	पुनर्भूः	पुनर्भ्वौ	पुनर्भ्वः
Acc	भुवम्	भुवौ	भुवः	पुनर्भ्वम्	पुनर्भ्वौ	पुनर्भ्वः
I	भुवा	भूभ्याम्	भूभिः	पुनर्भ्वा	पुनर्भूभ्याम्	पुनर्भूभिः
D	भुवे/वै	भूभ्याम्	भूभ्यः	पुनर्भ्वै	पुनर्भूभ्याम्	पुनर्भूभ्यः
Abl	भुवः/वाः	भूभ्याम्	भूभ्यः	पुनर्भ्वाः	पुनर्भूभ्याम्	पुनर्भूभ्यः
G	भुवः/वाः	भुवोः	भुवाम्/भूनाम्	पुनर्भ्वाः	पुनर्भ्वोः	पुनर्भूणाम्
L	भुवि/वाम्	भुवोः	भूषु	पुनर्भ्वाम्	पुनर्भ्वोः	पुनर्भूषु
V	भूः	भुवौ	भुवः	पुनर्भु	पुनर्भ्वौ	पुनर्भ्वः

The word गो (m, f) "bull, cow" has been given earlier. Its declension is identical in masculine and feminine. The word रै "wealth" has an identical declension in masculine and feminine. The word नौ (f) "boat" is declined in a way identical with the word ग्लौ given earlier. There are two feminine words for heaven, देव् and द्यो. These are also irregular paradigms:

दिव् (f) "heaven" | द्यो (f) "heaven"

N	द्यौः	दिवौ	दिवः	द्यौः	द्यावौ	द्यावः
Acc	दिवम्	दिवौ	दिवः	द्याम्	द्यावौ	द्याः
I	दिवा	द्युभ्याम्	द्युभिः	द्यवा	द्योभ्याम्	द्योभिः
D	दिवे	द्युभ्याम्	द्युभ्यः	द्यवे	द्योभ्याम्	द्योभ्यः
Abl	दिवः	द्युभ्याम्	द्युभ्यः	द्योः	द्योभ्याम्	द्योभ्यः
G	दिवः	दिवोः	दिवाम्	द्योः	द्यवोः	द्यवाम्
L	दिवि	दिवोः	द्युषु	द्यवि	द्यवोः	द्योषु
V	द्यौः	दिवौ	दिवः	द्यौः	द्यावौ	द्यावः

Neuter Paradigms

Among the irregular neuter paradigms, the words अस्थि "bone", दधि "yogurt", सक्थि "thigh" and अक्षि "eye" are noteworthy. The nominative, accusative and vocative forms, and those before consonantal terminations, are like the forms of वारि. However, before the rest of the vowel-initial terminations, these words have the stems अस्थन्, दधन्, सक्थन् and अक्षन्. In these instances, these are declined like the neuter paradigm of नामन् (in Lesson 24).

अस्थि (n) "bone" | अक्षि (n) "eye"

N	अस्थि	अस्थिनी	अस्थीनि	अक्षि	अक्षिणी	अक्षीणि
Acc	अस्थि	अस्थिनी	अस्थीनि	अक्षि	अक्षिणी	अक्षीणि
I	अस्थ्ना	अस्थिभ्याम्	अस्थिभिः	अक्ष्णा	अक्षिभ्याम्	अक्षिभिः
D	अस्थ्ने	अस्थिभ्याम्	अस्थिभ्यः	अक्ष्णे	अक्षिभ्याम्	अक्षिभ्यः
Abl	अस्थ्नः	अस्थिभ्याम्	अस्थिभ्यः	अक्ष्णः	अक्षिभ्याम्	अक्षिभ्यः
G	अस्थ्नः	अस्थ्नोः	अस्थ्नाम्	अक्ष्णः	अक्ष्णोः	अक्ष्णाम्
L	अस्थ्नि/ अस्थनि	अस्थ्नोः	अस्थिषु	अक्ष्णि/ अक्षणि	अक्ष्णोः	अक्षिषु
V	अस्थे/स्थि	अस्थिनी	अस्थीनि	अक्षे/क्षि	अक्षिणी	अक्षीणि

Vocabulary

पति (m)	husband	सखि (m)	friend (male)
पत्नी (f)	wife	सखी (f)	friend (female)
लक्ष्मी (f)	prosperity, Goddess of	श्री (f)	prosperity Goddess of
तरी (f)	boat	तन्त्री (f)	lute
स्त्री (f)	woman	जरा (f)	old age
निर्जर (m)	without old age,	दिव् (f)	heaven
	gods	द्यो (f)	heaven
क्रोष्टु (m)	jackal	रै (m, f)	wealth
गो (m, f)	bull, cow	ग्लौ (m)	moon
गोपा (m)	cowherd	विश्वपा (m)	God (like गोपा)
सुधी (m)	intelligent	अल्पधी (m)	fool (like सुधी)
मूढधी (m)	fool (like सुधी)	कुधी (m)	wicked (like सुधी)
सेनानी (m)	army general	अग्रणी (m)	leader (like सेनानी)
ग्रामणी (m)	village leader (like सेनानी)	खलपू (m)	sweeper of the threshing floor
वर्षाभू (m)	frog (like खलपू)	वातप्रमी (m)	antelope, swift as
प्रतिभू (m)	guarantor		wind
नौ (f)	boat (like ग्लौ)	धी (f)	intellect
ह्री (f)	modesty (like धी)	भी (f)	fear (like धी)
भू (f)	earth	भ्रू (f)	brow (like भू)
सुभ्रू (f)	w. with beautiful	पुनर्भू (f)	remarried widow
	brows (like प्रतिभू)	अस्थि (n)	bone
दधि (n)	yogurt (like अस्थि)	सक्थि (n)	thigh (like अस्थि)
अक्षि (n)	eye	तॄ > तरति (1P)	to cross
पलाय् (10A)	to run away	प्रीति (f)	affection
क्षीर (n)	milk, water	वृद्ध	old
क्रिया (f)	action, rituals	माया (f)	deceit
पराभव (m)	defeat	असुर (m)	demon
युध् (4P)	to battle	दधीचः	name of a sage
दुर्लभ	rare	वस्त्र (n)	clothes
कृषक (m)	farmer	विशाल	large, big
आश्रम (m)	hermitage	आयत	long, wide

Exercises

1) **Write full paradigms of** विश्वपा, कुधी, ग्रामणी, वर्षाभू, नौ, भी, सुभ्रू, **and** दधि.

2) **Translate the following into English:**

१. रामो नावा नदीं तरति ।
२. अरीणां भिया वीरा न पलायन्ते ।
३. पत्युः प्रीतिं लभस्व ।
४. उद्याने सुभ्रुवो दृष्ट्वा जना अक्ष्णां फलं लभेरन् ।
५. गोः क्षीरं बालेभ्यो यच्छ ।
६. यदा तस्य पिता अम्रियत, तदा स जरसा विनापि वृद्धोऽभवत् ।
७. शत्रवो नृपस्य श्रियमपहर्तुमिच्छन्ति ।
८. अस्माकं क्रियाणां फलेषु ईश्वर एव प्रतिभूर्भविष्यति ।
९. ये शत्रूणां मायां न बोधन्ति ते मूढधियः पराभवं गच्छन्ति ।
१०. सुधियः सुधीभिर्मोदन्ते कुधियश्च कुधीभिः ।
११. यदाग्निर्वनानि दहति तदानिलस्तस्य सखा भवति ।
१२. दिवि देवा वसन्तीति मुनयो जनेभ्यः कथयन्ति ।
१३. यो दासः कनकं चोरयति तस्य ह्रीर्न भवति ।
१४. यदा देवा असुरैरयुध्यन् तदा दधीचस्य मुनेरस्थीनि तेषां शस्त्राण्यभवन्
१५. वातप्रम्यो मृगा एते भुवि धावन्ति ।

3) **Translate the following into Sanskrit:**

1. Let a husband be his wife's friend.
2. Let a wife be her husband's friend.
3. Lakṣmī is the wife of Viṣṇu.
4. When the woman with beautiful brows saw me, she said to me: "You have beautiful brows. I long for you."
5. The man who has intelligence and wealth is rare on earth.
6. Those who do not have old age are called Nirjara. Who are they? No one on this earth is without old age. The Nirjaras live in heaven.

7. When Duḥśāsana dragged (कृष् 1P) her clothing in Duryodhana's assembly, Draupadī looked down with modesty and trembled with fear.
8. "Go on bullocks, go on", said the farmer to the bullocks.
9. With her long and big (विशाल) eyes, Sītā almost (इव) drank Rāma's face, when he returned from the forest to the hermitage.
10. Pārvatī said to the girl who stood near her, "O friend, look at this boy."

4) Write any five Sanskrit sentences of your own.

LESSON 19

Nouns ending in consonants: One-stem type

All nouns ending in consonants follow a fairly similar pattern, especially when we contrast these with nouns ending in different vowels. Consonant-ending nouns have the same paradigms in masculine and feminine genders, and the neuter paradigm differs only in the nominative, accusative and vocative forms (which are identical with each other).

Consonant-ending nouns may be generally classified into one-stem nouns, two-stem nouns and three-stem nouns. In this lesson, we shall concentrate on some important one-stem consonant-ending noun-types.

In the paradigm of one-stem consonant-ending nouns, one finds that the final consonant remains unchanged before vowel-initial affixes, but that it undergoes sandhi-changes before consonant-initial affixes. Study the following paradigms:

मरुत् m. "wind"

	S	D	P
Nom	मरुत्	मरुतौ	मरुतः
Acc	मरुतम्	मरुतौ	मरुतः
Inst	मरुता	मरुद्भ्याम्	मरुद्भिः
Dat	मरुते	मरुद्भ्याम्	मरुद्भ्यः
Abl	मरुतः	मरुद्भ्याम्	मरुद्भ्यः
Gen	मरुतः	मरुतोः	मरुताम्
Loc	मरुति	मरुतोः	मरुत्सु
Voc	मरुत्	मरुतौ	मरुतः

सरित् f. "river"

	S	D	P
Nom	सरित्	सरितौ	सरितः
Acc	सरितम्	सरितौ	सरितः
Inst	सरिता	सरिद्भ्याम्	सरिद्भिः
Dat	सरिते	सरिद्भ्याम्	सरिद्भ्यः
Abl	सरितः	सरिद्भ्याम्	सरिद्भ्यः
Gen	सरितः	सरितोः	सरिताम्
Loc	सरिति	सरितोः	सरित्सु
Voc	सरित्	सरितौ	सरितः

जगत् n. "world"

	S	D	P
Nom	जगत्	जगती	जगन्ति
Acc	जगत्	जगती	जगन्ति
Inst	जगता	जगद्भ्याम्	जगद्भिः
Dat	जगते	जगद्भ्याम्	जगद्भ्यः
Abl	जगतः	जगद्भ्याम्	जगद्भ्यः
Gen	जगतः	जगतोः	जगताम्
Loc	जगति	जगतोः	जगत्सु
Voc	जगत्	जगती	जगन्ति

All palatal-final nouns change the final palatal consonant to *k* in nom. sing., before *bh*-initial affixes, and in loc. pl. However, some palatal-final words like सम्राज् and विश् change their final palatal to *ṭ* in the above stated contexts. Examples:

वाच् (वाक्) f. "speech"

	S	D	P
Nom	वाक्	वाचौ	वाचः
Acc	वाचम्	वाचौ	वाचः
Inst	वाचा	वाग्भ्याम्	वाग्भिः
Dat	वाचे	वाग्भ्याम्	वाग्भ्यः
Abl	वाचः	वाग्भ्याम्	वाग्भ्यः
Gen	वाचः	वाचोः	वाचाम्
Loc	वाचि	वाचोः	वाक्षु
Voc	वाक्	वाचौ	वाचः

सम्राज् (सम्राट्) m. "emperor"

	S	D	P
Nom	सम्राट्	सम्राजौ	सम्राजः
Acc	सम्राजम्	सम्राजौ	सम्राजः
Inst	सम्राजा	सम्राड्भ्याम्	सम्राड्भिः
Dat	सम्राजे	सम्राड्भ्याम्	सम्राड्भ्यः
Abl	सम्राजः	सम्राड्भ्याम्	सम्राड्भ्यः
Gen	सम्राजः	सम्राजोः	सम्राजाम्
Loc	सम्राजि	सम्राजोः	सम्राट्सु
Voc	सम्राट्	सम्राजौ	सम्राजः

विश् (विट्) m. "merchant-caste person, people"

	S	D	P
Nom	विट्	विशौ	विशः
Acc	विशम्	विशौ	विशः
Inst	विशा	विड्भ्याम्	विड्भिः
Dat	विशे	विड्भ्याम्	विड्भ्यः
Abl	विशः	विड्भ्याम्	विड्भ्यः
Gen	विशः	विशोः	विशाम्
Loc	विशि	विशोः	विट्सु
Voc	विट्	विशौ	विशः

R-final stems are slightly different in that the stem vowel is lengthened in the nom. sing., before *bh*-initial affixes, and in the loc. pl. Example:

गिर् f. "voice, speech"

	S	D	P
Nom	गीः	गिरौ	गिरः
Acc	गिरम्	गिरौ	गिरः
Inst	गिरा	गीर्भ्याम्	गीर्भिः
Dat	गिरे	गीर्भ्याम्	गीर्भ्यः
Abl	गिरः	गीर्भ्याम्	गीर्भ्यः
Gen	गिरः	गिरोः	गिराम्
Loc	गिरि	गिरोः	गीर्षु
Voc	गीः	गिरौ	गिरः

S-final nouns in masculine and feminine have their stem vowel lengthened in the nom. sing. The final *s* becomes *visarga* before consonant-initial affixes, and undergoes normal sandhi-changes The masculine and feminine paradigms are identical, and the neuter paradigm differs only in nom., acc. and voc. Examples:

सुमनस् m/f. "a good-hearted man/woman"

	S	D	P
Nom	सुमनाः	सुमनसौ	सुमनसः
Acc	सुमनसम्	सुमनसौ	सुमनसः
Inst	सुमनसा	सुमनोभ्याम्	सुमनोभिः
Dat	सुमनसे	सुमनोभ्याम्	सुमनोभ्यः
Abl	सुमनसः	सुमनोभ्याम्	सुमनोभ्यः
Gen	सुमनसः	सुमनसोः	सुमनसाम्
Loc	सुमनसि	सुमनसोः	सुमनःसु
Voc	सुमनः	सुमनसौ	सुमनसः

यशस् n. "fame"

	S	D	P
Nom	यशः	यशसी	यशांसि
Acc	यशः	यशसी	यशांसि
Inst	यशसा	यशोभ्याम्	यशोभिः
Dat	यशसे	यशोभ्याम्	यशोभ्यः
Abl	यशसः	यशोभ्याम्	यशोभ्यः
Gen	यशसः	यशसोः	यशसाम्
Loc	यशसि	यशसोः	यशःसु
Voc	यशः	यशसी	यशांसि

In the case of the *s*-final stems such as हविस् and आयुस्, due to the stem-vowels *i* and *u*, the final *s* undergoes different sandhi-changes. These may be noted from the following paradigms:

हविस् n. "oblation (in a ritual)"

	S	D	P
Nom	हविः	हविषी	हवींषि
Acc	हविः	हविषी	हवींषि
Inst	हविषा	हविर्भ्याम्	हविर्भिः
Dat	हविषे	हविर्भ्याम्	हविर्भ्यः
Abl	हविषः	हविर्भ्याम्	हविर्भ्यः
Gen	हविषः	हविषोः	हविषाम्
Loc	हविषि	हविषोः	हविःषु
Voc	हविः	हविषी	हवींषि

आयुस् n. "life"

	S	D	P
Nom	आयुः	आयुषी	आयूंषि
Acc	आयुः	आयुषी	आयूंषि
Inst	आयुषा	आयुर्भ्याम्	आयुर्भिः
Dat	आयुषे	आयुर्भ्याम्	आयुर्भ्यः
Abl	आयुषः	आयुर्भ्याम्	आयुर्भ्यः
Gen	आयुषः	आयुषोः	आयुषाम्
Loc	आयुषि	आयुषोः	आयुःषु
Voc	आयुः	आयुषी	आयूंषि

Vocabulary

विद्या	f.	knowledge	अधिक	adj.	more

Palatal-Final Nouns

ऋच् (ऋक्)	f.	hymn, verse
त्वच् (त्वक्)	f.	skin
वाच् (वाक्)	f.	speech
शुच् (शुक्)	f.	grief
वणिज् (वणिक्)	m.	merchant
भिषज् (भिषक्)	m.	doctor
ऋत्विज् (ऋत्विक्)	m.	priest
सम्राज् (सम्राट्)	m.	king, emperor
परिव्राज् (परिव्राट्)	m.	mendicant
विश् (विट्)	m.	merchant-caste person, people
दिश् (दिक्)	f.	direction (east, etc.)

***S*-Final Nouns**

चन्द्रमस्	m.	moon
वेधस्	m.	creator
पयस्	n.	milk, water
उरस्	n.	chest, breast

Dental-Final Nouns

मरुत्	m.	wind
भूभृत्	m.	king
विद्युत्	f.	lightning
सरित्	f.	river

मनस्	n.	mind	सुहृद्	m.	friend
यशस्	n.	fame	आपद्	f.	adversity
चेतस्	n.	mind	सम्पद्	f.	wealth
सुमनस्	m.	good-hearted man	परिषद्	f.	assembly
सुमनस्	n.	flower	वियत्	n.	sky
उषस्	f.	dawn, goddess of dawn	जगत्	n.	world
			क्षुध्	f.	hunger
तमस्	n.	darkness			
वयस्	n.	age			
तपस्	n.	penance, heat			
चक्षुस्	n.	eye			
धनुस्	n.	bow			
ज्योतिस्	n.	light, star			
हविस्	n.	oblation			

***R*-Final Nouns**

द्वार्	f.	door
पुर्	f.	city
गिर्	f.	voice, speech
धुर्	f.	yoke

Exercises

1) **Write complete paradigms of the following nouns:**
शुच्, परिव्राज्, क्षुध्, चन्द्रमस्, धनुस्, पुर्

2) **Translate the following passages into English and rewrite them with all known sandhis:**

१. एतस्य सम्राजः परिषदि श्वः सर्वे ऋत्विजः ऋचः पठिष्यन्ति । परिव्राजः अपि ऋचः पठन्ति । किन्तु ऋत्विजः एव ऋचः पठित्वा सम्पदं लब्धुम् इच्छन्ति । परिव्राजः तु सम्पदम् आपदम् एव मन्यन्ते । ते वदन्ति - एते ऋत्विजः वणिजः एव । यथा वणिजः धनमिच्छन्ति, तथैव एते ऋत्विजः अपि धनाय ऋचः पठन्ति इति ।

२. यदा सम्राजा अरयः पराजीयन्त, तदा तेषाम् अरीणाम् भार्याः सर्वासु दिक्षु अधावन् ।

३. यदा सम्राट् अलक्षेन्द्रः (Alexander) भारतदेशम् अजयत्, तदा स तत्र बहून् परिव्राजः अपश्यत् । तेषाम् परिव्राजाम् विद्याम् तपः च दृष्ट्वा प्रसन्नः सः भूभृत् कांश्चित् परिव्राजः ग्रीस(Greece)देशम् नेतुम् ऐच्छत् । ते परिव्राजः तम् भूभृतम् अवदन् - हे अलक्षेन्द्र, त्वम् एतस्य जगतः सम्राट् भवसि इति जनाः कथयन्ति । किन्तु वयम् अस्माकम् मनसाम् सम्राजः भवामः । यदा सूर्यः

अस्तं गच्छति (sets), तदा सर्वत्र जगति तमः प्रसरति। सम्राट् अपि त्वम् तत् तमः नाशयितुम् (destroy) न समर्थः। अस्माकम् तु मनसि रात्रेः तमसा तमः नैव जायते। तद् वद, कः सम्राट्? त्वम् वा वयम् वा? इति। एताम् गिरम् अवगम्य अलक्षेन्द्रः तान् परिव्राजः प्राणमत्, न्यवर्तत च।

४. यथा वियति चन्द्रमाः, तथा एतस्मिन् जगति सः सम्राट्।

५. यावत् सरितः सरिष्यन्ति, यावत् चन्द्रमाः वियतो भूमौ न पतिष्यति, यावत् च मरुताम् शक्त्या पर्वताः न नङ्क्ष्यन्ति, तावत् एतस्मिन् जगति मम काव्यानि सुमनसाम् गिरः भूषयिष्यन्ति - इति भाषित्वा सः कविः अम्रियत। तस्य कवेः मरणाद् अनन्तरम् जनाः तस्य कवेः काव्यानि तस्य शरीरेण सह एव अवादहन्।

६. काव्यानि पठित्वा वणिजः न तुष्यन्ति, न वा धनम् लब्ध्वा परिव्राजः। यः यद् इच्छति, तद् एव लब्ध्वा तस्य चेतः प्रसीदति।

७. चन्द्रमसम् उषसम् ज्योतींषि च दृष्ट्वा मम मनः मोदते। एतत् जगत् वेधसः काव्यम् एव। यदा सर्वासु दिक्षु सुमनसः एतत् काव्यम् पश्यन्ति, तदा ते वेधसम् प्रशंसन्ति।

८. वणिजः भिषजः ऋत्विजः च जनानाम् धनैः वर्धन्ते। यदा आपदः जनान् पीडयन्ति, तदा ऋत्विजाम् सम्पदः वर्धन्ते। यदा रोगाः (illness) जगति प्रवर्तन्ते, तदा भिषजाम् सम्पदः अपि वर्धन्ते। ये जनाः रोगैः न म्रियन्ते, ते जनाः भिषग्भ्यः सर्वम् धनम् दत्त्वा क्षुधा म्रियन्ते। जनाः सर्वदा अधिकम् अन्नम् खादन्तु इत्येव वणिजः वेधसम् अर्थयन्ते।

९. यदा अरीणाम् इषुभिः सम्राजः उरः भिन्नम् (broken), तदा सर्वेषाम् विशाम् चेतांसि शुचा पर्यभूयन्त। चन्द्रमाः एव वियतः भूमौ पतति इति सुमनसः अमन्यन्त। पशूनाम् शक्त्या पर्वतः एव नश्यति इति सर्वे जनाः अचिन्तयन्। एते अरयः पुरम् प्रविश्य सर्वाणि गृहाणि धक्ष्यन्ति इति चिन्तयित्वा सर्वे जनाः धनूंषि आदाय पुरम् रक्षितुम् द्वारि अतिष्ठन्।

१०. कस्य सुमनसः मनः उषसम् दृष्ट्वा न प्रसीदति? कस्य सुमनसः चेतः सुमनांसि दृष्ट्वा न तुष्यति। चन्द्रमसम् दृष्ट्वा यथा सुमनांसि मोदन्ते, तथा सुहृदम् दृष्ट्वा सुहृदाम् मनांसि मोदन्ते।

११. वणिजः भिषजः ऋत्विजः च न कदापि सुहृदः भवेयुः। जनानाम् आपद्भिः येषाम् सम्पदः वर्धन्ते, कथम् ते सुहृदः भवेयुः?

१२. ये जनाः मतिं विना एव गिरः वदन्ति, ते कवयः भवन्ति इति परिव्राज कवीन् निन्दन्ति। कवयः तु भाषन्ते - यथा रात्रौ वियत् तमस परिभूयते , तथा एतेषाम् परिव्राजाम् मनः तपसा परिभूयते। यथा अन्धा चन्द्रमसा न मोदन्ते, तथा एते परिव्राजः काव्येन न तुष्यन्ति। जगति ए

एव ईश्वरः इति ते मन्यन्ते । किन्तु अस्माकम् काव्यस्य जगति वयमेव वेधसः ईश्वराः च । यथा यथा वयम् इच्छामः तथा तथा एतत् जगत् काव्ये परिवर्तते इति ।

१३. उषसि ऋत्विजः ऋचः पठित्वा देवेभ्यः हवींषि प्रयच्छन्ति । देवाः च हविर्भिः तुष्यन्ति । देवाः स्वर्गे वसन्ति, ऋत्विजः तु भूमौ । स्वर्गः च वियतः उपरि इति जनाः मन्यन्ते । कथम् तर्हि देवाः ऋत्विजाम् हवींषि लभन्ते? ऋत्विजः हवींषि अनले प्रक्षिपन्ति । अनलात् धूमः (smoke) जायते, सः च वियति स्वर्गम् च गच्छति । एवम् अनलः ऋत्विजाम् हवींषि देवान् प्रति नयति इति जनाः मन्यन्ते ।

१४. सम्राजः परिषदि सः कविः एताम् वाचम् अवदत् - हे देव, एतस्मिन् जगति त्वम् एव चन्द्रमाः । तव यशसः ज्योतिषा एव वियति सूर्यः अपि प्रकाशते (shines) । अतः एव कवीनाम् गिरः त्वाम् एव शंसन्ति, न अन्यम् इति । एतया गिरा प्रसन्नः सः भूभृत् तस्मै कवये बह्वीः सम्पदः प्रायच्छत् । सम्पदः लब्ध्वा प्रसन्नः सः कविः गृहम् गत्वा भार्यायै अवदत् - हे भार्ये, पश्य, मूर्खम् अपि तम् भूभृतम् यदा अहम् काव्यैः अशंसम्, तदा स मह्यम् बहु धनम् प्रायच्छत् । यदि अन्ये अपि मूर्खाः मह्यम् धनम् यच्छेयुः, तर्हि तान् अपि अहम् शंसिष्यामि इति ।

3) Translate the following into Sanskrit:

1. The mendicants will go to the forests and will recite the hymns.
2. Do the merchants, doctors, and priests like flowers?
3. When the moon shines in the sky, we are all happy.
4. Without the moon, there is darkness in the world. Similarly, without a poet's poem, there is darkness in the heart.
5. When the king entered the forest with his arrows, the animals ran in all directions.
6. When the mendicants come, the priests leave.
7. The priests stand at the gate of the palace and praise the king.
8. A king is the lord (पति) of the people (विश्).
9. The mind of a good-hearted man is happy when he sees the beauty of the world.

10. The king's fame spreads all over the world. It also reaches the sky. For that reason, the moon looks white.

5) Write any five Sanskrit sentences of your own.

LESSON 20

Consonant-final nouns (continued)

Present active participles for active (परस्मैपदिन्) verbs

Active verbs form their present active participles with the affix अत्. A simple way of forming the present active participle stem is to replace the affix अन्ति (or अति for the 3rd conjugation) in the present 3rd pl. by the affix अत् . Examples:

"(He who is) going"	गच्छत्	⟵	गच्छन्ति
"(He who is) playing"	दीव्यत्	⟵	दीव्यन्ति
"(He who is) striking"	तुदत्	⟵	तुदन्ति
"(He who is) stealing"	चोरयत्	⟵	चोरयन्ति

For a full listing of the present participles, see the list in Lesson 35. Participles like गच्छत् "going" structurally behave like adjectives of the agents they qualify, and hence, like other adjectives, they follow the case, gender and number of the substantive (i.e. the agent-word). In masculine and neuter, the stem remains गच्छत्, but in feminine the stem becomes गच्छन्ती with the addition of the feminine affix ī, and it follows the standard paradigm of नदी.

Within the masculine and neuter paradigms, we find an alternation between the strong stem (*gacchant-*) and the weak stem (*gacchat-*). The strong stem forms are italicized in the paradigms.

गच्छत् m. "(He who is) going"

	S	**D**	**P**
Nom	*गच्छन्*	*गच्छन्तौ*	*गच्छन्तः*
Acc	*गच्छन्तम्*	*गच्छन्तौ*	गच्छतः
Inst	गच्छता	गच्छद्भ्याम्	गच्छद्भिः
Dat	गच्छते	गच्छद्भ्याम्	गच्छद्भ्यः
Abl	गच्छतः	गच्छद्भ्याम्	गच्छद्भ्यः
Gen	गच्छतः	गच्छतोः	गच्छताम्
Loc	गच्छति	गच्छतोः	गच्छत्सु
Voc	*गच्छन्*	*गच्छन्तौ*	*गच्छन्तः*

गच्छत् n. "(That which is) going"

	S	D	P
Nom	गच्छत्	गच्छन्ती	गच्छन्ति
Acc	गच्छत्	गच्छन्ती	गच्छन्ति
Voc	गच्छत्	गच्छन्ती	गच्छन्ति

The rest of the paradigm is like the masculine paradigm.

गच्छन्ती f. "(She who is) going"

	S	D	P
Nom	गच्छन्ती	गच्छन्त्यौ	गच्छन्त्यः
Acc	गच्छन्तीम्	गच्छन्त्यौ	गच्छन्तीः
Inst	गच्छन्त्या	गच्छन्तीभ्याम्	गच्छन्तीभिः
Dat	गच्छन्त्यै	गच्छन्तीभ्याम्	गच्छन्तीभ्यः
Abl	गच्छन्त्याः	गच्छन्तीभ्याम्	गच्छन्तीभ्यः
Gen	गच्छन्त्याः	गच्छन्त्योः	गच्छन्तीनाम्
Loc	गच्छन्त्याम्	गच्छन्त्योः	गच्छन्तीषु
Voc	गच्छन्ति	गच्छन्त्यौ	गच्छन्त्यः

The present active participles from the active verbs of the sixth conjugation have the following optional forms:

1) Neuter Nom., Acc., Voc., dual: तुदती or तुदन्ती
2) Feminine stem: तुदती- or तुदन्ती-

Use of the active present participles for active (परस्मैपद) verbs:

According to Sanskrit grammarians, these participles cannot be used to simply replace a present tense verb form. For instance, a simple sentence like रामः गच्छति "Rāma is going" cannot be replaced with: *रामः गच्छन् or *रामः गच्छन् भवति ।

Present participles, both active as well as middle, express progressive aspect. In general, the present participle takes on the same tense as the main verb, rather than a fixed present tense. This relationship can be seen by examining the approximately corresponding relative-clause phrases.

Main Cl Verb
PRESENT tense

a) मार्गेण गच्छन्तम् नरम् अहम् पश्यामि ।
"I see the man going along the road."

b) यः नरः मार्गेण गच्छति, तम् अहम् पश्यामि ।
"I see the man who goes (is going) along the road."

Observe the following transformations:

1a ↓ यो नरो मार्गेण अगच्छत् तस्य भार्याम् अहम् अपश्यम् । "I saw the wife of the man who went by the road."

1b मार्गेण गच्छतः नरस्य भार्याम् अहम् अपश्यम् । "I saw the wife of the man (the man) going by the road."

2a ↓ यो नरो मार्गेण गच्छति स मम भार्याम् पश्यति । "The man who is going by the road, he sees my wife."

2b मार्गेण गच्छन् नरः मम भार्याम् पश्यति । "The man going by the road sees my wife."

3a ↓ यो नरो मार्गेण गच्छति तस्मै धनम् यच्छामि । "I give wealth to the man who is going by the road."

3b मार्गेण गच्छते नराय धनम् यच्छामि । "I give wealth to the man going by the road."

4a ↓ याः नार्यः भूमौ पतन्ति ताः अहम् पश्यामि । "I see those women who are falling on the ground."

4b भूमौ पतन्तीः नारीः अहम् पश्यामि । "I see the women falling on the ground."

5a ↓ याः नार्यः भूमौ पतन्ति ताः ईश्वरम् निन्दन्ति । "Those women who fall on the ground curse God."

5b भूमौ पतन्त्यः नार्यः ईश्वरम् निन्दन्ति । "The women falling on the ground curse God."

Future active participles for active (परस्मैपदिन्) verbs

These are formed on similar lines. By using the 3rd sg. active future forms like गमिष्यति, one can formulate the future active participle stems like गमिष्यत्- "(He who) will be going" or "(He who) is going to go". The paradigms of these future active participles are identical with those of the present active participles. The sixth conjugation active verbs have the same alternations (i.e. अत् vs अन्त्) in future active participles. Examples:

1a ↓ यो नरो ग्रामं गमिष्यति तम् अहम् पश्यामि । "I see the man who will go to the village."

1b ग्रामं गमिष्यन्तं नरमहं पश्यामि । "I see the man who is going to go to the village."

2a ↓ या नारी ग्रामं गमिष्यति तस्यै अहम् धनम् यच्छामि । "I give money to that woman who will go to the village."

2b ग्रामं गमिष्यन्त्यै नार्यै अहम् धनम् यच्छामि । "I give money to the woman who will go to the village."

3a ↓ यद् धनम् नङ्क्ष्यति तद् अहम् न इच्छामि । "I do not want that wealth which will perish."

3b नङ्क्ष्यद् धनम् अहम् न इच्छामि । "I do not want the perishable wealth."

Exercises

1) Write the complete paradigms of the following participles:

1) पतत्- m.
2) नश्यत्- n.
3) चोरयन्ती- f.
4) गमिष्यत्- m.
5) भविष्यत्- n.
6) कथयिष्यत्- f.

2) **Translate the following sentences into English, and convert the present and future active participle constructions into *yad-tad* constructions:**

१. जले पतन्तौ तौ बालौ दुःखम् अन्वभवताम् ।
२. तम् पर्वतं प्रति धावतः अश्वान् अहम् पश्यामि ।
३. कूपमभितः तिष्ठन्तौ दासौ नृपम् अवदताम् ।
४. कमलम् नयन्तीं ताम् दृष्ट्वा मम मित्रम् अचिन्तयत् ।
५. तृणं खादन्तः अश्वाः तुष्यन्ति ।
६. कनकं चोरयन्तम् दासम् नृपः तुदति ।
७. पर्वतम् अभितः नश्यतः वृक्षान् दृष्ट्वा दासाः जनान् कथयन्ति ।
८. ग्रामं विशन्तं नृपं दासाः पश्यन्ति ।
९. पर्वतम् कृषन्तम् त्वाम् ईक्षित्वा अहम् वदामि - त्वम् मूर्खः इति ।
१०. वृक्षान् स्पृशन्ती सा पत्राणि गणयति ।
११. पर्वतम् प्रति धावन्तः बालाः श्राम्यन्ति ।
१२. ईश्वरस्य बलं चिन्तयन्तो जनाः सुखं लभन्ते ।
१३. आकाशे गच्छन्तं चन्द्रम् जनाः आकाशस्य भूषणं मन्यन्ते ।
१४. काव्यं लिखते मित्राय नृपः रत्नानि प्रयच्छति ।
१५. नृपस्य शीर्षम् तुदन्तं वीरम् वयम् न निन्देम ।
१६. शास्त्राणि पठद्भ्यः बालेभ्यः गुरुः फलानि यच्छति ।
१७. शस्त्राणां बलम् बोधन् नृपः शास्त्राणां बलं न बोधति ।
१८. नद्याः शोभां पश्यन्तीं भगिनीम् रामो ऽवदत् ।
१९. तीरे तिष्ठन्ती नारी ते श्वश्रूः ।
२०. भक्त्या नमन्तीः नारीः दृष्ट्वा गुरुः अतुष्यत् ।
२१. श्वश्र्वाः शक्तिं बोधन्ती वधूः दुःखं न विन्दति ।
२२. धनं चोरयन्तं नरम् अहम् रज्ज्वा अतुदम् ।
२३. आकाशे वसन्तं चन्द्रम् बालाः ह्रदे अपि पश्यन्ति ।
२४. मां निन्दन्तीम् अपि भार्यामहं न निन्दामि ।
२५. तां चिन्तयन्तं मां सा न चिन्तयति ।
२६. तीरे सीदन्ती सा अवेपत ।
२७. तरौ सीदन्तः काकाः फलानि खादन्ति ।
२८. हे बाल, वृक्षात् पतिष्यन्तं त्वाम् ईश्वरो न रक्षेत् ।
२९. हे भार्ये, स्वर्गम् गमिष्यन्त्या त्वया सह न अहम् गमिष्यामि ।
३०. कवये धनम् दास्यते नृपाय मुनिरवदत् - हे नृप, न एष कविः, एषः मूर्खः एव इति ।

३१. ग्रामं जेष्यन्तं वीरम् नृपः अशंसत् ।
३२. मधु खादितुमिच्छन्तं माम् माता ताडयति ।
३३. मार्गेण गच्छन्तं खञ्जं पश्यन्तो जनाः हसन्ति ।
३४. ऋचः पठिष्यन्तः ऋत्विजः धनं लप्स्यन्ते ।
३५. गृहाणि धक्ष्यतः अरीन् जनाः प्रार्थयन्त ।
३६. मूर्खान् अपि शंसन्तः कवयः धनम् लभन्ते ।

3) **Convert sentences in Lesson 12, Exercises 1 & 2 to present participle constructions.** (You may need to adjust the meaning a little bit.)

4) **Translate the following into Sanskrit using present participles:**

1. Wishing to obtain wealth, the priests recite the hymns.
2. I see the king looking at the flowers.
3. The poet praised the hero conquering the enemies.
4. Sitting on the trees, the birds eat fruits.
5. The mendicants see the servants carrying the burden.
6. I spoke to the man who was going to go to the village.
7. Thinking of God's power, the sages worship him.
8. The father gave fruits to the son sitting near the lake.
9. Watching the beauty of the garden, she stood at the door.
10. The mind of a person thinking only of money has no peace (शान्ति f).
11. Falling on the ground, I said to my teacher: "Why do you not like me?"
12. I saw the man stealing my horse.
13. Knowing the truth, you sat under a tree in the forest.
14. Saluting the teacher, the woman sat in front of him.
15. Throwing the gold into the river, the sage looked at the king.

5) **Write any five Sanskrit sentences of your own.**

LESSON 21

Present agentive (कर्तरि) participles for middle (आत्मनेपदिन्) verbs

In meaning these participles are exactly like the present active voice participles for active verbs (परस्मैपदिन्) and they follow the same syntactic rules.

Their structure, however, is somewhat different, but simpler than the present active participles for active (परस्मैपदिन्) verbs. For middle (आत्मनेपदिन्) verbs in the conjugations 1, 4, 6 and 10, these present active voice participles are formed by adding the affix *-māna* to the verbal base. (For participles with the affix *-āna* for other conjugations, see Lesson 35). The verbal base is obtained by simply removing the affix *-te* in the 3rd sing. present forms. Examples:

(He who) speaks or is speaking	भाषमाण-	भाषते
(He who) exists	विद्यमान-	विद्यते
(He who) requests	अर्थयमान-	अर्थयते

The present active voice participles for middle verbs, such as भाषमाण-, are declined in masculine and neuter like the masculine and neuter nouns in *a*. In feminine, a feminine marker affix *ā* is added to the basic stem and we get the feminine stems like भाषमाणा. This is declined simply like any feminine noun in long *ā*.

Note that the यद्-तद् constructions are only approximately similar to the present participle constructions, and that the यद्-तद् constructions do not express the notion of progressive aspect expressed by the present participle constructions. Examples:

1a या नारी मया सह विवदते ताम् अहम् निन्दामि । "I curse the woman who argues with me."

1b मया सह विवदमानाम् नारीम् अहम् निन्दामि । "I curse the woman arguing with me."

2a यः ऋषिः नद्याम् गाहते तस्य पुत्राय धनम् यच्छामि । "I give wealth to the son of the sage who is plunging in the river."

2b नद्याम् गाहमानस्य ऋषेः पुत्राय धनम् यच्छामि । "I give wealth to the son of the sage plunging in the river."

3a नदी वने वर्तते तस्याम् अहम् गाहे । "I plunge in the river which is in the forest."
↓

3b वने वर्तमानायाम् नद्याम् अहम् गाहे । "I plunge in the river which is in the forest."

Present passive (कर्मणि) participles

These are formed by adding the affix *-māna* to the passive verbal base. The passive verbal base can be obtained by removing the affix *-te* in a passive present 3rd sing. form, e.g. गम्यते > गम्यमान-. Examples:

"That which is being given"	दीयमान-	दीयते
"That which is being gone to"	गम्यमान-	गम्यते
"That which is being taken"	नीयमान-	नीयते
"That which is being eaten"	खाद्यमान-	खाद्यते
"That which is being hit"	तुद्यमान-	तुद्यते

In masculine and neuter, the present passive participles are declined like masculine and neuter nouns in *a*. In feminine, a feminine marker affix *ā* is added to the basic stem, and then the feminine stem is declined like a feminine noun in long *ā*.

Examples:

1a यो ग्रामः रामेण गम्यते स मे न रोचते । "The village which is visited (lit. gone to) by Rāma does not appeal to me."
↓

1b रामेण गम्यमानो ग्रामो मे न रोचते । "The village being visited by Rāma does not appeal to me."

2a या नारी त्वया दृश्यते सा ते भगिनी । "The woman who is being seen by you is your sister."
↓

2b त्वया दृश्यमाना नारी ते भगिनी । "The woman being seen by you is your sister."

3a यद् धनम् दासेन चोर्यते तत् कूपे पतति । "The wealth which is being stolen by the servant falls into the well."
↓

3b दासेन चोर्यमाणं धनम् कूपे पतति । "The money being stolen by the servant falls into the well."

4a यानि पुस्तकानि मया पठ्यन्ते तानि तुभ्यम् न दास्यामि । "I will not give you the books which are being read by me."

4b मया पठ्यमानानि पुस्तकानि तुभ्यम् न दास्यामि । "I will not give you the books being read by me."

Vocabulary

पाप	n.	sin	मधुर	a.	sweet
कन्या	f.	girl	हृदय	n.	heart
वानर	m.	monkey	मकर	m.	crocodile
मकरी	f.	female crocodile	स्वादु	a.	sweet

ताड्, ताडयति 10P. to beat

Exercises

1) **Write down twenty present active voice participles for middle verbs and their masculine and feminine genitive forms.**

2) **Write down twenty present passive participles and their feminine and neuter accusative forms.**

3) **Translate the following sentences into English and convert them into *yad-tad* constructions:**

१. दुःखं लभमानाः जनाः ईश्वरं निन्दन्ति ।
२. गजमीक्षमाणः शृगालः तं गजं शंसति ।
३. मां मित्रं मन्यमानः नरः मम मित्रं भवति ।
४. वने म्रियमाणं गजं दृष्ट्वा अहं खिद्ये ।
५. स्वादूनि वचनानि भाषमाणः अपि शृगालः मृगस्य मित्रं न भवति ।
६. वने तुष्यन्तः गृहे च खिद्यमानाः जनाः मुनयः भवन्ति ।
७. देवान् ईक्षमाणानाम् मुनीनाम् न कदापि दुःखं जायते ।
८. दुःखेन क्लिश्यमानाः जनाः पापं न त्यजन्ति, किन्तु ईश्वरमेव निन्दन्ति ।
९. मांसं ग्रसमानः शृगालः सुखमनुभवति ।
१०. गृहे वर्धमानाम् कन्याम् दृष्ट्वा माता तुष्यति ।
११. रामेण खाद्यमानं फलम् अहम् नेच्छामि ।
१२. परिव्राड्भिः गम्यमानं वनं नारीभ्यः न रोचते ।
१३. भर्त्रा त्यज्यमाना अपि भार्या भर्तारं मा निन्दतु ।
१४. मया रक्ष्यमाणेभ्यः बालेभ्यः त्वम् फलानि यच्छसि ।
१५. अद्य त्वया ताडयमानः अहम् श्वः त्वाम् ताडयिष्यामि ।

4) **Translate the following sentences into English and convert them into present participle constructions:**

१. ये जनाः नृपेण निन्द्यन्ते ते सुखं न लभन्ते ।
२. ये मूर्खाः कविभिः शस्यन्ते ते कविभ्यः सम्पदः यच्छन्ति ।
३. ये त्वाम् अरिं मन्यन्ते ते सर्वे मम मित्राणि भवन्ति ।
४. अहम् प्रिये, तथापि त्वम् मां न द्रष्टुम् इच्छसि ।
५. यद्यपि त्वम् स्वादूनि वचनानि भाषसे, तथापि त्वाम् अहम् मित्रं न मन्ये
६. या नारी भर्त्रा अधिक्षिप्यते, सा भर्तारम् अधिक्षिपति ।
७. यानि कमलानि तव भार्यया गण्यन्ते, तानि अहम् द्रष्टुमिच्छामि ।
८. यद् जलम् युवाभ्याम् पीयते, तदेव जलम् शृगालाः अपि न पिबन्ति ।
९. यो वानरः मधुरैः फलैः मोदते, तस्य हृदयमपि मधुरम् भवेत् इति मकरी अचिन्तयत् ।
१०. ये जनाः देवेभ्यः यजन्ते ते एव स्वर्गलोकं गच्छन्ति ।
११. यद् गृहम् तैः जनैः अवदह्यते तदहं पश्यामि ।
१२. नद्याः तीरे या नार्यः वेपन्ते ताः त्वम् पश्य ।
१३. यानि काव्यानि त्वया लिख्यन्ते तेभ्यः अहम् न स्पृहयामि ।
१४. यद्यपि मया नृपः श्लाघ्यते तथापि सः मां निन्दति ।

5) **Translate the following into Sanskrit:**

1. I like the boy who is speaking (भाष्) to that girl.
2. The girl, looking at (ईक्ष्) the mother, ran away.
3. The people praised the teacher who was praising (श्लाघ्) God
4. The burden being carried by the servants was heavy.
5. The mother, rejoicing (मुद्) having seen her son, came out of the house.
6. The king likes the lotuses growing (वृध्) in the lake.
7. We saw the elephants dying on the mountain.
8. The wife, being abused by her husband, told him: "Leave this house."
9. The woman, being thought about by me, does not at all think of me.
10. The flowers, being thrown in the water of the river by the girl, were brought out of the water by the boy.

6) **Write any five Sanskrit sentences of your own.**

LESSON 22

Past (imperfect) participles

The past (imperfect) participles are in general threefold:

a) Past Passive Participles (affix *-ta*) (कर्मणि)

b) Past Active Participles (affix *-tavat/ -ta* for some verbs) (कर्तरि)

c) Past Intransitive Passive Participles (affix *-ta*) (भावे)

Past passive participles (कर्मणि)

All verbs, except the intransitive verbs, can have their past passive participles formed with the affix *-ta*. Though in most of the forms one does find *-ta*, in several forms it is replaced by the allomorphs *-na, -ṭa, -dha, -ḍha,* etc. For some verbs, the affix *-ta* becomes *-ita* obligatorally, for some it becomes *-ita* optionally, while for others it never takes the augment *i*. Since these and other changes are for the most part difficult to generalize, the best way is to study the listed forms and then assimilate them by using them in sentences. Examples:

"that which was eaten"	खादित-	<	खादति
"that which was gone to"	गत-	<	गच्छति
"that which was spoken"	भाषित-	<	भाषते
"that which was remembered"	स्मृत-	<	स्मरति

The past passive participle can replace past passive forms in subordinate and main clauses. A past passive participle functions like an adjective of the object of the passive verb, and it follows the gender, number and case of the word for the object. In masculine and neuter, the past passive participles are declined like masculine and neuter nouns in *a*. In feminine, a feminine marker affix *ā* is added to the basic stem, and the feminine stem is declined like a feminine noun in *ā*. For example, खादितः (m), खादितम् (n), खादिता (f).

Examples:

1a रामेण फलानि अखाद्यन्त । "The fruit were eaten by Rāma."
↓
1b रामेण फलानि खादितानि । "The fruit were eaten by Rāma."

2a यानि फलानि रामेण अखाद्यन्त तान्यहमिच्छामि । "I want those fruit which were eaten by Rāma."
↓
2b रामेण खादितानि फलानि अहमिच्छामि । "I want the fruit eaten by Rāma."

3a मया माता अस्मर्यत । "Mother was remembered by me."
↓
3b मया माता स्मृता । "Mother was remembered by me."

4a यो नरो भार्यया अनिन्द्यत तं सर्वे अनिन्दन् । "All (people) cursed the man who was cursed by (his) wife."
↓
4b भार्यया निन्दितं तं नरं सर्वे अनिन्दन् । "All (people) cursed the man cursed by his wife."

Past intransitive passive (भावे) participles

For all intransitive verbs, and transitive verbs used without objects, one can have the past intransitive passive participles. The semantic and syntactic focus of these participles is the action itself and not the agent or the object. The participle is formed exactly like the past passive participle, but is used always in neuter singular. These participles are not as frequent as the passive or active past participles.

Examples:

1a ↓	रामेण अगम्यत ।	"Going was done by Rāma."
1b	रामेण गतम् ।	"Going was done by Rāma."
2a ↓	देवैः अभाष्यत ।	"Speaking was done by the gods."
2b	देवैः भाषितम् ।	"Speaking was done by the gods."
3a ↓	मया अहस्यत ।	"Laughing was done by me."
3b	मया हसितम् ।	"Laughing was done by me."
4a ↓	तया नार्या अस्मर्यत ।	"Remembering was done by that woman."
4b	तया नार्या स्मृतम् ।	"Remembering was done by that woman."

Past active (कर्तरि) participles

For all verbs, the past active participles can be formed b adding the affix *-vat* to a past passive participle with the affi

-*ta*. Or one might say that the past active participle affix is -*tavat*. These participles can replace past active verbs occurring in the main or subordinate clauses. They agree in gender, number and case with the agent of the active verb.

Examples:

"he who ate"	खादितवत्-
"he who went"	गतवत्-
"he who spoke"	भाषितवत्-
"he who remembered"	स्मृतवत्-

Masculine

	S	**D**	**P**
Nom	गतवान्	गतवन्तौ	गतवन्तः
Acc	गतवन्तम्	गतवन्तौ	गतवतः
Inst	गतवता	गतवद्भ्याम्	गतवद्भिः
Dat	गतवते	गतवद्भ्याम्	गतवद्भ्यः
Abl	गतवतः	गतवद्भ्याम्	गतवद्भ्यः
Gen	गतवतः	गतवतोः	गतवताम्
Loc	गतवति	गतवतोः	गतवत्सु
Voc	गतवन्	गतवन्तौ	गतवन्तः

Neuter

	S	**D**	**P**
Nom	गतवत्	गतवती	गतवन्ति
Acc	गतवत्	गतवती	गतवन्ति
Voc	गतवत्	गतवती	गतवन्ति

The rest of the forms are like the masculine forms.

In feminine, गतवत्- takes the feminine marker affix *ī* and hence the feminine stem is गतवती. This is declined like नदी.

Examples:

a रामो गृहमगच्छत् । "Rāma went home."
b रामो गृहं गतवान् । "Rāma went home."
a यो नरः फलमखादत् तमहमपश्यम् । "I saw the man who ate the fruit."
b फलं खादितवन्तं नरमहमपश्यम् । "I saw the man who ate the fruit."

3a ↓ यो नरो मातरमस्मरत् तं नृपोऽवदत् । "The king spoke to the man who remembered (his) mother."

3b मातरं स्मृतवन्तं तं नरं नृपोऽवदत् । "The king spoke to the man who remembered his mother."

4a ↓ सा अभाषत । "She said."

4b सा भाषितवती । "She said."

Past active participles (कर्तरि) in *-ta*

In the case of verbs which are either inherently intransitive or are used intransitively, verbs of movement and certain other verbs like *sthā, vas, jan, ruh,* etc. (which may be contextually transitive, e.g. अधि+√स्था "to occupy"), the past active participle may be formed with the affix *-ta*. This looks very much like the past passive participle, but is in syntactic agreement with the agent.

Examples

1 रामः गतवान् । रामः गतः । "Rāma went."

2 सीता स्थितवती । सीता स्थिता । "Sītā stood."

3 वने उषितवान् सः । वने उषितः सः । "He lived in the forest."

4 देवाः हसितवन्तः । देवाः हसिताः । "The gods laughed."

5 नारी पतितवती । नारी पतिता । "The woman fell."

6 ग्रामम् अधिष्ठितवान् सः । ग्रामम् अधिष्ठितः सः । "He lived in the village."

Aspectual versus Tense marking usage of past participles:

In general, one may say that the past participle, when used to replace the finite verb of a main clause conveys the sense of past tense. Thus, the following pairs of sentences are identical in meaning:

रामः फलानि अखादत् ।	"Rāma ate the fruit."
रामः फलानि खादितवान् ।	"Rāma ate the fruit."
रामेण फलानि अखाद्यन्त ।	"The fruit were eaten by R."
रामेण फलानि खादितानि ।	"The fruit were eaten by R."

However, the past participle, when used to replace a relative clause verb, or when used in conjunction with another finite verb, conveys the meaning of completion, rather than past tense. In these usages, the past participle conveys a perfect tense. Consider the following sentences:

Present Perfect	रामः गतः भवति (or rather अस्ति) ।	"Rāma is gone."
Past Perfect	रामः गतः अभवत् ।	"Rāma was gone."
Future Perfect	रामः गतो भविष्यति ।	"Rāma will be gone."

In such constructions, the tense is conveyed by the finite verb, while the past participle conveys the sense that one action is already complete by the time the other action comes about.

Past participles

Note: These forms are generated according to the rules of Sanskrit, but in actual usage some forms will be found to be quite common, while others are rarely seen. This is especially the case with a large number of -तवत् participles. Occasionally, we notice that certain participles are more common in conjunction with prepositions, rather than by themselves. Thus, while सन्न from सीदति is rare, प्रसन्न, अवसन्न, विषण्ण, आसन्न etc. are common.

Root	**Past Passive & Intrans. Passive**	**Past Active**	**Past Active in त**
अर्थ्	अर्थित	अर्थितवत्	
इष्	इष्ट	इष्टवत्	
ईक्ष्	ईक्षित	ईक्षितवत्	
कथ्	कथित	कथितवत्	
कुप्	कुपित	कुपितवत्	कुपित
कृष्	कृष्ट	कृष्टवत्	
कृन्त्	कृत्त	कृत्तवत्	
क्लिश्	क्लिष्ट	क्लिष्टवत्	क्लिष्ट
क्षल्	क्षालित	क्षालितवत्	
क्षिप्	क्षिप्त	क्षिप्तवत्	
खन्	खात	खातवत्	

खाद्	खादित	खादितवत्	
खिद्	खिन्न	खिन्नवत्	खिन्न
गण्	गणित	गणितवत्	
गम्	गत	गतवत्	गत
गाह्	गाढ, गाहित	गाढवत्, गाहितवत्	
ग्रस्	ग्रस्त	ग्रस्तवत्	ग्रस्त
घुष्	घुषित, घोषित	घुषितवत्, घोषितवत्	
चल्	चलित	चलितवत्	चलित
चिन्त्	चिन्तित	चिन्तितवत्	
चुर्	चोरित	चोरितवत्	
जन्	जात	जातवत्	जात
जि	जित	जितवत्	
जीव्	जीवित	जीवितवत्	जीवित
ज्वल्	ज्वलित	ज्वलितवत्	ज्वलित
तड्	ताडित	ताडितवत्	
तुद्	तुन्न	तुन्नवत्	
तुष्	तुष्ट	तुष्टवत्	तुष्ट
त्यज्	त्यक्त	त्यक्तवत्	
दंश्	दष्ट	दष्टवत्	
दह्	दग्ध	दग्धवत्	
दा	दत्त	दत्तवत्	
दिव्	द्यूत	द्यूतवत्	
दिश्	दिष्ट	दिष्टवत्	
दृश्	दृष्ट	दृष्टवत्	
धाव्	धावित	धावितवत्	धावित
धृ	धृत	धृतवत्	
नम्	नत	नतवत्	नत
नश्	नष्ट	नष्टवत्	
निन्द्	निन्दित	निन्दितवत्	
नी	नीत	नीतवत्	
नुद्	नुत्त	नुत्तवत्	
नृत्	नृत्त	नृत्तवत्	
पच्	पक्व	पक्ववत्	
पठ्	पठित	पठितवत्	
पत्	पतित	पतितवत्	पतित

पा	पीत	पीतवत्	
पाल्	पालित	पालितवत्	
पुष्	पुष्ट	पुष्टवत्	पुष्ट
पूज्	पूजित	पूजितवत्	
प्रच्छ्	पृष्ट	पृष्टवत्	
बुध्	बुद्ध	बुद्धवत्	बुद्ध (4A)
भक्ष्	भक्षित	भक्षितवत्	
भाष्	भाषित	भाषितवत्	
भू	भूत	भूतवत्	भूत
भूष्	भूषित	भूषितवत्	
भ्रम्	भ्रान्त	भ्रान्तवत्	भ्रान्त
मन्	मत	मतवत्	
मन्त्र्	मन्त्रित	मन्त्रितवत्	
मुच्	मुक्त	मुक्तवत्	
मुद्	मुदित	मुदितवत्	मुदित
मृ	मृत	मृतवत्	मृत
यज्	इष्ट	इष्टवत्	
रक्ष्	रक्षित	रक्षितवत्	
रच्	रचित	रचितवत्	
रम्	रत	रतवत्	रत
रुच्	रुचित	रुचितवत्	
रुह्	रूढ	रूढवत्	रूढ
लभ्	लब्ध	लब्धवत्	
लिख्	लिखित	लिखितवत्	
वद्	उदित	उदितवत्	
वस्	उषित	उषितवत्	उषित
वह्	ऊढ	ऊढवत्	
विद् (2P)	विदित	विदितवत्	विदितः
विद् (4A)	विन्न	विन्नवत्	
विद् (6P)	वित्त, विन्न	वित्तवत्, विन्नवत्	
विश्	विष्ट	विष्टवत्	
वृत्	वृत्त	वृत्तवत्	वृत्त
वृध्	वृद्ध	वृद्धवत्	वृद्ध
वेप्	वेपित	वेपितवत्	
शंस्	शस्त	शस्तवत्	

शम्	शान्त	शान्तवत्	शान्त
श्रम्	श्रान्त	श्रान्तवत्	श्रान्त
श्लाघ्	श्लाघित	श्लाघितवत्	
सद्	सन्न	सन्नवत्	
सृ	सृत	सृतवत्	
स्था	स्थित	स्थितवत्	स्थित
स्पृश्	स्पृष्ट	स्पृष्टवत्	
स्पृह्	स्पृहित	स्पृहितवत्	
स्मृ	स्मृत	स्मृतवत्	
हस्	हसित	हसितवत्	हसित
हृ	हृत	हृतवत्	

Exercises

1) **Translate the following into English:**

१. मार्गेण गतवन्तं नरमहं पश्यामि ।
२. ग्रामं गताय नराय त्वं धनं यच्छ ।
३. भूमौ पतितां भार्यां नरो दृष्टवान् ।
४. भूमौ पतिता नार्य ईश्वरं निन्दन्ति ।
५. भूमौ पतितेन मया सह सापि पतिता ।
६. ह्रदात् आनीतानि कमलान्यधुना पश्यतु नृपः ।
७. ग्रामं गमिष्यन्त्यै नार्यै धनं को दत्तवान्?
८. जले पतितौ बालौ दुःखमनुभूतवन्तौ ।
९. कमलं नीतं त्वयेति स भाषितवान् ।
१०. कनकं चोरितवतो दासस्य पुत्रं नृपस्य भार्या दृष्टवती ।
११. पर्वतमभितो नष्टान् वृक्षान् दासाः कृन्तन्तु ।
१२. मुनय ईश्वरस्य बलं चिन्तितवन्तः ।
१३. कुकाव्यं (bad poem) लिखितवते सुहृदे नृपः किं भाषताम्?
१४. भक्त्या नता नारीर्दृष्ट्वा गुरुस्तुष्टः ।
१५. तां चिन्तितवन्तं मां सा न चिन्तितवती ।

2) **Rewrite the story in Lesson 9, Exercise 1, after converting its sentences into past participle constructions wherever possible.**

3) **Convert all the past tense forms in the story of the mustard seed in Lesson 11 to past participles and list the original forms along with the participial forms appropriate in the context.**

4) **Translate into Sanskrit using past participles:**

1. Rāma went to Laṅkā (f.) to defeat Rāvaṇa.
2. The king saw the servant and laughed.
3. The servant, fallen on the ground, said to the king.
4. The crows, seated on the tree, ate fruits.
5. Rāma's sister spoke to her mother-in-law.
6. The poem written by you was seen by me.
7. The swan who stood on the bank of the lake flew up (उद्+√पत्).
8. God protected the people who worshipped him.
9. The jackals ate the flesh of the dead elephants.
10. The minds of good-hearted people rejoiced seeing the moon risen (उद्+√गम्) in the sky.
11. The mother, who reached heaven, saw her son seated at the court of Indra.
12. The priest, struck by the mendicant, was seen by the doctor.
13. The king gave wealth to the poet who wrote a poem to praise him.
14. The mendicants, saluted by the king, showed him the path of moral conduct (नीति f.).
15. The poems of the dead poet were burned with his body.

5) **Write any five Sanskrit sentences of your own.**

LESSON 23

Demonstrative pronouns इदम् "this" and अदस् "that"

Of these two pronouns, इदम् is the more common pronoun. Certain forms of अदस्, though not all, are also frequent. According to the Sanskrit tradition, इदम् refers to things nearby, एतद् refers to things very near, अदस् refers to distant things and तद् refers to things which are remote. These meanings are relative.

	इदम्			अदस्		
	Masculine			Masculine		
	S	D	P	S	D	P
N	अयम्	इमौ	इमे	असौ	अमू	अमी
Ac	इमम्/ एनम्	इमौ/ एनौ	इमान्/ एनान्	अमुम्	अमू	अमून्
I	अनेन/ एनेन	आभ्याम्	एभिः	अमुना	अमूभ्याम्	अमीभिः
D	अस्मै	आभ्याम्	एभ्यः	अमुष्मै	अमूभ्याम्	अमीभ्यः
Ab	अस्मात्	आभ्याम्	एभ्यः	अमुष्मात्	अमूभ्याम्	अमीभ्यः
G	अस्य	अनयोः/ एनयोः	एषाम्	अमुष्य	अमुयोः	अमीषाम्
L	अस्मिन्	अनयोः/ एनयोः	एषु	अमुष्मिन्	अमुयोः	अमीषु

	Feminine			Feminine		
N	इयम्	इमे	इमाः	असौ	अमू	अमूः
Ac	इमाम्/ एनाम्	इमे/ एने	इमाः/ एनाः	अमूम्	अमू	अमूः
I	अनया/ एनया	आभ्याम्	आभिः	अमुया	अमूभ्याम्	अमूभिः
D	अस्यै	आभ्याम्	आभ्यः	अमुष्यै	अमूभ्याम्	अमूभ्यः
Ab	अस्याः	आभ्याम्	आभ्यः	अमुष्याः	अमूभ्याम्	अमूभ्यः
G	अस्याः	अनयोः/ एनयोः	आसाम्	अमुष्याः	अमुयोः	अमूषाम्
L	अस्याम्	अनयोः/ एनयोः	आसु	अमुष्याम्	अमुयोः	अमूषु

	Neuter			Neuter	
N	इदम्	इमे	इमानि	अदः	अमू	अमूनि
Ac	इदम्/ एनत्	इमे/ एने	इमानि/ एनानि	अदः	अमू	अमूनि
	The rest like the Masc.			The rest like the Masc.		

Dual forms of nouns and verbs which end in ई, ऊ and ए, as explained before, do not undergo any sandhi operations. The same holds true of the plural form अमी. For instance, अमी आगच्छन्ति cannot be transformed into *अम्यागच्छन्ति. As for the use of the pronouns इदम् and अदस्, they are very similar to तद्, एतद् etc. The optional forms of इदम् such as एनम् and एनौ are used in secondary or subsequent references to entities.

A1) अयं नरो गमिष्यति । A2) अयं गमिष्यति ।
"This man / this one will go."

B1) इमे भ्रमराः (bees) मधु पिबन्ति । B2) इमे मधु पिबन्ति ।
"These bees / these ones drink honey."

C1) अमुष्याः नार्याः धनं पश्यामि । C2) अमुष्याः धनं पश्यामि ।
"I see the wealth of that woman / that one."

D1) अमूनि कमलानि तस्यै रोचन्ते । D2) अमूनि तस्यै रोचन्ते ।
"Those lotuses / those ones appeal to her."

E1) अमुना नृपेण अयं दासः ताडयते । E2) अमुना अयं ताडयते ।
"This servant / this one is beaten by that king / that one."

Nouns with two stems

Certain nouns (and adjectives) ending in consonants show two stems in their paradigms, the strong stem before some terminations and the weak stem before other terminations. In a masculine paradigm, the strong stem appears in Nom. (S, D, P), Acc. (S, D and Voc. (S, D, P); in a neuter paradigm, the strong stem appears in Nom. (P), Acc. (P) and Voc. (P). As usual, these three forms are identical in a neuter paradigm. Here we will consider the following noun-types with two stems:

A. Past active participles ending with the affix -तवत्. These have been discussed in the preceeding lesson.

B. Present and future active participles such as गच्छत्/न्त्, गमिष्यत्/ न्त्. These are discussed in Lesson 19. We may note a few differences here. The masc. nom. singular is गच्छन्, rather than गच्छान्. The neuter nom. and acc.dual forms for the conjugations 1, 4, 10, causatives, desideratives and denominative verbs are strong forms. e.g. गच्छन्ती. For the 6th conjugation, for the 2nd conjugation verbs ending in आ, and all future active participles, the neuter nom. and acc. dual forms are optionally strong, e.g., तुदती/न्ती, गमिष्यती/ न्ती. Present active participles from other verbs have weak forms in their neuter nom. and acc. dual, e.g. ब्रुवती. Neuter plurals for verbs in the 3rd conjugation and a few other participles such as जक्षत् are optionally strong, e.g., ददति/ न्ति. With all these exceptions, it is good to keep in mind that these neuter forms are extremely rare in the actual usage.

C. Nouns ending in the possessive affixes -मत् and -वत्, e.g. भगवत्, मतिमत्, बलवत्, धीमत्. The paradigms of these nouns are exactly identical with those of the -तवत् participles. The feminine stem is formed by adding -ई, e.g., भगवत् > भगवती.

	भगवत् (m)			मतिमत् (m)		
	S	**D**	**P**	**S**	**D**	**P**
N	*भगवान्*	*भगवन्तौ*	*भगवन्तः*	*मतिमान्*	*मतिमन्तौ*	*मतिमन्तः*
Ac	*भगवन्तम्*	*भगवन्तौ*	भगवतः	*मतिमन्तम्*	*मतिमन्तौ*	मतिमतः
I	भगवता	भगवद्भ्याम्	भगवद्भिः	मतिमता	मतिमद्भ्याम्	मतिमद्भिः
D	भगवते	भगवद्भ्याम्	भगवद्भ्यः	मतिमते	मतिमद्भ्याम्	मतिमद्भ्यः
Ab	भगवतः	भगवद्भ्याम्	भगवद्भ्यः	मतिमतः	मतिमद्भ्याम्	मतिमद्भ्यः
G	भगवतः	भगवतोः	भगवताम्	मतिमतः	मतिमतोः	मतिमताम्
L	भगवति	भगवतोः	भगवत्सु	मतिमति	मतिमतोः	मतिमत्सु
V	*भगवन्*	*भगवन्तौ*	*भगवन्तः*	*मतिमन्*	*मतिमन्तौ*	*मतिमन्तः*

D. Adjectives of quantity ending in the affixes -यत् and -वत्, e.g., कियत्, इयत्, यावत्, एतावत्, तावत्. These paradigms are similar to those of nouns in **A** and **B**. The feminine is formed by adding -ई, e.g., इयती.

इयत् "this much" or "this many"

	Masculine			Neuter		
	S	**D**	**P**	**S**	**D**	**P**
N	*इयान्*	*इयन्तौ*	*इयन्तः*	इयत्	इयती	*इयन्ति*
Ac	*इयन्तम्*	*इयन्तौ*	इयतः	इयत्	इयती	*इयन्ति*
I	इयता	इयद्भ्याम्	इयद्भिः	Like the masculine		
D	इयते	इयद्भ्याम्	इयद्भ्यः	Like the masculine		
Ab	इयतः	इयद्भ्याम्	इयद्भ्यः	Like the masculine		
G	इयतः	इयतोः	इयताम्	Like the masculine		
L	इयति	इयतोः	इयत्सु	Like the masculine		
V	*इयन्*	*इयन्तौ*	*इयन्तः*	इयत्	इयती	*इयन्ति*

Vocabulary

अदस् (mfn)	that
इदम् (mfn)	this
भ्रमर (m)	bee
भगवत्	Lord, respected
मतिमत्	intelligent
धीमत्	intelligent
बलवत्	strong, powerful
धनवत्	rich
विद्यावत्	learned
अप+हृ (हरति, 1P)	to steal
समुद्र (m)	ocean
प्रति+भाष् (भाषते, 1A)	to reply
आयुष्मत्	long-lived
श्रीमत्	rich
हिमवत्	Himalaya
कियत्	how much, how many?
इयत्	this much, this many
यावत्	as much, as many
तावत्	that much, that many
एतावत्	this much, this many
कीर्तिमत्	famous
उभ Pron.	both (always dual)
अपर	another

Exercises

1) **Write the full paradigms of धनवत् (m), कियत् (f) and एतावत् (**

2) **Translate the following into English:**

१. भगवता बुद्धेन (= Buddha) भाषितं वचनं न बोधामि ।
२. यावता धनेन मुनिस्तुष्यति तावता त्वं न तोक्ष्यसि ।
३. पिता पुत्रमुपगम्यावदत् - आयुष्मान् भव - इति ।
४. बलवतो नरान् धावतो दृष्ट्वा अमुष्याः मनसि भयं जायते ।
५. सर्वे गुणवन्तो नराः धनवन्तः न भवन्ति, नापि सर्वे धनवन्तो गुणवन्तः ।
६. अस्मै धीमते ब्राह्मणाय श्रीमता त्वया कियद् धनं दीयते?
७. यावन्तो जना अत्र तिष्ठन्ति तावन्त एवाश्वाः ।
८. श्रीमतो वणिजो धीमता पुत्रेणाहं मार्गेण गच्छन्दृष्टः ।
९. हिमवति पर्वते देवा वसन्तीति मन्यमाना मुनयो हिमवन्तं प्रति गच्छन्तो दृश्यन्ते ।
१०. ये मतिमन्तो न भवन्ति ते धनवन्तो मा भवन्तु इत्येवाहं भगवन्तं प्रार्थये ।
११. धनवन्तो जना विद्यावतो जनान् परिहसन्ति । विद्यावन्तश्च धनवतो दृष्ट्वा हसन्ति । धनमेव बलवदिति धनवान्मन्यते । विद्यैव बलवती इति विद्यावान् मन्यते ।
१२. कश्चिन्नरो धनवानभवदपरश्च विद्यावान् । उभौ तौ हिमवन्तं प्रति गतवन्तौ । तत्र हिमवति स्थितं हिमं दृष्ट्वा विद्यावान्धनवन्तमभाषत । हे धनवन्, यावद् हिमं हिमवति तावती मे विद्या । कियत् तव धनमिति । तदा धनवानवदत् - यावद् हिमं हिमवति तावती तव विद्या । किन्तु यावान्हिमवान्पर्वतस्तावन्मे धनम् इति ।
१३. कंचन वृद्धं नरं प्रणमन्तं दृष्ट्वा भगवान्विष्णुरवदत् - आयुष्मान्भव इति । स वृद्धः प्रत्यभाषत - हे भगवन्, कुतस्त्वं मे आयुर्यच्छसि? नाहं बलवान्, नापि विद्यावान् न वा धनवान् । यस्य न बलं, न विद्या, न वा धनं, स यद्यायुष्मान्भवेत्तर्हि तद् दुःखाय भवेत् सुखाय वा? इति ।
१४. कश्चिद्धनवान्प्रसन्नायेश्वरायावदत् - हे ईश्वर, यावत्तव धनं तत्सर्वं मह्यं प्रयच्छेति । तदा ईश्वरोऽस्य धनवतः सर्वं धनमपाहरत् । धीमान्मुनिस्तु ईश्वराय वदति - हे भगवन्, यावज्जलं समुद्रे, यावद्धिमं हिमवति, तावती मे त्वयि भक्तिर्भवतु इति ।

3) **Translate from English into Sanskrit:**

1. How much gold does that rich man have?
2. Nowhere else is there so much wind as there is on the Himalaya mountain.
3. This strong man did not think that his intelligent enemy was able to defeat him.

4. That rich woman does not have as many horses as I have.
5. I pray to the Lord, "Let me be long-lived and rich."
6. The Buddha instructed the people, saying: "You must abandon as many desires as you have."
7. Going along the road towards my village, I saw that famous man who lived in the king's palace.
8. A rich man desires gold as much as a bee desires honey. How much knowledge do you desire? How much strength do you desire?
9. In that house which belongs to the learned men are many books.
10. The intelligent men, praising the qualities of the Lord, say: "Knowledge found only in books leads to adversity and misery. However, knowledge found through meditation on the Lord leads to great happiness."

4) Write any five Sanskrit sentences of your own.

LESSON 24

More nouns in two stems

A. Honorific Pronoun भवत् "your honor"

This pronoun behaves exactly like the present participle भवत्/न्त् with a few minor differences. The masc. nom. sing. of the pronoun is भवान्, while that of the present participle is भवन्. Also, the feminine participle form is भवन्ती, while the feminine pronoun is भवती. This pronoun is syntactically different from the pronoun युष्मद्. भवत् requires a 3rd person verb, e.g., त्वं गच्छसि, but भवान् गच्छति "Your honor goes". Often, to show an even higher degree of respect, the plural form can be used to refer to a single person, e.g., भवन्तः गच्छन्ति. Contextually, this could either refer to many goers, or show a high level of respect for a single goer. In the actual usage of भवत्, one finds that authors switch back and forth between त्वम् and भवान् referring to the same person, and these switches indicate subtle shifts in the display of respect. In late Sanskrit, the general tendency is to stick to one usage. The words अत्रभवत् and तत्रभवत् are used in the sense of "his honor over here" and "his honor over there", e.g., अत्रभवान् माधवः जलं पिबति "His honor M. over here drinks water". Similarly, one finds the feminine forms अत्रभवती and तत्रभवती, e.g., तत्रभवती सीता वनं गन्तुमिच्छति "Her honor S. over there wishes to go to the forest".

B. महत् "great": strong stem महान्त्, fem. महती

	Masculine			Neuter		
	S	**D**	**P**	**S**	**D**	**P**
N	*महान्*	*महान्तौ*	*महान्तः*	महत्	महती	*महान्ति*
Ac	*महान्तम्*	*महान्तौ*	महतः	महत्	महती	*महान्ति*
I	महता	महद्भ्याम्	महद्भिः	Like the Masculine		
D	महते	महद्भ्याम्	महद्भ्यः	Like the Masculine		
Ab	महतः	महद्भ्याम्	महद्भ्यः	Like the Masculine		
G	महतः	महतोः	महताम्	Like the Masculine		
L	महति	महतोः	महत्सु	Like the Masculine		
V	*महन्*	*महान्तौ*	*महान्तः*	महत्	महती	*महान्ति*

C. Words ending the affix -इन्

The affix -इन् is used in Sanskrit both as a possessive affix after nouns and as an agentive affix providing agent-nouns, e.g., बल+इन् > बलिन् "strong", गम्+इन् > गामिन् "goer", fem. forms बलिनी, गामिनी.

	Masculine			Neuter		
	S	**D**	**P**	**S**	**D**	**P**
N	*बली*	बलिनौ	बलिनः	*बलि*	बलिनी	बलीनि
Ac	बलिनम्	बलिनौ	बलिनः	*बलि*	बलिनी	बलीनि
I	बलिना	*बलिभ्याम्*	*बलिभिः*	Like the Masculine		
D	बलिने	*बलिभ्याम्*	*बलिभ्यः*	Like the Masculine		
Ab	बलिनः	*बलिभ्याम्*	*बलिभ्यः*	Like the Masculine		
G	बलिनः	बलिनोः	बलिनाम्	Like the Masculine		
L	बलिनि	बलिनोः	*बलिषु*	Like the Masculine		
V	बलिन्	बलिनौ	बलिनः	*बलि/०न्*	बलिनी	बलीनि

Note the forms in which the न् of the stem is lost before the final affix in the paradigm above (in italics). In these forms, the juncture of the stem and the affix behaves as if it is an external sandhi. This feature is found in several other nominal paradigms. See the paradigm of लघीयस्- below.

Nouns with three stems:

In the above paradigms, we have seen that certain nominals ending in consonants such as भगवत् and महत् show two stems in their paradigms, i.e. one before strong terminations and the other before weak terminations. Here we will look at nominals which show three stems in their paradigms. These may generally be classified into three groups:

a. the reduplicated active voice past perfect participle ending in वस् -,
b. nouns ending in अन् -, and
c. adjectives of direction ending in अच्.

With these nominals, the case endings and the strong stems remain the same, while a new category of middle stem is carved out of the weak stem area. In the paradigms given below, the strong stems are shown in italics, and the middle stems are shown in small size letters.

1. Reduplicated perfect active participle in वस् :

In these paradigms, the strong stem ends in वांस्, the middle in वत्, and the weak in उष्. Here are the paradigms for विद्वस् from the root विद् "to know" and चकृवस् from the root कृ "to do". The feminine is formed by adding a feminine affix -ई, e.g. विदुषी, चकुषी. This is declined like a standard feminine nominal ending in -ई. The masculine and the neuter paradigms are given below. The word विद्वस् is traditionally recognized as a present participle, while चकृवस्, उपेयिवस्, तस्थिवस्, and जग्मिवस् are considered to be perfect participles.

विद्वस् "learned person"

	M			Nt		
	S	**D**	**P**	**S**	**D**	**P**
N	*विद्वान्*	*विद्वांसौ*	*विद्वांसः*	विद्वत्	विदुषी	*विद्वांसि*
Acc	*विद्वांसम्*	*विद्वांसौ*	विदुषः	विद्वत्	विदुषी	*विद्वांसि*
I	विदुषा	विद्वद्भ्याम्	विद्वद्भिः	-------like Masc. -------		
D	विदुषे	विद्वद्भ्याम्	विद्वद्भ्यः	-------like Masc. -------		
Abl	विदुषः	विद्वद्भ्याम्	विद्वद्भ्यः	-------like Masc. -------		
G	विदुषः	विदुषोः	विदुषाम्	-------like Masc. -------		
L	विदुषि	विदुषोः	विद्वत्सु	-------like Masc. -------		
V	*विद्वन्*	*विद्वांसौ*	*विद्वांसः*	विद्वत्	विदुषी	*विद्वांसि*

चकृवस् "one who did"

	M			Nt		
	S	D	P	S	D	P
N	चकृवान्	चकृवांसौ	चकृवांसः	चकृवत्	चक्रुषी	चकृवांसि
Acc	चकृवांसम्	चकृवांसौ	चक्रुषः	चकृवत्	चक्रुषी	चकृवांसि
I	चक्रुषा	चकृवद्भ्याम्	चकृवद्भिः	चक्रुषा	चकृवद्भ्याम्	चकृवद्भिः
D	चक्रुषे	चकृवद्भ्याम्	चकृवद्भ्यः	चक्रुषे	चकृवद्भ्याम्	चकृवद्भ्यः
Abl	चक्रुषः	चकृवद्भ्याम्	चकृवद्भ्यः	चक्रुषः	चकृवद्भ्याम्	चकृवद्भ्यः
G	चक्रुषः	चक्रुषोः	चक्रुषाम्	चक्रुषः	चक्रुषोः	चक्रुषाम्
L	चक्रुषि	चक्रुषोः	चकृवत्सु	चक्रुषि	चक्रुषोः	चकृवत्सु
V	चकृवन्	चकृवांसौ	चकृवांसः	चकृवत्	चक्रुषी	चकृवांसि

2. Nouns ending in अन् :

With these nouns, the strong stem ends in आन् (the final न् is dropped in the masculine nominative singular). The middle stem ends in अ, and the weak stem ends in न् with the preceding अ dropped (sometimes optionally). Observe the following paradigms of राजन् (m) "king", and नामन् (n) "name".

राजन् - strong: = राजान्, middle: = राज, weak: = राज्ञ्
नामन् - strong: = नामान्, middle: = नाम, weak: = नाम्न्

	राजन् (m)			नामन् (n)		
	S	D	P	S	D	P
N	राजा	राजानौ	राजानः	नाम	नाम्नी/नामनी	नामानि
Acc	राजानम्	राजानौ	राज्ञः	नाम	नाम्नी/नामनी	नामानि
I	राज्ञा	राजभ्याम्	राजभिः	नाम्ना	नामभ्याम्	नामभिः
D	राज्ञे	राजभ्याम्	राजभ्यः	नाम्ने	नामभ्याम्	नामभ्यः
Abl	राज्ञः	राजभ्याम्	राजभ्यः	नाम्नः	नामभ्याम्	नामभ्यः
G	राज्ञः	राज्ञोः	राज्ञाम्	नाम्नः	नाम्नोः	नाम्नाम्
L	राज्ञि/°जनि	राज्ञोः	राजसु	नाम्नि/नामनि	नाम्नोः	नामसु
V	राजन्	राजानौ	राजानः	नाम/नामन्	नाम्नी/नामनी	नामानि

सीमन् (f) "border", मूर्धन् (m) "head", and आत्मन् (m) "soul", declin[e] like राजन्. वर्त्मन् (n) "path" and वर्मन् (n) "armor" decline like नामन्. Only सीमन् and मूर्धन् have the contraction in the weak forms, i.[e.] सीम्न् and मूर्ध्न्. आत्मन्, वर्त्मन्, and वर्मन् do not have contracted wea[k] forms. Thus, their ins. sg. forms are आत्मना, वर्त्मना, and वर्मण[ा]

3. Adjectives of direction ending in अच् -

For these nominals, the strong stem ends in अञ्च्, the middle stem ends in अच्. The weak stem ends in ईच् when अच् in the stem is preceded by य्, e.g. प्रत्यच्, and it ends in ऊच् when अच् in the stem is preceded by व्, e.g. विष्वच्.

प्रत्यच् - strong: = प्रत्यञ्च्, middle: = प्रत्यच्, weak: = प्रतीच्
विष्वच् - strong: = विष्वञ्च्, middle: = विष्वच्, weak: = विषूच्

प्रत्यच् "backward, westward"

	M			Nt		
	S	D	P	S	D	P
N	*प्रत्यङ्*	*प्रत्यञ्चौ*	*प्रत्यञ्चः*	प्रत्यक्	**प्रतीची**	*प्रत्यञ्चि*
Acc	*प्रत्यञ्चम्*	*प्रत्यञ्चौ*	**प्रतीचः**	प्रत्यक्	**प्रतीची**	*प्रत्यञ्चि*
I	**प्रतीचा**	प्रत्यग्भ्याम्	प्रत्यग्भिः	**प्रतीचा**	प्रत्यग्भ्याम्	प्रत्यग्भिः
D	**प्रतीचे**	प्रत्यग्भ्याम्	प्रत्यग्भ्यः	**प्रतीचे**	प्रत्यग्भ्याम्	प्रत्यग्भ्यः
Abl	**प्रतीचः**	प्रत्यग्भ्याम्	प्रत्यग्भ्यः	**प्रतीचः**	प्रत्यग्भ्याम्	प्रत्यग्भ्यः
G	**प्रतीचः**	**प्रतीचोः**	**प्रतीचाम्**	**प्रतीचः**	**प्रतीचोः**	**प्रतीचाम्**
L	**प्रतीचि**	**प्रतीचोः**	प्रत्यक्षु	**प्रतीचि**	**प्रतीचोः**	प्रत्यक्षु
V	*प्रत्यङ्*	*प्रत्यञ्चौ*	*प्रत्यञ्चः*	प्रत्यक्	**प्रतीची**	*प्रत्यञ्चि*

विष्वच् "pervading"

	M			Nt		
	S	D	P	S	D	P
N	*विष्वङ्*	*विष्वञ्चौ*	*विष्वञ्चः*	विष्वक्	**विषूची**	*विष्वञ्चि*
Acc	*विष्वञ्चम्*	*विष्वञ्चौ*	**विषूचः**	विष्वक्	**विषूची**	*विष्वञ्चि*
I	**विषूचा**	विष्वग्भ्याम्	विष्वग्भिः	**विषूचा**	विष्वग्भ्याम्	विष्वग्भिः
D	**विषूचे**	विष्वग्भ्याम्	विष्वग्भ्यः	**विषूचे**	विष्वग्भ्याम्	विष्वग्भ्यः
Abl	**विषूचः**	विष्वग्भ्याम्	विष्वग्भ्यः	**विषूचः**	विष्वग्भ्याम्	विष्वग्भ्यः
G	**विषूचः**	**विषूचोः**	**विषूचाम्**	**विषूचः**	**विषूचोः**	**विषूचाम्**
L	**विषूचि**	**विषूचोः**	विष्वक्षु	**विषूचि**	**विषूचोः**	विष्वक्षु
V	*विष्वङ्*	*विष्वञ्चौ*	*विष्वञ्चः*	विष्वक्	**विषूची**	*विष्वञ्चि*

Exceptions:

The weak stem for the word तिर्यच् is तिरश्च्. The words पराच्, प्राच् and अवाच् have only two stems. The strong stems are पराञ्च्, प्राञ्च् and अवाञ्च्, and the weak stems are पराच्, प्राच् and अवाच्.

Feminine forms for the above nominals:

For all the three types of nouns (with three stems) given above, the feminine stems are formed by simply adding ई to their weak stem. Then the feminine stems are declined like the paradigm of नदी.

Masculine Basic Stem	Weak Stem	Feminine
चकृवस्	चक्रुष्	चक्रुषी
विद्वस्	विदुष्	विदुषी
राजन्	राज्ञ्	राज्ञी
प्रत्यच्	प्रतीच्	प्रतीची
प्राच्	प्राच्	प्राची

Degrees of comparison

The comparative degree of adjectives is obtained by adding either the affix -तर or -ईयस् to the stem. The forms in -तर are declined like -अ stems in masculine and neuter, and like -आ stems in feminine. Generally, the comparative forms are accompanied by a word in the ablative to indicate the meaning of "than". Occasionally, the ablative itself, without the use of an explicit affix of the comparative degree, is found in the usage.

अहं रामाद् गुरुः / गुरुतरः / गरीयान् । "I am greater than Rāma."
सा बालिका एतस्याः बालिकायाः धीमत्तरा । "That girl is more intelligent than this girl."
तत् कमलमस्मात् कमलात् लघुतरम् / लघीयः । "That lotus is smaller than this lotus."

Generally speaking, while the forms in -तर can be produced from most words, the forms in -ईयस् are common only for certain adjectives, and their derivation involves many different regular and irregular changes. Some of these are suppletive forms. From the adjective लघु- "small", we get the masculine and the neuter comparative stem लघीयस्-, and the feminine stem लघीयसी. The feminine declension is a straight forward feminine declension in -ई. The masculine and the neuter declensions are given below. The strong stem is लघीयांस्- and the weak stem is लघीयस्-.

	Masculine			Neuter		
	S	D	P	S	D	P
N	लघीयान्	लघीयांसौ	लघीयांसः	लघीयः	लघीयसी	लघीयांसि
Ac	लघीयांसम्	लघीयांसौ	लघीयसः	लघीयः	लघीयसी	लघीयांसि
I	लघीयसा	लघीयोभ्याम्	लघीयोभिः	Like the Masculine		
D	लघीयसे	लघीयोभ्याम्	लघीयोभ्यः	Like the Masculine		
Ab	लघीयसः	लघीयोभ्याम्	लघीयोभ्यः	Like the Masculine		
G	लघीयसः	लघीयसोः	लघीयसाम्	Like the Masculine		
L	लघीयसि	लघीयसोः	लघीयस्सु	Like the Masculine		
V	लघीयन्	लघीयांसौ	लघीयांसः	लघीयः	लघीयसी	लघीयांसि

The superlative degree is obtained by adding either the common affix -तम, or the somewhat restricted affix -इष्ठ, e.g., गुरु > गुरुतम and गरिष्ठ. Since both of these formations end in -अ, the masculine and the neuter formations are declined like nouns in -अ, and the feminine forms are derived by adding -आ. Generally speaking, the affixes -ईयस् and -इष्ठ require complex changes, as well as suppletion, and must be learned from the table below:

	Positive	Comparative	Superlative
near	अन्तिक-	नेदीयस्-	नेदिष्ठ-
praiseworthy	प्रशस्य-	ज्यायस्-	ज्येष्ठ-
		श्रेयस्-	श्रेष्ठ
old	वृद्ध-	ज्यायस्-	ज्येष्ठ-
		वर्षीयस्-	वर्षिष्ठ-
firm, well	बाढ-	साधीयस्-	साधिष्ठ-

dear	प्रिय-	प्रेयस्-	प्रेष्ठ-
heavy, valued	गुरु-	गरीयस्-	गरिष्ठ-
wide, valued	उरु-	वरीयस्-	वरिष्ठ-
many, much	बहु-	भूयस्-	भूयिष्ठ-
young	युवन्-	यवीयस्-	यविष्ठ-
		कनीयस्-	कनिष्ठ-
small	अल्प-	अल्पीयस्-	अल्पिष्ठ-
		कनीयस्-	कनिष्ठ-
fast	क्षिप्र-	क्षेपीयस्-	क्षेपिष्ठ-
far	दूर-	दवीयस्-	दविष्ठ-
big, fat	स्थूल-	स्थवीयस्-	स्थविष्ठ-
soft	मृदु-	म्रदीयस्-	म्रदिष्ठ-
small	क्षुद्र-	क्षोदीयस्-	क्षोदिष्ठ-
thin	कृश-	क्रशीयस्-	क्रशिष्ठ-
small	लघु-	लघीयस्-	लघिष्ठ-

Vocabulary

Nominals with two stems

महत्	great	भवत्	your honor
अत्रभवत्	your honor (here)	तत्रभवत्	your honor (there)
बलिन्	strong	धनिन्	wealthy
मानिन्	proud	गुणिन्	virtuous
गामिन्	goer		

Nominals with three stems

विद्वस्	a learned person	जग्मिवस्	one who went
चकृवस्	one who did	तस्थिवस्	one who stood
उपेयिवस्	one who approached	राजन्	(m) king
नामन्	(n) name	सीमन्	(f) border
मूर्धन्	(m) head	आत्मन्	(m) soul
वर्त्मन्	(n) path	वर्मन्	(n) armor
सम्यच्	right, proper	उदच्	upward, northern
अन्वच्	following	विष्वच्	pervading
तिर्यच्	transverse, horizontal	पराच्	turned away
प्राच्	eastern	अवाच्	southern, downwa[rd]
प्रत्यच्	backward, westward	न्यच्	downward

Other vocabulary

निहित	hidden	उप+स्था (1PA)	to attend, serve
शर्मन्	title for Brahmins	मध्य n.	middle
सहाध्यायिन्	a co-pupil	अस्तं गम् (1P)	to set, e.g. sunset
पञ्चिका f.	game with 5 dice	द्यूत n.	game, gambling
विशेष m.	kind, distinction	कपर्द m.	small shell used as a dice in gambling
स्यन्द् (1A)	to stream, flow		
उत्तान	facing upwards	प्रयाग m.	name of place
पातयितृ	one who causes to fall, thrower of dice	अव+धा (3P)	to apply, direct
विनशन m.	name of region	परि+उप+आस् (2A)	to devote to
प्र+कीर्त् (10P)	to call, name	अधस्तात्	below, beneath
न्यक्+भू (1P)	to bend down	महिमन् m.	greatness
ऊर्ध्वम्	upwards, above	प्रज्ञात	well-known
व्यापक	pervading	अन्यत् (prn)	other, another
राजन्य m.	a man of warrior class	अति (adv)	very
		दर्शन n.	vision, sight
शिक्ष् (1P, A)	to study, learn	विद्या f.	knowledge

(Also look at the table of comparative and superlative forms.)

Exercises

1. Translate into English:

१. इदं कमलं सर्वेषु कमलेषु सुन्दरतमं भवति। अस्मात् सुन्दरतरं कमलं जगति न मया दृष्टम् ।

२. महान्तोऽपि नृपाः महत्तरैर्नृपैर्जीयन्ते ।

३. शास्त्रं शस्त्राद् बलीयः इति धीमन्तो मन्यन्ते। शस्त्रमेव शास्त्राद् बलवत्तरमिति नृपाश्चिन्तयन्ति ।

४. मम विद्या तव विद्यायाः गरीयसी इति कविना भाषितम् ।

५. अनेन वर्मणाहं सर्वेषु जनेषु बलिष्ठो भवेयम् ।

६. लघिष्ठेनापि धनेन तुष्टोऽहं भविष्यामि। किन्तु धनितमोऽपि भवान् मह्यं लघुतममपि धनं न दास्यतीत्यहं मन्ये ।

७. वर्त्मनागच्छन्तं मुनिं दृष्ट्वा तत्रभवता नृपेण चिन्तितम् - क एष महत्तमो नरः? गरिष्ठा अस्य विद्या दृश्यते इति । स नृपस्तं श्रेष्ठं मुनिं भाषितवान् - हे मुने, किं ते प्रेयः किं च ते श्रेयः इति । तदा तेन मुनिना उदितम् - हे नृप, मूर्खतमाः नराः धनं प्रियं मन्यन्ते, भार्यां च प्रेयसीं मन्यन्ते । ते आत्मनः श्रेयः नैव चिन्तयन्ति । ईश्वरमेव श्रेष्ठं प्रेष्ठं च मन्यमानोऽहं तस्य भक्तिमेव श्रेयसीं प्रेयसीं च मन्ये । ईश्वरादन्यत् न मे किञ्चित्प्रेयो वा श्रेयो वा इति । तन्मुनेर्वचनं श्रुत्वा (having heard) स नृपोऽवदत् - हे मुने, यतः (since) त्वमीश्वरमेव श्रेष्ठं प्रेष्ठं च मन्यसे, ततस्त्वमपि श्रेष्ठ इत्यहं मन्ये। यथा तव ईश्वरे साधिष्ठा भक्तिस्तथा ममापि भवतु इति ।

८. क्षेपीयसा अश्वेन स वीरो दविष्ठं ग्रामं गत्वा कनीयांसं भ्रातरं भाषितवान् - हे भ्रातः, यवीयसी तव कन्या स्थविष्ठस्य पर्वतस्य मूर्ध्नि गत्वा म्रदिष्ठानि फलानि भक्षयन्ती दृष्टा । अस्माभिः प्रार्थितापि सा न ततो निवर्तते इति । तदा स भ्राता उदितवान् - भर्त्रा परित्यक्ता मम कन्या क्षोदिष्ठमप्यन्नं न भक्षयति । ततः सा क्रशीयसी जाता । तस्मिन्पर्वते यदि सा अल्पिष्ठान्यपि फलानि भक्षयेत् , तदपि गरीयो भवेत् इति ।

९. भोः भोः राजन् । वनस्य सीमनि स्थित आश्रममृगोऽयम् ।त्यजैनम् ।

१०. भवता खलु मम कन्या वनं गच्छन्ती दृष्टा ।

११ यावत्त्वया राज्ञा अत्र स्थीयते तावदस्माकं सुखं भवेत् ।

१२ विद्वांस ऋषयो बहूनि शास्त्राणि रचितवन्तः । तान्यस्माभिः पठितानि ।

१३. इन्द्रशर्मा नाम ब्राह्मणोऽस्माकं सहाध्यायि मित्रम् ।

१४. राज्ञां यशोऽस्माभिः प्रशस्तम् ।

१५. प्राच्यां दिशि ज्योतींष्युद्गच्छन्ति । प्रतीच्यामस्तङ्गच्छन्ति ।

१६. पञ्चिका नाम द्यूतविशेषः पञ्चभिः कपर्दैर्भवति । तत्र यदा सर्व उत्तानाः पतन्त्यवाञ्चो वा तदा पातयितान्यं जयति ।

१७. प्राच्योऽन्या नद्यः स्यन्दन्ते श्वेतेभ्यः पर्वतेभ्यः प्रतीच्योऽन्याः ।

१८. हिमवद्विन्ध्ययोर्मध्यं यत्प्राग्विनशनादपि ।
प्रत्यगेव प्रयागाच्च मध्यदेशः प्रकीर्तितः ॥

१९. अन्वगेवाहमिच्छामि वनं गन्तुम् ।

२०. मनः प्रत्यगवदधाति ।

२१. न्यग्भूत्वा पर्युपासीत (परि+उप+आस् poten. 3sg.)।

२२. तिर्यगूर्ध्वमधस्ताच्च व्यापको महिमा हरेः ।

२३. उदीच्यां दिशि प्रज्ञाततरा वाग् भाष्यते । उदञ्चः एव गच्छन्ति वाचं शिक्षितुम्

2. Translate into Sanskrit:

1. My father is older than your father, but he is also faster than your father.
2. His honor over there came from the most distant village in order to sit in our assembly.
3. The youngest man here is also the most praiseworthy.
4. While going to the village, I saw a horse even bigger than your horse.
5. Only the strongest men can climb the largest mountains.
6. A proud man can be virtuous, but not always.
7. The intelligent teacher taught the sacred texts to me, and therefore my knowledge is greater than your knowledge.
8. Knowledge is the heaviest burden - so says a fool.
9. Most people think that gold is the dearest thing in the world. However, the best among the sages will tell you that a vision of the Lord is the dearest and the best thing.
10. His honor the king has heavy armor. I think that only the strongest horse will be able to carry him.
11. The horses stand turned away.
12. The king's enemies go backwards to their own border.
13. The easterners do not speak Sanskrit (संस्कृतम्).
14. The boy who approached (उपेयिवस्) the teacher was seen by me.
15. The people honored the king who stood (तस्थिवस्) at the gate of the city. They looked at the jewels on his head.

3. Write five sentences of your own in Sanskrit.

LESSON 25

Second conjugation

The conjugations 2, 3, 5, 7, 8 and 9 are different from the conjugations 1, 4, 6 and 10, in that the verbal base in the latter conjugations ends in -अ, while the verbal base in the first group of conjugations does not end in -अ. This fact leads to a greater sandhi impact of the final affixes on vowels and consonants of the verbal base in these conjugations. In order to appreciate this impact, the final affixes may be divided between those with **strong bases** and **weak bases.** Below, the final affixes for these conjugations are presented. The affixes for strong bases appear in italics.

Present

Active			Middle		
-मि	-वः	-मः	-ए	-वहे	-महे
-सि	-थः	-थ	-से	-आथे	-ध्वे
-ति	-तः	-अन्ति	-ते	-आते	-अते

Past Imperfect

-अम्	-व	-म	-इ	-वहि	-महि
-स्	-तम्	-त	-थाः	-आथाम्	-ध्वम्
-त्	-ताम्	-अन्	-त	-आताम्	-अत

Imperative

-आनि	*-आव*	*-आम*	*-ऐ*	*-आवहै*	*-आमहै*
-धि/हि	-तम्	-त	-स्व	-आथाम्	-ध्वम्
-तु	-ताम्	-अन्तु	-ताम्	-आताम्	-अताम्

Potential / Optative

याम्	-याव	-याम	-ईय	-ईवहि	-ईमहि
याः	-यातम्	-यात	-ईथाः	-ईयाथाम्	-ईध्वम्
यात्	-याताम्	-युः	-ईत	-ईयाताम्	-ईरन्

Of all these terminations, the active imperative second person singular -धि / हि and the active potential terminations are different from those in the conjugations 1, 4, 6, 10. Also note the absence of न् in the middle third plural terminations -अते (present), -अत (imperfect) and -अताम् (imperative). Finally note that the middle dual affixes such as -आथे, -आते (present), -आथाम्, -आताम् (imperfect), -आथाम्, -आताम् (imperative) all begin with आ, while in the conjugations 1, 4, 6 and 10, the corresponding affixes begin with इ.

Also one should keep in mind the optional affix -तात् for the second person and third person imperatives of active (परस्मैपदिन्) verbs. This is used in expressing a blessing. This affix is usable in all the following conjugations, e.g. स्तात् from अस्, अत्तात् from अद्. However, since its use is limited, it will not be given in the regular paradigms.

Formation of the second conjugation

In this conjugation, no infix separates the verb root from the final affixes and hence the interaction between the verb root and the final affixes is most intense. This conjugation contains some of the most simple as well as some of the most difficult paradigms. The simplest verbs belonging to this conjugation are verbs ending in आ; e.g., या "to go", पा "to protect". These are active (परस्मैपदिन्) verbs. Observe the paradigm of the verb या :

	Present			Imperfect	
यामि	यावः	यामः	अयाम्	अयाव	अयाम
यासि	याथः	याथ	अयाः	अयातम्	अयात
याति	यातः	यान्ति	अयात्	अयाताम्	अयान् / अयुः

	Imperative			Potential	
यानि	याव	याम	यायाम्	यायाव	यायाम
याहि	यातम्	यात	यायाः	यायातम्	यायात
यातु	याताम्	यान्तु	यायात्	यायाताम्	यायुः

अस्- "to be" (strong stem अस्-, weak stem स्-)

	Present			Imperfect	
अस्मि	स्वः	स्मः	आसम्	आस्व	आस्म
असि	स्थः	स्थ	आसीः	आस्तम्	आस्त
अस्ति	स्तः	सन्ति	आसीत्	आस्ताम्	आसन्

	Imperative			Potential	
असानि	असाव	असाम	स्याम्	स्याव	स्याम
एधि	स्तम्	स्त	स्याः	स्यातम्	स्यात
अस्तु	स्ताम्	सन्तु	स्यात्	स्याताम्	स्युः

अद्- "to eat" (Active)

Active Paradigms

	Present			Imperfect	
अद्मि	अद्वः	अद्मः	आदम्	आद्व	आद्म
अत्सि	अत्थः	अत्थ	आदः	आत्तम्	आत्त
अत्ति	अत्तः	अदन्ति	आदत्	आत्ताम्	आदन्

	Imperative			Potential	
अदानि	अदाव	अदाम	अद्याम्	अद्याव	अद्याम
अद्धि	अत्तम्	अत्त	अद्याः	अद्यातम्	अद्यात
अत्तु	अत्ताम्	अदन्तु	अद्यात्	अद्याताम्	अद्युः

दुह्- "to milk" (Active and Middle)

Active Paradigms

	Present			Imperfect	
दोह्मि	दुह्वः	दुह्मः	अदोहम्	अदुह्व	अदुह्म
धोक्षि	दुग्धः	दुग्ध	अधोक्	अदुग्धम्	अदुग्ध
दोग्धि	दुग्धः	दुहन्ति	अधोक्	अदुग्धाम्	अदुहन्

	Imperative			Potential	
दोहानि	दोहाव	दोहाम	दुह्याम्	दुह्याव	दुह्याम
दुग्धि	दुग्धम्	दुग्ध	दुह्याः	दुह्यातम्	दुह्यात
दोग्धु	दुग्धाम्	दुहन्तु	दुह्यात्	दुह्याताम्	दुह्युः

Middle Paradigms

	Present				Imperfect	
दुहे	दुह्वहे	दुह्महे		अदुहि	अदुह्वहि	अदुह्महि
धुक्षे	दुहाथे	धुग्ध्वे		अदुग्धाः	अदुहाथाम्	अधुग्ध्वम्
दुग्धे	दुहाते	दुहते		अदुग्ध	अदुहाताम्	अदुहत

	Imperative				Potential	
दोहै	दोहावहै	दोहामहै		दुहीय	दुहीवहि	दुहीमहि
धुक्ष्व	दुहाथाम्	धुग्ध्वम्		दुहीथाः	दुहीयाथाम्	दुहीध्वम्
दुग्धाम्	दुहाताम्	दुहताम्		दुहीत	दुहीयाताम्	दुहीरन्

लिह्- "to lick" (Active and Middle)

Active Paradigms

	Present				Imperfect	
लेह्मि	लिह्वः	लिह्मः		अलेहम्	अलिह्व	अलिह्म
लेक्षि	लीढः	लीढ		अलेट्	अलीढम्	अलीढ
लेढि	लीढः	लिहन्ति		अलेट्	अलीढाम्	अलिहन्

	Imperative				Potential	
लेहानि	लेहाव	लेहाम		लिह्याम्	लिह्याव	लिह्याम
लीढि	लीढम्	लीढ		लिह्याः	लिह्यातम्	लिह्यात
लेढु	लीढाम्	लिहन्तु		लिह्यात्	लिह्याताम्	लिह्युः

Middle Paradigms

	Present				Imperfect	
लिहे	लिह्वहे	लिह्महे		अलिहि	अलिह्वहि	अलिह्महि
लिक्षे	लिहाथे	लीढ्वे		अलीढाः	अलिहाथाम्	अलीढ्वम्
लीढे	लिहाते	लिहते		अलीढ	अलिहाताम्	अलिहत

	Imperative				Potential	
लेहै	लेहावहै	लेहामहै		लिहीय	लिहीवहि	लिहीमहि
लिक्ष्व	लिहाथाम्	लीढ्वम्		लिहीथाः	लिहीयाथाम्	लिहीध्वम्
लीढाम्	लिहाताम्	लिहताम्		लिहीत	लिहीयाताम्	लिहीरन्

नु- "to praise" (Active)

	Present			Imperfect	
नौमि	नुवः	नुमः	अनवम्	अनुव	अनुम
नौषि	नुथः	नुथ	अनौः	अनुतम्	अनुत
नौति	नुतः	नुवन्ति	अनौत्	अनुताम्	अनुवन्

	Imperative			Potential	
नवानि	नवाव	नवाम	नुयाम्	नुयाव	नुयाम
नुहि	नुतम्	नुत	नुयाः	नुयातम्	नुयात
नौतु	नुताम्	नुवन्तु	नुयात्	नुयाताम्	नुयुः

The roots स्तु- "to praise" and रु- "to cry" have an optional ई added to consonant initial affixes yielding numerous doublets:

Active Paradigms

	Present			Imperfect	
स्तौमि	स्तुवः	स्तुमः	अस्तवम्	अस्तुव	अस्तुम
स्तवीमि	स्तुवीवः	स्तुवीमः		अस्तुवीव	अस्तुवीम
स्तौषि	स्तुथः	स्तुथ	अस्तौः	अस्तुतम्	अस्तुत
स्तवीषि	स्तुवीथः	स्तुवीथ	अस्तवीः	अस्तुवीतम्	अस्तुवीत
स्तौति	स्तुतः	स्तुवन्ति	अस्तौत्	अस्तुताम्	अस्तुवन्
स्तवीति	स्तुवीतः		अस्तवीत्	अस्तुवीताम्	

	Imperative			Potential	
स्तवानि	स्तवाव	स्तवाम	स्तुयाम्	स्तुयाव	स्तुयाम
			स्तुवीयाम्	स्तुवीयाव	स्तुवीयाम
स्तुहि	स्तुतम्	स्तुत	स्तुयाः	स्तुयातम्	स्तुयात
स्तुवीहि	स्तुवीतम्	स्तुवीत	स्तुवीयाः	स्तुवीयातम्	स्तुवीयात
स्तौतु	स्तुताम्	स्तुवन्तु	स्तुयात्	स्तुयाताम्	स्तुयुः
स्तवीतु	स्तुवीताम्		स्तुवीयात्	स्तुवीयाताम्	स्तुवीयुः

Middle Paradigms

	Present			Imperfect	
स्तुवे	स्तुवहे स्तुवीवहे	स्तुमहे स्तुवीमहे	अस्तुवि	अस्तुवहि अस्तुवीवहि	अस्तुमहि अस्तुवीमहि
स्तुषे स्तुवीषे	स्तुवाथे	स्तुध्वे स्तुवीध्वे	अस्तुथाः अस्तुवीथाः	अस्तुवाथाम्	अस्तुध्वम् अस्तुवीध्वम्
स्तुते स्तुवीते	स्तुवाते	स्तुवते	अस्तुत अस्तुवीत	अस्तुवाताम्	अस्तुवत

	Imperative			Potential	
स्तवै	स्तवावहै	स्तवामहै	स्तुवीय	स्तुवीवहि	स्तुवीमहि
स्तुष्व स्तुवीष्व	स्तुवाथाम्	स्तुध्वम् स्तुवीध्वम्	स्तुवीथाः	स्तुवीयाथाम्	स्तुवीध्वम्
स्तुताम् स्तुवीताम्	स्तुवाताम्	स्तुवताम्	स्तुवीत	स्तुवीयाताम्	स्तुवीरन्

वच् (2P) "to speak"

	Present			Imperfect	
वच्मि	वच्वः	वच्मः	अवचम्	अवच्व	अवच्म
वक्षि	वक्थः	वक्थ	अवक्/ग्	अवक्तम्	अवक्त
वक्ति	वक्तः	(nil)	अवक्/ग्	अवक्ताम्	अवचन्

	Imperative			Potential	
वचानि	वचाव	वचाम	वच्याम्	वच्याव	वच्याम
वग्धि	वक्तम्	वक्त	वच्याः	वच्यातम्	वच्यात
वक्तु	वक्ताम्	वचन्तु	वच्यात्	वच्याताम्	वच्युः

चक्ष् (2A) "to speak"

	Present			Imperfect	
चक्षे	चक्ष्वहे	चक्ष्महे	अचक्षि	अचक्ष्वहि	अचक्ष्महि
चक्षे	चक्षाथे	चड्ढ्वे	अचष्ठाः	अचक्षाथाम्	अचड्ढ्वम्
चष्टे	चक्षाते	चक्षते	अचष्ट	अचक्षाताम्	अचक्षत

Imperative			Potential		
चक्षै	चक्षावहै	चक्षामहै	चक्षीय	चक्षीवहि	चक्षीमहि
चक्ष्व	चक्षाथाम्	चड्ढ्वम्	चक्षीथाः	चक्षीयाथाम्	चक्षीध्वम्
चष्टाम्	चक्षाताम्	चक्षताम्	चक्षीत	चक्षीयाताम्	चक्षीरन्

Vocabulary

Verbs

या	(P)	"to go"
भा	(P)	"to shine", "to seem", "to appear"
पा	(P)	"to protect" (Different from पा - पिबति)
स्ना	(P)	"to bathe"
दा	(P)	"to cut" (Different from दा - यच्छति or ददाति)
ख्या	(P)	"to tell, narrate"
वा	(P)	"to blow" (Intransitive, "wind blows")
अस्	(P)	"to be, to exist"
अद्	(P)	"to eat"
दुह्	(P, A)	"to milk" (Ditransitive)
स्तु	(P, A)	"to praise"
रु	(P)	"to cry, to make noise"
नु	(P)	"to praise"
लिह्	(P, A)	"to lick"
वच्	(P)	"to speak"
चक्ष्	(A)	"to speak"

Nouns

अगद	(m)	medicine	दीपक	(m)	lamp
आचार्य	(m)	teacher	नारिकेल	(m)	coconut
उपवन	(n)	garden	परिश्रम	(m)	exertion
कुठार	(m)	axe	पिशित	(n)	flesh
गर्दभ	(m)	ass	पिशुन	(m)	wicked, evil
चन्दन	(n)	Sandal-wood	भल्लूक	(m)	bear
जिह्वा	(f)	tongue	मकर	(m)	crocodile
तीक्ष्ण	(a)	sharp	ललाट	(n)	forehead
शार्दूल	(m)	tiger	आश्रम	(m)	hermitage

शीत	(a)	cold, cool	मार्जार	(m)	cat
स्नेह	(m)	affection	प्रातर्	(ind)	in the morning
कोप	(m)	anger	किरण	(m)	ray
उत्थाय	gerund उद्+√स्था		अज	(m)	goat
पुस्तक	(n)	book	अज्ञान	(n)	ignorance

Exercises

1) **Write full paradigms for the following verbs:**
रु (P, like स्तु), भा, पा, and स्ना.

2) **Translate the following into English:**

१. धीमन्तो जना भगवन्तमस्तुवत ।
२. मतिमन्तमाचार्यं नुवन्तु भवन्तः । आचार्यस्य प्रसादेन अज्ञानम् अदाम ।
३. ईश्वरोऽस्मान् पातु । ईश्वरमेव वयं नमामो नुमश्च ।
४. शार्दूलाः भल्लूकानां पिशितं लिहताम् । हे वीराः, भवन्तः शत्रूणामुरांसि शस्त्रैः दान्तु । शृगालाश्च तेषां शत्रूणां शरीराण्यदन्तु ।
५. भक्तिमान् गुरुः प्रातरुत्थाय नद्याः प्रसन्ने जले अस्नात्, सूर्यं चास्तौत् ।
६. दास उपवनमयात्, तीक्ष्णेन कुठारेण च चन्दनवृक्षमदात् ।
७. महता परिश्रमेण स सम्राट् हिमवन्तं पर्वतं यात्वा भल्लूकानपश्यत् ।
८. मकरः शार्दूलस्य पिशितं लेढि । मार्जारः पय इति मत्वा चन्द्रकिरणान् लेढि ।
९. यदा स शक्तिमान्वीरः शत्रोः शिरोऽदात्, तदा तस्य शत्रोः सर्वा भार्या वनमयुः । तत्र ता अरुवन् ।
१०. आचार्यस्य पुत्रो यदा धेनुं दोग्धि तदा कश्चिद् गर्दभस्तत्रागत्य तत् पयो लेढि ।
११. भल्लूका नारिकेलान् लिह्युः, किन्तु ते तान् न अद्युः । गजास्तु नारिकेलान् दन्ति ।
१२. हे बालाः, यूयं जिह्वाभिः सर्वाणि फलान्यलीढ । अधुना युष्माकमाचार्य कथमिमान्यद्यात् ।
१३. यदेदं जगन्नासीत्तदा चन्द्रः सूर्यश्च वियति नाभाताम् । ईश्वर एवाभात् अधुनापीश्वरस्यैव तेजसा सूर्यश्चन्द्रश्चाकाशे तिष्ठतो भातश्च ।
१४. यदस्ति तदस्ति, यन्नास्ति तन्नास्ति । एषोऽगदो मुनीन्दुःखात्पाति ।

१५. हे ईश्वर, पाहि पाहि मां दुःखेभ्यः ।

१६. यदा स कुकविः (कु = "bad") कुकाव्यानि पठति तदा केचित् जना रुवन्ति, केचिच्च कोपेन तस्य कवेः काव्यपुस्तकं दान्ति ।

१७. तस्य मुनेराश्रमे शार्दूला अपि धेनूः पान्ति । शृगाला अप्यजानां ललाटानि स्नेहेन लिहन्ति । मकरा अपि बालेभ्यः कथाः ख्यान्ति । शीता वाता वान्ति, जनानां च परिश्रमं दान्ति । सर्वे मुनय ईश्वरस्य भक्त्या भान्ति । ईश्वरं च नुवन्ति ।

१८. मुनिर्भाषितवान् - "हे पिशुनाः, सुमनसां शान्तिं मा दात । अन्यत्र यात । ईश्वरो युष्मान्पातु" इति ।

3) List all the verbs in the sentences above. If a given form is in a certain tense or mood, provide corresponding forms in other tenses and moods.

4) Translate the following into Sanskrit:

Once upon a time, I was sitting in my hermitage reciting religious texts. Outside of my house, a cold wind blew. I thought that someone was crying in my garden. "Who is my guest?" I thought, and went to the door to see. In the rays of the moon, I saw a big bear sitting under a tree licking my coconuts. "Go elsewhere and don't eat my coconuts!" I told him. Then he said to me, "Don't be angry with me, Sir. I am only an old bear. However, you are a wise sage. My hunger is great. I will eat only one of your coconuts, and then I will go." I thought about the bear's words, and told him, "alright". Then I went inside my house and brought my sharp axe to the garden. There I cut many coconuts and gave them all to the bear. "Now go into the woods and eat," I said to him. The bear said, "May the Lord protect you."

5) Write any five Sanskrit sentences of your own.

LESSON 26

Second conjugation (continued-)

In this lesson, some more important verbs belonging to the second conjugation are introduced:

इ	(P)	to go
अधि+इ	(A)	to study
ब्रू	(P, A)	to speak
आस्	(A)	to sit, remain
शी	(A)	to lie, to sleep
शास्	(P)	to teach, to rule, to instruct
द्विष्	(P, A)	to hate
रुद्	(P)	to weep, cry
स्वप्	(P)	to sleep
हन्	(P)	to kill
श्वस्	(P)	to breathe
विद्	(P)	to know

Since this conjugation does not have an infix, the interaction between the root and the affixes produces complicated sandhi results. The peculiarities must be individually noted.

इ "to go" (P)

	Present			Imperfect	
एमि	इवः	इमः	आयम्	ऐव	ऐम
एषि	इथः	इथ	ऐः	ऐतम्	ऐत
एति	इतः	यन्ति	ऐत्	ऐताम्	आयन्

	Imperative			Potential	
अयानि	अयाव	अयाम	इयाम्	इयाव	इयाम
इहि	इतम्	इत	इयाः	इयातम्	इयात
एतु	इताम्	यन्तु	इयात्	इयाताम्	इयुः

अधि + इ "to study" (A)

Present			Imperfect		
अधीये	अधीवहे	अधीमहे	अध्यैयि	अध्यैवहि	अध्यैमहि
अधीषे	अधीयाथे	अधीध्वे	अध्यैथाः	अध्यैयाथाम्	अध्यैध्वम्
अधीते	अधीयाते	अधीयते	अध्यैत	अध्यैयाताम्	अध्यैयत

Imperative			Potential		
अध्ययै	अध्ययावहै	अध्ययामहै	अधीयीय	अधीयीवहि	अधीयीमहि
अधीष्व	अधीयाथाम्	अधीध्वम्	अधीयीथाः	अधीयीयाथाम्	अधीयीध्वम्
अधीताम्	अधीयाताम्	अधीयताम्	अधीयीत	अधीयीयाताम्	अधीयीरन्

ब्रू "to speak" (P)

Present			Imperfect		
ब्रवीमि	ब्रूवः	ब्रूमः	अब्रवम्	अब्रूव	अब्रूम
ब्रवीषि	ब्रूथः	ब्रूथ	अब्रवीः	अब्रूतम्	अब्रूत
ब्रवीति	ब्रूतः	ब्रुवन्ति	अब्रवीत्	अब्रूताम्	अब्रुवन्

Imperative			Potential		
ब्रवाणि	ब्रवाव	ब्रवाम	ब्रूयाम्	ब्रूयाव	ब्रूयाम
ब्रूहि	ब्रूतम्	ब्रूत	ब्रूयाः	ब्रूयातम्	ब्रूयात
ब्रवीतु	ब्रूताम्	ब्रुवन्तु	ब्रूयात्	ब्रूयाताम्	ब्रूयुः

ब्रू "to speak" (A)

Present			Imperfect		
ब्रुवे	ब्रूवहे	ब्रूमहे	अब्रुवि	अब्रूवहि	अब्रूमहि
ब्रूषे	ब्रुवाथे	ब्रूध्वे	अब्रूथाः	अब्रुवाथाम्	अब्रूध्वम्
ब्रूते	ब्रुवाते	ब्रुवते	अब्रूत	अब्रुवाताम्	अब्रुवत

Imperative			Potential		
ब्रवै	ब्रवावहै	ब्रवामहै	ब्रुवीय	ब्रुवीवहि	ब्रुवीमहि
ब्रूष्व	ब्रुवाथाम्	ब्रूध्वम्	ब्रुवीथाः	ब्रुवीयाथाम्	ब्रुवीध्वम्
ब्रूताम्	ब्रुवाताम्	ब्रुवताम्	ब्रुवीत	ब्रुवीयाताम्	ब्रुवीरन्

आस् "to sit, remain" (A)

Present			Imperfect		
आसे	आस्वहे	आस्महे	आसि	आस्वहि	आस्महि
आस्से	आसाथे	आध्वे	आस्थाः	आसाथाम्	आध्वम्
आस्ते	आसाते	आसते	आस्त	आसाताम्	आसत

Imperative			Potential		
आसै	आसावहै	आसामहै	आसीय	आसीवहि	आसीमहि
आस्स्व	आसाथाम्	आध्वम्	आसीथाः	आसीयाथाम्	आसीध्वम्
आस्ताम्	आसाताम्	आसताम्	आसीत	आसीयाताम्	आसीरन्

शी "to lie, sleep" (A)

Present			Imperfect		
शये	शेवहे	शेमहे	अशयि	अशेवहि	अशेमहि
शेषे	शयाथे	शेध्वे	अशेथाः	अशयाथाम्	अशेध्वम्
शेते	शयाते	शेरते	अशेत	अशयाताम्	अशेरत

Imperative			Potential		
शयै	शयावहै	शयामहै	शयीय	शयीवहि	शयीमहि
शेष्व	शयाथाम्	शेध्वम्	शयीथाः	शयीयाथाम्	शयीध्वम्
शेताम्	शयाताम्	शेरताम्	शयीत	शयीयाताम्	शयीरन्

शास् "to rule, instruct, teach" (P)

Present			Imperfect		
शास्मि	शिष्वः	शिष्मः	अशासम्	अशिष्व	अशिष्म
शास्सि	शिष्ठः	शिष्ठ	अशाः/त्	अशिष्टम्	अशिष्ट
शास्ति	शिष्टः	शासति	अशात्	अशिष्टाम्	अशासुः

Imperative			Potential		
शासानि	शासाव	शासाम	शिष्याम्	शिष्याव	शिष्याम
शाधि	शिष्टम्	शिष्ट	शिष्याः	शिष्यातम्	शिष्यात
शास्तु	शिष्टाम्	शासतु	शिष्यात्	शिष्याताम्	शिष्युः

आ + शास् "to hope" (A)

	Present			Imperfect	
आशासे	आशास्वहे	आशास्महे	आशासि	आशास्वहि	आशास्महि
आशास्से	आशासाथे	आशाध्वे	आशास्थाः	आशासाथाम्	आशाध्वम्
आशास्ते	आशासाते	आशासते	आशास्त	आशासाताम्	आशासत

	Imperative			Potential	
आशासै	आशासावहै	आशासामहै	आशासीय	आशासीवहि	आशासीमहि
आशास्स्व	आशासाथाम्	आशाध्वम्	आशासीथाः	आशासीयाथाम्	आशासीध्वम्
आशास्ताम्	आशासाताम्	आशासताम्	आशासीत	आशासीयाताम्	आशासीरन्

द्विष् "to hate" (P)

	Present			Imperfect	
द्वेष्मि	द्विष्वः	द्विष्मः	अद्वेषम्	अद्विष्व	अद्विष्म
द्वेक्षि	द्विष्ठः	द्विष्ठ	अद्वेट्	अद्विष्टम्	अद्विष्ट
द्वेष्टि	द्विष्टः	द्विषन्ति	अद्वेट्	अद्विष्टाम्	अद्विषन्/षुः

	Imperative			Potential	
द्वेषाणि	द्वेषाव	द्वेषाम	द्विष्याम्	द्विष्याव	द्विष्याम
द्विड्ढि	द्विष्टम्	द्विष्ट	द्विष्याः	द्विष्यातम्	द्विष्यात
द्वेष्टु	द्विष्टाम्	द्विषन्तु	द्विष्यात्	द्विष्याताम्	द्विष्युः

द्विष् "to hate" (A)

	Present			Imperfect	
द्विषे	द्विष्वहे	द्विष्महे	अद्विषि	अद्विषावहि	अद्विषामहि
द्विक्षे	द्विषाथे	द्विड्ढ्वे	अद्विष्ठाः	अद्विषाथाम्	अद्विड्ढ्वम्
द्विष्टे	द्विषाते	द्विषते	अद्विष्ट	अद्विषाताम्	अद्विषत

	Imperative			Potential	
द्वेषै	द्वेषावहै	द्वेषामहै	द्विषीय	द्विषीवहि	द्विषीमहि
द्विक्ष्व	द्विषाथाम्	द्विड्ढ्वम्	द्विषीथाः	द्विषीयाथाम्	द्विषीध्वम्
द्विष्टाम्	द्विषाताम्	द्विषताम्	द्विषीत	द्विषीयाताम्	द्विषीरन्

रुद् "to weep, cry" (P)

Present			Imperfect		
रोदिमि	रुदिवः	रुदिमः	अरोदम्	अरुदिव	अरुदिम
रोदिषि	रुदिथः	रुदिथ	अरोदः/दीः	अरुदितम्	अरुदित
रोदिति	रुदितः	रुदन्ति	अरोदत्/दीत्	अरुदिताम्	अरुदन्

Imperative			Potential		
रोदानि	रोदाव	रोदाम	रुद्याम्	रुद्याव	रुद्याम
रुदिहि	रुदितम्	रुदित	रुद्याः	रुद्यातम्	रुद्यात
रोदितु	रुदिताम्	रुदन्तु	रुद्यात्	रुद्याताम्	रुद्युः

स्वप् "to sleep" (P)

Present			Imperfect		
स्वपिमि	स्वपिवः	स्वपिमः	अस्वपम्	अस्वपिव	अस्वपिम
स्वपिषि	स्वपिथः	स्वपिथ	अस्वपः/पीः	अस्वपितम्	अस्वपित
स्वपिति	स्वपितः	स्वपन्ति	अस्वपत्/पीत्	अस्वपिताम्	अस्वपन्

Imperative			Potential		
स्वपानि	स्वपाव	स्वपाम	स्वप्याम्	स्वप्याव	स्वप्याम
स्वपिहि	स्वपितम्	स्वपित	स्वप्याः	स्वप्यातम्	स्वप्यात
स्वपितु	स्वपिताम्	स्वपन्तु	स्वप्यात्	स्वप्याताम्	स्वप्युः

हन् "to kill" (P)

Present			Imperfect		
हन्मि	हन्वः	हन्मः	अहनम्	अहन्व	अहन्म
हंसि	हथः	हथ	अहन्	अहतम्	अहत
हन्ति	हतः	घ्नन्ति	अहन्	अहताम्	अघ्नन्

Imperative			Potential		
हनानि	हनाव	हनाम	हन्याम्	हन्याव	हन्याम
जहि	हतम्	हत	हन्याः	हन्यातम्	हन्यात
हन्तु	हताम्	घ्नन्तु	हन्यात्	हन्याताम्	हन्युः

श्वस् "to breathe" (P)

Present			Imperfect		
श्वसिमि	श्वसिवः	श्वसिमः	अश्वसम्	अश्वसिव	अश्वसिम
श्वसिषि	श्वसिथः	श्वसिथ	अश्वसः/सीः	अश्वसितम्	अश्वसित
श्वसिति	श्वसितः	श्वसन्ति	अश्वसत्/सीत्	अश्वसिताम्	अश्वसन्

Imperative			Potential		
श्वसानि	श्वसाव	श्वसाम	श्वस्याम्	श्वस्याव	श्वस्याम
श्वसिहि	श्वसितम्	श्वसित	श्वस्याः	श्वस्यातम्	श्वस्यात
श्वसितु	श्वसिताम्	श्वसन्तु	श्वस्यात्	श्वस्याताम्	श्वस्युः

विद् "to know" (P)

Present			Imperfect		
वेद्मि	विद्वः	विद्मः	अवेदम्	अविद्व	अविद्म
वेत्सि	वित्थः	वित्थ	अवेः/त्	अवित्तम्	अवित्त
वेत्ति	वित्तः	विदन्ति	अवेत्	अवित्ताम्	अविदुः

Imperative			Potential		
वेदानि	वेदाव	वेदाम	विद्याम्	विद्याव	विद्याम
विद्धि	वित्तम्	वित्त	विद्याः	विद्यातम्	विद्यात
वेत्तु	वित्ताम्	विदन्तु	विद्यात्	विद्याताम्	विद्युः

Other forms of the second conjugation verbs:

(One should keep in mind that not all the forms listed below are equally frequent. Some are rare and others almost unattested. **For the present participle forms, see the list in Lesson 35**).

root		gerunds -त्वा	-य	inf.	त part.	pass.	future
अद्	eat	जग्ध्वा	प्रजग्ध्य	अत्तुम्	जग्ध	अद्यते	अत्स्यति
अस्	be	भूत्वा	संभूय	भवितुम्	भूत	भूयते	भविष्यति
आस्	sit	आसित्वा	उपास्य	आसितुम्	आसित	आस्यते	आसिष्यते
इ	go	इत्वा	उपेत्य	एतुम्	इत	ईयते	एष्यति
ख्या	tell	ख्यात्वा	आख्याय	ख्यातुम्	ख्यात	ख्यायते	ख्यास्यति
दा	cut	दात्वा	अवदाय	दातुम्	दात	दायते	दास्यति
दुह्	milk	दुग्ध्वा	संदुह्य	दोग्धुम्	दुग्ध	दुह्यते	धोक्ष्यति/ते

root		gerunds -त्वा	-य	inf.	त part.	pass.	future
द्विष्	hate	द्विष्ट्वा	विद्विष्य	द्वेष्टुम्	द्विष्ट	द्विष्यते	द्वेक्ष्यति/ते
नु	praise	नुत्वा	प्रणुत्य	नवितुम्	नुत	नूयते	नविष्यति
पा	protect	पात्वा	निपाय	पातुम्	पात	पायते	पास्यति
ब्रू	speak	उक्त्वा	प्रोच्य	वक्तुम्	उक्त	उच्यते	वक्ष्यति/ते
भा	shine	भात्वा	विभाय	भातुम्	भात	भायते	भास्यति
या	go	यात्वा	प्रयाय	यातुम्	यात	यायते	यास्यति
रु	cry	रुत्वा	विरुत्य	रवितुम्	रुत	रूयते	रविष्यति
रुद्	cry	रुदित्वा	विरुद्य	रोदितुम्	रुदित	रुद्यते	रोदिष्यति
लिह्	lick	लीढ्वा	आलिह्य	लेढुम्	लीढ	लिह्यते	लेक्ष्यति
वा	blow	वात्वा	निर्वाय	वातुम्	वात	वायते	वास्यति
विद्	know	विदित्वा	संविद्य	वेदितुम्	विदित	विद्यते	वेदिष्यति/ते वेत्स्यति/ते
शास्	teach	शासित्वा शिष्ट्वा	अनुशिष्य	शासितुम्	शिष्ट	शिष्यते	शासिष्यति
शी	lie	शयित्वा	उपशय्य	शयितुम्	शयित	शय्यते	शयिष्यते
श्वस्	breathe	श्वसित्वा	आश्वस्य	श्वसितुम्	श्वसित	श्वस्यते	श्वसिष्यति
स्तु	praise	स्तुत्वा	अभिष्टुत्य	स्तोतुम्	स्तुत	स्तूयते	स्तोष्यति/ते
स्ना	bathe	स्नात्वा	प्रस्नाय	स्नातुम्	स्नात	स्नायते	स्नास्यति
स्वप्	sleep	सुप्त्वा	प्रसुप्य	स्वप्तुम्	सुप्त	सुप्यते	स्वप्स्यति
हन्	kill	हत्वा	निहत्य	हन्तुम्	हत	हन्यते	हनिष्यति

Vocabulary

भृशम्	(adv) a lot	पति	(m) husband
वि+श्वस्	(2P) to trust	अविद्यावत्	(a) ignorant
हत्वा < हन्	gerund, having killed	ब्रुवत् < ब्रू	pres. participle
अन्त	(m) end	शास्तृ	(m) teacher
अविद्या	(f) ignorance	आ+या	(2P) to come
स्वपन्त्	pres. part. स्वप् (2P)	सर्प	(m) snake
मृत	(a) dead	सत्य	(n) truth
शुक	(m) parrot	पिशुन	(m) wicked person
निगूढ	(a) hidden	दिन	(n) day
बलीवर्द	(m) bull	इच्छा	(f) desire, craving
इव	(ind) like [X Y इव = X is like Y]		

Exercises

1. **Translate the following sentences into English:**

१. ये बालाः बहूनि दिनानि विद्याम् अधीयते, न च किमपि विदन्ति, तान् प्रति आचार्यः ब्रूते - "हे बालाः, यूयं बलीवर्दाः इव स्थ। परिश्राम्यन्तोऽपि यूयं विद्यावन्तो न अभवत। युष्माकं बुद्धिः नारिकेलः इव। तत्र विद्या नैव प्रविशति" इति।

२. बालाः अब्रुवन् - "हे पिशुन, यस्त्वम् अस्मान् द्वेक्षि, तं त्वां वयं द्विष्महे" इति।

३. यदा रामः सीताम् वनेऽत्यजत्, तदा सा भृशम् अरोदीत्, किन्तु पतिं न अद्विष्ट।

४. वयं शत्रुषु न विश्वसिमः। ये जनाः अविद्यावन्तः शत्रूणां वचने विश्वसन्ति, तान् पिशुनाः शत्रवः सुखेन घ्नन्ति। अविद्यावतः शत्रून् हत्वा पिशुनाः सुखेन शेरते।

५. सर्वदा आपदः एव चिन्तयन्तो धनवन्तः न कदापि सुखेन शेरते। शत्रूणां बलं चिन्तयन्तो भूभृतः न कदापि सुखेन शेरते। ईश्वरम् एव पश्यन्तः मुनयो न कदापि शेरते। ते सर्वदा ईश्वरम् एव शंसन्तः वने आसते। भगवान् बुद्धः "ईश्वरः न अस्ति" इति ब्रुवन् सर्वस्य दुःखस्य अन्तं पश्यन् वने आस्ते। ये जनान् शासति ते शास्तारः भवन्ति। बुद्धः जनानाम् शास्ता। ये तं शास्तारं मन्यन्ते तेऽविद्यां घ्नन्ति।

६. पिता गृहे आस्ते इति मन्यमानाः बालाः सुखेन अस्वपन्। पिशुनास्तु रात्रौ आगत्य गृहाणि दग्धुम् इच्छन्तः नगरं प्राविशन्। केचित् पिशुनाः आयान्ति इति पिता अवेत्, बालेभ्यश्च अब्रूत - "हे बालाः, पिशुनाः अस्मान् हन्तुम् आयान्तीति वेद्मि। सर्वे वयम् अस्माद् गृहाद् बहिः निगूढाः स्थास्यामः। यदा च पिशुनाः अस्मान् हन्तुं गृहं प्रवेक्ष्यन्ति, तदा वयमिदं गृहम् अनलेन धक्ष्यामः इति। एवं स पिता तस्य पुत्राश्च सर्वान् पिशुनान् अघ्नन्।

७. यः मातरि न विश्वसिति, तस्मिन् माता कथं विश्वस्यात्।

८. यः भूभृतं हन्यात् तं वयं सर्वे हन्याम इति वीराः अब्रुवन्। किन्तु स्वपन्तं नृपं कश्चित् सर्पः अहन्।

९. यः श्वसिति स जीवति, यः न जीवति स न श्वसिति।

१०. नृपो दासेभ्योऽब्रवीत् - "प्रियोऽयं मे शुकः। स मृतः इति यो मां ब्रूयात्, तमहं हन्याम्" इति। एकदा स शुको मृतः। तदा सर्वे दासाः "कोऽधुना नृपाय कथयेत्" इति चिन्तयन्तोऽरुदन्। "अहं नृपाय कथयिष्यामि" इति भाषित्वा कश्चित् धीमान् दासः नृपाय अब्रवीत् - "हे भूभृत्, तव प्रियः शुकः सर्वदैव स्वपिति। न किञ्चिद् ब्रवीति। न किञ्चिद् अन्नम् अत्ति। न वा श्वसिति इति। नृपोऽपृच्छत् - "सः शुको जीवति वा मृतो वा" इति। दासोऽवदत् तदहं न वेद्मि" इति। नृपोऽब्रवीत् - "यो न ब्रवीति, नान्नमत्ति, न वा श्वसिति स मृतः एव" इति। दासोऽब्रूत - "भवान् सत्यमब्रवीत्" इति।

2. Translate the following story into Sanskrit:

Once in the Himalaya mountain, on the bank of a great river Bhāgīrathī, there lived a famous blind teacher. He was a mendicant. Although a great assembly always sat around him and praised him, still he had no wealth whatsoever. One night, when the moon was shining in the sky, the old blind teacher sat outside his house and spoke to the many students who had come to study there. He said: "O students! You are ignorant children. You sleep in the darkness of your ignorance. Thinking 'these are my enemies', you hate some people, and thinking 'these are my friends', you praise other people. But now I will teach you the truth. Even the smallest craving is like a thief (चौर), and it will steal all your happiness. These cravings of yours alone are your enemies. Therefore, you must destroy all your cravings. Sorrow is your friend and your teacher. Sorrow points to you the path of knowledge. With knowledge you should cut down your ignorance. After your ignorance is destroyed, you will not have any sorrow." Having heard this, the students praised the sage's wisdom. However, they were not able to destroy their cravings. Therefore, they are still (अद्यापि) unhappy.

3. Write five Sanskrit sentences of your own:

LESSON 27

Third conjugation

In the third conjugation, there is no infix intervening between the root and the final termination. However, the root undergoes reduplication. While it is always advisable to pay attention to the concrete forms of reduplication given in this lesson, some general features of the reduplicated verbs are given below.

1. Only the initial part of the root ending with the root vowel is reduplicated. For example:
   दा > दादा धा > धाधा
2. If the original root vowel is long, the vowel in its reduplication is shortened. For example:
   दा > दादा > ददा धा > धाधा > धधा
3. If the root begins with an aspirated consonant, this consonant is changed to the corresponding non-aspirated consonant in the reduplication. For example:
   धा > धाधा > धधा > दधा
4. If the root begins with ह्, this is changed to ज् in the reduplication. For example:
   हु > हुहु > जुहु
5. The vowel ऋ of roots in the third conjugation is changed to इ in the reduplication, (except in past perfect etc.)
   For example:
   भृ > भृभृ > बृभृ > बिभृ पृ > पृपृ > पिपृ
6. The third conjugation verbs take basically the same affixes as are taken by the verbs of the Second Conjugation, with the following exceptions:
   a) There is no न् in the endings of the 3rd person, plural, present, and 3rd person, plural, imperative endings.
   b) The 3rd person, plural, imperfect is उस् and not अन्.

Below are given paradigms of some more common verbs of this conjugation.

हु "to offer oblations in a sacrifice, to sacrifice" (P)

Present			Imperfect		
जुहोमि	जुहुवः	जुहुमः	अजुहवम्	अजुहुव	अजुहुम
जुहोषि	जुहुथः	जुहुथ	अजुहोः	अजुहुतम्	अजुहुत
जुहोति	जुहुतः	जुह्वति	अजुहोत्	अजुहुताम्	अजुहवुः

Imperative			Potential		
जुहवानि	जुहवाव	जुहवाम	जुहुयाम्	जुहुयाव	जुहुयाम
जुहुधि	जुहुतम्	जुहुत	जुहुयाः	जुहुयातम्	जुहुयात
जुहोतु	जुहुताम्	जुह्वतु	जुहुयात्	जुहुयाताम्	जुहुयुः

भृ "to support, hold" (P, A)

Active Paradigms

Present			Imperfect		
बिभर्मि	बिभृवः	बिभृमः	अबिभरम्	अबिभृव	अबिभृम
बिभर्षि	बिभृथः	बिभृथ	अबिभर्	अबिभृतम्	अबिभृत
बिभर्ति	बिभृतः	बिभ्रति	अबिभर्	अबिभृताम्	अबिभरुः

Imperative			Potential		
बिभराणि	बिभराव	बिभराम	बिभृयाम्	बिभृयाव	बिभृयाम
बिभृहि	बिभृतम्	बिभृत	बिभृयाः	बिभृयातम्	बिभृयात
बिभर्तु	बिभृताम्	बिभ्रतु	बिभृयात्	बिभृयाताम्	बिभृयुः

Middle Paradigms

Present			Imperfect		
बिभ्रे	बिभृवहे	बिभृमहे	अबिभ्रि	अबिभृवहि	अबिभृमहि
बिभृषे	बिभ्राथे	बिभृध्वे	अबिभृथाः	अबिभ्राथाम्	अबिभृध्वम्
बिभृते	बिभ्राते	बिभ्रते	अबिभृत	अबिभ्राताम्	अबिभ्रत

Imperative			Potential		
बिभरै	बिभरावहै	बिभरामहै	बिभ्रीय	बिभ्रीवहि	बिभ्रीमहि
बिभृष्व	बिभ्राथाम्	बिभृध्वम्	बिभ्रीथाः	बिभ्रीयाथाम्	बिभ्रीध्वम्
बिभृताम्	बिभ्राताम्	बिभ्रताम्	बिभ्रीत	बिभ्रीयाताम्	बिभ्रीरन्

दा "to give" (P, A)

Active Paradigms

Present / **Imperfect**

ददामि	दद्वः	दद्मः	अददाम्	अदद्व	अदद्म
ददासि	दत्थः	दत्थ	अददाः	अदत्तम्	अदत्त
ददाति	दत्तः	ददति	अददात्	अदत्ताम्	अददुः

Imperative / **Potential**

ददानि	ददाव	ददाम	दद्याम्	दद्याव	दद्याम
देहि	दत्तम्	दत्त	दद्याः	दद्यातम्	दद्यात
ददातु	दत्ताम्	ददतु	दद्यात्	दद्याताम्	दद्युः

Middle Paradigms

Present / **Imperfect**

ददे	दद्वहे	दद्महे	अददि	अदद्वहि	अदद्महि
दत्से	ददाथे	दद्ध्वे	अदत्थाः	अददाथाम्	अदद्ध्वम्
दत्ते	ददाते	ददते	अदत्त	अददाताम्	अददत

Imperative / **Potential**

ददै	ददावहै	ददामहै	ददीय	ददीवहि	ददीमहि
दत्स्व	ददाथाम्	दद्ध्वम्	ददीथाः	ददीयाथाम्	ददीध्वम्
दत्ताम्	ददाताम्	ददताम्	ददीत	ददीयाताम्	ददीरन्

धा "to place, put" (P, A)

Active Paradigms

Present / **Imperfect**

दधामि	दध्वः	दध्मः	अदधाम्	अदध्व	अदध्म
दधासि	धत्थः	धत्थ	अदधाः	अधत्तम्	अधत्त
दधाति	धत्तः	दधति	अदधात्	अधत्ताम्	अदधुः

Imperative / **Potential**

दधानि	दधाव	दधाम	दध्याम्	दध्याव	दध्याम
धेहि	धत्तम्	धत्त	दध्याः	दध्यातम्	दध्यात
दधातु	धत्ताम्	दधतु	दध्यात्	दध्याताम्	दध्युः

Middle Paradigms

Present			Imperfect		
दधे	दध्वहे	दध्महे	अदधि	अदध्वहि	अदध्महि
धत्से	दधाथे	धद्ध्वे	अधत्थाः	अदधाथाम्	अधद्ध्वम्
धत्ते	दधाते	दधते	अधत्त	अदधाताम्	अदधत

Imperative			Potential		
दधै	दधावहै	दधामहै	दधीय	दधीवहि	दधीमहि
धत्स्व	दधाथाम्	धद्ध्वम्	दधीथाः	दधीयाथाम्	दधीध्वम्
धत्ताम्	दधाताम्	दधताम्	दधीत	दधीयाताम्	दधीरन्

मा "to measure" (A)

Present			Imperfect		
मिमे	मिमीवहे	मिमीमहे	अमिमि	अमिमीवहि	अमिमीमहि
मिमीषे	मिमाथे	मिमीध्वे	अमिमीथाः	अमिमाथाम्	अमिमीध्वम्
मिमीते	मिमाते	मिमते	अमिमीत	अमिमाताम्	अमिमत

Imperative			Potential		
मिमै	मिमावहै	मिमामहै	मिमीय	मिमीवहि	मिमीमहि
मिमीष्व	मिमाथाम्	मिमीध्वम्	मिमीथाः	मिमीयाथाम्	मिमीध्वम्
मिमीताम्	मिमाताम्	मिमताम्	मिमीत	मिमीयाताम्	मिमीरन्

हा "to leave, abandon" (P, A)

The middle paradigms of हा are exactly like those of the verb मा given above, with the alternation of the forms जहा and जही The active paradigms are given below.

Present			Imperfect		
जहामि	जहीवः/ जहिवः	जहीमः/ जहिमः	अजहाम्	अजहीव/ अजहिव	अजहीम/ अजहिम
जहासि	जहीथः/ जहिथः	जहीथ/ जहिथ	अजहाः	अजहीतम्/ अजहितम्	अजहीत/ अजहित
जहाति	जहीतः/ जहितः	जहति	अजहात्	अजहीताम्/ अजहिताम्	अजहुः

	Imperative			Potential	
जहानि	जहाव	जहाम	जह्याम्	जह्याव	जह्याम
जहाहि/ जहीहि/ जहिहि	जहीतम्/ जहितम्	जहीत/ जहित	जह्याः	जह्यातम्	जह्यात
जहातु	जहीताम्/ जहिताम्	जहतु	जह्यात्	जह्याताम्	जह्युः

भी "to fear" (P)

	Present			Imperfect	
बिभेमि	बिभीवः/ बिभिवः	बिभीमः/ बिभिमः	अबिभयम्	अबिभीव/ अबिभिव	अबिभीम/ अबिभिम
बिभेषि	बिभीथः/ बिभिथः	बिभीथ/ बिभिथ	अबिभेः	अबिभीतम्/ अबिभितम्	अबिभीत/ अबिभित
बिभेति	बिभीतः/ बिभितः	बिभ्यति	अबिभेत्	अबिभीताम्/ अबिभिताम्	अबिभयुः

	Imperative			Potential	
बिभयानि	बिभयाव	बिभयाम	बिभीयाम्/ बिभियाम्	बिभीयाव/ बिभियाव	बिभीयाम/ बिभियाम
बिभीहि/ बिभिहि	बिभीतम्/ बिभितम्	बिभीत/ बिभित	बिभीयाः/ बिभियाः	बिभीयातम्/ बिभियातम्	बिभीयात/ बिभियात
बिभेतु	बिभीताम्/ बिभिताम्	बिभ्यतु	बिभीयात्/ बिभियात्	बिभीयाताम्/ बिभियाताम्	बिभीयुः/ बिभियुः

Other forms of the third conjugation verbs:
(For the present participles, see the list in Lesson 35).

		Gerunds		Inf	Part.		
		-त्वा	-य	-तुम्	-त	**Passive**	**Future**
दा	"give"	दत्त्वा	प्रदाय	दातुम्	दत्त	दीयते	दास्यति/ते
धा	"put"	हित्वा	विधाय	धातुम्	हित	धीयते	धास्यति/ते
भी	"fear"	भीत्वा	संभीय	भेतुम्	भीत	भीयते	भेष्यति
भृ	"support"	भृत्वा	संभृत्य	भर्तुम्	भृत	भ्रियते	भरिष्यति/ते
मा	"measure"	मित्वा	उन्माय	मातुम्	मित	मीयते	मास्यते
हा	"abandon"	हित्वा	विहाय	हातुम्	हीन	हीयते	हास्यति
हु	"sacrifice"	हुत्वा	प्रहुत्य	होतुम्	हुत	हूयते	होष्यति

Vocabulary

अन्य prn.	other, another	पर mfn.	different, other
कर्मन् n.	job, action	पाद m.	foot
कुडव n.	measuring cup	मृत्यु m.	death
तक्षक m.	carpenter	राक्षस m.	demon
दम्य m.	bullock	वृक m.	wolf
धर्म m.	moral, ritual duty	सम्बद्ध adj.	bound together
धान्य n.	grain	हस्त m.	hand
ध्रुव adj.	certain, firm	अभिमुखम्	towards x's face
कृष्णा f.	n of Draupadī	इन्द्र m.	n of king of gods
बिभीषण m.	n of a demon	रावण m.	n of a demon
माधव m.	n of a man	सुकन्या f.	n of a girl
अन्योन्य mfn.	each other	हि ind.	indeed
हा ind.	alas!	प्रवर्तमान adj.	engaging
कर्ण m.	ear		
नाम ind.	X नाम Y = Y with the name X.		

Exercises

1) Translate the following sentences into English:

१. सुमनाः सर्वदा धर्मे चेतो दध्यात् ।
२. हा कृष्णे, किं जहासि माम्?

३. यदि मां वृकाः पश्येयुस्तर्हि ध्रुवो मे मृत्युरिति चिन्तयित्वा स नरः वृकेभ्योऽबिभेत् ।
४. इन्द्राय इदं न मम, अग्नये इदं न मम इत्युक्त्वा ब्राह्मणा एतस्मिन्नग्नावन्नं जुह्वति ।
५. माधवो नाम वणिग् धान्यं मिमीते कुडवेन ।
६. यौ दम्यावन्योन्यं न जहीतस्तौ सम्बद्धावित्युच्यते ।
७. एवं हि दृश्यते लोके । जनोऽयं परकर्मणि प्रवर्तमानः स्वं कर्म जहाति । यथा तक्षकः सम्राजः कर्मणि प्रवर्तमानः स्वं कर्म जहाति ।
८. येभ्यो भगवान् शक्तिं ददाति ते कस्माद् बिभ्यति ।
९. गृहमागतस्य मुनेः पादौ जनकोऽक्षालयत् । पश्चात्स तस्मायमूनि फलान्यददात् ।
१०. ईश्वरोऽज्ञानं मे दातु ज्ञानं च मे ददातु ।
११. येभ्यः सर्वे लोका अबिभयुस्तान् राक्षसान् वने रामोऽहन् ।
१२. दरिद्रान् बिभृहि । मा धनवद्भ्यो धनं देहि ।
१३. युवामस्मभ्यं धनं दत्तमिति जना अब्रुवन् । तदा तावब्रूताम् - पूर्वमावाभ्यां युष्मभ्यं धनं दत्तम् । यूयमावाभ्यां किमदत्त? इति ।
१४. बलवते सम्राजे पुत्रं ददात्वीश्वर इत्यृत्विजो हवींष्यग्नौ जुह्वति ।
१५. यमिषुं हस्ते बिभर्षि तेनेमं राक्षसं जहि, पाहि पाहि च नोऽबलानिति जना रुदन्ति ।
१६. यतो यदाहमभाषे तदा साभिमुखं कर्णं ददाति ततस्तस्या मयि स्नेह इति वेद्मि ।
१७. यस्मै मां पिताददात् न तमहं जीवन्तं हास्यामीति सुकन्याब्रवीत् ।
१८. रामस्य भार्यां जहिहि जहीहि जहाहीति बिभीषणो रावणायाकथयत् ।
१९. इन्द्राय किं जुहुयाम ।
२०. सर्वे जना राक्षसादबिभयुर्ग्रामं चाजहुः ।
२१. यानि पात्राण्यहमक्षालयन्तानि त्वं कुत्रादधाः?

2) **Translate the following into Sanskrit:**

1. We should offer oblations to the gods in a fire.
2. Just as a father supports his sons, and a king supports his subjects (प्रजाः f.), so does God support the people.
3. Where did you put the pots I gave you?
4. He put the gold in his hand and measured it.
5. This hero does not fear death.
6. I may give a large goat to my mother-in-law.
7. Let kings give wealth to poets, sages and priests.

8. Who would trust a mother who abandons her sons?
9. Rāma held a bow in his hand and placed an arrow on the bow.
10. Elephants are not afraid of tigers. They go wherever they want to in the forest. (The object of fear, i.e. that which is feared takes the ablative case.)

3) Write any five Sanskrit sentences of your own.

LESSON 28

Fifth conjugation

Verbs in this conjugation take the affix -नु- (~ नो, न्). Thus the general structure of a verb form is **root+नु+final ending.** The following general observations may be kept in mind:

If the verb root ends in a vowel, then

a) नु is optionally reduced to न् before endings with initial व् or म्, e.g., सुनुवः / सुन्वः. Contrast आप्नुवः.

b) -हि of 2nd person sing. imperative is dropped, e.g., सुनु. Contrast आप्नुहि.

c) In weak bases, the उ of नु changes to व् before a termination beginning with a vowel, e.g., सुन्वन्ति. If the root ends in a consonant, then उ of नु changes to उव् in this environment, e.g., आप्नुवन्ति

सु "to press juice from crushed vines" (P & A)

Active Paradigms

Present

सुनोमि	सुनुवः/ सुन्वः	सुनुमः/ सुन्मः
सुनोषि	सुनुथः	सुनुथ
सुनोति	सुनुतः	सुन्वन्ति

Imperfect

असुनवम्	असुनुव/ असुन्व	असुनुम/ असुन्म
असुनोः	असुनुतम्	असुनुत
असुनोत्	असुनुताम्	असुन्वन्

Imperative

सुनवानि	सुनवाव	सुनवाम
सुनु	सुनुतम्	सुनुत
सुनोतु	सुनुताम्	सुन्वन्तु

Potential

सुनुयाम्	सुनुयाव	सुनुयाम
सुनुयाः	सुनुयातम्	सुनुयात
सुनुयात्	सुनुयाताम्	सुनुयुः

Middle Paradigms

	Present				Imperfect	
सुन्वे	सुनुवहे/ सुन्वहे	सुनुमहे/ सुन्महे		असुन्वि	असुनुवहि/ असुन्वहि	असुनुमहि/ असुन्महि
सुनुषे	सुन्वाथे	सुनुध्वे		असुनुथाः	असुन्वाथाम्	असुनुध्वम्
सुनुते	सुन्वाते	सुन्वते		असुनुत	असुन्वाताम्	असुन्वत

	Imperative				Potential	
सुनवै	सुनवावहै	सुनवामहै		सुन्वीय	सुन्वीवहि	सुन्वीमहि
सुनुष्व	सुन्वाथाम्	सुनुध्वम्		सुन्वीथाः	सुन्वीयाथाम्	सुन्वीध्वम्
सुनुताम्	सुन्वाताम्	सुन्वताम्		सुन्वीत	सुन्वीयाताम्	सुन्वीरन्

The roots चि "to pick, collect" and श्रु "listen" are conjugated exactly like the root सु. श्रु in all these paradigms is replaced by शृ and because of the ऋ in शृ, the न् of the infix is naturally changed to ण्, e.g., शृणोति, शृणुवः / शृण्वः. The paradigms of आप् "to get, obtain" are somewhat different, since the root ends in a consonant.

आप् "to obtain, get" (P)

	Present				Imperfect	
आप्नोमि	आप्नुवः	आप्नुमः		आप्नवम्	आप्नुव	आप्नुम
आप्नोषि	आप्नुथः	आप्नुथ		आप्नोः	आप्नुतम्	आप्नुत
आप्नोति	आप्नुतः	आप्नुवन्ति		आप्नोत्	आप्नुताम्	आप्नुवन्

	Imperative				Potential	
आप्नवानि	आप्नवाव	आप्नवाम		आप्नुयाम्	आप्नुयाव	आप्नुयाम
आप्नुहि	आप्नुतम्	आप्नुत		आप्नुयाः	आप्नुयातम्	आप्नुयात
आप्नोतु	आप्नुताम्	आप्नुवन्तु		आप्नुयात्	आप्नुयाताम्	आप्नुयुः

शक् "to be able" (P)

Present			Imperfect		
शक्नोमि	शक्नुवः	शक्नुमः	अशक्नवम्	अशक्नुव	अशक्नुम
शक्नोषि	शक्नुथः	शक्नुथ	अशक्नोः	अशक्नुतम्	अशक्नुत
शक्नोति	शक्नुतः	शक्नुवन्ति	अशक्नोत्	अशक्नुताम्	अशक्नुवन्

Imperative			Potential		
शक्नवानि	शक्नवाव	शक्नवाम	शक्नुयाम्	शक्नुयाव	शक्नुयाम
शक्नुहि	शक्नुतम्	शक्नुत	शक्नुयाः	शक्नुयातम्	शक्नुयात
शक्नोतु	शक्नुताम्	शक्नुवन्तु	शक्नुयात्	शक्नुयाताम्	शक्नुयुः

अश् "to get, to enjoy, to pervade" (A)

Present			Imperfect		
अश्नुवे	अश्नुवहे	अश्नुमहे	आश्नुवि	आश्नुवहि	आश्नुमहि
अश्नुषे	अश्नुवाथे	अश्नुध्वे	आश्नुथाः	आश्नुवाथाम्	आश्नुध्वम्
अश्नुते	अश्नुवाते	अश्नुवते	आश्नुत	आश्नुवाताम्	आश्नुवत

Imperative			Potential		
अश्नवै	अश्नवावहै	अश्नवामहै	अश्नुवीय	अश्नुवीवहि	अश्नुवीमहि
अश्नुष्व	अश्नुवाथाम्	अश्नुध्वम्	अश्नुवीथाः	अश्नुवीयाथाम्	अश्नुवीध्वम्
अश्नुताम्	अश्नुवाताम्	अश्नुवताम्	अश्नुवीत	अश्नुवीयाताम्	अश्नुवीरन्

Other forms of the fifth conjugation verbs:
(For present participles, see the list in Lesson 35).

		gerunds		inf	part	pass	future
		-त्वा	-य	-तुम्	-त		
अश्	"enjoy"	अशित्वा/ अष्ट्वा	प्राश्य	अशितुम्/ अष्टुम्	अष्ट	अश्यते	अशिष्यते/ अक्ष्यते
आप्	"obtain"	आप्त्वा	प्राप्य	आप्तुम्	आप्त	आप्यते	आप्स्यति
चि	"collect"	चित्वा	संचित्य	चेतुम्	चित	चीयते	चेष्यति/ते
शक्	"be able"	शक्त्वा		शक्तुम्	शक्त	शक्यते	शक्ष्यति
श्रु	"to listen"	श्रुत्वा	प्रतिश्रुत्य	श्रोतुम्	श्रुत	श्रूयते	श्रोष्यति
सु	"press"	सुत्वा	प्रसुत्य	सोतुम्	सुत	सूयते	सोष्यति

Vocabulary

कथा (f)	story	सोम (m)	sacred juice of the Soma plant
सुचरित (n)	good action	पक्षिन् (m)	bird
दविष्ठ (a)	farthest	ध्यान (n)	meditation

Exercises

1. Write the complete conjugations of the roots चि and श्रु.

2. Translate the following into English:

१. ताः कथाः कथय नो या वृद्धेभ्यस्त्वमशृणोः ।
२. अश्वं विना कथं कश्चिच्छक्नोति दविष्ठं ग्रामं गन्तुम् ।
३. हे ऋत्विजोऽद्य सोमं सुनुध्वे श्वश्च सुनुध्वम् ।
४. गुणिनः स्वेषां सुचरितानां फलं स्वर्गलोकेऽश्नुवते ।
५. सा हिमवन्तं पर्वतमारुह्य वृक्षेभ्यो भूमौ पतितानि कुसुमानि चिनुयात् ।
६. तदेकं वद निश्चित्य (having ascertained) येन श्रेयोऽहमाप्नुयाम् ।
७. यदा मेघा आकाशमश्नुवते तदा पक्षिणस्तरुषु गायन्ति (sing) ।
८. किं शक्नवाम वक्तुं ते गुणान् ।
९. किं न शृणोषि मे (obj. of श्रु in gen) । अहं तव मित्रमस्मीति मकरोऽवदत्
१०. नृपेण त्यक्ता जना न शक्नुवन्ति जीवितुम् । कस्तान् पातुं शक्नुयात् ।
११. सोऽसुनोत् बहून् सोमान् । तेन च पुण्येन स स्वर्गमाप्नोत् ।
१२. यतस्त्वं मां परित्यज्य तां प्रति अयास्ततो न शक्नोमि त्वां द्रष्टुम् ।
१३. यतोऽमतिमन्तो यूयमतो मे वचः शृणुत ।
१४. गुणवांस्त्वं गुणवती च ते भार्या । युवां गुणिनं पुत्रमाप्नुतमिति मुनिरब्रवीत् ।
१५. ह्यः केनापि पठ्यमानं काव्यमशृणुम । नीरसं (boring) काव्यं शृण्वन्तो वयं सभायामस्वपिम ।

3. Translate the following into sanskrit:

1. The wealthy who are always gathering money and do not think of virtues do not obtain happiness with that money.
2. Listen to the words of a dear friend, and do not listen to the words of wicked enemies.

3. Let that most beautiful girl obtain the most intelligent husband.
4. We hear the sound of the clouds (standing) in the sky.
5. Let me go to the garden and listen to the sweet voice of a young girl.
6. These two boys are not able to eat the fruit which their father gathered.
7. O Indra, please drink this Soma which the priest has pressed (extracted) out.
8. A man does not obtain heaven by meditation. When he offers oblations to gods, the gods are pleased. The gods say: "This is a virtuous man. Let him come to heaven and stay with us."
9. The enemies of the king killed all his horses. The king, however, obtained (got) other horses and conquered those enemies.
10. The clever wicked man said to the king, "Whatever I say is not true". The king said, "Say something". The man said, "His honor here, the king, is a fool." The king was not able to punish (दण्डयति) him.

4. Write any five sanskrit sentences of your own.

LESSON 29

Seventh conjugation

Roots of the seventh conjugation verbs end in consonants. The peculiarity of the infix of this conjugation, i.e. न, is that it does not go after the verb root, but inside the root. In strong forms, न goes after the vowel of the root, e.g., भिद् > भिनद्, and in weak forms, we have an न् in the same place, e.g., भिद् > भिन्द्. Some roots have a nasal in their citation form, e.g. हिंस्. This nasal is dropped in the paradigms under consideration. Since nothing intervenes between the root and the final endings, the interaction between the consonants of the root and those of the affixes is strong and produces some complicated sandhi results. These are similar to what happens in the second conjugation.

भिद् "to break, split, destroy" (P)

	Present			**Imperfect**	
भिनद्मि	भिन्द्वः	भिन्द्मः	अभिनदम्	अभिन्द्व	अभिन्द्म
भिनत्सि	भिन्त्थः	भिन्त्थ	अभिनः/त्	अभिन्तम्	अभिन्त
भिनत्ति	भिन्तः	भिन्दन्ति	अभिनत्	अभिन्ताम्	अभिन्दन्

	Imperative			**Potential**	
भिनदानि	भिनदाव	भिनदाम	भिन्द्याम्	भिन्द्याव	भिन्द्याम
भिन्द्धि	भिन्तम्	भिन्त	भिन्द्याः	भिन्द्यातम्	भिन्द्यात
भिनत्तु	भिन्ताम्	भिन्दन्तु	भिन्द्यात्	भिन्द्याताम्	भिन्द्युः

रुध् "to obstruct, prevent" (P & A)

Active Paradigms

	Present			**Imperfect**	
णध्मि	रुन्ध्वः	रुन्ध्मः	अरुणधम्	अरुन्ध्व	अरुन्ध्म
णत्सि	रुन्द्धः	रुन्द्ध	अरुणः/त्	अरुन्द्धम्	अरुन्द्ध
णद्धि	रुन्द्धः	रुन्धन्ति	अरुणत्	अरुन्द्धाम्	अरुन्धन्

	Imperative			Potential	
रुणधानि	रुणधाव	रुणधाम	रुन्ध्याम्	रुन्ध्याव	रुन्ध्याम
रुन्द्धि	रुन्द्धम्	रुन्द्ध	रुन्ध्याः	रुन्ध्यातम्	रुन्ध्यात
रुणद्धु	रुन्द्धाम्	रुन्धन्तु	रुन्ध्यात्	रुन्ध्याताम्	रुन्ध्युः

Middle Paradigms

	Present			Imperfect	
रुन्धे	रुन्ध्वहे	रुन्ध्महे	अरुन्धि	अरुन्ध्वहि	अरुन्ध्महि
रुन्त्से	रुन्धाथे	रुन्द्ध्वे	अरुन्द्धाः	अरुन्धाथाम्	अरुन्द्ध्वम्
रुन्द्धे	रुन्धाते	रुन्धते	अरुन्द्ध	अरुन्धाताम्	अरुन्धत

	Imperative			Potential	
रुणधै	रुणधावहै	रुणधामहै	रुन्धीय	रुन्धीवहि	रुन्धीमहि
रुन्त्स्व	रुन्धाथाम्	रुन्द्ध्वम्	रुन्धीथाः	रुन्धीयाथाम्	रुन्धीध्वम्
रुन्द्धाम्	रुन्धाताम्	रुन्धताम्	रुन्धीत	रुन्धीयाताम्	रुन्धीरन्

युज् "to join" (P & A)

Active Paradigms

	Present			Imperfect	
युनज्मि	युञ्ज्वः	युञ्ज्मः	अयुनजम्	अयुञ्ज्व	अयुञ्ज्म
युनक्षि	युङ्क्थः	युङ्क्थ	अयुनक्	अयुङ्क्तम्	अयुङ्क्त
युनक्ति	युङ्क्तः	युञ्जन्ति	अयुनक्	अयुङ्क्ताम्	अयुञ्जन्

	Imperative			Potential	
युनजानि	युनजाव	युनजाम	युञ्ज्याम्	युञ्ज्याव	युञ्ज्याम
युङ्ग्धि	युङ्क्तम्	युङ्क्त	युञ्ज्याः	युञ्ज्यातम्	युञ्ज्यात
युनक्तु	युङ्क्ताम्	युञ्जन्तु	युञ्ज्यात्	युञ्ज्याताम्	युञ्ज्युः

Middle Paradigms

	Present			Imperfect	
युञ्जे	युञ्ज्वहे	युञ्ज्महे	अयुञ्जि	अयुञ्ज्वहि	अयुञ्ज्महि
युङ्क्षे	युञ्जाथे	युङ्ग्ध्वे	अयुङ्क्थाः	अयुञ्जाथाम्	अयुङ्ग्ध्वम्
युङ्क्ते	युञ्जाते	युञ्जते	अयुङ्क्त	अयुञ्जाताम्	अयुञ्जत

	Imperative			Potential	
युनजै	युनजावहै	युनजामहै	युञ्जीय	युञ्जीवहि	युञ्जीमहि
युङ्क्ष्व	युञ्जाथाम्	युङ्ग्ध्वम्	युञ्जीथाः	युञ्जीयाथाम्	युञ्जीध्वम्
युङ्क्ताम्	युञ्जाताम्	युञ्जताम्	युञ्जीत	युञ्जीयाताम्	युञ्जीरन्

पिष् "to grind, crush, destroy" (P)

	Present			Imperfect	
पिनष्मि	पिंष्वः	पिंष्मः	अपिनषम्	अपिंष्व	अपिंष्म
पिनक्षि	पिंष्ठः	पिंष्ठ	अपिनट्	अपिंष्टम्	अपिंष्ट
पिनष्टि	पिंष्टः	पिंषन्ति	अपिनट्	अपिंष्टाम्	अपिंषन्

	Imperative			Potential	
पिनषाणि	पिनषाव	पिनषाम	पिंष्याम्	पिंष्याव	पिंष्याम
पिण्ड्ढि	पिंष्टम्	पिंष्ट	पिंष्याः	पिंष्यातम्	पिंष्यात
पिनष्टु	पिंष्टाम्	पिंषन्तु	पिंष्यात्	पिंष्याताम्	पिंष्युः

हिंस् "to kill, injure" (P)

	Present			Imperfect	
हिनस्मि	हिंस्वः	हिंस्मः	अहिनसम्	अहिंस्व	अहिंस्म
हिनस्सि	हिंस्थः	हिंस्थ	अहिनः/त्	अहिंस्तम्	अहिंस्त
हिनस्ति	हिंस्तः	हिंसन्ति	अहिनत्	अहिंस्ताम्	अहिंसन्

	Imperative			Potential	
हिनसानि	हिनसाव	हिनसाम	हिंस्याम्	हिंस्याव	हिंस्याम
हिन्धि	हिंस्तम्	हिंस्त	हिंस्याः	हिंस्यातम्	हिंस्यात
हिनस्तु	हिंस्ताम्	हिंसन्तु	हिंस्यात्	हिंस्याताम्	हिंस्युः

रिच् "to evacuate, to empty" (P & A)

Active Paradigms

	Present			Imperfect	
रिणच्मि	रिञ्च्वः	रिञ्च्मः	अरिणचम्	अरिञ्च्व	अरिञ्च्म
रिणक्षि	रिङ्क्थः	रिङ्क्थ	अरिणक्	अरिङ्क्तम्	अरिङ्क्त
रिणक्ति	रिङ्क्तः	रिञ्चन्ति	अरिणक्	अरिङ्क्ताम्	अरिञ्चन्

Imperative			Potential		
रिणचानि	रिणचाव	रिणचाम	रिञ्च्याम्	रिञ्च्याव	रिञ्च्याम
रिङ्ग्धि	रिङ्क्तम्	रिङ्क्त	रिञ्च्याः	रिञ्च्यातम्	रिञ्च्यात
रिणक्तु	रिङ्क्ताम्	रिञ्चन्तु	रिञ्च्यात्	रिञ्च्याताम्	रिञ्च्युः

Middle Paradigms

Present			Imperfect		
रिञ्चे	रिञ्च्वहे	रिञ्च्महे	अरिञ्चि	अरिञ्च्वहि	अरिञ्च्महि
रिङ्क्षे	रिञ्चाथे	रिङ्ग्ध्वे	अरिङ्क्थाः	अरिञ्चाथाम्	अरिङ्ग्ध्वम्
रिङ्क्ते	रिञ्चाते	रिञ्चते	अरिङ्क्त	अरिञ्चाताम्	अरिञ्चत

Imperative			Potential		
रिणचै	रिणचावहै	रिणचामहै	रिञ्चीय	रिञ्चीवहि	रिञ्चीमहि
रिङ्क्ष्व	रिञ्चाथाम्	रिङ्ग्ध्वम्	रिञ्चीथाः	रिञ्चीयाथाम्	रिञ्चीध्वम्
रिङ्क्ताम्	रिञ्चाताम्	रिञ्चताम्	रिञ्चीत	रिञ्चीयाताम्	रिञ्चीरन्

छिद् "to cut" (P & A)

Active Paradigms

Present			Imperfect		
छिनद्मि	छिन्द्वः	छिन्द्मः	अच्छिनदम्	अच्छिन्द्व	अच्छिन्द्म
छिनत्सि	छिन्त्थः	छिन्त्थ	अच्छिनः/त्	अच्छिन्त्तम्	अच्छिन्त्त
छिनत्ति	छिन्त्तः	छिन्दन्ति	अच्छिनत्	अच्छिन्त्ताम्	अच्छिन्दन्

Imperative			Potential		
छिनदानि	छिनदाव	छिनदाम	छिन्द्याम्	छिन्द्याव	छिन्द्याम
छिन्द्धि	छिन्त्तम्	छिन्त्त	छिन्द्याः	छिन्द्यातम्	छिन्द्यात
छिनत्तु	छिन्त्ताम्	छिन्दन्तु	छिन्द्यात्	छिन्द्याताम्	छिन्द्युः

Middle Paradigms

Present			Imperfect		
छिन्दे	छिन्द्वहे	छिन्द्महे	अच्छिन्दि	अच्छिन्द्वहि	अच्छिन्द्महि
छिन्त्से	छिन्दाथे	छिन्द्ध्वे	अच्छिन्त्थाः	अच्छिन्दाथाम्	अच्छिन्द्ध्वम्
छिन्त्ते	छिन्दाते	छिन्दते	अच्छिन्त्त	अच्छिन्दाताम्	अच्छिन्दत

	Imperative			Potential	
छिनदै	छिनदावहै	छिनदामहै	छिन्दीय	छिन्दीवहि	छिन्दीमहि
छिन्त्स्व	छिन्दाथाम्	छिन्द्ध्वम्	छिन्दीथाः	छिन्दीयाथाम्	छिन्दीध्वम्
छिन्ताम्	छिन्दाताम्	छिन्दताम्	छिन्दीत	छिन्दीयाताम्	छिन्दीरन्

भुज् "to protect" (P)

	Present			Imperfect	
भुनज्मि	भुञ्ज्वः	भुञ्ज्मः	अभुनजम्	अभुञ्ज्व	अभुञ्ज्म
भुनक्षि	भुङ्क्थः	भुङ्क्थ	अभुनक्	अभुङ्क्तम्	अभुङ्क्त
भुनक्ति	भुङ्क्तः	भुञ्जन्ति	अभुनक्	अभुङ्क्ताम्	अभुञ्जन्

	Imperative			Potential	
भुनजानि	भुनजावः	भुनजामः	भुञ्ज्याम्	भुञ्ज्याव	भुञ्ज्याम
भुङ्ग्धि	भुङ्क्तम्	भुङ्क्त	भुञ्ज्याः	भुञ्ज्यातम्	भुञ्ज्यात
भुनक्तु	भुङ्क्ताम्	भुञ्जन्तु	भुञ्ज्यात्	भुञ्ज्याताम्	भुञ्ज्युः

भुज् "to eat, to enjoy" (A)

	Present			Imperfect	
भुञ्जे	भुञ्ज्वहे	भुञ्ज्महे	अभुञ्जि	अभुञ्ज्वहि	अभुञ्ज्महि
भुङ्क्षे	भुञ्जाथे	भुङ्ग्ध्वे	अभुङ्क्थाः	अभुञ्जाथाम्	अभुङ्ग्ध्वम्
भुङ्क्ते	भुञ्जाते	भुञ्जते	अभुङ्क्त	अभुञ्जाताम्	अभुञ्जत

	Imperative			Potential	
भुनजै	भुनजावहै	भुनजामहै	भुञ्जीय	भुञ्जीवहि	भुञ्जीमहि
भुङ्क्ष्व	भुञ्जाथाम्	भुङ्ग्ध्वम्	भुञ्जीथाः	भुञ्जीयाथाम्	भुञ्जीध्वम्
भुङ्क्ताम्	भुञ्जाताम्	भुञ्जताम्	भुञ्जीत	भुञ्जीयाताम्	भुञ्जीरन्

The root भञ्ज् "to break" (P) is declined very much like भुज् (P) above, e.g., भनक्ति / अभनक् / भनक्तु / भञ्ज्यात्.

Other forms of the seventh conjugation verbs:
(For present participles, see the list in Lesson 35).

		gerunds		inf	part.	passive	future
		-त्वा	-य	-तुम्	-त		
छिद्	cut	छित्त्वा	विच्छिद्य	छेत्तुम्	छिन्न	छिद्यते	छेत्स्यति
पिष्	grind	पिष्ट्वा	संपिष्य	पेष्टुम्	पिष्ट	पिष्यते	पेक्ष्यति
भञ्ज्	break	भक्त्वा/ङ्क्त्वा	विभज्य	भङ्क्तुम्	भग्न	भज्यते	भङ्क्ष्यते
भिद्	break	भित्त्वा	निर्भिद्य	भेत्तुम्	भिन्न	भिद्यते	भेत्स्यति/ते
भुज्	protect enjoy	भुक्त्वा	उपभुज्य	भोक्तुम्	भुक्त	भुज्यते	भोक्ष्यति/ते
युज्	join	युक्त्वा	प्रयुज्य	योक्तुम्	युक्त	युज्यते	योक्ष्यति/ते
रिच्	empty	रिक्त्वा	अतिरिच्य	रेक्तुम्	रिक्त	रिच्यते	रेक्ष्यति/ते
रुध्	obstruct	रुद्ध्वा	संरुध्य	रोद्धुम्	रुद्ध	रुध्यते	रोत्स्यति/ते
हिंस्	kill	हिंसित्वा	विहिंस्य	हिंसितुम्	हिंसित	हिंस्यते	हिंसिष्यति

Vocabulary

हृदय (n)	heart	धुर् (f)	yoke of a cart
सिंह (m)	lion	शिला (f)	stone, rock
वज्र (n)	thunderbolt	राज्य (n)	kingship, kingdom
पावक (m)	fire	देवदत्त (m)	name of a person
कांस्यपात्री	f. bronze plate	पाणि (m)	hand
ओदन (m)	rice	अमृत (n)	ambrosia
पीन (a)	fat	शाखा (f)	branch of a tree
नरक (m)	hell, netherworld	शिखर (n)	peak of a mountain
विद्युत् (f)	lightning	घट (m)	earthen pot
प्रसिद्ध (a)	famous	पट (m)	cloth, clothes

Exercises

1. **Translate the following into English:**

१. नैनं छिन्दन्ति शस्त्राणि नैनं दहति पावकः ।
२. स नरो धेनूर्धूर्भिर्युनक्ति ।
३. देवदत्तः कांस्यपात्र्यां पाणिना ओदनं भुङ्क्ते ।
४. अरयो धनुर्भिर्द्वारमरुन्धन् ।
५. बली वीरः शत्रोः शीर्षमभिनत् ।

६. नेमां बालां वने हिंस्युः सिंहाः ।
७. तुभ्यं कथाः कथयित्वा तव दुःखं छिन्द्यामहमिति स पण्डितो नृपायाब्रवीत् ।
८. तस्मात्त्वमुत्तिष्ठ यशो लभस्व जित्वा शत्रून् भुङ्क्ष्व राज्यम् ।
९. पिनष्मि धान्यमहं शिलया ।
१०. नदीं शिलाः रुन्ध्युः ।
११. यदा चन्द्रो भाति तदा रात्रिस्तमसा रिच्यते ।
१२. शाखाश्छिन्द्धि गा दुग्धि धान्यं पिण्ड्ढीति शिष्यो गुरुणोक्तः ।
१३. हिमवतः पर्वतस्य शिखराणि वायुं रुन्धन्ति ।
१४. पुण्यवन्तः स्वर्गेऽमृतं भुञ्जते, पापवन्तस्तु नरकेऽग्नौ पतन्ति ।
१५. पीनो देवदत्तो दिवा न भुङ्क्ते । तर्हि स कथं पीनः । स रात्रौ भुङ्क्ते इत्यहं मन्ये ।

2. Translate the following into Sanskrit:

1. I would cut the tree if my father would not prevent me.
2. Let the king's heroes split the hearts of the enemies with their arrows.
3. Those who injure their friends do not enjoy happiness in life.
4. The thunderbolt is Indra's weapon. With his thunderbolt, Indra destroys the armies of the demons. Just as the lightning splits the clouds, so does Indra's thunderbolt split the demons.
5. We grind grain with our hands. We might cook that grain.
6. Rāvaṇa said: "I may be able to block Rāma's arrows with my bare hands. Rāma is just a man. I am a powerful demon. I may even eat that little man."
7. In the forest, some beasts injure others. Lions injure animals. But they don't hate them. If the lions would not kill animals, what would they eat?
8. One may break earthen pots. One may tear clothes. One may even ride an ass. By whichever means, one should become a famous person.
9. When the great wind blew, it broke many trees and killed many people.

10. The priests ate rice and milk. When the priests ate, everyone in the house was happy.

3. Write any five Sanskrit sentences of your own.

LESSON 30

Eighth conjugation

In this conjugation, the infix -उ- comes after the root and before the final termination. This -उ- is optionally lost before terminations beginning in -व and -म, e.g., तनुवः/तन्वः. Also the affix -हि of the 2nd pers. sing. imperative is dropped, e.g. तनु. In general, the forms of this conjugation look like the forms of the fifth conjugation verbs with the infix -नु. The distribution of 0/उ/ओ is the same as that of न्/नु/नो in the fifth conjugation.

तन् "to stretch, extend, perform" (P & A)

Active Paradigms

	Present			Imperfect	
तनोमि	तनुवः/न्वः	तनुमः/तन्मः	अतनवम्	अतनुव/न्व	अतनुम/न्म
तनोषि	तनुथः	तनुथ	अतनोः	अतनुतम्	अतनुत
तनोति	तनुतः	तन्वन्ति	अतनोत्	अतनुताम्	अतन्वन्

	Imperative			Potential	
तनवानि	तनवाव	तनवाम	तनुयाम्	तनुयाव	तनुयाम
तनु	तनुतम्	तनुत	तनुयाः	तनुयातम्	तनुयात
तनोतु	तनुताम्	तन्वन्तु	तनुयात्	तनुयाताम्	तनुयुः

Middle Paradigms

	Present			Imperfect	
तन्वे	तनुवहे/न्वहे	तनुमहे/न्महे	अतन्वि	अतनुवहि/न्वहि	अतनुमहि/न्महि
तनुषे	तन्वाथे	तनुध्वे	अतनुथाः	अतन्वाथाम्	अतनुध्वम्
तनुते	तन्वाते	तन्वते	अतनुत	अतन्वाताम्	अतन्वत

	Imperative			Potential	
तनवै	तनवावहै	तनवामहै	तन्वीय	तन्वीवहि	तन्वीमहि
तनुष्व	तन्वाथाम्	तनुध्वम्	तन्वीथाः	तन्वीयाथाम्	तन्वीध्वम्
तनुताम्	तन्वाताम्	तन्वताम्	तन्वीत	तन्वीयाताम्	तन्वीरन्

मन् "to think, consider" (A)

	Present			Imperfect	
मन्वे	मनुवहे/न्वहे	मनुमहे/न्महे	अमन्वि	अमनुवहि/न्वहि	अमनुमहि/न्महि
मनुषे	मन्वाथे	मनुध्वे	अमनुथाः	अमन्वाथाम्	अमनुध्वम्
मनुते	मन्वाते	मन्वते	अमनुत	अमन्वाताम्	अमन्वत

	Imperative			Potential	
मनवै	मनवावहै	मनवामहै	मन्वीय	मन्वीवहि	मन्वीमहि
मनुष्व	मन्वाथाम्	मनुध्वम्	मन्वीथाः	मन्वीयाथाम्	मन्वीध्वम्
मनुताम्	मन्वाताम्	मन्वताम्	मन्वीत	मन्वीयाताम्	मन्वीरन्

कृ "to do, make" (P & A) (Irregular)

Active Paradigms

	Present			Imperfect	
करोमि	कुर्वः	कुर्मः	अकरवम्	अकुर्व	अकुर्म
करोषि	कुरुथः	कुरुथ	अकरोः	अकुरुतम्	अकुरुत
करोति	कुरुतः	कुर्वन्ति	अकरोत्	अकुरुताम्	अकुर्वन्

	Imperative			Potential	
करवाणि	करवाव	करवाम	कुर्याम्	कुर्याव	कुर्याम
कुरु	कुरुतम्	कुरुत	कुर्याः	कुर्यातम्	कुर्यात
करोतु	कुरुताम्	कुर्वन्तु	कुर्यात्	कुर्याताम्	कुर्युः

Middle Paradigms

	Present			Imperfect	
कुर्वे	कुर्वहे	कुर्महे	अकुर्वि	अकुर्वहि	अकुर्महि
कुरुषे	कुर्वाथे	कुरुध्वे	अकुरुथाः	अकुर्वाथाम्	अकुरुध्वम्
कुरुते	कुर्वाते	कुर्वते	अकुरुत	अकुर्वाताम्	अकुर्वत

	Imperative			Potential	
करवै	करवावहै	करवामहै	कुर्वीय	कुर्वीवहि	कुर्वीमहि
कुरुष्व	कुर्वाथाम्	कुरुध्वम्	कुर्वीथाः	कुर्वीयाथाम्	कुर्वीध्वम्
कुरुताम्	कुर्वाताम्	कुर्वताम्	कुर्वीत	कुर्वीयाताम्	कुर्वीरन्

Other forms of the eighth conjugation verbs:

(For present participles, see the list in Lesson 35).

	gerunds		**inf**	**part.**	**passive**	**future**
	-त्वा	-य	-तुम्	-त		
तन्	तत्वा/ तनित्वा	वितत्य	तनितुम्	तत	तन्यते/ तायते	तनिष्यति/ते
कृ	कृत्वा	उपकृत्य	कर्तुम्	कृत	क्रियते	करिष्यति/ते
मन्	मत्वा/ मनित्वा	संमत्य	मनितुम्	मत	मन्यते	मनिष्यते/ मंस्यति

Vocabulary

पूर्व (a)	former, preceding
अमुत्र (ind)	in the next world
दोष (m)	fault
कामम् (adv)	most certainly
ओदन (m)	rice
शतमन्यु (m)	Epithet of Indra
वि+√लिख्	(6P) write
उभ (prn)	both
अलम् + कृ	(8PA) to decorate
पावन (a)	purifying, pure
यज्ञ (m)	sacrifice
प्रकाश (m)	light
अज्ञानतमस् (n)	darkness of ignorance
धीवर (m)	fisherman
साहाय्य (m)	assistance
गति (f)	future course
येन केन प्रकारेण	by whichever way
स्व (a)	one's own
जीव (m)	life
वयस् (n)	age
शत (n)	one hundred
सूत्र (n)	thread
जाल (n)	net
प्रति + भा	(2P) to occur, seem, fit to appear as in a flash of insight
रथ (m)	chariot
प्रियम् + कृ	(8 PA) to do a favor
प्रत्यहम् (ind)	everyday
ज्ञानदीप (m)	lamp of knowledge
कीर्ति (f)	fame
वोढुम्	inf. वह् to carry
वृत्ति (f)	conduct
चिन्ता (f)	worry
यावज्जीवेन (ind)	as long as alive
तेजस् (n)	luster, brilliance

Exercises

1) **Translate the following into English:**

१. पूर्वे वयसि तत्कुर्याद्येन वृद्धः सुखं वसेत् ।
यावज्जीवेन तत्कुर्याद्येनामुत्र सुखं वसेत् ॥

२. यस्मादचिन्तयित्वा त्वं पितरमहिनत्तस्मान्मे नैव दोषो मतस्तव ।
३. हे प्रिये, यदि त्वं प्रत्यहं रोदिष्यसि तर्हि काममहं त्वां त्यक्ष्यामि ।
४. ओदनं भोक्ष्ये इति त्वं मनुषे । किन्तु भुक्तः सोऽतिथिभिः । अधुना किं भोक्ष्यसे?
५. सूर्यः स्वतेजसा जगति प्रकाशं तनोति । तथा सुपुरुषो जगति ज्ञानदीपेन अज्ञानतमो भेत्स्यामीति मनुते ।
६. सर्वासु दिक्षु रामः शत्रून् पराजित्य महद्यशस्तनोति । यथा चन्द्रमसस्तेजः सर्वत्र प्रसरति, तथा रामस्य कीर्तिरपि ।
७. यथाकाशो ज्योतिर्भिरलङ्क्रियते तथा जनः शरीरं भूषणैश्चेतो ज्ञानेन हृदयं च गुणैरलङ्करोतु ।
८. पापं कृत्वा पिशुनो मनुते न कश्चिद्वेत्ति मामिति ।
९. गङ्गानद्यास्तीरमधितिष्ठन्तो धीवराः सूत्रशतैर्जालानि तन्वन्ति ।
१०. वाल्मीकिर्नाम कविर्नारदं मुनिमब्रवीत् । काव्यमहं कर्तुमिच्छामीति । तच्छ्रुत्वा नारदः प्रत्यवदत् - यत्ते प्रतिभाति तत्कुरुष्वेति ।
११. जनोऽयं न शक्नोति भारं वोढुमतः कुर्वस्य साहाय्यम् ।
१२. ये दुर्वृत्तिं कुर्वन्ति ते दुर्गतिं प्राप्नुवन्ति । ये सुवृत्तिं कुर्वन्ति ते सुगतिं प्राप्नुवन्ति ।
१३. वाल्मीकिः कविः रामायणकाव्यं विलिख्य रामस्य यशः सर्वासु दिक्षु प्रतनोति ।
१४. त्वया शत्रून् पराजित्य लब्धं महाधनं दरिद्रेभ्यो दातुं शक्येत । इति गुरुर्नृपायाब्रवीत् । गुरोस्तद्वचनं श्रुत्वा स नृपो ब्रूते - हे गुरो महाबुद्धे, यद्यहं मम सर्वं धनं दरिद्रेभ्यो दद्याम्, तर्ह्यहमेव दरिद्रो भवेयमिति । तदा स गुरुर्ब्रवीति - हे नृप, दरिद्रेभ्यो धनं दत्त्वा यत्पुण्यं त्वं लप्स्यसे, तेन पुण्येन त्वं पुनर्महाधनं जेष्यसि । मा चिन्तां कुर्विति ।
१५. सुकविः सुकाव्येन सुयशस्तनोति । कुकविः कुकाव्येन कुयशस्तनोति । अपि तावुभौ यशस्तनुतः? येन केन प्रकारेण कुकविरपि यशो लब्धुमिच्छति ।

2) Translate the following into Sanskrit:

1. "Will you go by the chariot? No, you will not. Your father has gone with that chariot," thus I say.
2. With the fame of the son, the father's fame is also spread over the world.
3. Decorate your mind with virtues. A virtuous man is like lamp (दीपः) in the night.
4. The priest performed a sacrifice on the bank of the river.

5. I would do it, if he would ask me.
6. What favor should I do for you? O King. You have everything that a man would wish.
7. She will never think of a man other than you.
8. Those who do not have a son go to hell (नरक). Thus say the sacred texts. I think that is wrong (असत्य n.). I only had daughters, and yet I am in heaven.
9. He who offers help (साहाय्यं कृ) to others (gen.) is a good man.
10. Some do bad things (अप + कृ) and some do good things (उप + कृ). What will you do?

3) Write any five Sanskrit sentences of your own.

LESSON 31

Ninth conjugation

In this conjugation, we have the following special features:

a) The infix -ना- in the strong forms and -नी- in weak forms, e.g., जानामि, जानीवः.

b) In weak bases, the infix is reduced to न् before terminations with initial vowels, e.g., जानन्ति.

c) If the root ends in a consonant, then the 2nd imperative sing. active affix is -आन, and there is no infix in this form, e.g. बधान from बध् + आन.

d) The radical vowel does not take guṇa, e.g., धुनाति.

e) The penultimate nasal of the roots is dropped in the paradigms of the present, imperfect, imperative and potential, e.g. मन्थ् > मथ् > मथ्नाति.

क्री "to buy" (P & A)

Active Paradigms

Present			Imperfect		
क्रीणामि	क्रीणीवः	क्रीणीमः	अक्रीणाम्	अक्रीणीव	अक्रीणीम
ीणासि	क्रीणीथः	क्रीणीथ	अक्रीणाः	अक्रीणीतम्	अक्रीणीत
ीणाति	क्रीणीतः	क्रीणन्ति	अक्रीणात्	अक्रीणीताम्	अक्रीणन्

Imperative			Potential		
ीणानि	क्रीणाव	क्रीणाम	क्रीणीयाम्	क्रीणीयाव	क्रीणीयाम
ीणीहि	क्रीणीतम्	क्रीणीत	क्रीणीयाः	क्रीणीयातम्	क्रीणीयात
ीणातु	क्रीणीताम्	क्रीणन्तु	क्रीणीयात्	क्रीणीयाताम्	क्रीणीयुः

Middle Paradigms

Present			Imperfect		
ीणे	क्रीणीवहे	क्रीणीमहे	अक्रीणि	अक्रीणीवहि	अक्रीणीमहि
ीणीषे	क्रीणाथे	क्रीणीध्वे	अक्रीणीथाः	अक्रीणाथाम्	अक्रीणीध्वम्
ीणीते	क्रीणाते	क्रीणते	अक्रीणीत	अक्रीणाताम्	अक्रीणत

	Imperative			Potential	
क्रीणै	क्रीणावहै	क्रीणामहै	क्रीणीय	क्रीणीवहि	क्रीणीमहि
क्रीणीष्व	क्रीणाथाम्	क्रीणीध्वम्	क्रीणीथाः	क्रीणीयाथाम्	क्रीणीध्वम्
क्रीणीताम्	क्रीणाताम्	क्रीणताम्	क्रीणीत	क्रीणीयाताम्	क्रीणीरन्

The root प्री "to please, love" (P & A) is conjugated exactly like the root क्री above.

पू "to purify, sanctify" (P & A)

Active Paradigms

	Present			Imperfect	
पुनामि	पुनीवः	पुनीमः	अपुनाम्	अपुनीव	अपुनीम
पुनासि	पुनीथः	पुनीथ	अपुनाः	अपुनीतम्	अपुनीत
पुनाति	पुनीतः	पुनन्ति	अपुनात्	अपुनीताम्	अपुनन्

	Imperative			Potential	
पुनानि	पुनाव	पुनाम	पुनीयाम्	पुनीयाव	पुनीयाम
पुनीहि	पुनीतम्	पुनीत	पुनीयाः	पुनीयातम्	पुनीयात
पुनातु	पुनीताम्	पुनन्तु	पुनीयात्	पुनीयाताम्	पुनीयुः

Middle Paradigms

	Present			Imperfect	
पुने	पुनीवहे	पुनीमहे	अपुनि	अपुनीवहि	अपुनीमहि
पुनीषे	पुनाथे	पुनीध्वे	अपुनीथाः	अपुनाथाम्	अपुनीध्वम्
पुनीते	पुनाते	पुनते	अपुनीत	अपुनाताम्	अपुनत

	Imperative			Potential	
पुनै	पुनावहै	पुनामहै	पुनीय	पुनीवहि	पुनीमहि
पुनीष्व	पुनाथाम्	पुनीध्वम्	पुनीथाः	पुनीयाथाम्	पुनीध्वम्
पुनीताम्	पुनाताम्	पुनताम्	पुनीत	पुनीयाताम्	पुनीरन्

The root लू "to cut, pluck" (P & A) is conjugated exactly lik[e] पू above. In both cases, the long ऊ of the root is shortened to उ. The root धू "to shake (trans)" (P & A) is conjugated the same wa[y]

In the forms of the root ज्ञा "to know" (P & A), ज्ञा is changed to जा, cf. जानाति / जानीते. With this change in place, the paradigms of ज्ञा are similar to those of पॄ above.

वृ "to choose (esp. in marriage)" (P & A)

Active Paradigms

	Present			Imperfect	
वृणामि	वृणीवः	वृणीमः	अवृणाम्	अवृणीव	अवृणीम
वृणासि	वृणीथः	वृणीथ	अवृणाः	अवृणीतम्	अवृणीत
वृणाति	वृणीतः	वृणन्ति	अवृणात्	अवृणीताम्	अवृणन्

	Imperative			Potential	
वृणानि	वृणाव	वृणाम	वृणीयाम्	वृणीयाव	वृणीयाम
वृणीहि	वृणीतम्	वृणीत	वृणीयाः	वृणीयातम्	वृणीयात
वृणातु	वृणीताम्	वृणन्तु	वृणीयात्	वृणीयाताम्	वृणीयुः

Middle Paradigms

	Present			Imperfect	
वृणे	वृणीवहे	वृणीमहे	अवृणि	अवृणीवहि	अवृणीमहि
वृणीषे	वृणाथे	वृणीध्वे	अवृणीथाः	अवृणाथाम्	अवृणीध्वम्
वृणीते	वृणाते	वृणते	अवृणीत	अवृणाताम्	अवृणत

	Imperative			Potential	
वृणै	वृणावहै	वृणामहै	वृणीय	वृणीवहि	वृणीमहि
वृणीष्व	वृणाथाम्	वृणीध्वम्	वृणीथाः	वृणीयाथाम्	वृणीध्वम्
वृणीताम्	वृणाताम्	वृणताम्	वृणीत	वृणीयाताम्	वृणीरन्

ग्रह् "to grab, catch" (P & A)

Active Paradigms

	Present			Imperfect	
गृह्णामि	गृह्णीवः	गृह्णीमः	अगृह्णाम्	अगृह्णीव	अगृह्णीम
गृह्णासि	गृह्णीथः	गृह्णीथ	अगृह्णाः	अगृह्णीतम्	अगृह्णीत
गृह्णाति	गृह्णीतः	गृह्णन्ति	अगृह्णात्	अगृह्णीताम्	अगृह्णन्

Imperative			Potential		
गृह्णानि	गृह्णाव	गृह्णाम	गृह्णीयाम्	गृह्णीयाव	गृह्णीयाम
गृहाण	गृह्णीतम्	गृह्णीत	गृह्णीयाः	गृह्णीयातम्	गृह्णीयात
गृह्णातु	गृह्णीताम्	गृह्णन्तु	गृह्णीयात्	गृह्णीयाताम्	गृह्णीयुः

Middle Paradigms

Present			Imperfect		
गृह्णे	गृह्णीवहे	गृह्णीमहे	अगृह्णि	अगृह्णीवहि	अगृह्णीमहि
गृह्णीषे	गृह्णाथे	गृह्णीध्वे	अगृह्णीथाः	अगृह्णाथाम्	अगृह्णीध्वम्
गृह्णीते	गृह्णाते	गृह्णते	अगृह्णीत	अगृह्णाताम्	अगृह्णत

Imperative			Potential		
गृह्णै	गृह्णावहै	गृह्णामहै	गृह्णीय	गृह्णीवहि	गृह्णीमहि
गृह्णीष्व	गृह्णाथाम्	गृह्णीध्वम्	गृह्णीथाः	गृह्णीयाथाम्	गृह्णीध्वम्
गृह्णीताम्	गृह्णाताम्	गृह्णताम्	गृह्णीत	गृह्णीयाताम्	गृह्णीरन्

बन्ध् "to bind" (P)

Present			Imperfect		
बध्नामि	बध्नीवः	बध्नीमः	अबध्नाम्	अबध्नीव	अबध्नीम
बध्नासि	बध्नीथः	बध्नीथ	अबध्नाः	अबध्नीतम्	अबध्नीत
बध्नाति	बध्नीतः	बध्नन्ति	अबध्नात्	अबध्नीताम्	अबध्नन्

Imperative			Potential		
बध्नानि	बध्नाव	बध्नाम	बध्नीयाम्	बध्नीयाव	बध्नीयाम
बधान	बध्नीतम्	बध्नीत	बध्नीयाः	बध्नीयातम्	बध्नीयात
बध्नातु	बध्नीताम्	बध्नन्तु	बध्नीयात्	बध्नीयाताम्	बध्नीयुः

मन्थ् "to churn, agitate, hurt" (P)

Present			Imperfect		
मथ्नामि	मथ्नीवः	मथ्नीमः	अमथ्नाम्	अमथ्नीव	अमथ्नीम
मथ्नासि	मथ्नीथः	मथ्नीथ	अमथ्नाः	अमथ्नीतम्	अमथ्नीत
मथ्नाति	मथ्नीतः	मथ्नन्ति	अमथ्नात्	अमथ्नीताम्	अमथ्नन्

Imperative			Potential		
मथ्नानि	मथ्नाव	मथ्नाम	मथ्नीयाम्	मथ्नीयाव	मथ्नीयाम
मथान	मथ्नीतम्	मथ्नीत	मथ्नीयाः	मथ्नीयातम्	मथ्नीयात
मथ्नातु	मथ्नीताम्	मथ्नन्तु	मथ्नीयात्	मथ्नीयाताम्	मथ्नीयुः

The root ग्रन्थ् "to arrange, put together" (P) is declined like the root मन्थ् above, e.g., ग्रथ्नामि.

क्लिश् "to tease, torment" (P)

Present			Imperfect		
क्लिश्नामि	क्लिश्नीवः	क्लिश्नीमः	अक्लिश्नाम्	अक्लिश्नीव	अक्लिश्नीम
क्लिश्नासि	क्लिश्नीथः	क्लिश्नीथ	अक्लिश्नाः	अक्लिश्नीतम्	अक्लिश्नीत
क्लिश्नाति	क्लिश्नीतः	क्लिश्नन्ति	अक्लिश्नात्	अक्लिश्नीताम्	अक्लिश्नन्

Imperative			Potential		
क्लिश्नानि	क्लिश्नाव	क्लिश्नाम	क्लिश्नीयाम्	क्लिश्नीयाव	क्लिश्नीयाम
क्लिशान	क्लिश्नीतम्	क्लिश्नीत	क्लिश्नीयाः	क्लिश्नीयातम्	क्लिश्नीयात
क्लिश्नातु	क्लिश्नीताम्	क्लिश्नन्तु	क्लिश्नीयात्	क्लिश्नीयाताम्	क्लिश्नीयुः

अश् "to eat, enjoy" (P)

Present			Imperfect		
अश्नामि	अश्नीवः	अश्नीमः	आश्नाम्	आश्नीव	आश्नीम
अश्नासि	अश्नीथः	अश्नीथ	आश्नाः	आश्नीतम्	आश्नीत
अश्नाति	अश्नीतः	अश्नन्ति	आश्नात्	आश्नीताम्	आश्नन्

Imperative			Potential		
अश्नानि	अश्नाव	अश्नाम	अश्नीयाम्	अश्नीयाव	अश्नीयाम
अशान	अश्नीतम्	अश्नीत	अश्नीयाः	अश्नीयातम्	अश्नीयात
अश्नातु	अश्नीताम्	अश्नन्तु	अश्नीयात्	अश्नीयाताम्	अश्नीयुः

मुष् "to rob, remove" (P)

Present			Imperfect		
मुष्णामि	मुष्णीवः	मुष्णीमः	अमुष्णाम्	अमुष्णीव	अमुष्णीम
मुष्णासि	मुष्णीथः	मुष्णीथ	अमुष्णाः	अमुष्णीतम्	अमुष्णीत
मुष्णाति	मुष्णीतः	मुष्णन्ति	अमुष्णात्	अमुष्णीताम्	अमुष्णन्

	Imperative			Potential	
मुष्णानि	मुष्णाव	मुष्णाम	मुष्णीयाम्	मुष्णीयाव	मुष्णीयाम
मुषाण	मुष्णीतम्	मुष्णीत	मुष्णीयाः	मुष्णीयातम्	मुष्णीयात
मुष्णातु	मुष्णीताम्	मुष्णन्तु	मुष्णीयात्	मुष्णीयाताम्	मुष्णीयुः

पुष् "to strengthen, increase, nourish" (P, transitive)
(Note: पुष् in 4P is intransitive)

	Present			Imperfect	
पुष्णामि	पुष्णीवः	पुष्णीमः	अपुष्णाम	अपुष्णीव	अपुष्णीम
पुष्णासि	पुष्णीथः	पुष्णीथ	अपुष्णाः	अपुष्णीतम्	अपुष्णीत
पुष्णाति	पुष्णीतः	पुष्णन्ति	अपुष्णात्	अपुष्णीताम्	अपुष्णन्

	Imperative			Potential	
पुष्णानि	पुष्णाव	पुष्णाम	पुष्णीयाम्	पुष्णीयाव	पुष्णीयाम
पुषाण	पुष्णीतम्	पुष्णीत	पुष्णीयाः	पुष्णीयातम्	पुष्णीयात
पुष्णातु	पुष्णीताम्	पुष्णन्तु	पुष्णीयात्	पुष्णीयाताम्	पुष्णीयुः

स्तम्भ् "to obstruct, stop" (P)

	Present			Imperfect	
स्तभ्नामि	स्तभ्नीवः	स्तभ्नीमः	अस्तभ्नाम्	अस्तभ्नीव	अस्तभ्नीम
स्तभ्नासि	स्तभ्नीथः	स्तभ्नीथ	अस्तभ्नाः	अस्तभ्नीतम्	अस्तभ्नीत
स्तभ्नाति	स्तभ्नीतः	स्तभ्नन्ति	अस्तभ्नात्	अस्तभ्नीताम्	अस्तभ्नन्

	Imperative			Potential	
स्तभ्नानि	स्तभ्नाव	स्तभ्नाम	स्तभ्नीयाम्	स्तभ्नीयाव	स्तभ्नीयाम
स्तभान	स्तभ्नीतम्	स्तभ्नीत	स्तभ्नीयाः	स्तभ्नीयातम्	स्तभ्नीयात
स्तभ्नातु	स्तभ्नीताम्	स्तभ्नन्तु	स्तभ्नीयात्	स्तभ्नीयाताम्	स्तभ्नीयुः

Other forms of the ninth conjugation verbs:
(For present participles, see the list in Lesson 35).

	gerunds		inf	part.	passive	futur
	-त्वा	-य	-तुम्	-त		
अश्	अशित्वा	प्राश्य	अशितुम्	अशित	अश्यते	अशिष्य
क्री	क्रीत्वा	विक्रीय	क्रेतुम्	क्रीत	क्रीयते	क्रेष्यति

	gerunds -त्वा	-य	inf -तुम्	part. -त	passive	future
क्लिश्	क्लिशित्वा/ क्लिष्ट्वा	संक्लिश्य	क्लेशितुम्/ क्लेष्टुम्	क्लिशित/ क्लिष्ट	क्लिश्यते	क्लेशिष्यति/ क्लेक्ष्यति
ग्रन्थ्	ग्रन्थित्वा/ ग्रथित्वा	संग्रथ्य	ग्रन्थितुम्/ ग्रथितुम्	ग्रन्थित/ ग्रथित	ग्रथ्यते	ग्रन्थिष्यति
ग्रह्	गृहीत्वा	संगृह्य	ग्रहीतुम्	गृहीत	गृह्यते	ग्रहीष्यति
ज्ञा	ज्ञात्वा	विज्ञाय	ज्ञातुम्	ज्ञात	ज्ञायते	ज्ञास्यति
धू	धूत्वा	विधूय	धोतुम्	धूत/न	धूयते	धविष्यति/ते धोष्यति/ते
पुष्	पुष्ट्वा	संपुष्य	पोषितुम्	पुष्ट	पुष्यते	पोषिष्यति
पू	पूत्वा	विपूय	पवितुम्	पूत	पूयते	पविष्यति/ते
प्री	प्रीत्वा	संप्रीय	प्रेतुम्	प्रीत	प्रीयते	प्रेष्यति/ते
बन्ध्	बद्ध्वा	निबध्य	बद्धुम्	बद्ध	बध्यते	भन्त्स्यति
मन्थ्	मथित्वा/ मन्थित्वा	विमथ्य	मन्थितुम्	मथित/ मन्थित	मथ्यते	मन्थिष्यति
मुष्	मुषित्वा	संमुष्य	मोषितुम्	मुषित	मुष्यते	मोषिष्यति
लू	लवित्वा	अवलूय	लवितुम्	लून	लूयते	लविष्यति/ते
वृ	वृत्वा	अनुवृत्य	वरितुम्/ वरीतुम्	वृत	व्रियते	वरिष्यति/ते वरीष्यति/ते
स्तम्भ्	स्तम्भित्वा/ स्तब्ध्वा	विष्टभ्य	स्तम्भितुम्	स्तब्ध	स्तभ्यते	स्तम्भिष्यति

Vocabulary

श (m)	hair	आदि (m)	beginning, "etc."
हस्र (a)	one thousand	सुवर्ण (m)	a golden (coin)
ायु (m)	wind	दुर्भिक्ष (n)	famine
त्स्य (m)	fish	आलान (n)	post to tie an elephant
ल्गा (f)	bridle, rein	शुल्क (n)	bride price
द्र (m)	name of Śiva	वर (m)	boon, grant, gift
द्र (a)	blessed, good, in voc "good sir, lady"	शृङ्ग (n)	top, summit, horn
		नाग (m)	snake
ोग (m)	enjoyment, snake-coil	ज्ञान (n)	knowledge
ाव (m)	state, condition, existence, emotion	प्र + जनय	causative of जन् (4A), to bear, give birth

स्नेह (m)	fondness, affection	प्रदातव्य (a)	fit to be given
दिव्य (a)	divine, heavenly	चक्षुस् (n)	eye, sight
साहस्र (a)	consisting of 1000	यूथ (m)	flock, herd, multitude
त्रयोदश (a)	thirteen	प्राची (f)	East, eastern
मास (m)	month	सोम (m)	Soma plant (Its juice is used in ritual.)
मूल (n)	root		
शक्य (a)	possible, feasible		

Exercises

1) Translate the following into English:

१. अस्मिन्वने मार्गं कर्तुं तरूँल्लुनीहि । किं हस्ताभ्यां तरूँल्लुनामि ? मा हस्ताभ्याम् । परशुना लुनीहि ।
२. गते मासे लूना मे केशा अद्य पुनर्जाताः ।
३. दत्त्वा सहस्रं मूर्खाणामेकं क्रीणासि पण्डितम् ।
४. सुवर्णशतेन वयममुमश्वं क्षिप्रं क्रीणीमहे ।
५. वायुना धूयमानोऽनलो वनं दहति ।
६. यो यजति स देवान् प्रीणातीत्यृत्विजो मन्यन्ते । तन्नेति बुद्धो ब्रूते । किं सत्यम् ।
७. गङ्गानद्या जलेन पुनः पुनः क्षालितेष्वेषु पात्रेषु ब्राह्मणैरन्नमश्यते ।
८. अस्मिन्महति दुर्भिक्षे धान्यं न लभ्यते । ततः किमश्नाम कथं च जीवनं धारया
९. स धीवरोऽगृह्णात्तं मत्स्यं हस्तेन । स मत्स्यस्तस्य हस्तादुत्पत्य नद्यामपतत्
१०. धनुषा मृगं हन्तुं न जानासि । तस्मान्न शक्यस्त्वया मृगोऽयं ग्रहीतुम् ।
११. आलाने गृह्यते गजः । अश्वो वल्गासु गृह्यते । हृदये गृह्यते नारी ।
१२. कन्याया विद्यावान् पिता न गृह्णीयाच्छुल्कम् ।
१३. स कविर्ग्रथ्नाति सुवचनैः शास्त्राणि काव्यानि च ।
१४. वाल्मीकिर्नाम कवी रामायणकाव्यं ग्रथितवान्, व्यासश्च महाभारतकाव्यम् ।
१५. रुद्रो देवानवददहं वरं वृणै । वृणीष्वेति तेऽभाषन्त ।
१६. दमयन्त्याः स्वयंवरकाले बहवो नृपा मामियं वृणीत मामियं वृणीतेति मन्यमान स्वासनेष्वसीदन् ।
१७. कथं देवाञ्जानीयां कथं वा विद्यां नलं नृपमिति दमयन्त्यचिन्तयत् ।
१८. किमर्थं क्लिश्नासि भद्रे इति रुद्रः पार्वतीमब्रवीत् ।
१९. अस्मिन्हिमवतः शृङ्गे वयं सिंहं बध्नीयाम ।
२०. हे कृष्ण, भन्त्स्यन्ति त्वां नागा भोगैः ।

२१. बहवो ज्ञानतपसा पूता मद्भावमागताः । इतीश्वरो ब्रवीति ।
२२. पुत्रानिव स प्रियान् भ्रातॄनपुष्णात् ।
२३. प्रजनयन्ति पुत्रान्नार्यो दुःखेन महता । पुष्णन्ति चापि महता स्नेहेन ।
२४. तेजसा तस्य दिव्येन चक्षूंषि मुषितानि वः ।
२५. एकोऽपि सिंहः साहस्रं यूथं गजानां मथ्नाति ।
२६. वृक्षाः वायुं स्तभ्नन्ति ।
२७. प्राच्यां दिशि देवाः सोममक्रीणन् । तस्माज्जनैः सोमः प्राच्यां दिशि क्रीयते ।
२८. यस्य कस्य तरोर्मूलं येन केनापि मिश्रितम् (mixed) ।
यस्मै कस्मै प्रदातव्यं यद्वा तद्वा भविष्यति ॥

2) Translate the following into Sanskrit:

1. O Gods, when men sacrifice, you sanctify them. Having been sanctified by you, they are able to go to heaven.
2. When men offer enjoyments to the Gods in sacrifices, the Gods are pleased and offer enjoyments to men.
3. The gods and the demons desired to find the best jewels in the world. Therefore, they churned the ocean. Out of the ocean, churned by the gods and demons, came many jewels.
4. Her words tormented him.
5. Did you put together the sayings of the sages?
6. If I should grab my friend's book, the teacher would not be pleased.
7. She always pleases people coming to her house.
8. The wind shook the trees.
9. Buy large heaps of grain for me in the town.
10. The king bought that beautiful horse and, having mounted it, he went to see his queen.

3) Write the paradigms of the following verbs:

प्री (P & A), धृ (P & A), ज्ञा (P & A), ग्रन्थ् (P).

4) Write any five Sanskrit sentences of your own.

LESSON 32

Compounds

Sanskrit nominal expressions can in general be divided into two broad categories, primary and secondary nominals. The primary nominals are those which are not derived from verb roots through some kind of affixation. Secondary nominals are of various different kinds, i.e. **Taddhitānta, Kṛdanta** and **Samāsa.** The processes involved in the derivation of these three types of secondary nouns may be best represented in the following way:

Taddhitānta **Noun$_1$ + Taddhita-affix ⟶ Noun$_2$**

For example:

वृक्ष + त्व ⟶ वृक्षत्व "treeness"

Kṛdanta **Verb root + Kṛt-affix ⟶ Verbal Noun**

For example:

गम् + तृ ⟶ गन्तृ "goer"

Samāsa **Noun$_1$ + Noun$_2$ ⟶ Noun$_3$**

For example:

राजन् + पुरुष ⟶ राजपुरुष

The last category of secondary nouns is the category called compounds. Examples of compounds abound in English, e.g. book-shelf, pot-belly, white-collar, door-bell. In Sanskrit, there is much greater variety of compounds and the length of compounds grows to an astonishing degree in the late classical language. In general, in a compound, two or more nominals are fused together to form a new nominal. There are no case-endings after each member of compound, and the relationships between these members need to be figured out either on the basis of the conventional use of these compounds, or the context. A 'book-case' can only be a case for books, and not a case made by books, but 'man-made' can only be something made by man and not something made for a man. Thus, the question of why the members of a given compound are related only in a certain way can be answered by referring to their conventional association. Thus, the compounds represent conventional relationships between words which can be conveyed even without the help of case-endings. Anything non-conventional cannot be easily expressed by compounds. Thus, compounds express generic relationships, i.e. a 'book-case' refers to a case for books in general, not this or that specific book, or books. If one needs to say, "I want a case which will hold these specific large red books", then the word 'book-case' may not convey all the specificity. Hence, compounds are used mainly when one wishes only to deal with the generic relationship. If one says, "I drink goat-milk", he does not refer to any specific goat. In Sanskrit, the simple compounds can be put together to form larger units, e.g. 'home-made' and 'Cheddar-cheese', in Sanskrit, could be turned into 'home-made-cheddar-cheese'. An expression like 'home-made-cheddar-cheese-fed-fat-little-boy-seen-book' would be normal for Sanskrit to refer to a book seen by a fat little boy fed on home-made cheddar cheese. How does one know what the internal constituents are? Why must one consider 'home-made' and 'cheddar-cheese' as the sub-units rather than 'made-cheddar'? The answer is simply that 'made-cheddar' makes no sense. Thus, one assumes that in using compounds, the user intends to convey culturally defined predictable associations, and then look for such associations. In short in order to understand the compounds, you must know what they are supposed to mean! Generally, only the final member of the compound takes a case-ending, though there are a few compounds with frozen case-endings on the non-final members.

In the Sanskrit grammatical tradition, a compound is called समास, and a paraphrase of the compound in a phrase is called विग्रह. Generally, one can offer a paraphrase using the member-words of compound, e.g., रामकृष्णौ < रामः च कृष्णः च; नीलकण्ठः < नीलः कण्ठः यस

सः; नृपभार्या < नृपस्य भार्या. In a few exceptional cases, the tradition says that certain compounds cannot be thus paraphrased, because their conventional meaning is entirely different from the meaning of the components, e.g., कृष्णसर्पः means "a deadly cobra", rather than a black (कृष्ण) snake (सर्प). Therefore, paraphrasing this compound with कृष्णः सर्पः does not provide equivalent meaning. These compounds are called अविग्रह-समासs, compounds which have no paraphrase. Some compounds can be paraphrased by using words other than words that appear in the compound. This happens when a compound contains a bound-form, a form which can occur in a compound, but is not independently usable. For example, the compound उपकृष्णम् is paraphrased with कृष्णस्य समीपम्, rather than using the word उप. Such a compound is called अ-स्व-पद-विग्रह-समास "a compound which can be paraphrased by using words other than its own members". Both the above mentioned types, compounds which cannot be paraphrased and those which can be paraphrased by using other words are together called नित्य-समासs "obligatory compounds", i.e. these compounds do not freely alternate with a corresponding phrase. Other compounds, which can be paraphrased by using their own members and freely alternate with such paraphrases are called अनित्य-समासs "non-obligatory compounds".

Compounds are first divided into four large categories, each of which have further sub-divisions. These four large categories are, द्वन्द्व, अव्ययीभाव, तत्पुरुष and बहुव्रीहि. For the sake of simplicity, we can classify these four types based on the relative prominence of a particular member of the compound, represented by X and Y in the compound XY.

द्वन्द्व (XY)

Both X and Y are equally prominent in a Dvandva. Consider 'pots-n-pans'. In Sanskrit, this would look like 'pot-pans'. Here, both members are of equal value, and the compound represents their cumulative value. There are two types of Dvandva compounds, e.g. इतरेतर-द्वन्द्व and समाहार-द्वन्द्व. In इतरेतर-द्वन्द्व type, the gender of the compound is determined by the last member, while the number is the cumulative number of all members put together, e.g., रामकृष्णौ, रामकृष्णगोविन्दाः, रामसीते (f), सीतारामौ (m). A compound such as रामकृष्णौ is paraphrased by रामश्च कृष्णश्च. In the समाहार-द्वन्द्व type, the collective unity or the group-unity is the focal point, rather than the number of the items listed. Thus, in this type, the compound is always in neuter, singular, e.g., पाणिपादम् (hands-n-feet), अहिनकुलम् (snake-n-mongoose). For body parts, elements of an army, for those who are mutual enemies, etc., we have to have a समाहार-द्वन्द्व compound. A compound such as पाणिपादम् is paraphrased by पाणी च पादौ च एतेषां समाहारः.

अव्ययीभाव (Xy)

The first member, X, is prominent, and the compound is an indeclinable, adverbial word. The first member of an अव्ययीभाव is generally an indeclinable particle or preposition. This word is the head of the compound. The second word modifies this preposition or particle. Essentially, this compound represents a prepositional or an adverbial phrase reduced to a compound, e.g., उपगङ्गम् (near the Ganges) < गङ्गायाः समीपम्; निर्मक्षिकम् (without flies) < मक्षिकाणाम् अभावः. A large number of अव्ययीभाव compounds need to be paraphrased by using other words. Consider the following examples of अव्ययीभाव :

अधिहरि < हरौ "in Hari"

अनुविष्णु < विष्णोः पश्चात् "after Viṣṇu"

यथाशक्ति < शक्तिम् अनतिक्रम्य "in accordance with his ability, not exceeding his ability"

सतृणम् < तृणम् अपि अपरित्यज्य "without leaving even a blade of grass"

पारेगङ्गम् < गङ्गायाः पारे "on the other bank of Ganges"

बहिर्वनम् < वनाद् बहिः "outside the forest"

आमुक्ति < मुक्तेः आ "until salvation"

तत्पुरुष (xY)

The second member, Y, is prominent. The gender and the number of a तत्पुरुष compound is determined by the gender and the number of the last member. In English, the word 'book-case' would be an example of तत्पुरुष. A 'book-case' is after all a case, and hence the word 'case' is the prominent member or the head of the compound. In 'book-cases', the plurality is dictated by the word 'case' and not by the word 'book'. The तत्पुरुष compound is traditionally subdivided into a number of types, depending on the relationship of the first word to the second word, and depending upon the type of the words used. The following is a list of these subtypes with illustrations:

विभक्ति-तत्पुरुष (Case-Tatpuruṣa)

Accusative तत्पुरुष
कृष्णाश्रितः < कृष्णं श्रितः "Resorting to Krishna"

Instrumental तत्पुरुष
हरित्रातः < हरिणा त्रातः "Rescued by Hari"

Dative तत्पुरुष
कुण्डलहिरण्यम् < कुण्डलाय हिरण्यम् "gold for an ear-ring"

Ablative तत्पुरुष
चोरभयम् < चोरात् भयम् "fear from/of a thief"

Genitive तत्पुरुष
रामदासः < रामस्य दासः "Rāma's servant"

Locative तत्पुरुष
कर्मकुशलः < कर्मणि कुशलः "adept in work"

नञ्-तत्पुरुष (Negative तत्पुरुष)

अब्राह्मणः < न ब्राह्मणः "one who is not a Brahmin, non-Brahmin"

अदृष्टम् < न दृष्टम् "not seen, unseen"

अनिच्छा < न इच्छा "lack of desire"

If a word begins with a vowel, then the initial negation indicator is अन्, instead of अ.

कु-तत्पुरुष (तत्पुरुष with कु as its first member)

कुपुरुषः < कुत्सितः पुरुषः "detestable person"

गति-तत्पुरुष (तत्पुरुष with a गति 'particle' as its first member)
In Sanskrit grammar, a whole range of adverbials, indeclinables, and particles are given the collective name गति.

अनुगम्य < अनु+गत्वा "having followed"
Gerunds with preverbs are considered to be गति-तत्पुरुष compounds.

अलंकृत्य < अलम् + कृत्वा "having adorned"

पटपटाकृत्य < पटपटा + कृत्वा "having made the sound पटपटा

प्रादि-तत्पुरुष (तत्पुरुष with प्र etc. as its first member)

In this category, traditionally one makes a compound using a participle prefixed with प्र etc. and then drops the participles. Traditionally, this type of compound is called a मध्यमपदलोपिन् compound, a compound with the deletion of the middle word. For instance:

प्राचार्यः < प्रगतः आचार्यः "Advanced teacher"

अपधर्मः < अपगतो धर्मः "Dharma gone down"

कर्मधारय (Nominative तत्पुरुष)

In this sub-category, generally an adjective is combined with a noun, e.g.,

नीलकमलम् < नीलम् कमलम् "a blue lotus"

Occasionally one finds two adjectives put together, e.g.,

श्वेतरक्तम् < श्वेतम् च रक्तं च "(something which is) white and red".

This example above must be carefully distinguished from द्वन्द्व compounds. Here, both the words refer to the same thing, while in a द्वन्द्व compound, we add more than one referent. Similarly, one can combine into a कर्मधारय compound two participles to reflect the sequence of the respective actions:

पीतप्रतिबद्धः < आदौ पीतः पश्चात् प्रतिबद्धः "one who drank first and was tied later" (referring to a calf).

Other types of कर्मधारय compounds involve poetic expressions of comparison and poetic superimposition:

घनश्यामः < घनः इव श्यामः "one who is as dark as a cloud" Here the standard of comparison (उपमान) appears as the first member and the shared caracteristic is indicated by the second member.

नरसिंहः < नरः सिंहः इव "a man who is like a lion" Here the standard of comparison appears as the second member.

चरणकमलम् < चरणम् कमलम् इव "lotus-like foot"

कन्यारत्नम् < कन्या एव रत्नम् "the girl is herself a jewel" This is a case of poetic superimposition. Another example of this kind is:

मुखचन्द्रः < मुखम् एव चन्द्रः "the face itself is the moon"

शाकपार्थिवः < शाकप्रियः पार्थिवः "a king who likes vegetables". Such examples are traditionally considered to be compounds with deleted middle words (मध्यमपदलोपिन्), since one needs to insert another word in order to properly paraphrase the compound.

द्विगु-समास (कर्मधारय with a number word as the first member).

Semantically, a द्विगु-समास functions like a समाहार-द्वन्द्व, in that it refers to a collectivity (समाहार), and therefore it occurs in singular. For example:

त्रिभुवनम् < त्रयाणां भुवनानां समाहारः "a group of three worlds"

पञ्चगवम् < पञ्चानां गवां समाहारः "a group of five cows"

त्रिलोकी < त्रयाणां लोकानां समाहारः "a group of three worlds"

सप्ताहः < सप्तानाम् अह्नां समाहारः "a group of seven days"

उपपद-तत्पुरुष "तत्पुरुष compounds with bound expressions"

Normally, members of a compound are independently usable words. However, sometimes we find expressions which can occur only in compounds, under certain restrictions of co-occurrence with other words. Consider the following examples:

कुम्भकारः < कुम्भं करोति "maker of pots".
In this compound, the expression -कार < कृ "to make" is a bound form. It can be used only if it is preceded in a compound by a word denoting the object of that action. Thus, one cannot paraphrase this compound with कुम्भस्य कारः. This also raises an interesting question. Since, the only likely paraphrase is with a finite verb, e.g. कुम्भं करोति, this compound is traditionally considered to be an accusative compound, even though the translation "maker of pots" might suggest this to be a genitive compound. Contrast the compound स्मरहरः < स्मरस्य हरः "remover of cupid". This is a genitive compound because हर, unlike -कार, is a free form. Consider the following examples:

मनुजः < मनोः जायते "born from Manu", "a human being"

वेदविद् < वेदान् वेत्ति "knower of Vedas"

हृच्छयः < हृद्-शयः < हृदि शेते "lies in the heart", "love"
अन्तरिक्षगः < अन्तरिक्षे गच्छति "goes in the sky", "bird"

अण्डजः < अण्डात् जायते "born from an egg", "bird"

लोककृत् < लोकं करोति "maker of the world", "creator"

Exceptional cases of तत्पुरुषs

Consider the following cases:

प्राप्तजीविकः < प्राप्तः जीविकाम् "one who has found livelihood"

In this example, the gender of the compound is not determined by the last member, e.g., जीविका (f), but either by the first member, or by what the word refers to, e.g., a person. This would on the face of it make this compound more like a बहुव्रीहि. However, traditionally these compounds are considered to be तत्पुरुषs. This is based most likely on the accent pattern of these words. In general terms, the तत्पुरुष compounds are accented on the last syllable, while in a बहुव्रीहि, the first member retains its original accent. Thus, the traditional classification of compounds is not based solely on semantic considerations, but also takes into account accents. These accents died in the later classical language. Consider a few more examples which seem to violate the normal semantic pattern of a तत्पुरुष -

पूर्वकायः < पूर्वं कायस्य "fore-part of the body"

मध्याह्नः < मध्यम् अह्नः "middle of the day"

अतिमालः < अतिक्रान्तः मालाम् "surpassing a garland"

निष्कौशाम्बिः < निष्क्रान्तः कौशाम्ब्याः "departed from Kauśāmbī"

बहुव्रीहि (xy)

In a बहुव्रीहि, neither X nor Y are prominent, but the compound as a whole has an outside referent, Z. Consider the example in English, 'Pot-belly'. This word does not always refer to a pot-like belly as such, but can also refer to a person whose belly is like a pot. Neither 'pot' nor 'belly' individually refer to this person, but the compound as whole refers to this person. "Egg-head" and "pea-brain" may be better examples of this kind, since one never says "he has an egg-head". Consider the Sanskrit example नीलकण्ठः which refers to Śiva. नील 'blue' and कण्ठ 'neck' individually do not refer to Śiva, but the compound नीलकण्ठ refers to 'he whose neck is blue'. If the compound नीलकण्ठ referred only to 'the blue neck', then it would be an example of a कर्मधारय compound. The gender, number and the case of a बहुव्रीहि compound is determined not by the last member of the compound, but by the external referent. Consider the following examples of बहुव्रीहि :

प्राप्तोदकः (ग्रामः) < प्राप्तम् उदकं यं सः "that (village) to which the water reached"

जितकामः (शिवः) < जितः कामो येन सः "he by whom Cupid was defeated"

उपहतपशुः (शिवः) < उपहतः पशुः यस्मै सः "he to whom an animal was offered (in sacrifice)"

उद्धृतौदना (स्थाली) < उद्धृतः ओदनः यस्याः सा "that (pot, dish) from which rice has been picked up"

पीताम्बरः (विष्णुः) < पीतम् अम्बरम् यस्य सः "He whose garment is yellow"

वीरपुरुषः (ग्रामः) < वीराः पुरुषाः यस्मिन् सः "that village in which there are brave men". Contrast this usage with a कर्मधारय usage of the same word which refers to simply a 'brave man'.

चक्रपाणिः (विष्णुः) < चक्रं पाणौ यस्य सः "he who has a discus in his hand"

कमलनयनः (पुरुषः) < कमले इव नयने यस्य सः "he whose eyes are like lotus-flowers"

यशोधनः (पुरुषः) < यशः एव धनम् यस्य सः "he for whom fame is the sole wealth"

अब्राह्मणः (ग्रामः) < न ब्राह्मणाः यस्मिन् सः "that village in which there are no Brahmins". Contrast this with the तत्पुरुष usage of the same word in the sense "non-Brahmin".

सशिष्यः (गुरुः) < शिष्यैः सह यः सः "he who is with his disciples"

मध्यमपदलोपिन् बहुव्रीहि compounds: In some examples of बहुव्रीहि compounds, one needs to add another word in the paraphras which does not exist in the compound. Traditionally, this i labelled as a compound with the deletion of the middle word Consider the two examples:

कमलनयना (कन्या) < कमले इव नयने यस्याः सा "she whose eyes ar like lotus-flowers"

मृगनयना (कन्या) < मृगस्य नयने इव नयने यस्याः सा "she whose eye are like the eyes of a deer"

Superficially, these two compounds look similar, but th second compound cannot be interpreted to mean "she whose eye are like a deer". Thus, it becomes a compound with a delete middle word.

Compounds with frozen case-endings (अलुक्-समास)

Occasionally, one comes across compounds in Sanskrit where the case-ending on the non-final member is still retained. Such compounds perhaps represent an intermediate stage of development of a phrase being turned into a compound. Such compounds are not productive compounds, i.e. one cannot make new compounds of this type. Consider the following examples:

वनेचरः < वने चरति "One who wanders in the forest"

पङ्केरुहम् < पङ्के रोहति "That which grows in mud, lotus"

युधिष्ठिरः < युधि स्थिरः "Firm in battle"

दास्याःपुत्रः < दास्याः पुत्रः "Son of a slave woman"

The last expression appears as a compound only if used as an accusation, and not as a factual description.

Changes prompted by compounding:

Several words undergo specific changes in the process of compounding, and sometimes certain affixes are added to form a compound. Some of the common changes are given below:

1. The word महत्, when it is the first member of a compound, becomes महा-, e.g., महादेवः < महान् देवः "Great God."

2. The word अहन् 'day' at the end of a compound, generally becomes अह-, e.g., सप्ताहः < सप्तानाम् अह्नां समाहारः "group of seven days, a week". However, when it refers to a part of the day, it becomes अह्न-, e.g., मध्याह्नः < मध्यम् अह्नः "mid-day".

3. The word रात्रि (f) becomes रात्रः (m), as in पूर्वरात्रः < पूर्वं रात्रेः "first part of the night"; मध्यरात्रः < मध्यं रात्रेः "middle part of the night".

4. The word सखि (m) becomes सख, as in कृष्णसखः < कृष्णस्य सखा "Krishna's friend"; but न सखा > असखा.

5. The word राजन् (m) becomes राज as in परमराजः < परमः राजा "highest king."

6. The word पथिन् becomes पथः as in ग्रामपथः < ग्रामस्य पन्थाः "village-path".

7. अक्षि becomes अक्षः at the end of बहुव्रीहि compounds as in कमलाक्षः < कमले इव अक्षिणी यस्य सः "he whose eyes are like lotus flowers". In feminine, such compounds take the marker ई, e.g., कमलाक्षी "girl with lotus-like eyes."

8. The word पति at the end of compounds like नरपति "lord of people, king" follows the normal declension of कवि, and not the special declension of पति given in Lesson 18.

9. अस्मद् and युष्मद् are changed to मद् and त्वद् if they refer to singular referents: मत्पुत्रः < मम पुत्रः "my son," but अस्मद्गृहम् < अस्माकं गृहम् "our house." Also: त्वत्पुत्रः < तव पुत्रः "your son," but युष्मद्गृहम् < युष्माकं गृहम् "your house."

Larger compounds:

In Sanskrit, smaller compounds can be embedded into larger compounds, producing longer compounds. Such long compounds are very frequent in literary texts, providing frozen descriptions o an object or a person, while the flow of action is maintaine through the use of participles and verbs. The relationships o sub-units within such large compounds to each other are recovera ble from the context. To some extent, such structura relationships may be indicated by embedded bracketing patterns. compound containing four members, A, B, C and D, could hav numerous possible patterns, such as:

1. [[A + B] + [C + D]]
2. [[[A + B] + C] + D]
3. [A + [B + [C + D]]]
4. [A + B + C + D]

The above represent only a few possibilities. In a given case, generally only one combination makes sense, unless an author deliberately uses double-meaning. Consider the following examples:

वीरसेनसुतः < [[वीर + सेना] + सुत]
"son of Vīrasena."

Here the compound वीरसेनः [< वीरा सेना यस्य सः] is a बहुव्रीहि compound meaning "he whose army is brave". This is a proper name of a king. This compound is then embedded into the next level to mean "Vīrasena's son" [< वीरसेनस्य सुतः]. This larger compound is a तत्पुरुष compound. Thus a बहुव्रीहि has been embedded into a तत्पुरुष.

देवगन्धर्वमानुषोरगराक्षसाः <
देव-गन्धर्व-मानुष-उरग-राक्षसाः
< [देव + गन्धर्व + मानुष + [उरस् + ग] + राक्षस]
"gods, Gandharvas, humans, snakes, and demons."

This larger compound is a द्वन्द्व compound giving a list. One of the listed items, however, is a compound, e.g. उर-ग "chest-goer" = snake. This is a तत्पुरुष [< उरसा गच्छति].

हस्त्यश्वरथघोषः <
हस्ति-अश्व-रथ-घोषः < [[हस्तिन् + अश्व + रथ] + [घोष]]

This compound means "the noise of elephants, horses and chariots". Here, a द्वन्द्व compound is further embedded into a तत्पुरुष. In the late classical language, certain authors such as Bāṇa and Daṇḍin prided themselves on the use of long compounds. Consider the following example from Jayadeva's *Gītagovinda* (1.4.1):

चन्दन-चर्चित-नील-कलेवर-पीत-वसन-वनमाली
Sandal-wood-smeared-blue-body-yellow-garment-forest-garland-possessing + Nom. Sg.
केलि-चलन्-मणि-कुण्डल-मण्डित-गण्ड-युगः स्मित-शाली
play-moving-jewel-ear-ornament-adorned-cheek-pair + Nom. Sg.
smile-habit + Nom. Sg.

"[Krishna] is wearing forest garlands, a yellow garment, and has his blue body smeared with the paste of Sandalwood. He is always smiling and his cheeks are adorned with jeweled ear-ornaments which move during his play."

Exercises

1) Identify the specific type of the compound and provide a Sanskrit paraphrase.

काक-कूर्मौ	A crow and a turtle
सुख-दुःखे	Happiness and sorrow
प्रियाप्रिये प्रिय-अ-प्रिये	Pleasant and unpleasant things
इज्याध्ययनदानानि इज्या-अध्ययन-दानानि	sacrifice, study and gifts
अ-लोभः	Non-greed
काव्य-शास्त्र-विनोदः	Entertainment in poetry and technical texts
भक्ष्य-भक्षक-प्रीतिः	Love between the eater and the eaten
पाश-बद्धः	tied with a rope
काक-रक्षितः	protected by the crow
गृहमार्गोद्यानानि गृह-मार्ग-उद्यानानि	Houses, streets and parks
व्याघ्र-भयम्	Fear from a tiger
रक्त-केशः	He whose hair is red
सर्व-द्रव्याणि	all things
मित्र-लाभः	Acquisition of friends
भागीरथी-तटः	Bank of Bhāgīrathī

नर-पतिः	Lord of people
दयालु-हृदयः	He whose heart is compassionate
महाधनः महत्-धनः	He who has great wealth
बहु-वीरः	That village which has many heroes
शस्त्र-पाणिः	He who has a weapon in his hand
कृष्ण-भक्तः	Devotee of Krishna
विद्या-निपुणः	Skilled in a branch of learning
गो-पाल-बालः	One who is a cowherd and a child
भुक्तौदनः भुक्त-ओदनः	He who has eaten rice
पुष्पित-वृक्षम्	(Forest) in which trees are in blossom
कृशोदरी कृश-उदर-ई	She who has a thin belly
हरि-हर-गुरुः	Teacher of Hari and Hara
सखीगणावृता < सखी-गण-आवृता	Surrounded by the flock of her friends
वि-वर्ण-वदना	She whose face was colorless (= pale)
उन्मत्त-दर्शना	She whose appearance was crazy
नरेश्वरः < नर-ईश्वरः	Lord of men (= king)
सत्य-व्रतः	He whose vow (व्रत n) is true

2) **Translate the following into English. Identify the compounds in these sentences and analyse them.**

१. मृतपुत्रस्य भूमिपतितं शरीरं दृष्ट्वा तज्जनन्यक्लिश्यत ।
२. मया ईश्वरभक्तिः कृता ।
३. ईश्वरशक्त्या मृतजना अपि जीविष्यन्ति ।
४. काकखादितानि फलानि नाहमिच्छामि ।

५. अधनेभ्यो धनदानं कृत्वा नरपतिः महापुण्यमलभत ।
६. अश्वाः कूपजलं पिबन्तु ।
७. मुनिः सुखदुःखे न बोधति ।
८. रामकृष्णमाधवाः गच्छन्ति ।
९. अपण्डितो रामः संस्कृतं न पठति ।
१०. वनपतितसिंहहतगजमांसतुष्टः शृगालस्त्वम् ।
११. दासचोरितकनकं कुत्रास्ति?
१२. जितग्रामो लोकपतिर्जयतु ।
१३. पीतजलोऽयमश्वः ।
१४. नृपदासं मा तुद ।
१५. चिन्तितगजबलाः शृगाला उपगङ्गं धावन्ति ।
१६. प्रतिदिनं भर्तृपरित्यक्ता सा नारी रोदिति ।
१७. ग्रामदासा नृपगुणान् कथयन्तु ।
१८. फलभारश्रान्तोऽयमश्वः ।
१९. प्रासादगतो नृपपुत्रः दासभार्यां पश्यति ।
२०. नृपः शस्त्रबलं जानाति न शास्त्रबलम् ।

3) **Write any five Sanskrit sentences of your own.**

LESSON 33

Absolute constructions

Locative Absolute Construction

An absolute construction is a kind of clause which does not have a finite verb to hang on to. Even gerund clauses are sometimes called absolute clauses of a certain type, and gerunds are called absolutives. Such clauses normally do not stand by themselves, but are attached to other clauses. A locative absolute construction is a clause which indicates the time when some other event occurred: *y happened, when x happened.* The subordinate clause indicating the time of another action is represented in Sanskrit as a locative absolute clause. Consider the following sentence:

यदा सेनापतिर्हतस्तदा सैनिकाः पलायन्त ।
"When the commander of the army was killed, the soldiers fled." (पलायन्त < परा+अ+√अय्, past imperfect, with र > ळ)

Here the main clause is तदा सैनिकाः पलायन्त "then the soldiers fled". When did this event occur? That information is provided by the relative clause यदा सेनापतिर्हतः "when the commander of the army was killed". In the relative sentence above, we have a participle and a noun which the participle goes with. One can convert the यदा clause into a locative absolute by:

a) dropping the words यदा and तदा
b) by placing the noun and the participle in locative case.

Thus, we can have the following locative absolute construction:

सेनापतौ हते, सैनिकाः पलायन्त ।
"The commander being killed, the soldiers fled."

The absolute constructions commonly contain either a present participle, or a past participle, and this participle may be either active (कर्तरि) or passive (कर्मणि). Also, the subject of the locative absolute construction is almost always different from the arguments of the action conveyed by the main clause. Thus, we can have

> यदा सेनापतिर्हतस्तदा स भूमावपतत् ।
> "When the commander of the army was killed, he fell to the ground."

But we cannot convert the relative clause in the sentence above to a locative absolute construction, as long as सः in the main clause refers to सेनापति. The example of locative absolute above contains a past passive participle. We can also have other types of participles in locative absolute constructions. Consider the following transformations:

1a. यदा सेनापतिर्गतवान् तदा सैनिकाः पलायन्त ।
↓
1b. सेनापतौ गतवति सैनिकाः पलायन्त । (past active participle)
"When the commander of the army had left, then the soldiers fled."

2a. यदा अहं गच्छामि, तदा सा रोदिति ।
↓
2b. मयि गच्छति (locative) सा रोदिति । (active voice परस्मैपद present participle)
"When I go, she weeps."

Especially, note the locative form गच्छति, which must not be confused with the homophonous 3rd person singular present tense form गच्छति. Such look-alike locative forms are very frequent.

3a. यदा धेनुभिर्धान्यं खाद्यते तदा क्षेत्रपतयो न मोदन्ते ।
↓
3b. धेनुभिर्धान्ये खाद्यमाने क्षेत्रपतयो न मोदन्ते । (present passive participle)
"While the grain is being eaten by the cows, the owner of the field are not pleased."

4a. यदा कन्याः मोदन्ते तदा मातरो मोदन्ते ।
↓
4b. कन्यासु मोदमानासु मातरो मोदन्ते । (active voice आत्मनेपद participle)

"While the daughters are pleased, the mothers are pleased."

5a. यावत् महीमशाद् दशरथस्तावत् प्रजाः सुखभाजोऽभवन् ।
↓
5b. महीं शासति दशरथे प्रजाः सुखभाजोऽभवन् । (present active voice परस्मैपद participle)

"While Daśaratha ruled the earth, at that time the subjects experienced happiness."

6a. यदा रामेण रावणो हतस्तदा बिभीषणो लङ्काधिपतिरभवत् ।
↓
6b. रामेण रावणे हते बिभीषणो लङ्काधिपतिरभवत् । (past passive participle)

"When Rāvaṇa was killed by Rāma, Bibhīṣaṇa became the king of Laṅkā."

7a. यदा मुनिर्गृहं प्रविष्टस्तदैव सङ्कटान्यनश्यन् ।
↓
7b. गृहं प्रविष्टे एव (or प्रविष्टमात्रे) मुनौ सङ्कटान्यनश्यन् । (past active voice part.)

"No sooner did the sage enter the house, than all difficulties vanished."

There are two important points to be noted:

A. If the action to be denoted by the absolute clause is concurrent with the action of the main clause, then we have to use a present participle in the absolute clause.

B. If the action to be denoted by the absolute clause precedes the action of the main clause, then we have to use a past participle in the absolute clause.

Genitive Absolute Construction:

A genitive absolute construction is similar to the locative absolute construction, except that one uses the genitive case for the noun and the participle. Generally, the genitive construction carries the meaning "notwithstanding", "in spite of" etc. and may contain the word अपि added to the participle. Consider the following examples:

8. पितुः पश्यतो बालः कनीयांसं भ्रातरं ताडयति ।
"Even while the father is watching, the boy beats up his younger brother."

9. पुत्रस्य रुदतः प्राव्रजत् ।
"In spite of his son crying, he renounced (the world)."

10. नरेश्वरो मुनीनां पश्यतां स्वर्गं गतः ।
"While the sages were watching, (in spite of it) the king went to heaven."

Vocabulary

असु	(m)	life, breath
शिखा	(f)	flame, tuft of hair
कान्ति	(f)	beauty, splendor
भानु	(m)	sun
उद्+इ	(2P)	to rise, go up
सचिव	(m)	associate, minister
परीक्षा	(f)	inspection, investigation
विघ्न	(m)	hindrance, obstacle
दासी	(f)	female servant
परि+उप+आस्	(2A)	to attend upon
सम्+कीर्त्	(10P, A)	to announce
तुल्याकृति < तुल्य+आकृति		with identical form
सत्	(a)	good people
लुब्धकः	(m)	hunter
निभृत		hidden
सुमध्यमा	(f)	a woman with beautiful waist
अप+हृ	(1P)	carry off
क्रिया	(f)	action, ritual
रक्षितृ	(m)	protector
समलङ्कृत	(a)	adorned
शची	(f)	Indra's queen
भैमी	(f)	Daughter of Bhīma
अर्थ	(m)	purpose

Exercises

1) **Translate the following into English and identify the noun and the participle in locative or genitive:**

१. गोषु दुह्यमानासु गतो देवदत्तः ।
२. एतस्मिन् मृते राजसुते कोऽर्थो ममासुभिः ।
३. रात्रौ दीपशिखाकान्तिर्न भानावुदिते सति ।
४. अत्र स्थितस्यापि तव मया पृष्टाः सचिवाः ।
५. एवं वदतस्तस्य स लुब्धकस्तत्रागत्य निभृतः स्थितः ।
६. अहमेनं हनिष्यामि प्रेक्षन्त्यास्ते सुमध्यमे । (प्रेक्षन्त्याः, epic form)
७. पश्यतोऽपि मे शिशुरपहतो व्याघ्रेण ।
८. कुतो धर्मक्रियाविघ्नस्सतां रक्षितरि त्वयि ।
९. अथ तां वयसि प्राप्ते दासीनां समलङ्कृतम् ।
शतं, शतं सखीनाञ्च पर्युपासच्छचीमिव ॥ (पर्युपासत्, epic form)
१०. ततः सङ्कीर्त्यमानेषु राज्ञां नामसु भारत ।
ददर्श भैमी पुरुषान् पञ्च तुल्याकृतीन् अथ ॥
११. दासे कनकं चोरितवति नृपः कुप्यति ।
१२. मयि कनकं दीव्यति त्वमतुष्यः ।
१३. रामे वनं गते सीता कथं तुष्येत्?
१४. नारीषु मार्गेण गच्छन्तीषु जना मोदन्ते ।
१५. पुत्रे जाते को न मोदते?
१६. पत्यौ मृते भार्या जीवनं नेच्छति ।

2) **Translate the following into Sanskrit using locative and genitive absolute constructions:**

1. While the wealthy are eating, the poor sit outside.
2. When he was gone, what happened?
3. While the men were speaking, Rāma left.
4. When he arrived, we were not able to stay there.
5. While he lives, you must not go to the forest.
6. When the moon had risen (उद्+गम्), I slept.
7. Inspite of his son crying, the father left.
8. When Nala entered Damayantī's palace, no one saw him.

9. Even when the king was laughing, the poet read his poem.
10. When the sun comes up (उद्+गम्), even the birds are happy.

3) Write any five Sanskrit sentences of your own.

LESSON 34

Sanskrit Numerals

In Sanskrit, numerals appear both as cardinals and ordinals. The term cardinal refers to numerals such as "one", "two", "three" etc., while the term ordinal refers to numerals such as "first", "second", "third" etc.

Sanskrit Cardinals

The cardinal numerals already imply number, e.g. एक "one" is in singular, द्वि "two" is dual, त्रि "three" is plural. The word एक in the sense of "some" may be used in plural.

The first four cardinal numerals vary according to gender, agreeing with the associated noun in gender and case. The remaining numerals are declined alike in all gender, although they agree with the associated noun in their case. **There are no vocative forms known for cardinal numerals.**

	एक "one"			द्वि "two"		
	M	**F**	**Nt**	**M**	**F**	**Nt**
N	एकः	एका	एकम्	द्वौ	द्वे	द्वे
Acc	एकम्	एकाम्	एकम्	द्वौ	द्वे	द्वे
I	एकेन	एकया	एकेन	द्वाभ्याम्	द्वाभ्याम्	द्वाभ्याम्
D	एकस्मै	एकस्यै	एकस्मै	द्वाभ्याम्	द्वाभ्याम्	द्वाभ्याम्
Abl	एकस्मात्	एकस्याः	एकस्मात्	द्वाभ्याम्	द्वाभ्याम्	द्वाभ्याम्
G	एकस्य	एकस्याः	एकस्य	द्वयोः	द्वयोः	द्वयोः
L	एकस्मिन्	एकस्याम्	एकस्मिन्	द्वयोः	द्वयोः	द्वयोः

Note that the forms of एक follow pronominal endings similar to the forms of तद्. The same pattern holds even when the word एक is used in the meaning "some". For instance, we get plural forms in masculine such as एके (N), एकेषाम् (G); and feminine forms such as एकासाम् (G).

	त्रि "three"			चतुर् "four"		
	M	**F**	**Nt**	**M**	**F**	**Nt**
N	त्रयः	तिस्रः	त्रीणि	चत्वारः	चतस्रः	चत्वारि
Acc	त्रीन्	तिस्रः	त्रीणि	चतुरः	चतस्रः	चत्वारि
I	त्रिभिः	तिसृभिः	त्रिभिः	चतुर्भिः	चतसृभिः	चतुर्भिः
D	त्रिभ्यः	तिसृभ्यः	त्रिभ्यः	चतुर्भ्यः	चतसृभ्यः	चतुर्भ्यः
Abl	त्रिभ्यः	तिसृभ्यः	त्रिभ्यः	चतुर्भ्यः	चतसृभ्यः	चतुर्भ्यः
G	त्रयाणाम्	तिसृणाम्	त्रयाणाम्	चतुर्णाम्	चतसृणाम्	चतुर्णाम्
L	त्रिषु	तिसृषु	त्रिषु	चतुर्षु	चतसृषु	चतुर्षु

From the numeral पञ्चन् "five" to नवदशन् "nineteen", there is no longer any agreement in gender with the associated nouns. All of these cardinal numerals, except for षष् "six" and अष्टन् "eight", follow the paradigm of पञ्चन्.

	पञ्चन् "five"	षष् "six"	अष्टन् "eight"		
N	पञ्च	षट्	अष्ट	or	अष्टौ
Acc	पञ्च	षट्	अष्ट	or	अष्टौ
I	पञ्चभिः	षड्भिः	अष्टभिः	or	अष्टाभिः
D	पञ्चभ्यः	षड्भ्यः	अष्टभ्यः	or	अष्टाभ्यः
Abl	पञ्चभ्यः	षड्भ्यः	अष्टभ्यः	or	अष्टाभ्यः
G	पञ्चानाम्	षण्णाम्	अष्टानाम्		
L	पञ्चसु	षट्सु	अष्टसु	or	अष्टासु

Numerals from एकोनविंशति "nineteen" (an alternative to नवदशन्) to नवनवति "ninety-nine" are always declined in feminine singular. Thus we get usages like विंशतिः ब्राह्मणाः "twenty Brahmins" (or ब्राह्मणानाम्) and विंशत्या ब्राह्मणैः "by twenty Brahmins". Numerals ending in त् are declined like a feminine noun ending in त्, e.g. सरित्. The numeral शत "hundred" is always in neuter. A word like विंशति is used either as a noun, e.g. ब्राह्मणानां विंशतिः lit. "a (group of) twenty Brahmins", or as an adjective, e.g. विंशतिः ब्राह्मणाः "twenty Brahmins". However, in either case, the word विंशति retains its feminine gender and singular number.

Sanskrit Ordinals

The ordinal declensions are fairly simple, since the ordinals in masculine and neuter end in अ, and in feminine they end either in आ or ई. The first three ordinals, i.e. प्रथम "first", द्वितीय "second" and तृतीय "third" are optionally declined like pronouns. For example: द्वितीयाय / द्वितीयस्मै; द्वितीयायाः / द्वितीयस्याः etc.

Numerals from 1-100

	Cardinals	Ordinals M/N	Ordinals F
१	एक	प्रथम, अग्रिम, आदिम, आद्य	°मा, आद्या
२	द्वि	द्वितीय	°या
३	त्रि	तृतीय	°या
४	चतुर्	तुरीय, तुर्य, चतुर्थ	°या, °र्थी
५	पञ्चन्	पञ्चम	°मी
६	षष्	षष्ठ	°ष्ठी
७	सप्तन्	सप्तम	°मी
८	अष्टन्	अष्टम	°मी
९	नवन्	नवम	°मी
१०	दशन्	दशम	°मी
११	एकादशन्	एकादश	°शी
१२	द्वादशन्	द्वादश	°शी
१३	त्रयोदशन्	त्रयोदश	°शी
१४	चतुर्दशन्	चतुर्दश	°शी
१५	पञ्चदशन्	पञ्चदश	°शी
१६	षोडशन्	षोडश	°शी
१७	सप्तदशन्	सप्तदश	°शी
१८	अष्टादशन्	अष्टादश	°शी
१९	नवदशन् /	नवदश /	°शी /
	एकोनविंशति /	एकोनविंश / °तितम	°शी / °मी
	ऊनविंशति /	ऊनविंश / °तितम	°शी / °मी
	एकान्नविंशति	एकान्नविंश / °तितम	°शी / °मी
०	विंशति	विंश / °तितम	°शी / °मी
१	एकविंशति	°विंश / °तितम	°शी / °मी

२२	द्वाविंशति	°विंश / °तितम	°शी / °मी
२३	त्रयोविंशति	°विंश / °तितम	°शी / °मी
२४	चतुर्विंशति	°विंश / °तितम	°शी / °मी
२५	पञ्चविंशति	°विंश / °तितम	°शी / °मी
२६	षड्विंशति	°विंश / °तितम	°शी / °मी
२७	सप्तविंशति	°विंश / °तितम	°शी / °मी
२८	अष्टाविंशति	°विंश / °तितम	°शी / °मी
२९	नवविंशति	°विंश / °तितम	°शी / °मी
	एकोनत्रिंशत्	°त्रिंश / °त्तम	°शी / °मी
	ऊनत्रिंशत्	°त्रिंश / °त्तम	°शी / °मी
	एकान्नत्रिंशत्	°त्रिंश / °त्तम	°शी / °मी
३०	त्रिंशत्	त्रिंश / °त्तम	°शी / °मी
३१	एकत्रिंशत्	°त्रिंश / °त्तम	°शी / °मी
३२	द्वात्रिंशत्	°त्रिंश / °त्तम	°शी / °मी
३३	त्रयस्त्रिंशत्	°त्रिंश / °त्तम	°शी / °मी
३४	चतुस्त्रिंशत्	°त्रिंश / °त्तम	°शी / °मी
३५	पञ्चत्रिंशत्	°त्रिंश / °त्तम	°शी / °मी
३६	षट्त्रिंशत्	°त्रिंश / °त्तम	°शी / °मी
३७	सप्तत्रिंशत्	°त्रिंश / °त्तम	°शी / °मी
३८	अष्टात्रिंशत्	°त्रिंश / °त्तम	°शी / °मी
३९	नवत्रिंशत्	°त्रिंश / °त्तम	°शी / °मी
	एकोनचत्वारिंशत्	°चत्वारिंश / °त्तम	°शी / °मी
४०	चत्वारिंशत्	चत्वारिंश / °त्तम	°शी / °मी
४१	एकचत्वारिंशत्	°चत्वारिंश / °त्तम	°शी / °मी
४२	द्वाचत्वारिंशत्	°चत्वारिंश / °त्तम	°शी / °मी
	द्विचत्वारिंशत्	°चत्वारिंश / °त्तम	°शी / °मी
४३	त्रयश्चत्वारिंशत्	°चत्वारिंश / °त्तम	°शी / °मी
	त्रिचत्वारिंशत्	°चत्वारिंश / °त्तम	°शी / °मी
४४	चतुश्चत्वारिंशत्	°चत्वारिंश / °त्तम	°शी / °मी
४५	पञ्चचत्वारिंशत्	°चत्वारिंश / °त्तम	°शी / °मी
४६	षट्चत्वारिंशत्	°चत्वारिंश / °त्तम	°शी / °मी
४७	सप्तचत्वारिंशत्	°चत्वारिंश / °त्तम	°शी / °मी
४८	अष्टचत्वारिंशत्	°चत्वारिंश / °त्तम	°शी / °मी
	अष्टाचत्वारिंशत्	°चत्वारिंश / °त्तम	°शी / °मी
४९	नवचत्वारिंशत्	°चत्वारिंश / °त्तम	°शी / °मी
	एकोनपञ्चाशत्	°पञ्चाश / °त्तम	°शी / °मी

५०	पञ्चाशत्	पञ्चाश / °त्तम	°शी / °मी
५१	एकपञ्चाशत्	°पञ्चाश / °त्तम	°शी / °मी
५२	द्वापञ्चाशत् / द्विपञ्चाशत्	°पञ्चाश / °त्तम	°शी / °मी
५३	त्रयपञ्चाशत् / त्रिपञ्चाशत्	°पञ्चाश / °त्तम	°शी / °मी
५४	चतुःपञ्चाशत्	°पञ्चाश / °त्तम	°शी / °मी
५५	पञ्चपञ्चाशत्	°पञ्चाश / °त्तम	°शी / °मी
५६	षट्पञ्चाशत्	°पञ्चाश / °त्तम	°शी / °मी
५७	सप्तपञ्चाशत्	°पञ्चाश / °त्तम	°शी / °मी
५८	अष्टपञ्चाशत् / अष्टापञ्चाशत्	°पञ्चाश / °त्तम	°शी / °मी
५९	नवपञ्चाशत्	°पञ्चाश / °त्तम	°शी / °मी
	एकोनषष्टि	°षष्टितम	°मी
६०	षष्टि	षष्टितम	°मी
६१	एकषष्टि	°षष्ट / °षष्टितम	°ष्टी / °मी
६२	द्वाषष्टि / द्विषष्टि	°षष्ट / °षष्टितम	°ष्टी / °मी
६३	त्रयःषष्टि / त्रिषष्टि	°षष्ट / °षष्टितम	°ष्टी / °मी
६४	चतुःषष्टि	°षष्ट / °षष्टितम	°ष्टी / °मी
६५	पञ्चषष्टि	°षष्ट / °षष्टितम	°ष्टी / °मी
६६	षट्षष्टि	°षष्ट / °षष्टितम	°ष्टी / °मी
६७	सप्तषष्टि	°षष्ट / °षष्टितम	°ष्टी / °मी
६८	अष्टषष्टि / अष्टाषष्टि	°षष्ट / °षष्टितम	°ष्टी / °मी
६९	नवषष्टि	°षष्ट / °षष्टितम	°ष्टी / °मी
	एकोनसप्तति	°सप्त / °सप्ततितम	°मी
७०	सप्तति	सप्ततितम	°मी
७१	एकसप्तति	°सप्त / °सप्ततितम	°मी
७२	द्वासप्तति / द्विसप्तति	°सप्त / °सप्ततितम	°मी
७३	त्रयस्सप्तति / त्रिसप्तति	°सप्त / °सप्ततितम	°मी
७४	चतुस्सप्तति	°सप्त / °सप्ततितम	°मी
७५	पञ्चसप्तति	°सप्त / °सप्ततितम	°मी
७६	षट्सप्तति	°सप्त / °सप्ततितम	°मी
७७	सप्तसप्तति	°सप्त / °सप्ततितम	°मी
७८	अष्टसप्तति / अष्टासप्तति	°सप्त / °सप्ततितम	°मी
७९	नवसप्तति	°सप्त / °सप्ततितम	°मी
	एकोनाशीति	एकोनाशीतितम	°मी
०	अशीति	अशीतितम	°मी
१	एकाशीति	°शीत / °शीतितम	°मी
२	द्व्यशीति	°शीत / °शीतितम	°मी

८३	त्र्यशीति	°शीत / °शीतितम	°मी
८४	चतुरशीति	°शीत / °शीतितम	°मी
८५	पञ्चाशीति	°शीत / °शीतितम	°मी
८६	षडशीति	°शीत / °शीतितम	°मी
८७	सप्ताशीति	°शीत / °शीतितम	°मी
८८	अष्टाशीति	°शीत / °शीतितम	°मी
८९	नवाशीति	°शीत / °शीतितम	°मी
	एकोननवति	°नवतितम	°मी
९०	नवति	नवतितम	°मी
९१	एकनवति	°नवतितम	°मी
९२	द्वानवति / द्विनवति	°नवतितम	°मी
९३	त्रयोनवति / त्रिनवति	°नवतितम	°मी
९४	चतुर्णवति	°णवतितम	°मी
९५	पञ्चनवति	°नवतितम	°मी
९६	षण्णवति	°णवतितम	°मी
९७	सप्तनवति	°नवतितम	°मी
९८	अष्टानवति / अष्टनवति	°नवतितम	°मी
९९	नवनवति	°नवतितम	°मी
	एकोनशत	°शततम	°मी
१००	शत (n)	शततम	°मी
१,०००	सहस्र (n)	सहस्रतम	°मी
१००,०००	लक्ष (n)	लक्षतम	°मी
१०,०००,०००	कोटि (f)	कोटितम	°मी

Formation of Larger Numbers

There are several ways to form expressions for large numbers. For example, the expression नवनवतिसहस्र means 99,000 rather than 99 and a thousand. The words अधिक and उत्तर in th sense of "in addition to" are used to connect number words: एकाधि शतम् or एकोत्तरं शतम् refers to "one hundred and one". The number 199 could be expressed as: नवत्यधिकनवशतोत्तरैकसहस्र < नवति+अधिक+नवशत+उत्तर एकसहस्र "one thousand, in addition to nine hundred, in addition t ninety". Other ways refer to the sequence of digits: नवनवत्युत्तरैकोन विंशति "19 followed by 99", or शून्यनवनवैक "0, 9, 9, 1". In the mos common ways of referring to numbers, the general practice is t start from the end and gradually move on to the beginning. There is another way of composing numbers used in poetry and in inscriptions. This is by using words for things which conventionally occur in fixed numbers. Thus, the word ख "space" refers to zero, ग्रह "planet" refers to 9, अब्धि "ocean" refers to 4, etc. By combining such expressions, numbers are expressed, e.g. 1990 = खग्रहग्रहैक "one, planet, planet, space".

Vocabulary

शाखा	(f)	branch	दिन	(n)	day
दक्षिणा	(f)	priestly fee	सप्ताह	(m)	week
वरम्	(adv)	better	व्याधित		sick
अमात्य	(m)	minister of a king	श्लोक	(m)	verse
वृत्ति	(f)	work, livelihood	सेव्	(1A)	to serve, attend upon
ऋच्	(f)	verse of Ṛgveda			
यजुस्	(n)	text from Yajurveda	सामन्	(n)	text from Sāmaveda
माणवक	(m)	proper name			
दशरथ	(m)	proper name	कौसल्या	(f)	proper name
सुमित्रा	(f)	proper name	कैकेयी	(f)	proper name
वेद	(m)	Vedic scriptures	राम	(m)	proper name
लक्ष्मण	(m)	proper name	शत्रुघ्न	(m)	proper name
भरत	(m)	proper name	रुद्र	(m)	Śiva, his forms
आदित्य	(m)	sun, sun's forms	कपि	(m)	monkey
धृतराष्ट्र	(m)	proper name			

Exercises

1) **Translate the following into English:**

१. ऋग्यजुःसामानीति त्रयो वेदाः। त्रयाणां वेदानां बहवः शाखाः सन्ति।

२. दशरथस्य तिस्रो भार्याः कौसल्या सुमित्रा कैकेयी च। तस्य चत्वारः पुत्राः। के ते ? रामो लक्ष्मणः शत्रुघ्नो भरतश्चेति।

३. एकादश रुद्राः द्वादशादित्याः।

४. माणवको ब्राह्मणानां विंशतये दक्षिणामयच्छत्।

५. वरमेको गुणी पुत्रो न च मूर्खशतान्यपि।

६. ये पञ्चसप्ततिर्बालकानाममात्यस्य गृहे वृत्तिमाप्तुमगच्छंस्तेषामूनविंशतिरेव वृत्ति लब्धवन्तः ।

७. त्र्यशीत्या दासैः सेवितो नृपः प्रासादं प्राविशत् ।

८. षट्चत्वारिंशता कपिभिः फलानि सर्वाण्यपि खादितानि ।

९. यद्येको नरः पञ्च फलानि प्रतिदिनं खादति तर्हि पञ्च नराः सप्तसु दिनेषु कियन्ति फलानि खादेयुः ।

१०. धृतराष्ट्रस्यैकशतं पुत्रा आसन् ।

2) **Translate the following into Sanskrit:**

1. The sun has seven horses.
2. Śiva has three eyes. How many eyes do you have?
3. Twenty-two soldiers ran to the palace.
4. Out of the fifty-seven horses which I saw yesterday, I chose two white ones.
5. On the sixth day of the week you bought fruits.
6. After returning from my friend's house, I was sick for four days.
7. Kṛṣṇa is the eldest of six brothers.
8. Arjuna is the third among the five Pāṇḍavas.
9. Two great lights shine in the sky.
10. The teacher, having taught the fifth Ṛgveda verse, recited the sixth.

3) **Write any five Sanskrit sentences of your own.**

LESSON 35

Gerundives

Gerundives are nominals formed from verb roots by adding the suffix -तव्य, -अनीय or -य. These forms generally have a passive optative meaning, "something should be, ought to be done". These forms may be used transitively or intransitively. Further, these forms may be used adjectively, or as predicates for sentences.

transitive gerundive used adjectively:

रामेण खादितव्यम् फलं सीतया खादितम् ।

"The fruit which should have been eaten by Rāma was eaten by Sītā."

Transitive gerundive used as a predicate:

रामेण फलं खादितव्यम् ।

"Rāma should eat the fruit."

Intransitive gerundive used as a predicate:

रामेण हसितव्यम् ।

"Rāma should smile."

The agent of a gerundive can sometimes appear in genitive (as well as in instrumental), e.g.

स मे मान्यः । "He is respected by me."

Present Agentive (कर्तरि) Middle (आत्मनेपद) Participles in -आन

For middle (आत्मनेपदिन्) verbs of the conjugations 1, 4, 6, and 10, the present participle is formed with the affix -मान, as seen in Lesson 21. For middle verbs of the remaining conjugations, the present participle is generally formed by adding the affix -आन, though there are exceptional forms like आसीन < √आस् (2A). The participles in -आन syntactically behave exactly like the participles in -मान. The -आन participle forms are listed in the last column of the table in this lesson. Changes in the root are similar to the 3rd person plural present form, e.g. कुर्वते / कुर्वाण. These are marked with a "*" in the list given in this lesson.

Periphrastic (-तास्) Future

In Lesson 17, we have dealt with the non-periphrastic or -स्य future. Here we shall consider the other variety of future. According to the definitions of the Sanskrit grammarians, the -स्य future is considered to be the general future, while the -तास् future is considered to be the "non-today" (अनद्यतन) future. However, in most of the classical usage, no such semantic distinction is observed. The traditional grammarians consider -तास् as the infix for what in Western terminology is called periphrastic future. The reason it is called periphrastic is that it seems like a combination of the nominal forms of the agent nouns in -तृ, and the present tense forms of the verb अस् "to be". Consider the following paradigms:

क्षिप् (6) "to throw"

	Active			**Middle**	
क्षेप्तास्मि	क्षेप्तास्वः	क्षेप्तास्मः	क्षेप्ताहे	क्षेप्तास्वहे	क्षेप्तास्महे
क्षेप्तासि	क्षेप्तास्थः	क्षेप्तास्थ	क्षेप्तासे	क्षेप्तासाथे	क्षेप्ताध्वे
क्षेप्ता	क्षेप्तारौ	क्षेप्तारः	क्षेप्ता	क्षेप्तारौ	क्षेप्तारः

भू (1) "to be, become"

	Active			**Middle**	
भवितास्मि	भवितास्वः	भवितास्मः	भविताहे	भवितास्वहे	भवितास्महे
भवितासि	भवितास्थः	भवितास्थ	भवितासे	भवितासाथे	भविताध्वे
भविता	भवितारौ	भवितारः	भविता	भवितारौ	भवितारः

दा (1, 3) "to give"

	Active			**Middle**	
दातास्मि	दातास्वः	दातास्मः	दाताहे	दातास्वहे	दातास्महे
दातासि	दातास्थः	दातास्थ	दातासे	दातासाथे	दाताध्वे
दाता	दातारौ	दातारः	दाता	दातारौ	दातारः

नी (1) "to lead"

	Active			**Middle**	
नेतास्मि	नेतास्वः	नेतास्मः	नेताहे	नेतास्वहे	नेतास्महे
नेतासि	नेतास्थः	नेतास्थ	नेतासे	नेतासाथे	नेताध्वे
नेता	नेतारौ	नेतारः	नेता	नेतारौ	नेतारः

From the above paradigms, it is clear that the third person forms of periphrastic future are identical with the masculine nominative forms of the agent noun in तृ. The middle forms of the periphrastic future are quite rare. In passive voice, the middle forms are used, though the syntax of cases will show the distinct passive pattern. Again, it is rare to see this tense used in passive. The most common forms are the third person forms, which are identical with those of the nominative of the agent nouns in तृ. The agent noun in तृ can be easily predicted from the infinitive form in -तुम्. Please consult the list of infinitives in Lesson 12.

List of gerundives and present agentive (कर्तरि) participles (including the middle participles in आन marked with a "*").

			------Gerundives------			Present Participles
अद्	(2P)	to eat	अदनीय	अत्तव्य		अदत्
अर्थ्	(10A)	to request	अर्थनीय			अर्थयमान
अश्	(9P)	to eat	अशनीय	अशितव्य		अश्नत्
अस्	(4P)	to throw	असनीय	अस्तव्य		अस्यत्
आप्	(5P)	to obtain	आपनीय	आप्तव्य	आप्य	आप्नुवत्
इष्	(6P)	to desire	एषणीय	एषितव्य	एष्य	इच्छत्
ईक्ष्	(1A)	to see	ईक्षणीय	ईक्षितव्य	ईक्ष्य	ईक्षमाण
ईश्	(2A)	to command		ईशितव्य		ईशान*
कथ्	(10P)	to tell	कथनीय	कथयितव्य		कथयत्
कम्प्	(1A)	to shake	कम्पनीय		कम्प्य	कम्पमान
काङ्क्ष्	(1P)	to desire	काङ्क्षणीय	काङ्क्षितव्य		काङ्क्षत्
कृ	(8P, A)	to do	करणीय	कर्तव्य	कार्य/कृत्य	कुर्वत्/ कुर्वाण*
कृष्	(1P)	to pull	कर्षणीय			कर्षत्
क्रन्द्	(1P)	to cry	क्रन्दनीय			क्रन्दत्
क्रम्	(1P, 4P)	to go	क्रमणीय			क्रम/क्राम्यत्
क्री	(9P, A)	to buy	क्रयणीय	क्रेतव्य	क्रेय	क्रीणत्/ क्रीणान*
क्षम्	(1A, 4P)	to bear		क्षन्तव्य	क्षम्य	क्षममाण/ क्षाम्यत्

क्षल्	(10P)	to wash	क्षालनीय		क्षाल्य	क्षालयत्
क्षिप्	(6P)	to throw	क्षेपणीय	क्षेप्तव्य	क्षेप्य	क्षिपत्
क्षुभ्	(9P)	to disturb	क्षोभनीय		क्षोभ्य	क्षुभ्नत्
खन्	(1P)	to dig	खननीय			खनत्
खाद्	(1P)	to eat	खादनीय	खादितव्य	खाद्य	खादत्
ख्या	(2P)	to tell		ख्यातव्य	ख्येय	ख्यात्
गण्	(10P)	to count	गणनीय		गण्य	गणयत्
गम्	(1P)	to go	गमनीय	गन्तव्य	गम्य	गच्छत्
गाह्	(1A)	to dive	गाहनीय	गाहितव्य	गाह्य	गाहमान
गै	(1P)	to sing			गेय	गायत्
ग्रन्थ्	(9P)	to tie	ग्रथनीय	ग्रथितव्य		ग्रथ्नत्
ग्रह्	(9P, A)	to seize	ग्रहणीय	ग्रहीतव्य	ग्राह्य	गृह्णत्/ गृह्णान*
घुष्	(10P)	to announce	घोषणीय			घोषयत्
चर्	(1P)	to walk	चरणीय	चरितव्य		चरत्
चल्	(1P)	to move	चलनीय	चलितव्य		चलत्
चिन्त्	(10P)	to think	चिन्तनीय	चिन्तितव्य	चिन्त्य	चिन्तयत्
चुर्	(10P)	to steal	चोरणीय	चोरयितव्य	चोर्य	चोरयत्
छद्	(10P)	to cover	छादनीय	छादयितव्य	छाद्य	छादयत्
छिद्	(7P, A)	to cut	छेदनीय	छेत्तव्य	छेद्य	छिन्दत्/ छिन्दान*
जि	(1P)	to conquer		जेतव्य	जेय	जयत्
जन्	(4A)	to be born		जनितव्य	जन्य	जायमान
जीव्	(1P)	to live	जीवनीय	जीवितव्य	जीव्य	जीवत्
ज्ञा	(9P, A)	to know		ज्ञातव्य	ज्ञेय	जानत्/ जानान*
तड्	(10P)	to beat	ताडनीय	ताडयितव्य	ताड्य	ताडयत्
तुल्	(10P)	to weigh	तुलनीय		तुल्य	तुलयत्
तुष्	(4P)	to be pleased	तोषणीय	तोष्टव्य	तोष्य	तुष्यत्
तृ	(1P)	to cross	तरणीय	तर्तव्य	तार्य	तरत्
त्यज्	(1P)	to abandon	त्यजनीय	त्यक्तव्य	त्याज्य	त्यजत्
दण्ड्	(10P)	to punish	दण्डनीय	दण्डयितव्य	दण्ड्य	दण्डयत्
दह्	(1P)	to burn	दहनीय	दग्धव्य	दाह्य	दहत्
दा	(1P, 3P,A)	to give		दातव्य	देय	यच्छत्/दद ददान*

दिश्	(6P)	to instruct	देशनीय	देष्टव्य	देश्य	दिशत्
दुह्	(2P, A)	to milk	दोहनीय	दोग्धव्य	दोह्य	दुहत्/ दुहान*
दृश्	(1P)	to see	दर्शनीय	द्रष्टव्य	दृश्य	पश्यत्
द्विष्	(2P, A)	to hate	द्वेषणीय		द्वेष्य	द्विषत्/ द्विषाण*
धा	(3P, A)	to place	धानीय	धातव्य	धेय	दधत्/ दधान*
धाव्	(1P)	to run	धावनीय	धावितव्य	धाव्य	धावत्
नन्द्	(1P)	to be pleased	नन्दनीय		नन्द्य	नन्दत्
नम्	(1P)	to salute	नमनीय		नम्य	नमत्
निन्द्	(1P)	to blame	निन्दनीय	निन्दितव्य	निन्द्य	निन्दत्
नी	(1P)	to lead		नेतव्य	नेय	नयत्
नृत्	(4P)	to dance		नर्तितव्य	नृत्य	नृत्यत्
पच्	(1P)	to cook	पचनीय	पक्तव्य	पाच्य	पचत्
पठ्	(1P)	to read	पठनीय	पठितव्य	पाठ्य	पठत्
पत्	(1P)	to fall	पतनीय	पतितव्य	पात्य	पतत्
पा	(1P)	to drink	पानीय	पातव्य	पेय	पिबत्
पाल्	(10P)	to protect	पालनीय	पालयितव्य	पाल्य	पालयत्
पीड्	(10P)	to hurt	पीडनीय	पीडयितव्य	पीड्य	पीडयत्
पुष्	(4P, 9P)	to nourish	पोषणीय		पोष्य	पुष्यत्/ पुष्णत्
पूज्	(10P)	to worship	पूजनीय	पूजयितव्य	पूज्य	पूजयत्
च्छ्	(1P)	to ask		प्रष्टव्य		पृच्छत्
न्ध्	(9P)	to bind	बन्धनीय	बद्धव्य		बध्नत्
ाध्	(1A)	to oppress	बाधनीय	बाधितव्य		बाधमान
ुध्	(1P)	to know	बोधनीय	बोधितव्य	बोध्य	बोधत्
क्ष्	(10P)	to eat	भक्षणीय	भक्षयितव्य	भक्ष्य	भक्षयत्
ाष्	(1A)	to speak	भाषणीय	भाषितव्य	भाष्य	भाषमाण
भेद्	(7P, A)	to break	भेदनीय	भेत्तव्य	भेद्य	भिन्दान*
ी	(3P)	to fear		भेतव्य		बिभ्यत्
ुज्	(7P, A)	to enjoy, rule	भोजनीय	भोक्तव्य	भोज्य	भुञ्जत्/ भुञ्जान*
[illegible]	(1P)	to be, become	भवनीय	भवितव्य	भव्य	भवत्
ूष्	(10P)	to adorn	भूषणीय	भूषितव्य	भूष्य	भूषयत्

भृ	(3P, A)	to carry	भरणीय	भर्तव्य	भृत्य	बिभ्रत्/ बिभ्राण*
भ्रम्	(1,4P)	to roam	भ्रमणीय	भ्रमितव्य		भ्रम/भ्राम्
मन्	(4A, 8A)	to think	मननीय	मन्तव्य		मन्यमान मन्वान*
मन्थ्	(9P)	to churn	मन्थनीय			मथ्नत्
मा	(2P, 3A)	to measure		मातव्य	मेय	मात्/ मिमान*
मान्	(10P)	to respect	माननीय	मानयितव्य	मान्य	मानयत्
मुच्	(6P)	to release	मोचनीय	मोक्तव्य	मोच्य	मुच्यत्
मुद्	(1A)	to rejoice	मोदनीय	मोदितव्य		मोदमान
मृ	(6A)	to die	मरणीय	मर्तव्य		म्रियमाण
यज्	(1P, A)	to sacrifice	यजनीय	यष्टव्य		यजत्/ यजमान
यत्	(1A)	to attempt	यतनीय	यतितव्य		यतमान
या	(2P)	to go	यापनीय	यातव्य		यात्
याच्	(1A)	to beg	याचनीय	याचितव्य	याच्य	याचमान
युज्	(7P, A)	to concentrate	योजनीय	योक्तव्य	योग्य	युञ्जत्/ युञ्जान*
रक्ष्	(1P)	to protect	रक्षणीय	रक्षितव्य	रक्ष्य	रक्षत्
रच्	(10P)	to arrange	रचनीय	रचयितव्य		रचयत्
रम्	(1A)	to sport	रमणीय	रन्तव्य	रम्य	रममाण
रुद्	(2P)	to weep		रोदितव्य		रुदत्
रुध्	(7P, A)	to oppose		रोद्धव्य	रोध्य	रुन्धत्/ रुन्धान
रुह्	(1P)	to climb	रोहणीय			रोहत्
लभ्	(1A)	to get	लम्भनीय	लब्धव्य	लभ्य	लभमान
लिख्	(6P)	to write	लेखनीय	लेखितव्य	लेख्य	लिखत्
लिह्	(2P, A)	to lick			लेह्य	लिहान
वच्	(2P)	to speak	वचनीय	वक्तव्य	वाच्य	ब्रुवत्
वञ्च	(10P)	to cheat	वञ्चनीय	वञ्चयितव्य		वञ्चयत्
वद्	(1P)	to speak	वदनीय	वदितव्य		वदत्
वन्द्	(1A)	to salute	वन्दनीय		वन्द्य	वन्दमा
वस्	(1P)	to dwell		उषितव्य		वसत्
वह्	(1P)	to carry	वहनीय	वोढव्य		वहत्

वृ	(5P, A)	to choose	वरणीय			वृणान*
वृत्	(1A)	to exist	वर्तनीय	वर्तितव्य		वर्तमान
वृध्	(1A)	to grow	वर्धनीय			वर्धमान
विद्	(2P)	to know	वेदनीय	वेदितव्य	वेद्य	विदत्
विश्	(6P)	to enter	वेशनीय	वेष्टव्य	वेश्य	विशत्
शक्	(5P)	to be able			शक्य	शक्नुवत्
शंस्	(1P)	to praise	शंसनीय		शस्य	शंसत्
शम्	(4P)	to be calm	शमनीय		शाम्य	शाम्यत्
शास्	(2P)	to instruct	शासनीय	शासितव्य	शिष्य	शासत्
शी	(2A)	to lie down	शयनीय	शयितव्य		शयान*
श्रु	(5P, A)	to hear	श्रवणीय	श्रोतव्य	श्रव्य	शृण्वत्/ शृण्वान*
श्लाघ्	(1A)	to praise	श्लाघनीय		श्लाघ्य	श्लाघमान
श्वस्	(2P)	to breath	श्वसनीय	श्वसितव्य		श्वसत्
सह्	(1A)	to bear	सहनीय	सोढव्य	सह्य	सहमान
साध्	(5P, A)	to accomplish	साधनीय		साध्य	साध्नुवान*
सृ	(1P)	to go	सरणीय	सर्तव्य		सरत्
सृज्	(6P)	to creat		स्रष्टव्य	सृज्य	सृजत्
सेव्	(1A)	to serve	सेवनीय	सेवितव्य	सेव्य	सेवमान
स्तु	(2P, A)	to praise		स्तोतव्य	स्तुत्य	स्तुवत्/ स्तुवान*
स्था	(1P)	to stand		स्थातव्य	स्थेय	तिष्ठत्
स्ना	(2P)	to bathe	स्नानीय	स्नातव्य		स्नात्
स्पृश्	(6P)	to touch	स्पर्शनीय	स्प्रष्टव्य	स्पृश्य	स्पृशत्
स्पृह्	(10P)	to desire	स्पृहणीय			स्पृहयत्
स्मृ	(1P)	to remember	स्मरणीय	स्मर्तव्य		स्मरत्
स्वप्	(2P)	to sleep		स्वप्तव्य		स्वपत्
हन्	(2P)	to kill		हन्तव्य		घ्नत्
हस्	(1P)	to laugh	हसनीय	हसितव्य	हास्य	हसत्
हा	(3P)	to abandon		हातव्य	हेय	जहत्
हिंस्	(7P)	to injure	हिंसनीय	हिंसितव्य	हिंस्य	हिंसत्
हु	(3P, A)	to offer oblation	हवनीय	होतव्य	हव्य	जुह्वत् जुह्वान
[illegible]	(1P, A)	to take	हरणीय	हर्तव्य	हार्य	हरत्

Vocabulary

निहित (a)	hidden
वि+धा (3PA)	to perform
सुदुराचार (a)	very wicked
भज् (1P, A)	to serve, devote to
भाज् (a)	devoted to (noun)
व्यवसित (a)	determined
न्यक्+भू (1P)	to bend down
राजन्य (m)	a man of warrior
अवकाश (m)	opportunity
देवता (f)	divinity
प्रति+नि+वृत् (1A)	to return
शिव (n)	welfare
सहित (a)	accompanied by
तीर्थ (n)	sacred bathing place
वज्र (m,n)	thunderbolt, Indra's weapon
भोः (ind)	respectful address form
उप+स्था (1A)	to attend, serve
शर्मन् (m)	title for Brahmins
अनन्य	with no other (in mind)
साधु (a)	a virtuous person
पुण्य (n)	religious merit
परि+उप+आस् (2A)	to devote to
प्रातर् (ind)	morning
अभाव (m)	absence
आ+रुह् (1P)	to mount
आ+नन्द् (1P)	to rejoice
क्षि (5P)	to destroy,
क्षि (9P)	diminish,
प्रश्न (m)	question
प्र+हृ (1P)	to hurl, strike
अक्षद्यूत (n)	gambling with dice

Exercises

1) **Write down third person periphrastic future forms for any 30 verbs. For the formation of तृ agent nouns, consult the list of infinitives in Lesson 12.**

2) **Convert the -स्य future forms in Exercise 2, Lesson 17 to periphrastic future.**

3) **Translate the following into English:**

१. तेन मुनिनारण्यं गन्तव्यम् ।
२. भोः भोः राजन् । आश्रममृगोऽयं न हन्तव्यो न हन्तव्यः ।
३. भारं बिभ्राणं त्वां ते जना द्रष्टारः ।
४. मम सेव्यो हरिः ।
५. भवितव्यं भवेदेव । चिन्ता न कर्तव्या ।
६. अस्मिन् वने निहितया तया भवितव्यम् ।
७. धर्मं जानानेन भवता खलु कन्या वहनीया ।

८. उपस्थातव्यः शिष्येण गुरुः ।
९. यावत्त्वया राज्ञा भवितव्यं तावदस्माकं सुखं भवेत् ।
१०. विद्वांस ऋषयो बहूनि शास्त्राणि विहितवन्तः । तान्यस्माभिः पठितव्यानि ।
११. राज्ञां यशोऽस्माभिः स्तोतव्यम् ।
१२. त्वया सा नगरी गन्तव्या ।
१३. अपि चेत् सुदुराचारो भजते मामनन्यभाक् ।
साधुरेव स मन्तव्यः सम्यग्व्यवसितो हि सः ॥ (*Bhagavadgītā* 9.30)
१४. यदा नगरं यातास्थ तदावकाशं लब्ध्वा मम भ्रातुर्गृहं गन्तास्थ ।
१५. दरिद्रेभ्यो धनं ददाना नार्यः पुण्यं लब्धारः स्वर्गं च गन्तारः ।

4) Translate the following into Sanskrit:

1. You should always speak the truth, and never go out of the path of truth.
2. The enemies must be near.
3. Those trees are to be cut down.
4. He is to be blamed and not to be trusted.
5. That is not an edible or a drinkable thing; why should we want it?
6. Your honors are to read this text.
7. A king ought to conquer the misery of the people living in his country. That is his duty.
8. It is not necessary for him to speak many words.
9. You will bathe and dive into the pure water.
10. People will despise you if you will not ask any questions.
11. The earth will shine in the light of the sun.
12. The two girls whose poems we have heard will leave this town tomorrow.
13. No wise man ever thinks that he knows everything.
14. Fools alone think that they will never fall into adversity.

15. If I do not see Nala today, I will abandon my life and perish.

5) **Write any five Sanskrit sentences of your own.**

LESSON 36

Past Perfect

In Lesson 6, we learned that there are three types of past tenses in Sanskrit. Past perfect (परोक्षभूत) is a non-conjugational tense in that verbs of all different conjugations are treated alike. Sanskrit grammarians define this type of past tense as referring to remote unseen past. Most of the classical language, however, uses the three past tenses without making any semantic distinction. The first and the second person forms of this type of perfect are extremely rare, and hence one should concentrate mainly on the third person forms. The past perfect has two varieties: reduplicative and periphrastic.

Reduplicative Past Perfect

This is generally the type for all monosyllabic roots beginning with a consonant or with the vowels अ, आ, इ, उ, and ऋ.

The reduplicative perfect has three parts: 1) a reduplicated root, 2) a frequently present augment इ, and 3) the final terminations. The changes that take place in the process of reduplication have been generally described in Lesson 27. The particular reduplications must be individually studied. Singulars in the active paradigm are strong terminations, leading to changes in the vowel of the root such as *Guṇa*.

Active Terminations			Middle Terminations		
अ	-व	-म	-ए	-वहे	-महे
थ	-अथुः	अ	-से	-आथे	-ध्वे
अ	-अतुः	-उः	-ए	-आते	-इरे

Here are some sample paradigms:

बुध् "to know"

	Active		Middle		
बुबोध	बुबुधिव	बुबुधिम	बुबुधे	बुबुधिवहे	बुबुधिमहे
बुबोधिथ	बुबुधथुः	बुबुध	बुबुधिषे	बुबुधाथे	बुबुधिध्वे
बुबोध	बुबुधतुः	बुबुधुः	बुबुधे	बुबुधाते	बुबुधिरे

दा "to give"

	Active		Middle		
ददौ	ददिव	ददिम	ददे	ददिवहे	ददिमहे
ददाथ / ददिथ	ददथुः	दद	ददिषे	ददाथे	ददिध्वे
ददौ	ददतुः	ददुः	ददे	ददाते	ददिरे

Note: Perfect forms for ब्रू are formed with suppletive use of आह् as well as वच् -

आह आहतुः आहुः / उवाच ऊचतुः ऊचुः

Periphrastic Past Perfect

This is generally the type for monosyllabic roots beginning with long vowels, except आ, and for all polysyllabic roots, i.e 10th conjugation, causatives etc. Monosyllabic roots beginning with a short vowel (except अ) followed by more than one consonant also have periphrastic perfect. Some verbs such as अय्, दय्, आस् and कास् take only periphrastic perfect. Some verbs such उष्, विद्, जागृ, भी, ह्री, भृ, हु and दरिद्रा form both the perfects.

The periphrastic perfect forms are formed by joining the termination आम् to the root and by adding to the base thus formed the reduplicated perfect forms of the verbs अस्, भू or कृ. Some sample paradigms of periphrastic perfect are given below:

गण् "to count" — **Active**; ईक्ष् "to see" — **Middle**

गणयामास	गणयामासिव	गणयामासिम	ईक्षाञ्चक्रे	ईक्षाञ्चकृवहे	ईक्षाञ्चकृमहे
गणयामासिथ	गणयामासथुः	गणयामास	ईक्षाञ्चकृषे	ईक्षाञ्चक्राथे	ईक्षाञ्चकृढ्वे
गणयामास	गणयामासतुः	गणयामासुः	ईक्षाञ्चक्रे	ईक्षाञ्चक्राते	ईक्षाञ्चक्रिरे

कथ् "to tell"

Active			Middle		
थयांबभूव	कथयांबभूविव	कथयाम्बभूविम	कथयाञ्चक्रे	कथयाञ्चकृवहे	कथयाञ्चकृमहे
थयांबभूविथ	कथयांबभूवथुः	कथयांबभूव	कथयाञ्चकृषे	कथयाञ्चक्राथे	कथयाञ्चकृढ्वे
थयांबभूव	कथयांबभूवतुः	कथयांबभूवुः	कथयाञ्चक्रे	कथयाञ्चक्राते	कथयाञ्चक्रिरे

To make passive forms for Past Perfect, one needs to use just he middle forms listed above. Thus, there is no difference etween middle forms and passive forms for Past Perfect. However, he case syntax of the sentence will show differences in agreement tc. For instance, consider the following sentences:

रामः कथां कथयाञ्चक्रे । "Rāma told a story."
रामेण कथा कथयाञ्चक्रे । "A story was told by Rāma."

ne should note, however, that the usage of Past Perfect in ıssive is extremely rare.

ist of commonly used third person past perfect forms

oot		Active			Middle	
	S	D	P	S	D	P
[illegible] (2P, A)	आद	आदतुः	आदुः			
[illegible] (10A)				अर्थयाञ्चक्रे etc.		
[illegible] (9P)	आश	आशतुः	आशुः			
[illegible] (2P, 4P)	आस	आसतुः	आसुः			
प् (5P)	आप	आपतुः	आपुः			
(2P)	इयाय	ईयतुः	ईयुः			
(6P)	इयेष	ईषतुः	ईषुः			
(1A)				ईक्षाञ्चक्रे etc.		
(2A)				ईशाञ्चक्रे etc.		
(10P)	कथयामास etc.					
(10A)				चकमे	चकमाते	चकमिरे
म् (1A)				चकम्पे	चकम्पाते	चकम्पिरे
[illegible] (1P)	चकाङ्क्ष	चकाङ्क्षतुः	चकाङ्क्षुः			

कीर्त्	(10P, A)	कीर्तयामास etc.			कीर्तयाञ्चक्रे etc.		
कृ	(8P, A)	चकार	चक्रतुः	चक्रुः	चक्रे	चक्राते	चक्रिरे
कृत्	(6P)	चकर्त	चकृततुः	चकृतुः			
कृष्	(1P, 6P)	चकर्ष	चकृषतुः	चकृषुः			
क्रन्द्	(1P)	चक्रन्द	चक्रन्दतुः	चक्रन्दुः			
क्रम्	(1P, 4P)	चक्राम	चक्रमतुः	चक्रमुः			
क्री	(9P, A)	चिक्राय	चिक्रियतुः	चिक्रियुः	चिक्रिये	चिक्रियाते	चिक्रियि
क्रीड्	(1P)	चिक्रीड	चिक्रीडतुः	चिक्रीडुः			
क्लिश्	(4A, 9P)	चिक्लेश	चिक्लिशतुः	चिक्लिशुः	चिक्लिशे	चिक्लिशाते	चिक्लि
क्षम्	(1A)				चक्षमे	चक्षमाते	चक्षमिरे
क्षल्	(10P)	क्षालयाञ्चकार etc.					
क्षिप्	(6P)	चिक्षेप	चिक्षिपतुः	चिक्षिपुः			
क्षुभ्	(9P)	चुक्षोभ	चुक्षुभतुः	चुक्षुभुः			
खन्	(1P)	चखान	चख्नतुः	चख्नुः			
खाद्	(1P)	चखाद	चखदतुः	चखदुः			
खिद्	(4A)				चिखिदे	चिखिदाते	चिखि
ख्या	(2P)	चख्यौ	चख्यतुः	चख्युः			
गण्	(10P)	गणयामास etc.					
गम्	(1P)	जगाम	जग्मतुः	जग्मुः			
गाह्	(1A)				जगाहे	जगाहाते	जगाहि
गै	(1P)	जगौ	जगतुः	जगुः			
ग्रन्थ्	(9P)	जग्रन्थ	जग्रन्थतुः	जग्रन्थुः			
ग्रस्	(1A)				जग्रसे	जग्रसाते	जग्रसि
ग्रह्	(9P, A)	जग्राह	जगृहतुः	जगृहुः	जगृहे	जगृहाते	जगृहि
घुष्	(10P)	घोषयामास etc.					
चर्	(1P)	चचार	चेरतुः	चेरुः			
चल्	(1P)	चचाल	चेलतुः	चेलुः			
चि	(5P, A)	चिकाय/ चिचाय	चिक्यतुः/ चिच्यतुः	चिक्युः/ चिच्युः	चिक्ये/ चिच्ये	चिक्याते/ चिच्याते	चिक्यि चिच्यि
चिन्त्	(10P)	चिन्तयामास etc.					
चुर्	(10P)	चोरयामास etc.					
छद्	(10P)	छादयामास etc.					
छिद्	(7P, A)	चिच्छेद	चिच्छिदतुः	चिच्छिदुः	चिच्छिदे	चिच्छिदाते	चिच्छि
जन्	(4A)				जज्ञे	जज्ञाते	जज्ञिरे
जागृ	(2P)	जजागार जागरामास etc.	जजागरतुः	जजागरुः			

जे	(1P)	जिगाय	जिग्यतुः	जिग्युः			
ीव्	(1P)	जिजीव	जिजीवतुः	जिजीवुः			
ा	(9P, A)	जज्ञौ	जज्ञतुः	जज्ञुः	जज्ञे	जज्ञाते	जज्ञिरे
वल्	(1P)	जज्वाल	जज्वलतुः	जज्वलुः			
ड्	(10P)	ताडयामास etc.					
न्	(8P, A)	ततान	तेनतुः	तेनुः	तेने	तेनाते	तेनिरे
ुद्	(6P, A)	तुतोद	तुतुदतुः	तुतुदुः	तुतुदे	तुतुदाते	तुतुदिरे
ुष्	(4P)	तुतोष	तुतुषतुः	तुतुषुः			
	(1P)	ततार	तेरतुः	तेरुः			
यज्	(1P)	तत्याज	तत्यजतुः	तत्यजुः			
ण्ड्	(10P)	दण्डयामास etc.					
श्	(1P)	ददंश	ददंशतुः	ददंशुः			
य्	(1A)	दयामास etc.					
ह्	(1P)	ददाह	देहतुः	देहुः			
	(1P, 3P, A)	ददौ	ददतुः	ददुः	ददे	ददाते	ददिरे
	(2P)	ददौ	ददतुः	ददुः			
व्	(4P)	दिदेव	दिदिवतुः	दिदिवुः			
श्	(6P)	दिदेश	दिदिशतुः	दिदिशुः			
ह्	(2P, A)	दुदोह	दुदुहतुः	दुदुहुः	दुदुहे	दुदुहाते	दुदुहिरे
श्	(1P)	ददर्श	ददृशतुः	ददृशुः			
ष्	(2P, A)	दिद्वेष	दिद्विषतुः	दिद्विषुः	दिद्विषे	दिद्विषाते	दिद्विषिरे
	(3P, A)	दधौ	दधतुः	दधुः	दधे	दधाते	दधिरे
व्	(1P)	दधाव	दधावतुः	दधावुः			
	(9P, A)	दुधाव	दुधुवतुः	दुधुवुः	दुधुवे	दुधुवाते	दुधुविरे
	(10P)	धारयामास etc.					
	(1P)	दध्यौ	दध्यतुः	दध्युः			
द्	(1P)	ननन्द	ननन्दतुः	ननन्दुः			
	(1P)	ननाम	नेमतुः	नेमुः			
	(4P)	ननाश	नेशतुः	नेशुः			
न्द्	(1P)	निनिन्द	निनिन्दतुः	निनिन्दुः			
	(1P)	निनाय	निन्यतुः	निन्युः			
	(2P)	नुनाव	नुनुवतुः	नुनुवुः			
	(6P, A)	नुनोद	नुनुदतुः	नुनुदुः	नुनुदे	नुनुदाते	नुनुदिरे
	(4P)	ननर्त	ननृततुः	ननृतुः			
	(1P)	पपाच	पेचतुः	पेचुः			
	(1P)	पपाठ	पेठतुः	पेठुः			

पत्	(1P)	पपात	पेततुः	पेतुः			
पा	(1P, 2P)	पपौ	पपतुः	पपुः			
पाल्	(10P)	पालयामास etc.					
पिष्	(7P)	पिपेष	पिपिषतुः	पिपिषुः			
पीड्	(10P)	पीडयामास etc.					
पुष्	(4P, 9P)	पुपोष	पुपुषतुः	पुपुषुः			
पू	(9P, A)	पुपाव	पुपुवतुः	पुपुवुः	पुपुवे	पुपुवाते	पुपुविरे
पूज्	(10P)	पूजयामास etc.					
प्रच्छ	(6P)	पप्रच्छ	पप्रच्छतुः	पप्रच्छुः			
प्री	(9P, A)	पिप्राय	पिप्रियतुः	पिप्रियुः	पिप्रिये	पिप्रियाते	पिप्रियि
बन्ध्	(9P)	बबन्ध	बबन्धतुः	बबन्धुः			
बाध्	(1A)				बबाधे	बबाधाते	बबाधि
बुध्	(1P)	बुबोध	बुबुधतुः	बुबुधुः			
ब्रू	(2P, A)	आह/उवाच	आहतुः/ऊचतुः	आहुः/ऊचुः	ऊचे	ऊचाते	ऊचिरे
भक्ष्	(10P)	भक्षयामास etc.					
भज्	(1P, A)	बभाज	भेजतुः	भेजुः	भेजे	भेजाते	भेजिरे
भञ्ज्	(7P)	बभञ्ज	बभञ्जतुः	बभञ्जुः			
भा	(2P)	बभौ	बभतुः	बभुः			
भाष्	(1A)				बभाषे	बभाषाते	बभाषि
भिक्ष्	(1A)				बिभिक्षे	बिभिक्षाते	बिभि
भिद्	(7P, A)	बिभेद	बिभिदतुः	बिभिदुः	बिभिदे	बिभिदाते	बिभि
भी	(3P)	बिभाय	बिभ्यतुः	बिभ्युः			
		बिभयामास etc.					
भुज्	(7P, A)	बुभोज	बुभुजतुः	बुभुजुः	बुभुजे	बुभुजाते	बुभुजि
भू	(1P)	बभूव	बभूवतुः	बभूवुः			
भूष्	(10P)	भूषयामास etc.					
भृ	(3P, A)	बभार	बभ्रतुः	बभ्रुः	बभ्रे	बभ्राते	बभ्रिरे
भ्रम्	(1,4P)	बभ्राम	बभ्रमतुः	बभ्रमुः			
			भ्रेमतुः	भ्रेमुः			
मन्	(4A)				मेने	मेनाते	मेनिरे
मन्त्र्	(10A)				मन्त्रयाञ्चक्रे etc.		
मन्थ्	(9P)	ममन्थ	ममन्थतुः	ममन्थुः			
मा	(2P, 3A)	ममौ	ममतुः	ममुः	ममे	ममाते	ममिरे
मान्	(10P, A)	मानयामास etc.			मानयाञ्चक्रे etc.		
मुच्	(6P)	मुमोच	मुमुचतुः	मुमुचुः			
मुद्	(1A)				मुमुदे	मुमुदाते	मुमुदि

ुष्	(9P)	मुमोष	मुमुषतुः	मुमुषुः			
ुह्	(4P)	मुमोह	मुमुहतुः	मुमुहुः			
ृ	(6P)	ममार	मम्रतुः	मम्रुः			
ज्	(1P, A)	इयाज	ईजतुः	ईजुः	ईजे	ईजाते	ईजिरे
त्	(1A)				येते	येताते	येतिरे
ा	(2P)	ययौ	ययतुः	ययुः			
ाच्	(1A)				ययाचे	ययाचाते	ययाचिरे
ुज्	(7P, A)	युयोज	युयुजतुः	युयुजुः	युयुजे	युयुजाते	युयुजिरे
ुध्	(4A)				युयुधे	युयुधाते	युयुधिरे
क्ष्	(1P)	ररक्ष	ररक्षतुः	ररक्षुः			
च्	(10P)	रचयामास etc.					
म्	(1A)				रेमे	रेमाते	रेमिरे
ाज्	(1P, A)	रराज	रेजतुः	रेजुः	रेजे	रेजाते	रेजिरे
			ररजतुः	ररजुः	रराजे	रराजाते	रराजिरे
	(2P)	रुराव	रुरुवतुः	रुरुवुः			
च्	(1A)				रुरुचे	रुरुचाते	रुरुचिरे
द्	(2P)	रुरोद	रुरुदतुः	रुरुदुः			
ध्	(7P, A)	रुरोध	रुरुधतुः	रुरुधुः	रुरुधे	रुरुधाते	रुरुधिरे
ह्	(1P)	रुरोह	रुरुहतुः	रुरुहुः			
भ्	(1A)				लेभे	लेभाते	लेभिरे
ख्	(6P)	लिलेख	लिलिखतुः	लिलिखुः			
ह्	(2P, A)	लिलेह	लिलिहतुः	लिलिहुः	लिलिहे	लिलिहाते	लिलिहिरे
	(9P, A)	लुलाव	लुलुवतुः	लुलुवुः	लुलुवे	लुलुवाते	लुलुविरे
्	(2P)	उवाच	ऊचतुः	ऊचुः			
	(10P)	वञ्चयामास etc.					
	(1P)	उवाद	ऊदतुः	ऊदुः			
द्	(1A)				ववन्दे	ववन्दाते	ववन्दिरे
	(1P)	उवास	ऊषतुः	ऊषुः			
	(1P)	उवाह	ऊहतुः	ऊहुः			
	(2P)	ववौ	ववतुः	ववुः			
न्छ्	(1P)	ववाञ्छ	ववाञ्छतुः	ववाञ्छुः			
	(2P, 6P)	विवेद	विविदतुः	विविदुः			
		विदाञ्चकार etc.					
	(4A)				विविदे	विविदाते	विविदिरे
	(6P, A)	विवेश	विविशतुः	विविशुः	विविशे	विविशाते	विविशिरे
	(5P, A)	ववार	वव्रतुः	वव्रुः	वव्रे	वव्राते	वव्रिरे

वृ	(9P, A)	ववार	ववरतुः	ववरुः	ववरे	ववराते	ववरिरे
वृत्	(1A)				ववृते	ववृताते	ववृतिरे
वृध्	(1A)				ववृधे	ववृधाते	ववृधिरे
वेप्	(1A)				विवेपे	विवेपाते	विवेपिरे
व्रज्	(1P)	वव्राज	वव्रजतुः	वव्रजुः			
शक्	(5P)	शशाक	शेकतुः	शेकुः			
शंस्	(1P)	शशंस	शशंसतुः	शशंसुः			
शप्	(1P)	शशाप	शेपतुः	शेपुः			
शम्	(4P)	शशाम	शेमतुः	शेमुः			
शास्	(2P)	शशास	शशासतुः	शशासुः			
शी	(2A)				शिश्ये	शिश्याते	शिश्यिरे
शुभ्	(1A)				शुशुभे	शुशुभाते	शुशुभिरे
श्रम्	4P)	शश्राम	शश्रमतुः	शश्रमुः			
श्रु	(5P, A)	शुश्राव	शुश्रुवतुः	शुश्रुवुः			
श्लाघ्	(1A)				शश्लाघे	शश्लाघाते	शश्लाघि
श्वस्	(2P)	शश्वास	शश्वसतुः	शश्वसुः			
सद्	(1P)	ससाद	सेदतुः	सेदुः			
सह्	(1A)				सेहे	सेहाते	सेहिरे
साध्	(5P)	ससाध	सेधतुः	सेधुः			
सृ	(1P)	ससार	सस्रतुः	सस्रुः			
सृज्	(6P)	ससर्ज	ससृजतुः	ससृजुः			
सृप्	(1P)	ससर्प	ससृपतुः	ससृपुः			
सेव्	(1A)				सिषेवे	सिषेवाते	सिषेवि
स्तु	(2P, A)	तुष्टाव	तुष्टुवतुः	तुष्टुवुः	तुष्टुवे	तुष्टुवाते	तुष्टुवि
स्था	(1P)	तस्थौ	तस्थतुः	तस्थुः			
स्ना	(2P)	सस्नौ	सस्नतुः	सस्नुः			
स्पृश्	(6P)	पस्पर्श	पस्पृशतुः	पस्पृशुः			
स्पृह्	(10P)	स्पृहयामास	etc.				
स्मृ	(1P)	सस्मार	सस्मरतुः	सस्मरुः			
स्वप्	(2P)	सुष्वाप	सुषुपतुः	सुषुपुः			
हन्	(2P)	जघान	जघ्नतुः	जघ्नुः			
हस्	(1P)	जहास	जहसतुः	जहसुः			
हा	(3P)	जहौ	जहतुः	जहुः			
हिंस्	(7P)	जिहिंस	जिहिंसतुः	जिहिंसुः			
हु	(3P)	जुहाव	जुहुवतुः	जुहुवुः			
हृ	(1P, A)	जहार	जह्रतुः	जह्रुः	जह्रे	जह्राते	जह्रिरे

Vocabulary

दुष्यन्त (m)	name of a king	किल (ind)	reportedly
मृगया (f)	hunting	अमात्य (m)	minister of king
अनु+गम् (1P)	to go after, follow	कानन (n)	forest
पलायमान (a)	running	अनु+सृ (1P)	to go after
दिव्याश्रमपद (n)	heavenly hermitage	कृतक (a)	made, adopted
स्वागत (n)	greeting, welcome	वि+आ+हृ (1P)	to utter, say
सर्वाङ्गी (f)	entire or perfect in limbs	कम् (10A)	to love, desire
		पाणि (m)	hand
पाणिं ग्रह् (9PA)	to marry	कण्व (m)	name of a sage
शकुन्तला (f)	name of a girl	गान्धर्व (a)	love (marriage)
विधि (m)	rule, ceremony	उभ (prn)	both
क्रीड् (1P)	to play	नि+वृत् (1A)	to return, fall back
उप+या (2P)	to approach, go		
अभय (n)	protection	आगमन (n)	visit, coming
अधि+इ (2A)	to study	आ+नी (1P)	to fetch
महार्ह (a)	expensive	भीम-विष (n)	terrible poison
सुधा (f)	ambrosia	विराम (m)	end of action
निश्चित-अर्थ (m)	determined purpose	धीर (a)	courageous person

Exercises

1) **Convert all the 3rd person past tense verbs in the story of the mustard seed in Lesson 11 to past perfect.**

2) **Translate the following into English:**

• पुरा किल दुष्यन्तो नाम राजा बभूव। स एकदा मृगयां कर्तुं वनमियाय। तं तस्य सैनिका अमात्याश्चानुजग्मुः। तस्मिन् कानने दुष्यन्तो बहून् मृगान् जघान। एकं मृगं पलायमानमनुसरन्मार्गे स किञ्चन दिव्याश्रमपदं ददर्श। कस्यायमाश्रम इति स राजा अमात्यान् पप्रच्छ। कण्वस्यायमृषेराश्रम इति ज्ञात्वा स राजा तमाश्रमं प्रविवेश। प्रविश्य च कोऽस्ति भो अत्रेति पप्रच्छ। कण्वस्य कृतकदुहिता शकुन्तला आश्रमाद् बहिरागत्य दुष्यन्ताय स्वागतं व्याजहार। शकुन्तलां चारुसर्वाङ्गीं दृष्ट्वा दुष्यन्तस्तां चकमे। तस्याः पाणिं स राजा गान्धर्वेण विधिना जग्राह। अनन्तरं कञ्चित्कालं तावुभौ तस्मिन्नाश्रमे चिक्रीडतुः। रममाणं राजानं प्रेक्ष्य सैनिकाः पुरं निववृतिरे। राजापि पश्चात्स्वं नगरमुपययौ।

२. रत्नैर्महार्हैस्तुतुषुर्न देवाः
न भेजिरे भीमविषेण भीतिम् ।
सुधां विना न प्रययुर्विरामम्
न निश्चितार्थाद्विरमन्ति धीराः ॥
३. स राजा पर्वतादवततार नद्याश्च जलं पपौ ।
४. अर्जुनः (proper name) सेनयोर्मध्ये भूमावुपविवेश धनुश्च तत्याज ।
५. ईश्वर एक एव बभूव । स न रेमे । तस्मादिदं जगत्ससर्ज ।
६. वृक्षस्य शाखायां स काकः ससाद फलानि च चखाद ।

3) **Translate the following into Sanskrit: (Use past perfect forms where possible.)**

1. The two sons of the merchant discarded all of the wealth which they had received from their father and went to the forest.
2. Formerly there was a big lake where the swans sported among the lotuses.
3. None did it except his youngest son Paraśurāma.
4. Having said "Bharata will be the king", Rāma and Lakṣmaṇ went to the forest.
5. Having gone to the forest, Rāma offered protection to th sages.
6. No men sacrificed, and the gods were not pleased.
7. The gods went to the sage, saluted him, and praised hi might. He asked them the purpose of their visit.
8. While her sons were studying, the mother went to th well and fetched water.
9. The soldiers threw many arrows, but were not able t conquer.
10. Rāma killed Rāvaṇa and made Rāvaṇa's brother Bibhīṣaṇ the king of Laṅkā (f).

4) **Write any five Sanskrit sentences of your own.**

LESSON 37

Past Aorist

Of the three types of past tenses mentioned before, Aorist is the third and the last. According to Sanskrit grammarians, this type of past tense refers either to past in general (सामान्यभूत) or to very recent seen or unseen event (अद्यतनभूत). Again, the classical language does not retain any semantic distinctions between the three past tenses, though the different forms continue to be used. Aorist is perhaps the most complex type of the three past tenses, though the final endings for aorist are pretty much the same as those for past imperfect. Aorist is a non-conjugational tense in that it does not make much difference what conjugation the root belongs to.

In general, there are seven different varieties, all of which take the past tense augment अ, like past imperfect (अनद्यतनभूत). These seven varieties may be divided between two general classes, i.e. sigmatic aorist and non-sigmatic aorist. The word sigmatic simply refers to an infix -स् occurring in these forms. Some varieties have this -स्, and others do not.

Sigmatic Aorist Varieties:

There are four sub-varieties of sigmatic aorist, depending upon whether the forms show -स, -स्, इष्, or -सिष्.

-स variety:

This variety has the infix -स between the root and the final terminations, thus yielding the sequence of elements:

अ + root + स + final termination

Only a few roots ending in श् and ह् have this variety. Note the following sample paradigms:

दिश् "to show"				दुह् "to milk"		
Active				**Middle**		
अदिक्षम्	अदिक्षाव	अदिक्षाम		अधुक्षि	अधुक्षावहि	अधुक्षामहि
अदिक्षः	अदिक्षतम्	अदिक्षत		अधुक्षथाः	अधुक्षाथाम्	अधुक्षध्वम्
अदिक्षत्	अदिक्षताम्	अदिक्षन्		अधुक्षत	अधुक्षाताम्	अधुक्षन्त

-स् variety:

This variety has the infix -स् between the root and the final terminations, thus yielding the sequence:

अ + root + स् + final termination

This is generally used for several roots ending in consonants or vowels other than आ. Note the following sample paradigms:

कृ "to do"				शप् "to curse"		
Active				**Middle**		
अकार्षम्	अकार्ष्व	अकार्ष्म		अशप्सि	अशप्स्वहि	अशप्स्महि
अकार्षीः	अकार्ष्टम्	अकार्ष्ट		अशप्थाः	अशप्साथाम्	अशब्ध्वम्
अकार्षीत्	अकार्ष्टाम्	अकार्षुः		अशप्त	अशप्साताम्	अशप्सत

-इष् variety:

This variety has the infix -इष् between the root and the final termination, thus yielding the sequence of elements:

अ + root + इष् + final termination

This variety is used for several roots ending in consonants and vowels other than आ. Note the following sample paradigms:

बुध् "to awake"				शी "to lie down"		
Active				**Middle**		
अबोधिषम्	अबोधिष्व	अबोधिष्म		अशयिषि	अशयिष्वहि	अशयिष्महि
अबोधीः	अबोधिष्टम्	अबोधिष्ट		अशयिष्ठाः	अशयिषाथाम्	अशयिद्वम्
अबोधीत्	अबोधिष्टाम्	अबोधिषुः		अशयिष्ट	अशयिषाताम्	अशयिषत

-सिष् variety:

This variety has the infix -सिष् between the root and the final termination, thus yielding the sequence of elements:

अ + root + सिष् + final termination

Only a few roots ending in आ have this variety, and there are no middle forms.

या "to go"

Active

अयासिषम्	अयासिष्व	अयासिष्म
अयासीः	अयासिष्टम्	अयासिष्ट
अयासीत्	अयासिष्टाम्	अयासिषुः

Non-Sigmatic Aorist Varieties:

These varieties do not have any kind of -स् infix.

-अ infix variety:

This variety has the infix -अ between the root and the final termination, thus yielding the sequence of elements:

अ + root + अ + final termination

Note the following sample paradigms:

गम् "to go" — **Active**

अगमम्	अगमाव	अगमाम
अगमः	अगमतम्	अगमत
अगमत्	अगमताम्	अगमन्

वच् "to speak" — **Middle**

अवोचे	अवोचावहि	अवोचामहि
अवोचथाः	अवोचेथाम्	अवोचध्वम्
अवोचत	अवोचेताम्	अवोचन्त

Zero-infix or the root aorist variety:

In this variety, there is no infix intervening between the root and the final terminations. This variety is found only in active (परस्मैपद). Note the following sample paradigms:

दा "to give" — **Active**

अदाम्	अदाव	अदाम
अदाः	अदातम्	अदात
अदात्	अदाताम्	अदुः

भू "to be — **Active**

अभूवम्	अभूव	अभूम
अभूः	अभूतम्	अभूत
अभूत्	अभूताम्	अभूवन्

Reduplicated aorist variety:

In this variety, the root undergoes reduplication and there is an infix -अ between the root and the final termination, thus yielding the sequence of elements:

अ + reduplicated root + अ + final termination

This variety is found mostly for 10th conjugation verbs and secondary verbs such as causatives. Note the sample paradigms:

मुच् "to release" (मोचय causative)

Active			Middle		
अमूमुचम्	अमूमुचाव	अमूमुचाम	अमूमुचे	अमूमुचावहि	अमूमुचामहि
अमूमुचः	अमूमुचतम्	अमूमुचत	अमूमुचथाः	अमूमुचेथाम्	अमूमुचध्वम्
अमूमुचत्	अमूमुचताम्	अमूमुचन्	अमूमुचत	अमूमुचेताम्	अमूमुचन्त

Aorist Passive:

The aorist passive forms are identical with aorist middle forms, except for the 3rd person singular, which is formed with the affix -इ. Observe the following examples:

कृ	अकारि	श्रु	अश्रावि	मुच्	अमोचि
विश्	अवेशि	ज्ञा	अज्ञायि	नी	अनायि

Here are a few sample examples:

रामेण घटोऽकारि । "A pot was made by Rāma."

सीतया गीतमश्रावि । "A song was heard by Sītā."

नलेन हंसोऽमोचि । "The swan was released by Nala."

मा with augmentless aorist (Injunctive):

In Vedic literature, there was a whole paradigm called injunctive. Of this injunctive paradigm, the only survival in the classical language is the use of a few forms with मा. This gives the meaning "You must not do such and such a thing". These surviving forms look like the forms of aorist without the initial augment अ. Sanskrit grammarians treat these as forms of aorist with out the augment, rather than as survivals of an independent mood.

मा गमः "You must not go".

मा कृथाः "You must not do".

मा दाः "You must not give".

Listing of aorist forms for frequently used verbs: (These 3rd person forms should help identify the type of aorist paradigm one needs for a given verb.)

Root		3rd Person Forms	3rd Sg. Passive कर्मणि
अद्	(2P)	अघसत् / अघसताम् / अघसन्	आदि
अर्थ्	(10A)	आर्तथत / आर्तथेताम् / आर्तथन्त	आर्थि
अश्	(5A)	आशिष्ट / आशिषाताम् / आशिषत	आशि
अश्	(9P)	आशीत् / आशिष्टाम् / आशिषुः	आशि
अस्	(2P)	अभूत् / अभूताम् / अभूवन्	अभावि
अस्	(4P	आस्थत् / आस्थताम् / आस्थन्	आसि
आप्	(5P)	आपत् / आपताम् / आपन्	आपि
आस्	(2A)	आसिष्ट / आसिषाताम् / आसिषत	आसि
इ	(2P)	अगात् / अगाताम् / अगुः	अगायि
इष्	(6P)	ऐषीत् / ऐषिष्टाम् / ऐषिषुः	ऐषि
ईक्ष्	(1A)	ऐक्षिष्ट / ऐक्षिषाताम् / ऐक्षिषत	ऐक्षि
ईश्	(2A)	ऐशिष्ट / ऐशिषाताम् / ऐशिषत	ऐशि
कथ्	(10P)	अचकथत् / अचकथताम् / अचकथन्	अकथि
कम्प्	(1A)	अकम्पिष्ट / अकम्पिषाताम् / अकम्पिषत	अकम्पि
काङ्क्ष्	(1P)	अकाङ्क्षीत् / अकाङ्क्षिष्टाम् / अकाङ्क्षुः	अकाङ्क्षि
कीर्त्	(10P)	अचीकृतत् / अचीकृतताम् / अचीकृतन्	अकीर्ति
		अचिकीर्तत् / अचिकीर्तताम् / अचिकीर्तन्	"
कृ	(8P)	अकार्षीत् / अकार्ष्टाम् / अकार्षुः	अकारि
	(8A)	अकृत / अकृषाताम् / अकृषत	"
कृत्	(6P)	अकर्तीत् / अकर्तिष्टाम् / अकर्तिषुः	अकर्ति
कृष्	(1P, 6P)	अकार्क्षीत् / अकार्ष्टाम् / अकार्क्षुः	अकर्षि
		अक्राक्षीत् / अक्राष्टाम् / अक्राक्षुः	
		अकृक्षत् / अकृक्षताम् / अकृक्षन्	
क्रम्	(1P)	अक्रमीत् / अक्रमिष्टाम् / अक्रमिषुः	अक्रमि
क्री	(9P)	अक्रैषीत् / अक्रैष्टाम् / अक्रैषुः	अक्रायि
	(9A)	अक्रेष्ट / अक्रेषाताम् / अक्रेषत	"

क्लिश्	(9P)	अक्लेशीत् / अक्लेशिषाताम् / अक्लेशिषुः	अक्लेशि
क्षम्	(1A)	अक्षमिष्ट / अक्षमिषाताम् / अक्षमिषत	अक्षमि
		अक्षंस्त / अक्षंसाताम् / अक्षंसत	
क्षम्	(4P)	अक्षमत् / अक्षमताम् / अक्षमन्	"
क्षल्	(10P)	अचिक्षलत् / अचिक्षलताम् / अचिक्षलन्	अक्षालि
क्षिप्	(6P)	अक्षैप्सीत् / अक्षैप्ताम् / अक्षैप्सुः	अक्षेपि
क्षुभ्	(9P)	अक्षोभीत् / अक्षोभिष्टाम् / अक्षोभिषुः	अक्षोभि
खन्	(1P)	अखनीत् / अखनिष्टाम् / अखनिषुः	अखानि
		अखानीत् / अखानिष्टाम् / अखानिषुः	
खाद्	(1P)	अखादीत् / अखादिष्टाम् / अखादिषुः	अखादि
खिद्	(4A)	अखित्त / अखित्साताम् / अखित्सत	अखेदि
ख्या	(2P)	अख्यत् / अख्यताम् / अख्यन्	अख्यायि
गण्	(10P)	अजीगणत् / अजीगणताम् / अजीगणन्	अगणि
		अजगणत् / अजगणताम् / अजगणन्	"
गम्	(1P)	अगमत् / अगमताम् / अगमन्	अगामि
गाह्	(1A)	अगाहिष्ट / अगाहिषाताम् / अगाहिषत	अगाहि
		अगाढ / अघाक्षाताम् / अघाक्षत	
गै	(1P)	अगासीत् / अगासिष्टाम् / अगासिषुः	अगायि
ग्रन्थ्	(9P)	अग्रन्थीत् / अग्रन्थिष्टाम् / अग्रन्थिषुः	अग्रन्थि
ग्रस्	(1A)	अग्रसिष्ट / अग्रसिषाताम् / अग्रसिषत	अग्रासि
ग्रह्	(9P)	अग्रहीत् / अग्रहीष्टाम् / अग्रहीषुः	अग्राहि
	(9A)	अग्रहीष्ट / अग्रहीषाताम् / अग्रहीषत	"
घुष्	(10P)	अजूघुषत् / अजूघुषताम् / अजूघुषन्	अघोषि
घ्रा	(1P)	अघ्रात् / अघ्राताम् / अघ्रुः	अघ्रायि
		अघ्रासीत् / अघ्रासिष्टाम् / अघ्रासिषुः	
चर्	(1P)	अचारीत् / अचारिष्टाम् / अचारिषुः	अचारि
चल्	(1P)	अचालीत् / अचालिष्टाम् / अचालिषुः	अचालि
चि	(5P)	अचैषीत् / अचैष्टाम् / अचैषुः	अचेषि
	(5A)	अचेष्ट / अचेषाताम् / अचेषत	"
चिन्त्	(10P)	अचिचिन्तत् / अचिचिन्तताम् / अचिचिन्तन्	अचिन्ति
चुर्	(10P)	अचूचुरत् / अचूचुरताम् / अचूचुरन्	अचोरि
छद्	(10P)	अचिच्छदत् / अचिच्छदताम् / अचिच्छदन्	अच्छादि
छिद्	(7P)	अच्छिदत् / अच्छिदताम् / अच्छिदन्	अच्छेदि
		अच्छैत्सीत् / अच्छैत्ताम् / अच्छैत्सुः	"
	(7A)	अच्छित्त / अच्छित्साताम् / अच्छित्सत	"
जन्	(4A)	अजनि or अजनिष्ट / अजनिषाताम् / अजनिषत	अजनि

जागृ	(2P)	अजागरीत् / अजागरिष्टाम् / अजागरिषुः	अजागारि
जि	(1P)	अजैषीत् / अजैष्टाम् / अजैषुः	अजायि
जीव्	(1P)	अजीवीत् / अजीविष्टाम् / अजीविषुः	अजीवि
ज्ञा	(9P)	अज्ञासीत् / अज्ञासिष्टाम् / अज्ञासिषुः	अज्ञायि
	(9A)	अज्ञास्त / अज्ञासाताम् / अज्ञासत	"
ज्वल्	(1P)	अज्वालीत् / अज्वालिष्टाम् / अज्वालिषुः	अज्वालि
तड्	(10P)	अतीतडत् / अतीतडताम् / अतीतडन्	अताडि
तन्	(8P)	अतनीत् / अतनिष्टाम् / अतनिषुः	अतानि
		अतानीत् / अतानिष्टाम् / अतानिषुः	"
	(8A)	अतनिष्ट or अतत / अतनिषाताम् / अतनिषत	"
तप्	(1P)	अताप्सीत् / अताप्ताम् / अताप्सुः	अतापि
तुद्	(6P)	अतौत्सीत् / अतौत्ताम् / अतौत्सुः	अतोदि
तुष्	(4P)	अतुषत् / अतुषताम् / अतुषन्	अतोषि
तॄ	(1P)	अतारीत् / अतारिष्टाम् / अतारिषुः	अतारि
त्यज्	(1P)	अत्याक्षीत् / अत्याष्टाम् / अत्याक्षुः	अत्याजि
दण्ड्	(10P)	अददण्डत् / अददण्डताम् / अददण्डन्	अदण्डि
दंश्	(1P)	अदाङ्क्षीत् / अदांष्टाम् / अदाङ्क्षुः	अदशि
दय्	(1A)	अदयिष्ट / अदयिषाताम् / अदयिषत	अदायि
दह्	(1P)	अधाक्षीत् / अदाग्धाम् / अधाक्षुः	अदाहि
दा	(1P)	अदात् / अदाताम् / अदुः	अदायि
दा	(2P)	अदासीत् / अदासिष्टाम् / अदासिषुः	अदायि
दा	(3P)	अदात् / अदाताम् / अदुः	"
	(3A)	अदित / अदिषाताम् / अदिषत	"
दिव्	(4P)	अदेवीत् / अदेविष्टाम् / अदेविषुः	अदेवि
दिश्	(6P)	अदिक्षत् / अदिक्षताम् / अदिक्षन्	अदेशि
दुह्	(2P)	अधुक्षत् / अधुक्षताम् / अधुक्षन्	अदोहि
	(2A)	अदुग्ध / अधुक्षाताम् / अधुक्षन्त	"
दृश्	(1P)	अद्राक्षीत् / अद्राष्टाम् / अद्राक्षुः	अदर्शि
		अदर्शत् / अदर्शताम् / अदर्शन्	
द्विष्	(2P)	अद्विक्षत् / अद्विक्षताम् / अद्विक्षन्	अद्वेषि
	(2A)	अद्विक्षत / अद्विक्षेताम् / अद्विक्षन्त	"
ा	(3P)	अधात् / अधाताम् / अधुः	अधायि
	(3A)	अधित / अधिषाताम् / अधिषत	"
ाव्	(1P)	अधावीत् / अधाविष्टाम् / अधाविषुः	अधावि
[illegible]	(9P)	अधावीत् / अधाविष्टाम् / अधाविषुः	अधावि
	(9A)	अधविष्ट / अधविषाताम् / अधविषत	"

धृ	(10P)	अदीधरत् / अदीधरताम् / अदीधरन्	अधारि
ध्यै	(1P)	अध्यासीत् / अध्यासिष्टाम् / अध्यासिषुः	अध्यायि
नन्द्	(1P)	अनन्दीत् / अनन्दिष्टाम् / अनन्दिषुः	अनन्दि
नम्	(1P)	अनंसीत् / अनंसिष्टाम् / अनंसिषुः	अनामि
नश्	(4P)	अनशत् / अनशताम् / अनशन्	अनाशि
		अनेशत् / अनेशताम् / अनेशन्	
निन्द्	(1P)	अनिन्दीत् / अनिन्दिष्टाम् / अनिन्दिषुः	अनिन्दि
नी	(1P)	अनैषीत् / अनैष्टाम् / अनैषुः	अनायि
	(1A)	अनेष्ट / अनेषाताम् / अनेषत	"
नु	(2P)	अनावीत् / अनाविष्टाम् / अनाविषुः	अनावि
नुद्	(6P)	अनौत्सीत् / अनौत्ताम् / अनौत्सुः	अनोदि
नृत्	(4P)	अनर्तीत् / अनर्तिष्टाम् / अनर्तिषुः	अनर्ति
पच्	(1P)	अपाक्षीत् / अपाक्ताम् / अपाक्षुः	अपाचि
पठ्	(1P)	अपठीत् / अपाठीत्	अपाठि
पत्	(1P)	अपप्तत् / अपप्तताम् / अपप्तन्	अपाति
पा	(1P)	अपात् / अपाताम् / अपुः	अपायि
पा	(2P)	अपासीत् / अपासिष्टाम् / अपासिषुः	अपायि
पाल्	(10P)	अपीपलत् / अपीपलताम् / अपीपलन्	अपालि
पिष्	(7P)	अपिषत् / अपिषताम् / अपिषन्	अपेषि
पीड्	(10P)	अपिपीडत् / अपिपीडताम् / अपिपीडन्	अपीडि
		अपीपिडत् / अपीपिडताम् / अपीपिडन्	"
पुष्	(4P)	अपुषत् / अपुषताम् / अपुषन्	अपोषि
पुष्	(9P)	अपोषीत् / अपोषिष्टाम् / अपोषिषुः	"
पू	(9P)	अपावीत् / अपाविष्टाम् / अपाविषुः	अपावि
	(9A)	अपविष्ट / अपविषाताम् / अपविषत	"
पूज्	(10P)	अपूपुजत् / अपूपुजताम् / अपूपुजन्	अपूजि
प्रच्छ	(6P)	अप्राक्षीत् / अप्राष्टाम् / अप्राक्षुः	अप्रच्छि
प्री	(9P)	अप्रैषीत् / अप्रैष्टाम् / अप्रैषुः	अप्रायि
	(9A)	अप्रेष्ट / अप्रेषाताम् / अप्रेषत	"
बन्ध्	(9P)	अभान्त्सीत् / अबान्द्धाम् / अभान्त्सुः	अबन्धि
बाध्	(1A)	अबाधिष्ट / अबाधिषाताम् / अबाधिषत	अबाधि
बुध्	(1P)	अबोधीत् / अबोधिष्टाम् / अबोधिषुः	अबोधि
	(1A)	अबोधिष्ट / अबोधिषाताम् / अबोधिष्ट	"
ब्रू	(2P)	अवोचत् / अवोचताम् / अवोचन्	अवोचि
	(2A)	अवोचत / अवोचेताम् / अवोचन्त	"

भज्	(1P)	अभाक्षीत् / अभाक्ताम् / अभाक्षुः	अभाजि
	(1A)	अभक्त / अभक्षाताम् / अभक्षत	”
भञ्ज्	(7P)	अभाङ्क्षीत् / अभाङ्क्ताम् / अभाङ्क्षुः	अभञ्जि / अभाजि
भक्ष्	(10P)	अबभक्षत् / अबभक्षताम् / अबभक्षन्	अभक्षि
भा	(2P)	अभासीत् / अभासिष्टाम् / अभासिषुः	अभासि
भाष्	(1A)	अभाषिष्ट / अभाषिषाताम् / अभाषिषत	अभाषि
भिक्ष्	(1A)	अभिक्षिष्ट / अभिक्षिषाताम् / अभिक्षिषत	अभिक्षि
भिद्	(7P)	अभिदत् / अभिदताम् / अभिदन्	अभेदि
		अभैत्सीत् / अभैत्ताम् / अभैत्सुः	”
	(7A)	अभित्त / अभित्साताम् / अभित्सत	”
भी	(3P)	अभैषीत् / अभैष्टाम् / अभैषुः	अभायि
भुज्	(7P)	अभौक्षीत् / अभौक्ताम् / अभौक्षुः	अभोजि
	(7A)	अभुक्त / अभुक्षाताम् / अभुक्षत	”
भू	(1P)	अभूत् / अभूताम् / अभूवन्	अभावि
भूष्	(10P)	अबुभूषत् / अबूभुषताम् / अबूभुषन्	अभूषि
भृ	(3P)	अभार्षीत् / अभार्ष्टाम् / अभार्षुः	अभारि
	(3A)	अभृत / अभृषाताम् / अभृषत	”
भ्रम्	(1P)	अभ्रमीत् / अभ्रमिष्टाम् / अभ्रमिषुः	अभ्रमि
	(4P)	अभ्रमत् / अभ्रमताम् / अभ्रमन्	”
मद्	(4P)	अमदत् / अमदताम् / अमदन्	अमादि
मन्	(4A)	अमंस्त / अमंसाताम् / अमंसत	अमानि
मन्	(8A)	अमनिष्ट or अमत / अमनिषाताम् / अमनिषत	अमानि
मन्त्र्	(10A)	अममन्त्रत / अममन्त्रेताम् / अममन्त्रन्त	अमन्त्रि
मन्थ्	(9P)	अमन्थीत् / अमन्थिष्टाम् / अमन्थिषुः	अमन्थि
मा	(2P)	अमासीत् / अमासिष्टाम् / अमासिषुः	अमायि
मा	(3A)	अमास्त / अमासाताम् / अमासत	”
मुच्	(6P)	अमुचत् / अमुचताम् / अमुचन्	अमोचि
मुद्	(1A)	अमोदिष्ट / अमोदिषाताम् / अमोदिषत	अमोदि
मुष्	(9P)	अमोषीत् / अमोषिष्टाम् / अमोषिषुः	अमोषि
मुह्	(4P)	अमुहत् / अमुहताम् / अमुहन्	अमोहि
ृ	(6A)	अमृत / अमृषाताम् / अमृषत	अमारि
यज्	(1P)	अयाक्षीत् / अयाष्टाम् / अयाक्षुः	अयाजि
	(1A)	अयष्ट / अयक्षाताम् / अयक्षत	”
त्	(1A)	अयतिष्ट / अयतिषाताम् / अयतिषत	अयाति
ा	(2P)	अयासीत् / अयासिष्टाम् / अयासिषुः	अयायि
ाच्	(1A)	अयाचिष्ट / अयाचिषाताम् / अयाचिषत	अयाचि

युज्	(7P)	अयुजत् / अयुजताम् / अयुजन्	अयोजि
		अयौक्षीत् / अयौक्ताम् / अयौक्षुः	”
	(7A)	अयुक्त / अयुक्षाताम् / अयुक्षत	”
युध्	(4A)	अयुद्ध / अयुत्साताम् / अयुत्सत	अयोधि
रक्ष्	(1P)	अरक्षीत् / अरक्षिष्टाम् / अरक्षिषुः	अरक्षि
रच्	(10P)	अररचत् / अररचताम् / अररचन्	अरचि
रम्	(1A)	अरंस्त / अरंसाताम् / अरंसत	अरामि
राज्	(1P)	अराजीत् / अराजिष्टाम् / अराजिषुः	अराजि
	(1A)	अराजिष्ट / अराजिषाताम् / अराजिषत	”
रु	(2P)	अरावीत् / अराविष्टाम् / अराविषुः	अरावि
रुच्	(1A)	अरोचिष्ट / अरोचिषाताम् / अरोचिष्ट	अरोचि
रुद्	(2P)	अरुदत् / अरुदताम् / अरुदन्	अरोदि
		अरोदीत् / अरोदिष्टाम् / अरोदिषुः	”
रुध्	(7P)	अरुधत् / अरुधताम् / अरुधन्	अरोधि
		अरौत्सीत् / अरौद्धाम् / अरौत्सुः	अरोधि
	(7A)	अरुद्ध / अरुत्साताम् / अरुत्सत	”
रुह्	(1P)	अरुक्षत् / अरुक्षताम् / अरुक्षन्	अरोहि
लभ्	(1A)	अलब्ध / अलप्साताम् / अलप्सत	अलभि / अल
लिख्	(6P)	अलेखीत् / अलेखिष्टाम् / अलेखिषुः	अलेखि
लिह्	(2P)	अलिक्षत् / अलिक्षताम् / अलिक्षन्	अलेहि
	(2A)	अलिक्षत or अलीढ / अलिक्षाताम् / अलिक्षन्त	”
लुभ्	(4P)	अलुभत् / अलुभताम् / अलुभन्	अलोभि
लू	(9P)	अलावीत् / अलाविष्टाम् / अलाविषुः	अलावि
	(9A)	अलविष्ट / अलविषाताम् / अलविषत	”
वच्	(2P)	अवोचत् / अवोचताम् / अवोचन्	अवोचि
वञ्च	(10P)	अवञ्चत् / अवञ्चताम् / अवञ्चन्	अवञ्चि
वद्	(1P)	अवादीत् / अवादिष्टाम् / अवादिषुः	अवादि
वन्द्	(1A)	अवन्दिष्ट / अवन्दिषाताम् / अवन्दिषत	अवन्दि
वस्	(1P)	अवात्सीत् / अवात्ताम् / अवात्सुः	अवासि
वह्	(1P)	अवाक्षीत् / अवोढाम् / अवाक्षुः	अवाहि
वा	(2P)	अवासीत् / अवासिष्टाम् / अवासिषुः	अवायि
वाञ्छ्	(1P)	अवाञ्छीत् / अवाञ्छिष्टाम् / अवाञ्छिषुः	अवाञ्छि
विद्	(2P)	अवेदीत् / अवेदिष्टाम् / अवेदिषुः	अवेदि
विद्	(4A)	अवित्त / अवित्साताम् / अवित्सत	”
विद्	(6P)	अविदत् / अविदताम् / अविदन्	”
विश्	(6P)	अविक्षत् / अविक्षताम् / अविक्षन्	अवेशि

वृ	(5P)	अवारीत् / अवारिष्टाम् / अवारिषुः	अवारि
	(5A)	अवरिष्ट / अवरिषाताम् / अवरिषत	”
		अवृत / अवृषाताम् / अवृषत	
वृ	(10P)	अवीवरत् / अवीवरताम् / अवीवरन्	”
वॄ	(9P)	अवारीत् / अवारिष्टाम् / अवारिषुः	अवारि
	(9A)	अवरिष्ट / अवरिषाताम् / अवरिषत	”
वृत्	(1A)	अवर्तिष्ट / अवर्तिषाताम् / अवर्तिषत	अवर्ति
वृध्	(1A)	अवर्धिष्ट / अवर्धिषाताम् / अवर्धिषत	अवर्धि
वेप्	(1A)	अवेपिष्ट / अवेपिषाताम् / अवेपिषत	अवेपि
व्रज्	(1P)	अव्राजीत् / अव्राजिष्टाम् / अव्राजिषुः	अव्राजि
शक्	(5P)	अशकत् / अशकताम् / अशकन्	अशाकि
शप्	(1P)	अशाप्सीत् / अशाप्ताम् / अशाप्सुः	अशापि
शम्	(4P)	अशमत् / अशमताम् / अशमन्	अशमि
शंस्	(1P)	अशंसीत् / अशंसिष्टाम् / अशंसिषुः	अशंसि
शास्	(2P)	अशिषत् / अशिषताम् / अशिषन्	अशासि
शी	(2A)	अशयिष्ट / अशयिषाताम् / अशयिषत	अशायि
शुभ्	(1A)	अशोभिष्ट / अशोभिषाताम् / अशोभिषत	अशोभि
श्रम्	(4P)	अश्रमत् / अश्रमताम् / अश्रमन्	अश्रमि
श्रु	(5P)	अश्रौषीत् / अश्रौष्टाम् / अश्रौषुः	अश्रावि
श्लाघ्	(1A)	अश्लाघिष्ट / अश्लाघिषाताम् / अश्लाघिषत	अश्लाघि
श्वस्	(2P)	अश्वसीत् / अश्वसिष्टाम् / अश्वसिषुः	अश्वासि
		अश्वासीत् / अश्वासिष्टाम् / अश्वासिषुः	”
सद्	(1P)	असदत् / असदताम् / असदन्	असादि
सह्	(1A)	असहिष्ट / असहिषाताम् / असहिषत	असाहि
साध्	(5P)	असात्सीत् / असाद्धाम् / असात्सुः	असाधि
सिच्	(6P)	असिचत् / असिचताम् / असिचन्	असेचि
सु	(5P)	असावीत् / असाविष्टाम् / असाविषुः	असावि
	(5A)	असोष्ट / असोषाताम् / असोषत	”
सू	(2A)	असविष्ट / असविषाताम् / असविषत	असावि
सृ	(1P)	असार्षीत् / असार्ष्टाम् / असार्षुः	असारि
सृज्	(6P)	अस्राक्षीत् / अस्राष्टाम् / अस्राक्षुः	असर्जि
सृप्	(1P)	असृपत् / असृपताम् / असृपन्	असर्पि
सेव्	(1A)	असेविष्ट / असेविषाताम् / असेविषत	असेवि
स्तभ्	(9P)	अस्तभत् / अस्तभताम् / अस्तभन्	अस्तम्भि
		अस्तम्भीत् / अस्तम्भिष्टाम् / अस्तम्भिषुः	”

स्तु	(2P)	अस्तावीत् / अस्ताविष्टाम् / अस्ताविषुः	अस्तावि
	(2A)	अस्तोष्ट / अस्तोषाताम् / अस्तोषत	अस्तावि
स्था	(1P)	अस्थात् / अस्थाताम् / अस्थुः	अस्थायि
स्ना	(2P)	अस्नासीत् / अस्नासिष्टाम् / अस्नासिषुः	अस्नायि
स्निह्	(4P)	अस्निहत् / अस्निहताम् / अस्निहन्	अस्नेहि
स्पर्ध्	(1A)	अस्पर्धिष्ट / अस्पर्धिषाताम् / अस्पर्धिषत	अस्पर्धि
स्पृश्	(6P)	अस्पृक्षत् / अस्पृक्षताम् / अस्पृक्षन्	अस्पर्शि
		अस्प्राक्षीत् / अस्प्राष्टाम् / अस्प्राक्षुः	"
		अस्पार्क्षीत् / अस्पार्ष्टाम् / अस्पार्क्षुः	"
स्पृह्	(10P)	अस्पृहत् / अस्पृहताम् / अस्पृहन्	अस्पृहि
स्मृ	(1P)	अस्मार्षीत् / अस्मार्ष्टाम् / अस्मार्षुः	अस्मारि
स्वप्	(2P)	अस्वाप्सीत् / अस्वाप्ताम् / अस्वाप्सुः	अस्वापि
हन्	(2P)	अवधीत् / अवधिष्टाम् / अवधिषुः	अघानि / अवधि
हस्	(1P)	अहसीत् / अहसिष्टाम् / अहसिषुः	अहासि
हा	(3P)	अहासीत् / अहासिष्टाम् / अहासिषुः	अहायि
	(3A)	अहास्त / अहासाताम् / अहासत	"
हिंस्	(7P)	अहिंसीत् / अहिंसिष्टाम् / अहिंसिषुः	अहिंसि
हु	(3P)	अहौषीत् / अहौष्टाम् / अहौषुः	अहावि
हृ	(1P)	अहार्षीत् / अहार्ष्टाम् / अहार्षुः	अहारि
शिक्ष्	(1A)	अशिक्षिष्ट / अशिक्षिषाताम् / अशिक्षिषत	अशिक्षि

Vocabulary

जनितृ (m) progenitor, creator
आम्र (m) mango tree
निर्+दिश् (6P) to point out
नाना (ind) various
गण (m) flock
वट (m) banyan tree
अव+धा (3P, A) to place down
आसन्न (a) near
रिक्थ (n) property, inheritance
समान (a) equal
यूप (m) sacrificial post
मुरारि (m) enemy of Mura, Kṛṣṇa
यम (m) god of death

पृथिवी (f) earth
चर्चा (f) discussion, debate
गहन (adj) deep, dense,
पक्षिन् (m) bird
समाकुल (a) occupied with, full of
उपाध्याय (m) teacher
अवहित (a) attentive
मरण (n) death
भाग (m) division, portion
कुसुमपुर (n) name of city
नाग (m) snake, elephant
समर्चा (f) worship
निष्कारणम् (ind) for no reason

Exercises

1) **Convert all 3rd person past tense verbs in the Story of the Mustard Seed in Lesson 11 to Aorist.**

2) **Translate the following into English:**

१. अजनि ते राजन् पुत्रः ।
२. तदहं तुभ्यमेव ददामि य एवं सत्यमवादीः ।
३. इदमाम्रफलं वृक्षादपप्तत् ।
४. मा नो हिंसीत् जनिता यः पृथिव्याः ।
५. उपाध्यायो देवानपूपुजत् । अधुनातिथयो यथेष्टं भुञ्जताम् ।
६. किं यूयमवोचत । पुनरपि कथयत । नाहमवहितोऽभूवम् ।
७. मा मे पुत्राः परस्परं द्विक्षन्निति विचिन्त्यास्माकं पिता आसन्ने मरणे रिक्थस्य समानांश्चतुरो भागानकार्षीत् ।
८. कनिष्ठं पुत्रमहमवोचम् । पुत्रक कुसुमपुरं गत्वा तत्रैकस्मिन् गृहे मया निक्षिप्तं धनमास्ते तद् गृहाण । सोऽगच्छत् । निवृत्य च मामुवाच । तात भ्रातरो मे तत्रागत्यास्मभ्यमेतद्धनं पितादादिति वदन्तः सर्वमेव तदादिषत ।
९. इमं ग्राममागच्छन्तौ भवन्निर्दिष्टे गहने वने नानापक्षिसमाकुलं महावटवृक्षं तमीक्षाञ्चक्रवहे ।
१०. हे राम, त्वं मां वनेऽहासीः । इति सीता व्याहार्षीत् ।
११. येन मुरारिसमर्चाकारि तस्य चर्चां यमो न कुरुते ।
१२. तेन नरेण निष्कारणं पिशुनं वचो व्याहारि ।
१३. स मामद्राक्षीत् । नाहं तमद्राक्षम् ।
१४. मा गाः इत्युक्त्वा तयाहमवरुद्धः ।
१५. त्वं मां वन एव परित्यज्य नगरमयासीः ।

3) **Translate the following into Sanskrit:**

1. We have cut off a branch of the Palāśa tree for making a sacrificial post.
2. We have long protected you from evil.
3. Why have you abandoned a virtuous wife who has never done anything you disliked?
4. The enemies have burned twenty villages.

5. When he said he would be a Sanskrit Paṇḍita in ten days, I laughed.
6. Do not be afraid, it is not a snake, but a rope.
7. The horse fell in the well.
8. The sages went to heaven and saw the gods.
9. The crow sat on the bank of the river and drank its water.
10. Mr. crocodile wanted to eat the sweet heart of his friend.

4) Write any five Sanskrit sentences of your own.

LESSON 38

Conditional Mood

The conditional mood in Sanskrit is used to indicate a meaning such as: "Had *x* happened, *y* would have happened". This mood is used in strictly contrary to fact circumstances, implying that "*x* did not happen, and therefore *y* did not happen". In this sense, this is different from the potential mood, which represents open-ended possibility.

The conditional mood paradigms look like a combination of the -स्य future base with past imperfect augment अ and terminations. Compare the -स्य future paradigms with the paradigms of the conditional mood:

गम् "to go"

Active (परस्मैपद) Paradigms

Future

गमिष्यामि	गमिष्यावः	गमिष्यामः
गमिष्यसि	गमिष्यथः	गमिष्यथ
गमिष्यति	गमिष्यतः	गमिष्यन्ति

Conditional

अगमिष्यम्	अगमिष्याव	अगमिष्याम
अगमिष्यः	अगमिष्यतम्	अगमिष्यत
अगमिष्यत्	अगमिष्यताम्	अगमिष्यन्

भाष् "to speak"

Middle (आत्मनेपद) Paradigms

Future

भाषिष्ये	भाषिष्यावहे	भाषिष्यामहे
भाषिष्यसे	भाषिष्येथे	भाषिष्यध्वे
भाषिष्यते	भाषिष्येते	भाषिष्यन्ते

Conditional

अभाषिष्ये	अभाषिष्यावहि	अभाषिष्यामहि
अभाषिष्यथाः	अभाषिष्येथाम्	अभाषिष्यध्वम्
अभाषिष्यत	अभाषिष्येताम्	अभाषिष्यन्त

Conditional forms are thus easily derivable from the -स्य future forms. The passive voice for conditional simply uses the middle paradigms. There are no special passive forms. Consider the following examples of the conditional mood:

यदि रामः आगमिष्यत्, अहं तस्मै दक्षिणाम् अदास्यम् ।

"Had Rāma come, I would have given him the priestly fee."

Implication: Rāma did not come, and I did not give him the priestly fee.

यदि शत्रुः बाणपथम् अयास्यत् तर्हि सः अमरिष्यत् ।

"Had the enemy gone within the range of arrows, he would have died."

Implication: The enemy did not come within the range of arrows and did not die.

पक्षिणश्चेत् नेतुः उपदेशम् अन्वसरिष्यन् ते जाले न अपतिष्यन् ।

"Had the birds followed their leader's advice, they would not have fallen into the net."

यदि मया तव वचनम् अश्रोष्यत, न मया दुःखम् अन्वभविष्यत ।

Lit. "Had your words been listened to by me, the pain would not have been experienced by me."

However, consider a positive sentence such as:

यदि मम पिता अत्र आगच्छेत् तर्हि स मोदेत ।

"If my father would come here, he would be pleased."

This sentence cannot be converted to the conditional mood in Sanskrit, since it is not counter-factive.

Benedictive Mood

This is one of the less frequently used moods in Sanskrit its purpose being generally served by the Imperative and the Potential. However, it is occasionally used to express desire hope or blessing. The active and the middle terminations for the benedictive mood are given below:

	Active			Middle	
-यासम्	-यास्व	-यास्म	-सीय	-सीवहि	-सीमहि
-याः	-यास्तम्	-यास्त	-सीष्ठाः	-सीयास्थाम्	-सीध्वम्
-यात्	-यास्ताम्	-यासुः	-सीष्ट	-सीयास्ताम्	-सीरन्

The following general points may be noted: The active (परस्मैपद) endings are added generally to the same base which is found in the passive forms before the infix -य, e.g. भूयते - भूयात्. Most roots ending in आ, ए, ऐ, and ओ, which change their final vowel to ई in the passive voice before -य, change the same vowel to ए in the benedictive mood (in परस्मैपद), e.g. स्थीयते - स्थेयात्. Some sample paradigms of the Benedictive mood are given below:

कृ "to do"

	Active			Middle	
क्रियासम्	क्रियास्व	क्रियास्म	कृषीय	कृषीवहि	कृषीमहि
क्रियाः	क्रियास्तम्	क्रियास्त	कृषीष्ठाः	कृषीयास्थाम्	कृषीढ्वम्
क्रियात्	क्रियास्ताम्	क्रियासुः	कृषीष्ट	कृषीयास्ताम्	कृषीरन्

	नी "to lead"			स्मृ "to remember	
	Active			Active	
नीयासम्	नीयास्व	नीयास्म	स्मर्यासम्	स्मर्यास्व	स्मर्यास्म
नीयाः	नीयास्तम्	नीयास्त	स्मर्याः	स्मर्यास्तम्	स्मर्यास्त
नीयात्	नीयास्ताम्	नीयासुः	स्मर्यात्	स्मर्यास्ताम्	स्मर्यासुः

	भू "to be"			जि "to conquer"	
	Active			Active	
भूयासम्	भूयास्व	भूयास्म	जीयासम्	जीयास्व	जीयास्म
भूयाः	भूयास्तम्	भूयास्त	जीयाः	जीयास्तम्	जीयास्त
भूयात्	भूयास्ताम्	भूयासुः	जीयात्	जीयास्ताम्	जीयासुः

Listing of conditional and benedictive forms for frequently used verbs:

Root	स्य Future 3rd Sg	Conditional 3rd Sg	Benedictive 3rd Sg
अद् (2P)	अत्स्यति	आत्स्यत्	अद्यात्
अर्थ् (10A)	अर्थयिष्यते	आर्थयिष्यत	अर्थयिषीष्ट
अश् (9P)	अशिष्यति	आशिष्यत्	अश्यात्
आप् (5P)	आप्स्यति	आप्स्यत्	आप्यात्
इ (2P)	एष्यति	ऐष्यत्	ईयात्
इष् (6P)	एषिष्यति	ऐषिष्यत्	इष्यात्
ईक्ष् (1A)	ईक्षिष्यते	ऐक्षिष्यत	ईक्षिषीष्ट
ईश् (2A)	ईशिष्यते	ऐशिष्यत	ईशिषीष्ट
कथ् (10P, A)	कथयिष्यति / ते	अकथयिष्यत् / त	कथ्यात् / कथयिषीष्ट
कम्प् (1A)	कम्पिष्यते	अकम्पिष्यत	कम्पिषीष्ट
काङ्क्ष् (1P)	काङ्क्षिष्यति	अकाङ्क्षिष्यत्	काङ्क्ष्यात्
कृ (8P, A)	करिष्यति / ते	अकरिष्यत् / त	क्रियात् / कृषीष्ट
कृत् (6P)	कर्तिष्यति/कर्त्स्यति	अकर्तिष्यत्/अकर्त्स्यत्	कृत्यात्
कृष् (1P, 6P)	कर्क्ष्यति / क्रक्ष्यति	अकर्क्ष्यत् / अक्रक्ष्यत्	कृष्यात्
क्रम् (1P, 4P)	क्रमिष्यति / क्रंस्यते	अक्रमिष्यत् / अक्रंस्यत	क्रम्यात् / क्रंसीष्ट
क्री (9P, A)	क्रेष्यति / ते	अक्रेष्यत् / त	क्रीयात् / क्रेषीष्ट
क्लिश् (4A)	क्लेशिष्यते	अक्लेशिष्यत	क्लेशिषीष्ट
क्लिश् (9P)	क्लेशिष्यति/क्लेक्ष्यति	अक्लेशिष्यत / ०क्ष्यत	क्लिश्यात्
क्षम् (1A)	क्षमिष्यते / क्षंस्यते	अक्षमिष्यत / अक्षंस्यत	क्षमिषीष्ट / क्षंसीष्ट
क्षल् (10P, A)	क्षालयिष्यति / ते	अक्षालयिष्यत् / त	क्षाल्यात् / क्षालयिषीष्ट
क्षिप् (6P, A)	क्षेप्स्यति / ते	अक्षेप्स्यत् / त	क्षिप्यात् / क्षिप्सीष्ट
क्षुभ् (9P)	क्षोभिष्यति	अक्षोभिष्यत्	क्षुभ्यात्
खन् (1P, A)	खनिष्यति / ते	अखनिष्यत् / त	खन्यात् / खायात् / खनिषीष्ट
खाद् (1P)	खादिष्यति	अखादिष्यत्	खाद्यात्
गण् (10P, A)	गणयिष्यति / ते	अगणयिष्यत् / त	गण्यात् / गणयिषीष्ट
गम् (1P)	गमिष्यति	अगमिष्यत्	गम्यात्
गाह् (1A)	गाहिष्यते/घाक्ष्यते	अगाहिष्यत/अघाक्ष्यत	गाहिषीष्ट / घाक्षीष्ट
गै (1P)	गास्यति	अगास्यत्	गेयात्

ग्रन्थ् (9P)	ग्रन्थिष्यति	अग्रन्थिष्यत्	ग्रथ्यात्
ग्रह् (9P, A)	ग्रहीष्यति / ते	अग्रहीष्यत् / त	गृह्यात् / ग्रहीषिष्ट
घुष् (10P, A)	घोषयिष्यति / ते	अघोषयिष्यत् / त	घुष्यात् / घोष्यात् / घोषयिषीष्ट
चर् (1P)	चरिष्यति	अचरिष्यत्	चर्यात्
चल् (1P)	चलिष्यति	अचलिष्यत्	चल्यात्
चिन्त् (10P, A)	चिन्तयिष्यति / ते	अचिन्तयिष्यत् / त	चिन्त्यात् / चिन्तयिषीष्ट
चुर् (10P, A)	चोरयिष्यति / ते	अचोरयिष्यत् / त	चोर्यात् / चोरयिषीष्ट
छद् (10P, A)	छादयिष्यति / ते	अच्छादयिष्यत् / त	छाद्यात् / छादयिषीष्ट
छिद् (7P, A)	छेत्स्यति / ते	अच्छेत्स्यत् / त	छिद्यात् / छित्सीष्ट
जन् (4A)	जनिष्यते	अजनिष्यत	जनिषीष्ट
जागृ (2P)	जागरिष्यति	अजागरिष्यत्	जागर्यात्
जि (1P)	जेष्यति	अजेष्यत्	जीयात्
जीव् (1P)	जीविष्यति	अजीविष्यत्	जीव्यात्
ज्ञा (9P, A)	ज्ञास्यति / ते	अज्ञास्यत् / त	ज्ञायात् / ज्ञेयात् / ज्ञासीष्ट
ज्वल् (1P)	ज्वलिष्यति	अज्वलिष्यत्	ज्वल्यात्
तड् (10P, A)	ताडयिष्यति / ते	अताडयिष्यत् / त	ताड्यात् / ताडयिषीष्ट
तन् (8P, A)	तनिष्यति / ते	अतनिष्यत् / त	तन्यात् / तनिषीष्ट
तुद् (6P, A)	तोत्स्यति / ते	अतोत्स्यत् / त	तुद्यात् / तुत्सीष्ट
तुष् (4P)	तोक्ष्यति	अतोक्ष्यत्	तुष्यात्
तॄ (1P)	तरिष्यति/तरीष्यति	अतरिष्यत्/अतरीष्यत्	तीर्यात्
त्यज् (1P)	त्यक्ष्यति	अत्यक्ष्यत्	त्यज्यात्
दण्ड् (10P, A)	दण्डयिष्यति / ते	अदण्डयिष्यत् / त	दण्ड्यात् / दण्डयिषीष्ट
दंश् (1P)	दङ्क्ष्यति	अदङ्क्ष्यत्	दश्यात्
दय् (1A)	दयिष्यते	अदयिष्यत	दयिषीष्ट
दह् (1P)	धक्ष्यति	अधक्ष्यत्	दह्यात्
दा (1P, 3P,A)	दास्यति / ते	अदास्यत् / त	देयात् / दासीष्ट
दिव् (4P)	देविष्यति	अदेविष्यत्	दीव्यात्
दिश् (6P, A)	देक्ष्यति / ते	अदेक्ष्यत् / त	दिश्यात् / दिक्षीष्ट
दुह् (2P, A)	धोक्ष्यति / ते	अधोक्ष्यत् / त	दुह्यात् / धुक्षीष्ट
दृश् (1P)	द्रक्ष्यति	अद्रक्ष्यत्	दृश्यात्
द्विष् (2P, A)	द्वेक्ष्यति / ते	अद्वेक्ष्यत् / त	द्विष्यात् / द्विक्षीष्ट
धा (3P, A)	धास्यति / ते	अधास्यत् / त	धेयात् / धासीष्ट
धाव् (1P, A)	धाविष्यति / ते	अधाविष्यत् / त	धाव्यात् / धाविषीष्ट

धृ	(10P, A)	धारयिष्यति / ते	अधारयिष्यत् / त	धार्यात् / धारयिषीष्ट
ध्यै	(1P)	ध्यास्यति	अध्यास्यत्	ध्यायात् / ध्येयात्
नन्द्	(1P)	नन्दिष्यति	अनन्दिष्यत्	नन्द्यात्
नम्	(1P)	नंस्यति	अनंस्यत्	नम्यात्
नश्	(4P)	नशिष्यति/नङ्क्ष्यति	अनशिष्यत्/अनङ्क्ष्यत्	नश्यात्
निन्द्	(1P)	निन्दिष्यति	अनिन्दिष्यत्	निन्द्यात्
नी	(1P)	नेष्यति	अनेष्यत्	नीयात्
नु	(2P)	नविष्यति	अनविष्यत्	नूयात्
नुद्	(6P, A)	नोत्स्यति / ते	अनोत्स्यत् / त	नुद्यात् / नुत्सीष्ट
नृत्	(4P)	नर्तिष्यति/नर्त्स्यति	अनर्तिष्यत्/अनर्त्स्यत्	नृत्यात्
पच्	(1P, A)	पक्ष्यति / ते	अपक्ष्यत् / त	पच्यात् / पक्षीष्ट
पठ्	(1P)	पठिष्यति	अपठिष्यत्	पठ्यात्
पत्	(1P)	पतिष्यति	अपतिष्यत्	पत्यात्
पा	(1P)	पास्यति	अपास्यत्	पेयात्
पा	(2P)	पास्यति	अपास्यत्	पायात्
पाल्	(10P, A)	पालयिष्यति / ते	अपालयिष्यत् / त	पाल्यात् / पालयिषीष्ट
पिष्	(7P)	पेक्ष्यति	अपेक्ष्यत्	पिष्यात्
पीड्	(10P, A)	पीडयिष्यति / ते	अपीडयिष्यत् / त	पीड्यात् / पीडयिषीष्ट
पुष्	(4P)	पोक्ष्यति	अपोक्ष्यत्	पुष्यात्
पुष्	(9P)	पोषिष्यति	अपोषिष्यत्	पुष्यात्
पूज्	(10P, A)	पूजयिष्यति / ते	अपूजयिष्यत् / त	पूज्यात्
प्रच्छ	(6P)	प्रक्ष्यति	अप्रक्ष्यत्	पृच्छ्यात्
बन्ध्	(9P)	भन्त्स्यति	अभन्त्स्यत्	बध्यात्
बाध्	(1A)	बाधिष्यते	अबाधिष्यत	बाधिषीष्ट
बुध्	(1P, A)	बोधिष्यति / ते	अबोधिष्यत् / त	बुध्यात् / बोधिषीष्ट
ब्रू	(2P, A)	वक्ष्यति / ते	अवक्ष्यत् / त	उच्यात् / वक्षीष्ट
भक्ष्	(10P, A)	भक्षयिष्यति / ते	अभक्षयिष्यत् / त	भक्ष्यात् / भक्षयिषीष्ट
भज्	(1P, A)	भक्ष्यति / ते	अभक्ष्यत् / त	भज्यात् / भक्षीष्ट
भञ्ज्	(7P)	भङ्क्ष्यति	अभङ्क्ष्यत्	भज्यात्
भा	(2P)	भास्यति	अभास्यत्	भायात्
भाष्	(1A)	भाषिष्यते	अभाषिष्यत	भाषिषीष्ट
भिक्ष्	(1A)	भिक्षिष्यते	अभिक्षिष्यत	भिक्षिषीष्ट
भिद्	(7P, A)	भेत्स्यति / ते	अभेत्स्यत् / त	भिद्यात् / भित्सीष्ट
भी	(3P)	भेष्यति	अभेष्यत्	भीयात्
भुज्	(7P, A)	भोक्ष्यति / ते	अभोक्ष्यत् / त	भुज्यात् / भुक्षीष्ट

भू	(1P)	भविष्यति	अभविष्यत्	भूयात्
भूष्	(10P, A)	भूषयिष्यति / ते	अभूषयिष्यत् / त	भूष्यात् / भूषयिषीष्ट
भृ	(3P, A)	भरिष्यति / ते	अभरिष्यत् / त	भ्रियात् / भृषीष्ट
भ्रम्	(1,4P)	भ्रमिष्यति	अभ्रमिष्यत्	भ्रम्यात्
मन्	(4A)	मंस्यते	अमंस्यत्	मंसीष्ट
मन्	(8A)	मनिष्यते	अमनिष्यत	मनिषीष्ट
मन्त्र्	(10A)	मन्त्रयिष्यते	अमन्त्रयिष्यत	मन्त्रयिषीष्ट
मन्थ्	(9P)	मन्थिष्यति	अमन्थिष्यत्	मन्थ्यात्
मा	(2P)	मास्यति	अमास्यत्	मेयात्
मा	(3A)	मास्यते	अमास्यत	मासीष्ट
मुच्	(6P, A)	मोक्ष्यति / ते	अमोक्ष्यत् / त	मुच्यात् / मुक्षीष्ट
मुद्	(1A)	मोदिष्यते	अमोदिष्यत	मोदिषीष्ट
मृ	(6A)	मरिष्यति	अमरिष्यत्	मृषीष्ट
यज्	(1P, A)	यक्ष्यति / ते	अयक्ष्यत् / त	इज्यात् / यक्षीष्ट
यत्	(1A)	यतिष्यते	अयतिष्यत	यतिषीष्ट
या	(2P)	यास्यति	अयास्यत्	यायात्
याच्	(1P, A)	याचिष्यति / ते	अयाचिष्यत् / त	याच्यात् / याचिषीष्ट
युज्	(7P, A)	योक्ष्यति / ते	अयोक्ष्यत् / त	युज्यात् / युक्षीष्ट
रक्ष्	(1P)	रक्षिष्यति	अरक्षिष्यत्	रक्ष्यात्
रच्	(10P, A)	रचयिष्यति / ते	अरचयिष्यत् / त	रच्यात् / रचयिषीष्ट
रम्	(1A)	रंस्यते	अरंस्यत	रंसीष्ट
राज्	(1P, A)	राजिष्यति / ते	अराजिष्यत् / त	राज्यात् / राजिषीष्ट
रु	(2P)	रविष्यति	अरविष्यत्	रूयात्
रुच्	(1A)	रोचिष्यते	अरोचिष्यत	रोचिषीष्ट
रुद्	(2P)	रोदिष्यति	अरोदिष्यत्	रुद्यात्
रुध्	(7P, A)	रोत्स्यति / ते	अरोत्स्यत् / त	रुध्यात् / रुत्सीष्ट
रुह्	(1P)	रोक्ष्यति	अरोक्ष्यत्	रुह्यात्
लभ्	(1A)	लप्स्यते	अलप्स्यत	लप्सीष्ट
लिख्	(6P)	लेखिष्यति	अलेखिष्यत्	लिख्यात्
लिह्	(2P, A)	लेक्ष्यति / ते	अलेक्ष्यत् / त	लिह्यात् / लिक्षीष्ट
वच्	(2P)	वक्ष्यति	अवक्ष्यत्	उच्यात्
वञ्च्	(10P, A)	वञ्चयिष्यति / ते	अवञ्चयिष्यत् / त	वञ्च्यात् / वञ्चयिषीष्ट
वद्	(1P)	वदिष्यति	अवदिष्यत्	उद्यात्
वन्द्	(1A)	वन्दिष्यते	अवन्दिष्यत	वन्दिषीष्ट
वस्	(1P)	वत्स्यति	अवत्स्यत्	उष्यात्

वह्	(1P, A)	वक्ष्यति / ते	अवक्ष्यत् / त	उह्यात् / वक्षीष्ट
वा	(2P)	वास्यति	अवास्यत्	वायात्
वाञ्छ्	(1P)	वाञ्छिष्यति	अवाञ्छिष्यत्	वाञ्छयात्
विद्	(2P)	वेदिष्यति	अवेदिष्यत्	विद्यात्
विद्	(4A)	वेत्स्यते	अवेत्स्यत	वित्सीष्ट
विद्	(6P, A)	वेत्स्यति/ते,	अवेत्स्यत्/त	विद्यात्, वित्सीष्ट
		वेदिष्यति/ते	अवेदिष्यत्/त	वेदिषीष्ट
विश्	(6P, A)	वेक्ष्यति	अवेक्ष्यत्	विश्यात्
वृ	(5P, A)	वरिष्यति / ते	अवरिष्यत् / त	व्रियात् / वरिषीष्ट
वॄ	(9P, A)	वरिष्यति / ते	अवरिष्यत् / त	वूर्यात् / वरिषीष्ट
वृत्	(1A)	वर्तिष्यते/वर्त्स्यति	अवर्तिष्यत/अवर्त्स्यत्	वर्तिषीष्ट
वृध्	(1A)	वर्धिष्यते/वर्त्स्यति	अवर्धिष्यत/अवर्त्स्यत्	वर्धिषीष्ट
वेप्	(1A)	वेपिष्यते	अवेपिष्यत	वेपिषीष्ट
व्रज्	(1P)	व्रजिष्यति	अव्रजिष्यत्	व्रज्यात्
शक्	(5P)	शक्ष्यति	अशक्ष्यत्	शक्यात्
शप्	(1P, A)	शप्स्यति / ते	अशप्स्यत् / त	शप्यात् / शप्सीष्ट
शम्	(4P)	शमिष्यति	अशमिष्यत्	शम्यात्
शंस्	(1P)	शंसिष्यति	अशंसिष्यत्	शस्यात्
शास्	(2P)	शासिष्यति	अशासिष्यत्	शिष्यात्
शी	(2A)	शयिष्यते	अशयिष्यत	शयिषीष्ट
शुभ्	(1A)	शोभिष्यते	अशोभिष्यत	शोभिषीष्ट
श्रम्	(4P)	श्रमिष्यति	अश्रमिष्यत्	श्रम्यात्
श्रु	(5P)	श्रोष्यति	अश्रोष्यत्	श्रूयात्
श्लाघ्	(1A)	श्लाघिष्यते	अश्लाघिष्यत	श्लाघिषीष्ट
श्वस्	(2P)	श्वसिष्यति	अश्वसिष्यत्	श्वस्यात्
सद्	(1P)	सत्स्यति	असत्स्यत्	सद्यात्
सह्	(1A)	सहिष्यते	असहिष्यत	सहिषीष्ट
साध्	(5P)	सात्स्यति	असात्स्यत्	साध्यात्
सु	(5P, A)	सोष्यति / ते	असोष्यत् / त	सूयात् / सोषीष्ट
सृ	(1P)	सरिष्यति	असरिष्यत्	स्रियात्
सृज्	(6P)	स्रक्ष्यति	अस्रक्ष्यत्	सृज्यात्
सृप्	(1P)	सर्प्स्यति	असर्प्स्यत्	सृप्यात्
सेव्	(1A)	सेविष्यते	असेविष्यत	सेविषीष्ट
स्तभ्	(9P)	स्तम्भिष्यति	अस्तम्भिष्यत्	स्तभ्यात्
स्तु	(2P, A)	स्तोष्यति / ते	अस्तोष्यत् / त	स्तूयात् / स्तोषीष्ट

स्था	(1P)	स्थास्यति	अस्थास्यत्	स्थेयात्
स्ना	(2P)	स्नास्यति	अस्नास्यत्	स्नायात् / स्नेयात्
स्निह्	(4P)	स्नेहिष्यति/स्नेक्ष्यति	अस्नेहिष्यत्/अस्नेक्ष्यत्	स्निह्यात्
स्पर्ध्	(1A)	स्पर्धिष्यते	अस्पर्धिष्यत	स्पर्धिषीष्ट
स्पृश्	(6P)	स्प्रक्ष्यति / स्पर्क्ष्यति	अस्प्रक्ष्यत् / अस्पर्क्ष्यत्	स्पृश्यात्
स्पृह्	(10P, A)	स्पृहयिष्यति / ते	अस्पृहयिष्यत् / त	स्पृह्यात् / स्पृहयिषीष्ट
स्मृ	(1P)	स्मरिष्यति	अस्मरिष्यत्	स्मर्यात्
स्वप्	(2P)	स्वप्स्यति	अस्वप्स्यत्	सुप्यात्
हन्	(2P)	हनिष्यति	अहनिष्यत्	वध्यात्
हस्	(1P)	हसिष्यति	अहसिष्यत्	हस्यात्
हा	(3P)	हास्यति	अहास्यत्	हेयात्
हिंस्	(7P)	हिंसिष्यति	अहिंसिष्यत्	हिंस्यात्
हु	(3P)	होष्यति	अहोष्यत्	हूयात्
हृ	(1P, A)	हरिष्यति / ते	अहरिष्यत् / त	ह्रियात् / हृषीष्ट

Vocabulary

सुवृष्टि (f)	good rain	सुभिक्ष (n)	abundance of alms
दुःखभाज् (a)	one who suffers pain	सम्+वृत् (1A)	to become, happen
		पातित (a)	thrown
निर्+वापयति	to extinguish	कृष्णवर्मन् (m)	name of a person
स्वल्प (a)	very little, small	अनर्थ (m)	misfortune
प्र+नी (1P)	to perform, carry out	दण्ड (m)	punishment
		दण्ड्य (a)	deserving punishment
अतन्द्रित (a)	without lassitude	शूल (m)	spit, spike, stake
प्र+नम् (1P)	to salute, bow down	अवलिप्त (a)	conceited, proud
अरक्षित (a)	unguarded	औषध (n)	medicine
कुशल (n)	well-being	श्री (f)	prosperity
शिव (m)	name of divinity	आ+शास् (2A)	to hope as a blessing
वीरप्रसवा (f)	giving birth to brave warriors	परमरमणीय (m)	exceedingly joyful
		परिणति (f)	the final result
अविरहित (a)	unseparated	दम्पती (always dual)	couple
रासभ (m)	ass	प्रकार (m)	kind, type, means
प्रसिद्ध (a)	famous	पाद (m)	foot
केवलम् (adv)	just, only	विष्णु (m)	name of divinity
रोहण (n)	mounting		

Exercises

1) **Write any five paradigms of conditional and benedictive eac**

2) **Translate the following into English:**

१. सुवृष्टिश्चेदभविष्यत्तदा सुभिक्षमभविष्यत् ।
२. यदि स धर्ममत्यक्ष्यद्दुःखभाक् समवर्तिष्यत ।
३. कुसुमपुर एकस्मिन्गृहे शत्रुणा पातितमग्निं यदि कृष्णवर्मा न निरवापयिष्यत्तद सर्वमेव नगरमग्निरधक्ष्यत् ।
४. यदि तस्य वचनमकरिष्यन्नेते ततो न स्वल्पोऽप्यनर्थोऽभविष्यदेतेषाम् ।
५. यदि न प्रणयेद्राजा दण्डं दण्ड्येष्वतन्द्रितः ।
शूले मत्स्यानिवापक्ष्यन्दुर्बलान्बलवत्तराः ॥
६. कुशलं ते भूयात् ।
७. शिवो वः श्रियं पुष्यात् ।
८. तत्किमन्यदाशास्महे । केवलं वीरप्रसवा भूयाः ।
९. विधेयासुर्देवाः परमरमणीयां परिणतिम् ।
१०. अविरहितौ दम्पती भूयास्ताम् ।
११. विष्णोः पादो वः पायात् ।
१२. घटं भिन्द्यात् पटं छिन्द्यात् कुर्याद्रासभरोहणम् ।
येन केन प्रकारेण प्रसिद्धः पुरुषो भवेत् ॥
१३. धर्मे धेयाः मनो नित्यम् हेयाः पापम् ।
१४. हे छात्र ! शास्त्रं श्रूयाः ।
१५. देवाः जनेभ्यः सुखं देयासुः ।

3) **Convert all the imperative and optative forms in Exercise 3 Lesson 6, to benedictive.**

4) **Translate the following into Sanskrit:**

1. Had Yajñadatta made a bow to the sage when the sag entered the house, he might not have considere Yajñadatta as being conceited.
2. Had he gone into the presence of his enemy ungaurdec the enemy would have killed him.

3. Had the snake bitten him at the time, and had there been nobody to get medicine, Devadatta would certainly have died.
4. If Rāvaṇa had not been a wicked demon, Rāma would not have killed him.
5. Had Sītā eaten the fruit in the forest, she would not have been hungry (क्षुधिता).
6. May Rāma, the son of Daśaratha, protect you.
7. May the kings of this country be virtuous.
8. May I live for a hundred years.
9. May the fire carry our oblations to gods.
10. May the Lord be pleased by my devotion.

5) Write any five Sanskrit sentences of your own.

LESSON 39

Secondary Verb Roots

So far we have seen various different tenses and moods in Sanskrit which a verbal root can be conjugated with. Theoretically every verbal root has access to these different tenses and moods. However, there is a whole range of secondary verb roots which are derived from primary verb roots or nouns through affixation. These include causatives, desideratives, frequentatives / intensives, and the various kinds of denominative verbs. These secondary verb roots are generally polysyllabic. Theoretically, all these secondary verb roots also have access to all the tenses and moods. One, however, finds that their ability to move through all the different tenses and moods is somewhat limited. While the present tense forms of these secondary verbs are relatively more frequent, the frequency drastically goes down with other moods and tenses. Similarly, in theory, one can have an intensive of a causative etc. Such combinations, though not completely unknown are very rare. Of these different types of secondary verbs, causatives and desideratives are most frequent.

Causative Verb Roots

A causative root is formed by generally adding the infix -अय to a basic verb root. In other words, a root belonging to any of the ten conjugations, if conjugated like the tenth conjugation, provides the causative forms. The causatives of the tenth conjugation verbs are identical with the original verb forms. Observe the following examples:

Original Verb	**Causative Verb**
गम् > गच्छति	गमय > गमयति / ते
"to go"	"to cause to go"
पत् > पतति	पातय > पातयति / ते
"to fall"	"to cause to fall

तुष् > तुष्यति	तोषय > तोषयति / ते
"to be pleased"	"to please"
पुष् > पुष्यति	पोषय > पोषयति / ते
"to nourish" (intransitive)	"to nourish" (transitive)
ग्रह् > गृह्णाति	ग्राहय > ग्राहयति / ते
"to take, catch"	"to make someone else take"
श्रु > शृणोति	श्रावय > श्रावयति / ते
"to listen"	"to cause to listen"
भाष् > भाषते	भाषय > भाषयति / ते
"to speak"	"to make someone speak"
मुद् > मोदते	मोदय > मोदयति / ते
"to rejoice" (intransitive)	"to make someone rejoice"
गण् > गणयति	गणय > गणयति / ते
"to count"	"to make someone count"

One should note the following points:

1. With causative, an originally intransitive verb can become transitive.
2. An originally transitive verb can become di-transitive (with two objects) in causative.
3. The causative of a tenth conjugation verb may be identical with the original in form, though different in meaning.
4. One can have, in theory, numerous degrees of causativization, and yet the outward form remains the same:

   गच्छति "X goes."
   गमयति "Y makes X go."
   गमयति "Z makes Y make X go."
   गमयति "A makes Z make Y make X go."

   The difference between different degrees of causatives is not apparent from the form itself, but must be understood from the syntax of the rest of the sentence.
5. A causative can be put through all tenses and moods:

	Active (कर्तरि)		Passive (कर्मणि)
	परस्मैपद	आत्मनेपद	
Root		गम्	
Present	गमयति	गमयते	गम्यते
Imperfect	अगमयत्	अगमयत	अगम्यत
Perfect	गमयाञ्चकार	गमयाञ्चक्रे	गमयाञ्चक्रे
Aorist	अजीगमत्	अजीगमत	अजीगमत
स्य Future	गमयिष्यति	गमयिष्यते	गमयिष्यते
तास् Future	गमयिता	गमयिता	गमयिता
Imperative	गमयतु	गमयताम्	गम्यताम्
Optative	गमयेत्	गमयेत	गम्येत
Conditional	अगमयिष्यत्	अगमयिष्यत	अगमयिष्यत
Benedictive	गम्यात्	गमयिषीष्ट	गमयिषीष्ट

6. Irrespective of whether the original verb root is an active (परस्मैपद) or middle (आत्मनेपद) verb, the causative generally can be conjugated either way. Only in exceptional cases, causatives are restricted to active or middle.

Causative Syntax

It is easier to understand the syntax of a causative sentence in relation to a non-causative or a pre-causative sentence. Generally, in a causative construction, there are two agents, a) the agent of the original action, and b) the agent of causation or instigation. If the original verb is transitive, then there may be an object of the original verb.

1. With original verbs of motion, knowledge, eating, having some literary work as object, and intransitive verbs, the agent of the original verb is treated as the object of the causative verb.

देवदत्तः ग्रामं गच्छति । "D goes to the village."
यज्ञदत्तः देवदत्तं ग्रामं गमयति । "Y makes D go ..."

देवदत्तः वेदार्थं वेत्ति । "D understands the meaning of the Vedas."
यज्ञदत्तः देवदत्तं वेदार्थं वेदयति । "Y makes D understand ..."

देवदत्तः फलम् अश्नाति । "D eats the fruit."
यज्ञदत्तः देवदत्तं फलम् आशयति । "Y makes D eat ..."

देवदत्तः वेदमधीते । "D studies the Veda."
यज्ञदत्तः देवदत्तं वेदमध्यापयति । "Y makes D study (= teach) ..."

देवदत्तः भूमौ आस्ते । "D sits on the ground."
यज्ञदत्तः देवदत्तं भूमौ आसयति । "Y makes D sit ..."

देवदत्तः ग्रामं पश्यति । "D sees the village."
यज्ञदत्तः देवदत्तं ग्रामं दर्शयति । "Y makes D see (= show) ..."

देवदत्तः विद्यां गृह्णाति । "D receives the knowledge."
यज्ञदत्तः देवदत्तं विद्यां ग्राहयति । "Y makes D receive (= teach) ..."

2. With most other verbs, the agent of the original verb root remains as a subsidiary agent, and generally takes the instrumental case.

देवदत्तः ओदनं पचति । "D cooks rice."
यज्ञदत्तः देवदत्तेन ओदनं पाचयति । "Y makes D cook rice."

3. With each added degree of causative, the previous instigator agent remains as a subsidiary agent, and takes the instrumental case.

यज्ञदत्तः देवदत्तेन ओदनं पाचयति । 1st degree: "Y makes D cook rice."
विष्णुमित्रः यज्ञदत्तेन देवदत्तेन ओदनं पाचयति । 2nd degree: "V gets Y to make D cook ..."

4. For the verbs नी and वह्, the original agent is retained as a subsidiary agent (in inst.), and does not become an object of the causative, unless the agent of the causative is a driver (नियन्तृ). Contrast the following:

यज्ञदत्तः देवदत्तेन रथं वाहयति । "Y makes D drive the chariot."
यज्ञदत्तः (the driver) अश्वान् रथं वाहयति । "Y makes the horses pull the chariot."

5. The original agent of the verbs अद् and खाद् is retained as a subsidiary agent, and does not become an object of the causative verb.

यज्ञदत्तः देवदत्तेन अन्नम् आदयति / खादयति । "Y makes D eat food."
यज्ञदत्तः देवदत्तम् अन्नम् आशयति । "Y makes D eat food."

6. For the verbs हृ, कृ, अभि+वद् (in middle) and दृश् (in middle), the agent of the original action may be optionally treated like the object of the causative.

यज्ञदत्तः देवदत्तं / देवदत्तेन भारं हारयति । "Y makes D carry the burden."
यज्ञदत्तः देवदत्तं / देवदत्तेन घटं कारयति । "Y makes D make a pot."
यज्ञदत्तः देवदत्तं / देवदत्तेन मातरम् अभिवादयते । "Y makes D salute his mother."
यज्ञदत्तः देवदत्तं / देवदत्तेन मातरम् दर्शयते । "Y makes D see his mother."

7. In making a passive convertion of a causative construction,

i) if the agent of the original verb is treated like the object of the causative, then this agent-object takes the nominative in passive.

यज्ञदत्तः देवदत्तं वेदम् अध्यापयति । A: "Y teaches D the Veda."
यज्ञदत्तेन देवदत्तः वेदम् अध्याप्यते । P: "The Veda is taught by Y to D."

ii) If the agent of the original verb is not treated like the object of the causative, then the object of the original verb is passivized.

यज्ञदत्तः देवदत्तेन ओदनं पाचयति । A: "Y makes D cook rice."
यज्ञदत्तेन देवदत्तेन ओदनः पाच्यते । P: "Rice is gotten cooked by Y through D."

8. The formation of the passive base for causative verbs is relatively simple. As a general rule, one can take the causative base ending in अय, e.g. स्थापय, and drop the अ before the य, e.g. स्थाप्य. To this base are added the middle terminations. This process leads sometimes to the identity of causative and non-causative passive forms, e.g. गम्यते / गम्यते. Such identical causative passive forms are rare in actual usage. However, for many verbs, the causative passive forms are distinct from their simple passive forms, e.g. स्थाप्यते (causative) versus स्थीयते (non-causative), and they are not uncommon.

List of causative forms for frequently used verbs:

Root		Causative	Causative Passive
अद्	(2P, A)	आदयति / ते	आद्यते
अर्थ्	(10A)	अर्थयते	अर्थ्यते
अश्	(9P)	आशयति	आश्यते
आप्	(5P)	आपयति / ते	आप्यते
इ	(2P)	गमयति	गम्यते
इष्	(6P)	एषयति / ते	एष्यते
ईक्ष्	(1A)	ईक्षयति / ते	ईक्ष्यते
ईश्	(2A)	ईशयति / ते	ईश्यते
कथ्	(10P, A)	कथयति / ते	कथ्यते
कम्प्	(1A)	कम्पयति / ते	कम्प्यते
काङ्क्ष्	(1P)	काङ्क्षयति / ते	काङ्क्ष्यते
कृ	(8P, A)	कारयति / ते	कार्यते

कृत्	(6P)	कर्तयति / ते	कर्त्यते
कृष्	(1P, 6P)	कर्षयति / ते	कर्ष्यते
क्रम्	(1P, 4P)	क्रमयति / ते	क्रम्यते
क्री	(9P, A)	क्रापयति / ते	क्राप्यते
क्षम्	(1A)	क्षमयति / ते	क्षम्यते
क्षल्	(10P, A)	क्षालयति / ते	क्षाल्यते
क्षिप्	(6P, A)	क्षेपयति / ते	क्षेप्यते
क्षुभ्	(9P)	क्षोभयति / ते	क्षोभ्यते
खन्	(1P, A)	खानयति / ते	खान्यते
खाद्	(1P)	खादयति	खाद्यते
गण्	(10P, A)	गणयति / ते	गण्यते
गम्	(1P)	गमयति / ते	गम्यते
गाह्	(1A)	गाहयति / ते	गाह्यते
गै	(1P)	गापयति / ते	गाप्यते
ग्रन्थ्	(9P)	ग्रन्थयति / ते	ग्रन्थ्यते
ग्रह्	(9P, A)	ग्राहयति / ते	ग्राह्यते
घुष्	(10P, A)	घोषयति / ते	घोष्यते
चर्	(1P)	चारयति / ते	चार्यते
चल्	(1P)	चलयति/चालयति/ते	चल्यते / चाल्यते
चिन्त्	(10P, A)	चिन्तयति / ते	चिन्त्यते
चुर्	(10P, A)	चोरयति / ते	चोर्यते
छद्	(10P, A)	छादयति / ते	छाद्यते
छिद्	(7P, A)	छेदयति / ते	छेद्यते
जन्	(4A)	जनयति / ते	जन्यते
जागृ	(2P)	जागरयति / ते	जागर्यते
जि	(1P)	जापयति / ते	जाप्यते
जीव्	(1P)	जीवयति / ते	जीव्यते
ज्ञा	(9P, A)	ज्ञपयति/ज्ञापयति/ते	ज्ञप्यते / ज्ञाप्यते
ज्वल्	(1P)	ज्वलयति/ज्वालयति/ते	ज्वल्यते / ज्वाल्यते
तड्	(10P, A)	ताडयति / ते	ताड्यते
तन्	(8P, A)	तानयति / ते	तान्यते
तुद्	(6P, A)	तोदयति / ते	तोद्यते
तुष्	(4P)	तोषयति / ते	तोष्यते
तॄ	(1P)	तारयति / ते	तार्यते
त्यज्	(1P)	त्याजयति / ते	त्याज्यते

दण्ड्	(10P, A)	दण्डयति / ते	दण्डयते
दंश्	(1P)	दंशयति / ते	दंश्यते
दय्	(1A)	दाययति / ते	दाय्यते
दह्	(1P)	दाहयति / ते	दाह्यते
दा	(1P, 3P,A)	दापयति / ते	दाप्यते
दिव्	(4P)	देवयति / ते	देव्यते
दिश्	(6P, A)	देशयति / ते	देश्यते
दुह्	(2P, A)	दोहयति / ते	दोह्यते
दृश्	(1P)	दर्शयति / ते	दर्श्यते
द्विष्	(2P, A)	द्वेषयति / ते	द्वेष्यते
धा	(3P, A)	धापयति / ते	धाप्यते
धाव्	(1P, A)	धावयति / ते	धाव्यते
धृ	(10P, A)	धारयति / ते	धार्यते
ध्यै	(1P)	ध्यापयति / ते	ध्याप्यते
नन्द्	(1P)	नन्दयति / ते	नन्द्यते
नम्	(1P)	नमयति/नामयति/ते	नम्यते / नाम्यते
नश्	(4P)	नाशयति	नाश्यते
निन्द्	(1P)	निन्दयति / ते	निन्द्यते
नी	(1P)	नाययति / ते	नाय्यते
नु	(2P)	नावयति / ते	नाव्यते
नुद्	(6P, A)	नोदयति / ते	नोद्यते
नृत्	(4P)	नर्तयति / ते	नर्त्यते
पच्	(1P, A)	पाचयति / ते	पाच्यते
पठ्	(1P)	पाठयति / ते	पाठ्यते
पत्	(1P)	पातयति / ते	पात्यते
पा	(1P)	पाययति / ते	पाय्यते
पा	(2P)	पालयति / ते	पाल्यते
पाल्	(10P, A)	पालयति / ते	पाल्यते
पिष्	(7P)	पेषयति / ते	पेष्यते
पीड्	(10P, A)	पीडयति / ते	पीड्यते
पुष्	(4P)	पोषयति / ते	पोष्यते
पुष्	(9P)	पोषयति / ते	पोष्यते
पूज्	(10P, A)	पूजयति / ते	पूज्यते
प्रच्छ	(6P)	प्रच्छयति / ते	प्रच्छ्यते
बन्ध्	(9P)	बन्धयति / ते	बन्ध्यते

बाध्	(1A)	बाधयति / ते	बाध्यते
बुध्	(1P, A)	बोधयति / ते	बोध्यते
ब्रू	(2P, A)	वाचयति / ते	वाच्यते
भक्ष्	(10P, A)	भक्षयति / ते	भक्ष्यते
भज्	(1P, A)	भाजयति / ते	भाज्यते
भञ्ज्	(7P)	भञ्जयति / ते	भञ्ज्यते
भा	(2P)	भापयति / ते	भाप्यते
भाष्	(1A)	भाषयति / ते	भाष्यते
भिक्ष्	(1A)	भिक्षयति / ते	भिक्ष्यते
भिद्	(7P, A)	भेदयति / ते	भेद्यते
भी	(3P)	भाययति / भापयते	भाय्यते / भाप्यते
भुज्	(7P, A)	भोजयति / ते	भोज्यते
भू	(1P)	भावयति / ते	भाव्यते
भूष्	(10P, A)	भूषयति / ते	भूष्यते
भृ	(3P, A)	भारयति / ते	भार्यते
भ्रम्	(1,4P)	भ्रमयति/भ्रामयति/ते	भ्रम्यते / भ्राम्यते
मन्	(4A)	मानयति / ते	मान्यते
मन्	(8A)	मानयति / ते	मान्यते
मन्त्र्	(10A)	मन्त्रयति / ते	मन्त्र्यते
मन्थ्	(9P)	मन्थयति / ते	मन्थ्यते
मा	(2P)	मापयति / ते	माप्यते
मा	(3A)	मापयति / ते	माप्यते
मुच्	(6P, A)	मोचयति / ते	मोच्यते
मुद्	(1A)	मोदयति / ते	मोद्यते
मृ	(6A)	मारयति / ते	मार्यते
यज्	(1P, A)	याजयति / ते	याज्यते
यत्	(1A)	यातयति / ते	यात्यते
या	(2P)	यापयति / ते	याप्यते
याच्	(1P, A)	याचयति / ते	याच्यते
युज्	(7P, A)	योजयति / ते	योज्यते
रक्ष्	(1P)	रक्षयति / ते	रक्ष्यते
रच्	(10P, A)	रचयति / ते	रच्यते
रम्	(1A)	रमयति / ते	रम्यते
राज्	(1P, A)	राजयति / ते	राज्यते
[illegible]	(2P)	रावयति / ते	राव्यते

रुच्	(1A)	रोचयति / ते	रोच्यते
रुद्	(2P)	रोदयति / ते	रोद्यते
रुध्	(7P, A)	रोधयति / ते	रोध्यते
रुह्	(1P)	रोहयति/रोपयति/ते	रोह्यते / रोप्यते
लभ्	(1A)	लम्भयति / ते	लम्भ्यते
लिख्	(6P)	लेखयति / ते	लेख्यते
लिह्	(2P, A)	लेहयति / ते	लेह्यते
वच्	(2P)	वाचयति / ते	वाच्यते
वञ्च	(10P, A)	वञ्चयति / ते	वञ्च्यते
वद्	(1P)	वादयति / ते	वाद्यते
वन्द्	(1A)	वन्दयति / ते	वन्द्यते
वस्	(1P)	वासयति / ते	वास्यते
वह्	(1P, A)	वाहयति / ते	वाह्यते
वा	(2P)	वापयति / ते	वाप्यते
वाञ्छ्	(1P)	वाञ्छयति / ते	वाञ्छ्यते
विद्	(2P)	वेदयति / ते	वेद्यते
विश्	(6P, A)	वेशयति / ते	वेश्यते
वृ	(5P, A)	वारयति / ते	वार्यते
वॄ	(9P, A)	वारयति / ते	वार्यते
वृत्	(1A)	वर्तयति / ते	वर्त्यते
वृध्	(1A)	वर्धयति / ते	वर्ध्यते
वेप्	(1A)	वेपयति	वेप्यते
व्रज्	(1P)	व्राजयति / ते	व्राज्यते
शक्	(5P)	शाकयति / ते	शाक्यते
शप्	(1P, A)	शापयति / ते	शाप्यते
शम्	(4P)	शमयति/शामयति/ते	शम्यते / शाम्यते
शंस्	(1P)	शंसयति / ते	शंस्यते
शास्	(2P)	शासयति / ते	शास्यते
शी	(2A)	शाययति / ते	शाय्यते
शुभ्	(1A)	शोभयति / ते	शोभ्यते
श्रम्	(4P)	श्रमयति/श्रामयति/ते	श्रम्यते / श्राम्यते
श्रु	(5P)	श्रावयति / ते	श्राव्यते
श्लाघ्	(1A)	श्लाघयति / ते	श्लाघ्यते
श्वस्	(2P)	श्वासयति / ते	श्वास्यते
सद्	(1P)	सादयति / ते	साद्यते

सह्	(1A)	साहयति / ते	साह्यते
साध्	(5P)	साधयति / ते	साध्यते
सु	(5P, A)	सावयति / ते	साव्यते
सृ	(1P)	सारयति / ते	सार्यते
सृज्	(6P)	सर्जयति / ते	सर्ज्यते
सृप्	(1P)	सर्पयति / ते	सर्प्यते
सेव्	(1A)	सेवयति / ते	सेव्यते
स्तभ्	(9P)	स्तम्भयति / ते	स्तम्भ्यते
स्तु	(2P, A)	स्तावयति / ते	स्ताव्यते
स्था	(1P)	स्थापयति / ते	स्थाप्यते
स्ना	(2P)	स्नपयति/स्नापयति/ते	स्नप्यते / स्नाप्यते
स्निह्	(4P)	स्नेहयति / ते	स्नेह्यते
स्पर्ध्	(1A)	स्पर्धयति / ते	स्पर्ध्यते
स्पृश्	(6P)	स्पर्शयति / ते	स्पर्श्यते
स्पृह्	(10P, A)	स्पृहयति / ते	स्पृह्यते
स्मृ	(1P)	स्मारयति / ते	स्मार्यते
स्वप्	(2P)	स्वापयति / ते	स्वाप्यते
हन्	(2P)	घातयति / ते	घात्यते
हस्	(1P)	हासयति / ते	हास्यते
हा	(3P)	हापयति / ते	हाप्यते
हिंस्	(7P)	हिंसयति / ते	हिंस्यते
हु	(3P)	हावयति / ते	हाव्यते
हृ	(1P, A)	हारयति / ते	हार्यते

Vocabulary

देवदत्त (m)	name of person	विष (n)	poison
यज्ञदत्त (m)	name of person	विपद् (f)	danger, adversity
अध्वन् (m)	way, distance	तारा (f)	star
संसार (n)	mundane world	गीत (n)	song
राज्ञी (f)	queen		

Exercises

1) Add a causative agent such as देवदत्त to each sentence in Exercise 1, Lesson 3, and convert all the sentences to causative constructions. Convert the same to causative passive.

2) Translate the following into English:

१. स देवदत्तेन ओदनं पाचयति ।
२. यज्ञदत्तेन देवदत्तेन ओदनः पाच्यते ।
३. स रामं भार्यां त्याजयति ।
४. रामो राक्षसान् स्वर्गमगमयत् ।
५. रामो देवदत्तेन धनं चोरयति ।
६. स शत्रुणा विषं खादयति ।
७. यज्ञदत्तो देवदत्तं गीतं श्रावयति ।
८. यज्ञदत्तेन देवदत्तो गृहं गम्यते ।
९. मां गृहं गमयित्वा त्वं मां किमाशयिष्यसि ।
१०. राज्ञी पुत्रमजीजनत् (जन् caus. aorist) ।
११. यो वायुं वापयति नदीं वाहयति ताराश्चालयति वृक्षान् रोहयति स संसारस्य विपत्स्वध्वानं त्वां दर्शयिष्यति ।
१२. अहं देवदत्तेन स्नानभोजनादिकमनुभावितोऽस्मि ।
१३. अहमुद्याने वृक्षं रोपयामि । (causative of रुह्, intr., to plant)
१४. मित्राय त्वां किं कोपयति ।
१५. सा दास्या अन्नं पाचयति ।
१६. अहं पथिकं जलं पाययामि ।
१७. गुरुः शिष्यान् वेदमध्यापयति बोधयति च ।

3) Translate the following into Sanskrit:

1. We made him know his duty, and sent him home.
2. He caused his servants to bring fruit from the town.
3. I caused them to stand around the king, and made them salute him.

4. The horses were caused by the master to be taken to the village by the servant.
5. The leader did not know the way and made us go from village to village.
6. Rāma made Lakṣmaṇa cut a tree.
7. The evil man (पिशुन) made the king leave the palace.
8. The food was caused to be cooked by Devadatta through Yajñadatta.
9. The teachers made the students recite the Vedas. (वेद m.)
10. The husband was made to eat bad food (कदन्न, n) by the wife.

4) Write any five Sanskrit sentences of your own.

LESSON 40

Desiderative Verbs

To express a meaning such as "x wants to go", Sanskrit has at least two possible ways. The first way is to use a periphrastic expression such as गन्तुम् इच्छति, an infinitive "to go" with a verb of desire. The other way is to use a morphological desiderative, e.g. जिगमिषति. Such a morphological desiderative may be derived from a root of any of the ten conjugations, and theoretically it may be conjugated in all tenses and moods. Generally, the desideratives for परस्मैपद and आत्मनेपद verbs retain the same classification. The two noteworthy features of desideratives are a) reduplication of the verb, and b) the affix -स (variants, -ष, -इष). For example:

कृ "to do"

	Active	**Middle**	**Passive**
Present	चिकीर्षति	चिकीर्षते	चिकीर्ष्यते
Imperfect	अचिकीर्षत्	अचिकीर्षत	अचिकीर्ष्यत
Perfect	चिकीर्षामास	चिकीर्षामासे	चिकीर्षामासे
Aorist	अचिकीर्षीत्	अचिकीर्षिष्ट	अचिकीर्षि
Imperative	चिकीर्षतु	चिकीर्षताम्	चिकीर्ष्यताम्
Optative	चिकीर्षेत्	चिकीर्षेत	चिकीर्ष्येत
स्य Future	चिकीर्षिष्यति	चिकीर्षिष्यते	चिकीर्षिष्यते
तास् Future	चिकीर्षिता	चिकीर्षिता	चिकीर्षिता
Conditional	अचिकीर्षिष्यत्	अचिकीर्षिष्यत	अचिकीर्षिष्यत
Benedictive	चिकीर्ष्यात्	चिकीर्षिषीष्ट	चिकीर्षिषीष्ट

The only common forms in Sanskrit literature are the active forms of the present and imperfect, e.g. जिगमिषति and अजिगमिषत्. Present and Past participles, e.g. चिकीर्षन्त्, चिकीर्षमाण and चिकीर्षित (< कृ), and feminine action nouns, e.g. जिगमिषा, चिकीर्षा "desire to :", and agentive adjectives, e.g. जिगमिषुः, चिकीर्षुः "desirous of :-ing" are also common in literature. Examples:

Root	Desiderative Base	Agentive Adj	Action Noun
भुज्	बुभुक्ष्	बुभुक्षुः	बुभुक्षा
to eat	to want to eat	hungry	hunger
ज्ञा	जिज्ञास्	जिज्ञासुः	जिज्ञासा
to know	to want to know	inquisitive	desire to know
जि	जिगीष्	जिगीषुः	जिगीषा
to conquer	to want to con.	wanting to con.	desire to con.
पा	पिपास्	पिपासुः	पिपासा
to drink	to want to drink	thirsty	thirst
मुच्	मुमुक्ष्	मुमुक्षुः	मुमुक्षा
to release	to want release	wanting release	desire for release
मृ	मुमूर्ष्	मुमूर्षुः	मुमूर्षा
to die	to want to die	wanting to die	desire to die

The desiderative form can be used to express only one's own desire to do something. It cannot be used to express one's desire that someone else do something. The same constraint holds on the use of a construction such as गन्तुम् इच्छति "X wants to go". It cannot be used to mean "X wants someone else to go".

Listing of desiderative forms for frequently used verbs:

अद्	(2P, A)	जिघत्सति / ते
अर्थ्	(10A)	अर्तिथयिषते
अश्	(9P)	अशिशिषति
आप्	(5P)	ईप्सति
इ	(2P)	जिगमिषति
इष्	(6P)	एषिषिषति
ईक्ष्	(1A)	ईचिक्षिषते
ईश्	(2A)	ईशिशिषते

कथ्	(10P, A)	चिकथयिषति / ते
कम्प्	(1A)	चिकम्पिषते
काङ्क्ष्	(1P)	चिकाङ्क्षिषति
कृ	(8P, A)	चिकीर्षति / ते
कृत्	(6P)	चिकर्तिषति / चिकृत्सति
कृष्	(1P, 6P)	चिकृक्षति
क्रम्	(1P, 4P)	चिक्रमिषति
क्री	(9P, A)	चिक्रीषति / ते
क्षम्	(1A)	चिक्षमिषते / चिक्षंसते
क्षल्	(10P, A)	चिक्षालयिषति / ते
क्षिप्	(6P, A)	चिक्षिप्सति / ते
क्षुभ्	(9P)	चुक्षोभिषति
खन्	(1P, A)	चिखनिषति / ते
खाद्	(1P)	चिखादिषति
गण्	(10P, A)	जिगणयिषति / ते
गम्	(1P)	जिगमिषति
गाह्	(1A)	जिगाहिषते / जिघाक्षते
गै	(1P)	जिगासति
ग्रन्थ्	(9P)	जिग्रन्थिषति
ग्रह्	(9P, A)	जिघृक्षति / ते
घुष्	(10P, A)	जुघोषयिषति / ते
चर्	(1P)	चिचरिषति
चल्	(1P)	चिचलिषति
चिन्त्	(10P, A)	चिचिन्तयिषति / ते
चुर्	(10P, A)	चुचोरयिषति / ते
छद्	(10P, A)	चिच्छादयिषति / ते
छिद्	(7P, A)	चिच्छित्सति / ते
जन्	(4A)	जिजनिषते
जागृ	(2P)	जिजागरिषति
जि	(1P)	जिगीषति
जीव्	(1P)	जिजीविषति
ज्ञा	(9P, A)	जिज्ञासति / ते
ज्वल्	(1P)	जिज्वलिषति
तड्	(10P, A)	तिताडयिषति
तन्	(8P, A)	तितंसति / ते, तितांसति / ते, तितनिषति / ते
तुद्	(6P, A)	तुतुत्सति / ते

तुष्	(4P)	तुतुक्षति
तॄ	(1P)	तितीर्षति
त्यज्	(1P)	तित्यक्षति
दण्ड्	(10P, A)	दिदण्डयिषति / ते
दंश्	(1P)	दिदङ्क्षति
दय्	(1A)	दिदयिषते
दह्	(1P)	दिधक्षति
दा	(1P, 3P, A)	दित्सति / ते, दिदासति / ते
दिव्	(4P)	दिदेविषति / दिद्यूषति
दिश्	(6P, A)	दिदिक्षति / ते
दुह्	(2P, A)	दुधुक्षति / ते
दृश्	(1P)	दिदृक्षति
द्विष्	(2P, A)	दिद्विक्षति / ते
धा	(3P, A)	धित्सति / ते
धाव्	(1P, A)	दिधाविषति / ते
धृ	(10P, A)	दिधारयिषति / ते
ध्यै	(1P)	दिध्यासति
नन्द्	(1P)	निनन्दिषति
नम्	(1P)	निनंसति
नश्	(4P)	निनशिषति / निनङ्क्षति
निन्द्	(1P)	निनिन्दिषति
नी	(1P)	निनीषति
नु	(2P)	नुनूषति
नुद्	(6P, A)	नुनुत्सति / ते
नृत्	(4P)	निनर्तिषति / निनृत्सति
पच्	(1P, A)	पिपक्षति / ते
पठ्	(1P)	पिपठिषति
पत्	(1P)	पिपतिषति / पित्सति
पा	(1P)	पिपासति
पा	(2P)	पिपासति
पाल्	(10P, A)	पिपालयिषति
पिष्	(7P)	पिपिक्षति
पीड्	(10P, A)	पिपीडयिषति / ते
पुष्	(4P)	पुपुक्षति
पुष्	(9P)	पुपुषिषति / पुपोषिषति
पूज्	(10P, A)	पुपूजयिषति / ते

प्रच्छ	(6P)	पिपृच्छिषति
बन्ध्	(9P)	बिभन्त्सति
बाध्	(1A)	बिबाधिषते
बुध्	(1P, A)	बुबुधिषति / ते, बुबोधिषति / ते
ब्रू	(2P, A)	विवक्षति / ते
भक्ष्	(10P, A)	बिभक्षयिषति / ते
भज्	(1P, A)	बिभक्षति / ते
भञ्ज्	(7P)	बिभङ्क्षति
भा	(2P)	बिभासति
भाष्	(1A)	बिभाषिषते
भिक्ष्	(1A)	बिभिक्षिषते
भिद्	(7P, A)	बिभित्सति / ते
भी	(3P)	बिभीषति
भुज्	(7P, A)	बुभुक्षति / ते
भू	(1P)	बुभूषति
भूष्	(10P, A)	बुभूषयिषति / ते
भृ	(3P, A)	बिभरिषति / ते, बुभूर्षति / ते
भ्रम्	(1, 4P)	बिभ्रमिषति
मन्	(4A)	मिमंसते
मन्	(8A)	मिमनिषते
मन्त्र्	(10A)	मिमन्त्रयिषते
मन्थ्	(9P)	मिमन्थिषति
मा	(2P)	मित्सति
मा	(3A)	मित्सते
मुच्	(6P, A)	मुमुक्षति / ते, मोक्षते
मुद्	(1A)	मुमुदिषते / मुमोदिषते
मृ	(6A)	मुमूर्षति
यज्	(1P, A)	यियक्षति / ते
यत्	(1A)	यियतिषते
या	(2P)	यियासति
याच्	(1P, A)	यियाचिषति / ते
युज्	(7P, A)	युयुक्षति / ते
रक्ष्	(1P)	रिरक्षिषति
रच्	(10P, A)	रिरचयिषति / ते
रम्	(1A)	रिरंसते
राज्	(1P, A)	रिराजिषति / ते

रु	(2P)	रुरूषति
रुच्	(1A)	रुरुचिषते / रुरोचिषते
रुद्	(2P)	रुरुदिषति
रुध्	(7P, A)	रुरुत्सति / ते
रुह्	(1P)	रुरुक्षति
लभ्	(1A)	लिप्सते
लिख्	(6P)	लिलिखिषति / लिलेखिषति
लिह्	(2P, A)	लिलिक्षति / ते
वच्	(2P)	विवक्षति
वञ्च्	(10P, A)	विवञ्चयिषति / ते
वद्	(1P)	विवदिषति
वन्द्	(1A)	विवन्दिषते
वस्	(1P)	विवत्सति
वह्	(1P, A)	विवक्षति / ते
वा	(2P)	विवासति
वाञ्छ्	(1P)	विवाञ्छिषति
विद्	(2P)	विविदिषति
विद्	(4A)	विवित्सते
विद्	(6P, A)	विवित्सति / ते, विविदिषति / ते
विश्	(6P, A)	विविक्षति / ते
वृ	(5P, A)	विवरिषति / ते, विवरीषति / ते
वॄ	(9P, A)	विवरिषति / ते, विवरीषति / ते
वृत्	(1A)	विवर्तिषते / विवृत्सति
वृध्	(1A)	विवर्धिषते / विवृत्सति
वेप्	(1A)	विवेपिषते
व्रज्	(1P)	विव्रजिषति
शक्	(5P)	शिक्षते
शप्	(1P, A)	शिशप्सति / ते
शम्	(4P)	शिशमिषति
शंस्	(1P)	शिशंसिषति
शास्	(2P)	शिशासिषति
शी	(2A)	शिशयिषते
शुभ्	(1A)	शुशुभिषते / शुशोभिषते
श्रम्	(4P)	शिश्रमिषति
श्रु	(5P)	शुश्रूषति
श्लाघ्	(1A)	शिश्लाघिषते

श्वस्	(2P)	शिश्वसिषति
सद्	(1P)	सिषत्सति
सह्	(1A)	सिसहिषते
साध्	(5P)	सिषात्सति / सिषाधयिषति
सु	(5P, A)	सुसूषति / ते
सृ	(1P)	सिसीर्षति
सृज्	(6P)	सिसृक्षति
सृप्	(1P)	सिसृप्सति
सेव्	(1A)	सिसेविषते
स्तभ्	(9P)	तिस्तम्भिषते
स्तु	(2P, A)	तुष्टूषति / ते
स्था	(1P)	तिष्ठासति
स्ना	(2P)	सिस्नासति
स्निह्	(4P)	सिस्निहिषति / सिस्नेहिषति / सिस्निक्षति
स्पर्ध्	(1A)	पिस्पर्धिषते
स्पृश्	(6P)	पिस्पृक्षति
स्पृह्	(10P, A)	पिस्पृहयिषति / ते
स्मृ	(1P)	सुस्मूर्षति
स्वप्	(2P)	सुषुप्सति
हन्	(2P)	जिघांसति
हस्	(1P)	जिहसिषति
हा	(3P)	जिहासति
हिंस्	(7P)	जिहिंसिषति
हु	(3P)	जुहूषति
हृ	(1P, A)	जिहीर्षति / ते

Vocabulary

क्षिति-धेनु (f)	cow-like earth	वत्स (m)	calf, child
आ+या (2P)	to come	उप+गम् (1P)	to approach
नल (m)	name of king	शत्रु-राज्य (n)	enemy-kingdom
लङ्का (f)	island of Sri Lanka	कर्मन् (n)	actions
समा (f)	year	समुद्र (m)	ocean
मारुति (m)	name of monkey-god	व्याकरण (n)	grammar
काव्य-रस (m)	juice of poetry	वेदशब्द (m)	word of scripture
कंस (m)	name of a demon	मथुरा (f)	name of city

अतिभारवहन (n)	carrying big loads	गर्दभ (m)	ass
मरण (n)	death	जन्मन् (n)	birth
प्रादुर्+भू (1P)	to make appearance		

Exercises

1) **Translate the following into English:**

१. हे राजन्, यदि क्षितिधेनुमेतां दुधुक्षसि, तर्हि अद्य वत्समिव लोकममुं पुषाण
२. अयं बालकः पुनर्विवक्षुरिहायाति ।
३. शास्त्रं जिज्ञासवः शिष्या गुरुमुपजग्मुः ।
४. नलो नाम राजा ह्रदे रिरंसुमेकं हंसं जिघृक्षति ।
५. वीरः शत्रुराज्यं विजिगीषतु ।
६. सत्यं चिकीर्षमाणो नरः नासत्यं चिकीर्षेत् ।
७. बुभुक्षा मां बाधत इत्यहमवोचम् ।
८. को नाम जनो धनं नेप्सति?
९. लङ्कां विजित्य रामः स्वनगरं जिगमिषति ।
१०. कुर्वन्नेवेह कर्माणि जिजीविषेत् शतं समाः ।
११. समुद्रं हस्ताभ्यां स वीरस्तितीर्षतु ।
१२. मारुतिः सीतामदिदृक्षत् ।
१३. बुभुक्षितैर्व्याकरणं न भुज्यते पिपासितैः काव्यरसो न पीयते ।
१४. दुःखाज्जगदुज्जिहीर्षन् भगवान् बुद्धः क्वास्ते?
१५. यियक्षवो ब्राह्मणा ग्रामाद्ग्रामं जिगमिषन्ति ।
१६. यशो लिप्समानाः पण्डिताः परस्परं विविवदिषन्ति, न तु सत्यं विविदिषन्ति ।
१७. यदा ईश्वरो जगत् सिसृक्षति तदा स वेदशब्दान्भाषते । स यान् यान् शब्दान् भाषते तानि तानि वस्तूनि प्रादुर्भवन्ति ।
१८. कंसं जिघांसुः कृष्णो मथुरानगरीं यियासति ।
१९. प्रतिदिनमतिभारवहनात् स गर्दभो मुमूर्षुरिवाभवत् ।
२०. मुनिर्मरणादात्मानं मुमुक्षति । जन्मनश्च ।

2) **Convert all verbs in Exercise 3, Lesson 6, to desiderative forms. Retain all tenses and moods.**

3) **Convert all desiderative finite verbs in Exercise 1 above to infinitive + verb of desire.**

4) Translate the following into Sanskrit:

1. Yajñadatta wants to make a bow for the sage.
2. The snake, wanting to bite the king, entered the palace.
3. Rāvaṇa did not want to be a wicked demon.
4. I want to live for a hundred years.
5. The village was desired to be burned by the enemies.
6. Mr. crocodile wanted to eat the sweet heart of his friend.
7. The swans wished to sport in the lake.
8. Rāma wished to kill Rāvaṇa and to make Bibhīṣaṇa the king of Laṅkā.
9. The priests should want to sacrifice to gods (acc.).
10. The elephants may wish to descend (अव+तॄ) from the mountain, and may wish to bathe in the lake.

5) Write any five Sanskrit sentences of your own.

LESSON 41

Ditransitive Verbs

The term ditransitive (द्विकर्मक) refers to those verbs which can take two objects, both of which can have accusative in an active voice construction, and one of them can take the nominative in a passive voice construction. Several causative constructions can have two objects, especially when the agent of the pre-causative action is treated as the object of the causative action. We will not consider these causative constructions here. These are discussed in Lesson 39.

For most of the other ditransitive verbs in Sanskrit, this ditransitivity is optional, because one of the two objects can possibly occur in a case other than accusative, showing that it can be categorized optionally as something other than an object. One of the standard examples of this construction is:

देवदत्तः गाम् (acc) पयः (acc) दोग्धि ।

Lit. transl. "Devadatta milks the cow the milk."

Assuming that the situation to be described involves a person milking a cow, we have some of the following alternative possibilities. For the Sanskrit grammarians, a prototypical direct object is *īpsitatama* "that which is most desired to be encompassed by the action". The traditional choice for this status of "most desired" is the milk, rather than the cow. Thus, the milk is a direct object. There is no alternative classification for the milk. If we consider only the cow, without bringing the milk into the situation directly, then the cow by default may also be a direct object. Thus, we can get the following sentences:

देवदत्तः पयः दोग्धि । "Devadatta milks the milk."

देवदत्तः गां दोग्धि । "Devadatta milks the cow."

A difficulty arises when one wishes to include both the cow and the milk as arguments for the verb *dogdhi*. Of these two arguments, as explained earlier, the tradition picks out the milk as the *īpsitatama* "most desired" argument, and hence it becomes a direct object. How about the cow? Even if it were *īpsita* "desired" in some sense, it is certainly not the most desired entity. The tradition considers the following alternative characterizations for the cow.

a) One may simply construe the cow with the milk as the possessor of milk. This gives us the genitive case for the cow.
b) The cow may be considered to have a specific semantic role with respect to the action of milking, such as "point of departure, source" for the milk. This would give us the ablative case for the cow.
c) In the last alternative, one does think of the cow as a factor involved in the production of action, and yet does not specifically categorize it as a "point of departure, source" etc. In this situation, the Sanskrit grammarians tell us that an entity which is related to the action but which is not specifically categorized gets the designation "Object".

These three scenarios, respectively, account for the following three sentences:

देवदत्तः गोः (Genitive) पयः (Accusative) दोग्धि ।
Devadatta milks the milk of the cow.

देवदत्तः गोः (Ablative) पयः (Accusative) दोग्धि ।
Devadatta milks the milk from the cow.

देवदत्तः गां (Accusative) पयः (Accusative) दोग्धि ।
Devadatta milks the cow the milk.

In the Sanskrit grammatical tradition, the following distinction is made: the *īpsitatama* "most desired" object is the principal object (*pradhāna-karman*), and the *akathita-karman* "the object with an unspecified *kāraka* role" is the secondary object (*apradhāna-karman*). Especially in the context of passivizing these constructions, the tradition offers us a list of verbs with two objects:

Active Voice Constructions

Verb	**Principal Object** (Accusative)	**Secondary Object** (Accusative)
दोग्धि to milk	पयः milk	गाम् cow
याचते to beg	वसुधाम् earth	बलिम् Bali
पचति to cook	ओदनम् rice	तण्डुलान् rice-grains
दण्डयति to fine	शतम् a hundred	गर्गान् Gargas
अवरुणद्धि to confine	गाम् cow	व्रजम् cow pen
पृच्छति to ask	धर्मम् religious duty	माणवकम् boy
चिनोति to collect	फलानि fruit	वृक्षम् tree
ब्रूते to speak	धर्मम् religious duty	माणवकम् boy
शास्ति to teach	धर्मम् religious duty	माणवकम् boy
जयति to win	शतम् a hundred	देवदत्तम् Devadatta
मथ्नाति to churn	सुधाम् ambrosia	क्षीरनिधिम् ocean
मुष्णाति to steal	शतम् a hundred	देवदत्तम् Devadatta

नयति	अजाम्	ग्रामम्
to lead	goat	village
हरति	अजाम्	ग्रामम्
to bring	goat	village
कर्षति	अजाम्	ग्रामम्
to drag	goat	village
वहति	अजाम्	ग्रामम्
to carry	goat	village

A difficulty arises when one needs to passivize these constructions. Which of the two objects would get the nominative case and become the subject of the passive construction? The tradition claims that there is no uniformity in this regard and that for some verbs the principal object gets the nominative, while for others it is the secondary object which gets the nominative. For the last four verbs listed above, the principal object gets the nominative, while for the rest of the listed verbs the secondary object gets the nominative. The passive constructions are given below:

Passive Constructions
Class A

Verb	**Principal Object** (Accusative)	**Secondary Obje** (Nominative)
दुह्यते	पयः	गौः
to milk	milk	cow
याच्यते	वसुधाम्	बलिः
to beg	earth	Bali
पच्यन्ते	ओदनम्	तण्डुलाः
to cook	rice	rice-grains
दण्डयन्ते	शतं	गर्गाः
to fine	a hundred	Gargas
अवरुध्यते	गाम्	व्रजः
to confine	cow	cowpen

पृच्छयते	धर्मम्	माणवकः
to ask	religious duty	boy
चीयते	फलानि	वृक्षः
to collect	fruit	tree
उच्यते	धर्मम्	माणवकः
to speak	religious duty	boy
शिष्यते	धर्मम्	माणवकः
to teach	religious duty	boy
जीयते	शतम्	देवदत्तः
to win	a hundred	Devadatta
मथ्यते	सुधाम्	क्षीरनिधिः
to churn	ambrosia	ocean
मुष्यते	शतम्	देवदत्तः
to steal	a hundred	Devadatta

Class B

Verb	**Principal Object** (Nominative)	**Secondary Object** (Accusative)
नीयते	अजा	ग्रामम्
to lead	goat	village
ह्रियते	अजा	ग्रामम्
to bring	goat	village
कृष्यते	अजा	ग्रामम्
to drag	goat	village
उह्यते	अजा	ग्रामम्
to carry	goat	village

From a modern point of view, one may say that of the two objects, the one which is more animate, agentive, affected and must be accessed first, gets the nominative in the passive construction. In any case, we must accept that there is variation in Sanskrit usage, which can be handled best by listing those verbs which can optionally take two objects. The traditional list is given above. Study the following examples involving the variation described above:

गां दोग्धि पयः ।

"X milks the cow the milk."

दुह्यते गोः (abl) पयः ।

"The milk is milked from the cow."

दुह्यते गोः (gen) पयः ।

"The milk of the cow is milked."

दुह्यते गौः पयः ।

"The cow is milked the milk."

पौरवम् गाम् याचते ।

"X begs (the king) Paurava a cow."

याच्यते पौरवस्य कम्बलः ।

"The blanket of (the king) Paurava is begged for."

याच्यते पौरवात् कम्बलः ।

"The blanket was begged from (the king) Paurava."

अन्ववरुणद्धि गाम् व्रजम् ।

"X confines the cow (to) the cowpen."

पौरवम् गाम् भिक्षते ।

"X begs (the king) Paurava a cow."

वृक्षम् अवचिनोति फलानि ।

"X picks the tree the fruit."

पुत्रम् ब्रूते धर्मम् ।

"X tells the religious doctrine (to) the son."

पुत्रम् अनुशास्ति धर्मम् ।

"X teaches the religious doctrine (to) the son."

माणवकम् पन्थानम् पृच्छति ।

"X asks the boy the path."

तण्डुलान् ओदनम् पचति ।

"X cooks the rice grains (into cooked) rice."

तण्डुलानाम् ओदनम् पचति ।

"X cooks (= makes) (cooked) rice of the rice grains."

Vocabulary

आ+चक्ष्, (2 A)	to tell
कोविदार (m)	name of a tree
इष्ट (a)	desired
नाथ् (1A)	to beg
वनीयक (m)	beggar
चातक (m)	name of a bird
आचार्य (m)	teacher
जिज्ञासते desid. of ज्ञा	to enquire
अप+हृ (1P)	to take away
इतर, इतरा, इतरद् (prn)	other
आम्रः (m)	mango tree
चुद् (10P)	to object, question
वस्तु (n)	object, thing
वन् (8A)	to beg
तोयद (m)	cloud
शरद्-घन (m)	autumn cloud
सूत्र (n)	rules, aphorisms
आ+दिश् (6P)	to order, command
अर्द् (1P)	to go, to beg

Exercises

1) **Translate the following into English:**

१. इदं तावदयं प्रष्टव्यः ।
२. न हि अन्यत् पृष्टेन अन्यद् आख्येयम् ।
३. अन्यद् भवान् पृष्टः अन्यद् आचष्टे ।
४. आम्रान् पृष्टः कोविदारानाचष्टे ।
५. यो हि भुक्तवन्तं ब्रूयान्मा भुङ्क्था इति किं तेन कृतं स्यात्?
६. इति भवान् अस्माभिश्चोदितः ।
७. तं राजानम् जना इष्टानि वस्तूनि नाथन्ते ।

८. धनिनं धनं वनुते वनीयकः ।
९. तोयदाद् इतरं नैव चातको वनुते जलम् ।
१०. शरद्घनं नार्दति चातकोऽपि ।
११. आचार्यः शिष्यान् सूत्राणि भाषते ।
१२. गुरुं जिज्ञासते धर्मम् ।
१३. राजा त्वां कार्यम् आदिशत् ।
१४. मा नः आयुः अपहर ।
१५. इममश्वं ग्रामं नय ।

2) Carefully reread the Story of the Mustard Seed in Lesson 11. Find all constructions of the type "X said to Y" and change them to passive.

3) Translate the following into Sanskrit:

1. Why was I asked that question?
2. She should be addressed (spoken to) these words by you.
3. The boy was taught Dharma by the teacher.
4. These words were spoken to the king (dat.) by his wife.
5. The king was asked (for) money by the poet.
6. The horses were taken to the palace by the servants.
7. The monks (भिक्षु m) were taught Emptiness (शून्यता f) by th Buddha.
9. The words "Give up, give up" were said to Rāvaṇa by hi brother Bibhīṣaṇa.
10. The disciple was told by the teacher: "recite the Vedas".

4) Write any five Sanskrit sentences of your own.

LESSON 42

Intensive / Frequentative Verbs

A frequentative verb may be derived from any root of the first nine conjugations which are monosyllabic. This kind of secondary verb indicates a repeated or a frequently performed action. A frequentative verb root undergoes reduplication. With a reduplicated root, there are two ways to formulate a frequentative base:

a) An affix य is added to this reduplicated root, and then the derived base is conjugated only in the middle (आत्मनेपद), e.g. कृ > चेक्रीयते.

b) No य is added to the reduplicated root, and the base is conjugated only in the active (परस्मैपद), e.g. कृ > चर्कर्ति.

Frequentatives are rare in literature, and only the few verbs which are met in literature are listed below with sample active and middle 3rd person singular forms:

List of frequent verbs:

Root		**य-Frequentative** आत्मनेपद **only**	**य-less Frequentative** परस्मैपद **only**
अट्	"wander"	अटाटयते	
कृ	"do"	चेक्रीयते	चर्कर्ति / चरीकर्ति
क्रम्	"walk"	चङ्क्रम्यते	चङ्क्रमीति
गम्	"go"	जङ्गम्यते	जङ्गमीति
चर्	"walk, move"	चञ्चूर्यते	चञ्चु(/ञ्चू)रीति / चञ्चूर्ति
जन्	"be born"	जञ्जन्यते / जाजायते	जञ्जनीति / जञ्जन्ति
जप्	"recite"	जञ्जप्यते	जञ्जपीति
ज्वल्	"burn"	जाज्वल्यते	जाज्वलीति
तॄ	"cross"	तेतीर्यते	तातरीति

दंश्	"bite"	दन्दश्यते	दन्दशीति
दह्	"burn"	दन्दह्यते	दन्दहीति
दा	"give"	देदीयते	दादाति
दीप्	"shine"	देदीप्यते	देदिपीति
द्युत्	"shine"	देद्युत्यते	देद्युतीति / देद्योत्ति
नृत्	"dance"	नरीनृत्यते	नरीनर्ति
पा	"drink"	पेपीयते	पापाति
पच्	"cook"	पापच्यते	पापचीति / पापक्ति
प्रच्छ्	"ask"	परीपृच्छ्यते	पाप्रच्छीति
फल्	"blossom"	पम्फुल्यते	पम्फुलीति
बुध्	"know"	बोबुध्यते	बोबुधीति
भिद्	"break"	बेभिद्यते	बेभिदीति
भ्रम्	"roam"	बम्भ्रम्यते	बम्भ्रमीति
मृ	"die"	मेम्रीयते	मरीमर्ति
यज्	"sacrifice"	यायज्यते	यायजीति
रट्	"roar"	रारटयते	रारटीति
रु	"cry"	रोरूयते	रोरवीति
रुच्	"like"	रोरुच्यते	रोरुचीति
रुद्	"weep"	रोरुद्यते	रोरुदीति
लिह्	"lick"	लेलिह्यते	लेलिहीति
लुप्	"bite off"	लोलुप्यते	लोलुपीति
लुभ्	"be greedy"	लोलुभ्यते	लोलुभीति
वद्	"speak"	वावद्यते	वावदीति
वृत्	"be"	वरीवृत्यते	वरीवर्ति / वरीवृतीति
व्रज्	"go"	वाव्रज्यते	वाव्रजीति
शुच्	"grieve"	शोशुच्यते	शोशुचीति
शुभ्	"shine"	शोशुभ्यते	शोशुभीति
सद्	"sit"	सासद्यते	सासदीति
सृ	"go, move"	सेस्रीयते	सरीसर्ति
सृप्	"crawl"	सरीसृप्यते	सरीसृपीति
स्मृ	"remember"	सास्मर्यते	सास्मरीति
स्वप्	"sleep"	सोषुप्यते	सास्वपीति
हन्	"kill"	जेघ्नीयते / जघन्यते	जङ्घनीति / जङ्घन्ति

Sample paradigms:

कृ "to do"			नृत् "dance"		
Active Present			**Middle Present**		
चरीकर्मि	चरीकृवः	चरीकृमः	नरीनृत्ये	नरीनृत्यावहे	नरीनृत्यामहे
चरीकर्षि	चरीकृथः	चरीकृथ	नरीनृत्यसे	नरीनृत्येथे	नरीनृत्यध्वे
चरीकर्ति	चरीकृतः	चरीक्रति	नरीनृत्यते	नरीनृत्येते	नरीनृत्यन्ते

भू "to be"			भू "to be"		
Active Present			**Active Imperfect**		
बोभोमि/भवीमि	बोभूवः	बोभूमः	अबोभवम्	अबोभूव	अबोभूम
बोभोषि/भवीषि	बोभूथः	बोभूथ	अबोभोः/भवीः	अबोभूतम्	अबोभूत
बोभोति/भवीति	बोभूतः	बोभवति	अबोभोत्/भवीत्	अबोभूताम्	अबोभवुः

The reduplication of the root involved in frequentative verbs is riddled with options, and the Sanskrit grammarians give an enormous number of alternative forms. For instance, for the form चरीकर्ति above, we have the following alternatives: चर्कर्ति, चरिकर्ति, चर्करीति, चरिकरीति and चरीकरीति.

The middle forms also serve as passive forms, e.g.

रामेण ग्रामः जङ्गम्यते । "The village is frequently visited by R."
रामः ग्रामं जङ्गम्यते । "R frequently visits the village."

Theoretically, a frequentative verb can have all possible tenses and moods, though these forms are very rare at best.

	कृ	भू
	Active	**Middle**
Present	चरीकर्ति	बोभूयते
Imperfect	अचर्करीत्	अबोभूयत
Perfect	चरीकराञ्चकार	बोभूयाञ्चक्रे
Aorist	अचरीकारीत्	अबोभूयिष्ट
Imperative	चरीकर्तु	बोभूयताम्
Potential	चरीकृयात्	बोभूयेत
स्य Future	चरीकरिष्यति	बोभूयिष्यते
तास् Future	चरीकर्ता	बोभूयिता
Conditional	अचरीकरिष्यत्	अबोभूयिष्यत
Benedictive	चरीकृयात्	बोभूयिषीष्ट

नरो बधिरः (deaf) इति अज्ञात्वा राजा तं परीपृच्छयते ।
नरो बधिरः इति अज्ञात्वा राजा तं पुनः पुनः पृच्छति ।
"Not knowing that the man was deaf, the king asks him again and again."

दैवहतस्य (fate-struck) नरस्य मतिः मोमुह्यते ।
दैवहतस्य नरस्य मतिः पुनः पुनः मुह्यति ।
"The mind of a person struck by fate gets deluded again and again."

देदीप्यमानां राजकन्यां राजपुत्रो ददर्श । (present middle participle)
अतीव (exceedingly) दीप्यमानां राजकन्यां राजपुत्रो ददर्श ।
"The prince saw the exceedingly bright princess."

Vocabulary

बरीभर्ति ‹ भृ	to support	सञ्जरीहर्ति ‹ सम्+हृ	to destroy
अर्जुन (m)	name of person	नरक (m)	hell
वाल्मीकि (n)	name of sage	शास्त्राध्ययन (n)	study of sacred texts
नगर+वीथी (f)	town streets		
समराङ्गण (n)	battle-field	मरुदेश (m)	desert-region
ग्रीष्मर्तु (m)	summer-season	पथिक (m)	traveller
वि+ज्ञा (9P, A)	to know	सरस्वती (f)	goddess of speec
जिह्वाग्र (n)	tip of tongue	कविराज (m)	king among poet
मुह् (4P)	to be confused	अयोध्या (f)	name of a city

Exercises

1) **Translate the following into English:**

१. नमस्तस्मै नमस्तस्मै नमस्तस्मै नमो नमः ।
चरीकर्ति बरीभर्ति सञ्जरीहर्ति यो जगत् ॥
२. रामः पापच्यते ।
३. अर्जुनः कृष्णं तेजोभिः देदीप्यमानं पश्यति ।
४. यो नरः पापं चरीकर्ति तं नरकेऽग्नयो लेलिह्यन्ते ।

५. वने त्यक्ता सीता चङ्क्रम्यमाणा वाल्मीकेराश्रमं जगाम ।
६. रे मूर्ख, शास्त्राध्ययनं विहाय कुतस्त्वया नगरवीथीषु अटाटयते?
७. समराङ्गणे वीराः शत्रूणां शिरांसि शस्त्रैः बेभिद्यन्ताम् ।
८. मरुदेशे ग्रीष्मर्तौ बम्भ्रम्यमाणः पथिको जलं पिपासति ।
९. कुतस्त्वयाद्य रोरुद्यते? इति भर्त्रा परीपृच्छ्यमाना सा नारी बभाषे ।
१०. युष्माभिः प्रासादे कुत इतस्ततश्चञ्चूर्यते इति नृपो दासेभ्यः पाप्रच्छीति ।
११. यस्य जिह्वाग्रे साक्षात् सरस्वती नरीनर्ति, सोऽयं कविराजः कालिदासः ।

2) Translate the following into Sanskrit.

1. Through actions done without thinking, pain is born again and again.
2. The flowers of that vine appeal to her intensely.
3. Rāma, sitting in his palace in Ayodhyā, shines brightly.
4. The trees are broken again and again by the wind.
5. I remember that girl a lot.
6. The kings give wealth to the poets again and again.
7. The priests sitting in the forest recite the hymns again and again.
8. By the king wishing to have a son, sacrificing is done again and again.
9. The mother whose son died grieves again and again.
10. If you are tired then sleep again and again.

3) Write any five Sanskrit sentences of your own.

LESSON 43

Denominative Verbs (नामधातु)

Denominative verbs are derived from nouns through affixation. Examples of denominative verbs in English would include expressions like "to chicken out", "vaporize", "to table a motion", "to Americanize" etc. Here the basic element is a noun, which has been pressed into extended service as a verb. In Sanskrit, there are various different kinds of denominative verbs.

Type I

Noun + य + Active Terminations
Meaning = desiring *x*.

पुत्र + य + ति → पुत्रीयति = पुत्रम् आत्मनः इच्छति
wants to have a son for oneself

This construction is used only in the sense of desiring something for oneself.

Type II

Noun + य + Middle Terminations
Meaning = to act like *x*.

कृष्ण + य + ते → कृष्णायते = कृष्णः इव आचरति
acts like Kṛṣṇa

पण्डित + य + ते → पण्डितायते = पण्डितः इव आचरति
acts like a scholar

गरुड + य + ते → गरुडायते = गरुडः इव आचरति
acts like an eagle

Type III

Noun + य + Active / Middle Terminations

This construction is used for color words such as लोहित "red" in the meaning "to become x", and for onomatopoetic expressions, imitations of non-linguistic sounds.

लोहित + य + ति / ते ⟶ लोहितायति / ते
to become red

कृष्ण + य + ति / ते ⟶ कृष्णायति / ते
to become blackened

पटपटा + य + ति / ते ⟶ पटपटायति / ते
to make the sound *paṭapaṭa*

नमस् + य + ति / ते ⟶ नमस्यति / ते
to make a salutation

Type IV

Noun + काम्य + Active Terminations

Meaning: desiring x.

पुत्र + काम्य + ति ⟶ पुत्रकाम्यति
desires a son

यशस् + काम्य + ति ⟶ यशस्काम्यति
desires fame

Type V

Noun + य + Active / Middle Terminations

This is used in a variety of different meanings. Some expressions occur only in active or middle.

उत्पुच्छ + य + ते ⟶ उत्पुच्छयते
to raise one's tail

सम्भाण्ड + य + ते ⟶ सम्भाण्डयते
to collect pots and pans

मिश्र + य + ति ⟶ मिश्रयति
to mix

Type VI

Noun + zero suffix + Active Terminations
Meaning: to act like *x*.

कृष्ण + ति ⟶ कृष्णति
to act like or become Kṛṣṇa

कवि + ति ⟶ कवयति
to act like or become a poet

Type VII

(This type is strictly speaking not a denominative verb, but a type of compounding with a verb. However, since it is functionally related, it is given here.)

Noun + ई (ऊ) + कृ + Active or Middle Terminations
Meaning: to make not-*x* into *x*.

Noun + ई (ऊ) + भू + Active Terminations
Meaning: having been a not-*x*, to become *x*.

अशुक्लं शुक्लं करोति ⟶
शुक्ल + ई + करोति ⟶ शुक्लीकरोति
to make something white

अगङ्गां गङ्गां करोति ⟶
गङ्गा + ई + करोति ⟶ गङ्गीकरोति
to make something into Ganges

अलघु लघु करोति	⟶	
लघु + ऊ + करोति	⟶	लघूकरोति to make something small, reduce
अशुक्लं शुक्लं भवति	⟶	
शुक्ल + ई + भवति	⟶	शुक्लीभवति to become white
अगङ्गा गङ्गा भवति	⟶	
गङ्गा + ई + भवति	⟶	गङ्गीभवति to become Ganges
अलघु लघु भवति	⟶	
लघु + ऊ + भवति	⟶	लघूभवति to become small, be reduced

Full Paradigms of Denominative Verbs:

Theoretically, the denominative verbs can have all tenses and moods, though generally only the present tense forms, and a few participial forms are found in literature. A sample present tense paradigm of पुत्रीयति is given below.

	Active	
पुत्रीयामि	पुत्रीयावः	पुत्रीयामः
पुत्रीयसि	पुत्रीयथः	पुत्रीयथ
पुत्रीयति	पुत्रीयतः	पुत्रीयन्ति

Present	पुत्रीयति
Imperfect	अपुत्रीयत्
Perfect	पुत्रीयाञ्चकार
Aorist	अपुत्रीयीत्
Imperative	पुत्रीयतु
Potential	पुत्रीयेत्
स्य Future	पुत्रीयिष्यति
तास् Future	पुत्रीयिता
Conditional	अपुत्रीयिष्यत्
Benedictive	पुत्रीयात्

Again, theoretically, a denominative verb such as पुत्रीयति can have secondary formations such as causatives, desideratives, intensives etc. Such formations, though theoretically possible, and though discussed by Sanskrit grammarians, are almost non-existent in actual known usage. Just for fun, the desiderative forms derived from पुत्रीयति have numerous options, depending upon which syllable is reduplicated: पुपुत्रीयिषति, पुतित्रीयिषति and पुत्रीयियिषति. Such forms stretch the rules of Sanskrit grammar beyond the limits of reasonableness. Who would want to say "X wants to want to have a son"?

Vocabulary

मन्दायते	to become lethargic	अङ्गीकरोति	to accept
सज्जन (m)	good folk	ज्योत्स्ना (f)	moon-shine
धवलयति	whiten	सत्र (n)	sacifice
लिप्सु (a)	desirous of getting	वर (m)	boon
कवलयति	turn *x* into a morsel	राहु (m)	demon who eats the sun and the moon during an eclipse
पराक्रम (m)	valor		
दोलायते	to act like a swing, oscillate		
आ+रभ्	(1A) to begin	अव+लोक्	(10P, A) to see
दोषायते	turn *x* into a fault	गुणायते	turn into a virtue
दुर्जन (m)	a wicked person	वदन (n)	face, mouth
अल्प (a)	small, little	पर्वतीकरोति	to make something into a mountain
पुत्रिन् (a)	those who have sons	स्वर्गीभवति	to become heaven
भूलोक (m)	the earthly world		

Exercises

1) **Translate the following into English:**

१. सज्जना अङ्गीकृते कार्ये न मन्दायन्ते ।
२. चन्द्रमाः सर्वं जगत् ज्योत्स्नया धवलयति ।
३. पुत्रीयता दशरथेन राज्ञा सत्रमारब्धम् ।
४. वरं लिप्सुः शिष्यो मुनिं नमस्यति ।

५. राहुश्चन्द्रं सूर्यं च कवलयति ।
६. यशस्काम्यता वीरेण सह नृप आजगाम ।
७. तामवलोक्य स दोलायमानमतिर्बभूव ।
८. प्रासाद-शिखर-स्थोऽपि काको न गरुडायते ।
९. अन्येषाम् अल्पान् अपि गुणान् सज्जनाः पर्वतीकुर्वन्ति ।
१०. सज्जनवदने दोषाः गुणायन्ते ।
११. दुर्जनवदने गुणाः दोषायन्ते ।
१२. पुत्रिणोऽपि पुत्रीयन्ति किम् पुनरपुत्राः ।
१३. पण्डितैः सह संवादात् अपण्डितोऽपि पण्डितायते ।
१४. धर्मप्रिये राजनि भूलोकोऽपि स्वर्गीभवति ।
१५. असज्जनानां वचनैः सज्जनानामपि मनो दोलायते ।

2) Try to paraphrase as many of the denominative usages with non-denominative usages as you can.

3) Translate the following into Sanskrit:

1. If a wife and a husband love each other, the house turns into heaven.
2. For a man, separated from his wife, even the moon becomes (like) fire.
3. The fame of the king whitened the whole world.
4. The good teacher magnified the virtues of the boy.
5. The sages made salutations to gods at the sacrifice.
6. Having defeated his enemies, the king acts like an eagle.
7. Do not act like a dog in front of your friends.
8. When boys see a girl passing by, they all, saying "who? who?", act like crows.
9. Even a fool, clad in good clothes, acts like a scholar.
10. Engrossed in Kṛṣṇa's love, Rādhā acts like him.

4) Write any five Sanskrit sentences of your own.

LESSON 44

Gerunds in -अम्

While the gerunds in -त्वा and -य, represent the productive system of Classical Sanskrit, the gerunds in -अम् are non-productive forms, relics of the pre-Classical usage. It is used generally in two ways:

a) A double use of अम् gerunds, e.g. स्मारम् स्मारम्, indicates the repetition or intensity of such an action, "having remembered again and again".

b) These gerunds are also used in compound expressions, where the last item is the अम् gerund and the first item is a noun, adjective or adverb.

The few commonly used forms are listed below:

Verb		**अम् Gerund**
कृ	करोति	कारम्
क्षिप्	क्षिपति	क्षेपम्
गै	गायति	गायम्
ग्रह्	गृह्णाति	ग्राहम्
जीव्	जीवति	जीवम्
तड्	ताडयति	ताडम्
त्रै	त्रायते	त्रायम्
दह्	दहति	दाहम्
दा	यच्छति / ददाति	दायम्
दृश्	पश्यति	दर्शम्
धा	दधाति	धायम्
ध्यै	ध्यायति	ध्यायम्
नश्	नश्यति	नाशम्
पठ्	पठति	पाठम्
पा	पिबति	पायम्

पिष्	पिनष्टि	पेषम्
पुष्	पुष्णाति	पोषम्
पॄ	पूरयति	पूरम्
बन्ध्	बध्नाति	बन्धम्
भुज्	भुनक्ति	भोजम्
मा	मिमीते	मायम्
मृ	मारयति	मारम्
वह्	वहति	वाहम्
शुष्	शुष्यति	शोषम्
श्रु	शृणोति	श्रावम्
स्मृ	स्मरति	स्मारम्
हन्	हन्ति	घातम्

Some commonly used compounds with अम् gerund (with their idiomatic meanings):

अकृतकारम्	"doing an amazing thing"
अग्रेभोजम्	"having eaten beforehand"
अन्यथाकारम्	"having done something otherwise"
कथङ्कारम्	"how?, by doing what?"
चूर्णपेषम्	"grinding something into fine powder"
चौरङ्कारम्	"saying there is a thief"
जीवग्राहम्	"taking someone alive"
तथाकारम्	"in that way"
पशुमारम्	"like beating a beast"
बाहूत्क्षेपम्	"having thrown up one's arms"
यथाकारम्	"in such a way" (goes with तथाकारम्)
समूलघातम्	"destroying roots and all, completely"
स्वादुङ्कारम्	"having made something sweet"

Irregular paradigms of some consonant-ending nouns:

	ककुभ् (f) "direction"			उपानह् (f) "shoe"		
N	ककुप्/ब्	ककुभौ	ककुभः	उपानत्/द्	उपानहौ	उपानहः
Acc	ककुभम्	ककुभौ	ककुभः	उपानहम्	उपानहौ	उपानहः
I	ककुभा	ककुब्भ्याम्	ककुब्भिः	उपानहा	उपानद्भ्याम्	उपानद्भिः
D	ककुभे	ककुब्भ्याम्	ककुब्भ्यः	उपानहे	उपानद्भ्याम्	उपानद्भ्यः
Abl	ककुभः	ककुब्भ्याम्	ककुब्भ्यः	उपानहः	उपानद्भ्याम्	उपानद्भ्यः
G	ककुभः	ककुभोः	ककुभाम्	उपानहः	उपानहोः	उपानहाम्
L	ककुभि	ककुभोः	ककुप्सु	उपानहि	उपानहोः	उपानत्सु
V	ककुप्/ब्	ककुभौ	ककुभः	उपानत्/द्	उपानहौ	उपानहः

	अनडुह् (m) "bull"			कामदुह् (f) "wish-yielding cow"		
N	अनड्वान्	अनड्वाहौ	अनड्वाहः	कामधुक्	कामदुहौ	कामदुहः
Acc	अनड्वाहम्	अनड्वाहौ	अनडुहः	कामदुहम्	कामदुहौ	कामदुहः
I	अनडुहा	अनडुद्भ्याम्	अनडुद्भिः	कामदुहा	कामधुग्भ्याम्	कामधुग्भिः
D	अनडुहे	अनडुद्भ्याम्	अनडुद्भ्यः	कामदुहे	कामधुग्भ्याम्	कामधुग्भ्यः
Abl	अनडुहः	अनडुद्भ्याम्	अनडुद्भ्यः	कामदुहः	कामधुग्भ्याम्	कामधुग्भ्यः
G	अनडुहः	अनडुहोः	अनडुहाम्	कामदुहः	कामदुहोः	कामदुहाम्
L	अनडुहि	अनडुहोः	अनडुत्सु	कामदुहि	कामदुहोः	कामधुक्षु
V	अनड्वन्	अनड्वाहौ	अनड्वाहः	कामधुक्	कामदुहौ	कामदुहः

	अप् (f) "water" only pl.			मधुलिह् (m) "honey-bee"		
N			आपः	मधुलिट्	मधुलिहौ	मधुलिहः
Acc			अपः	मधुलिहम्	मधुलिहौ	मधुलिहः
I			अद्भिः	मधुलिहा	मधुलिड्भ्याम्	मधुलिड्भिः
D			अद्भ्यः	मधुलिहे	मधुलिड्भ्याम्	मधुलिड्भ्यः
Abl			अद्भ्यः	मधुलिहः	मधुलिड्भ्याम्	मधुलिड्भ्यः
G			अपाम्	मधुलिहः	मधुलिहोः	मधुलिहाम्
L			अप्सु	मधुलिहि	मधुलिहोः	मधुलिट्सु
V			आपः	मधुलिट्	मधुलिहौ	मधुलिहः

	पुंस् (m) "man"			श्वन् (m) "dog"		
N	पुमान्	पुमांसौ	पुमांसः	श्वा	श्वानौ	श्वानः
Acc	पुमांसम्	पुमांसौ	पुंसः	श्वानम्	श्वानौ	शुनः
I	पुंसा	पुंभ्याम्	पुंभिः	शुना	श्वभ्याम्	श्वभिः
D	पुंसे	पुंभ्याम्	पुंभ्यः	शुने	श्वभ्याम्	श्वभ्यः
Abl	पुंसः	पुंभ्याम्	पुंभ्यः	शुनः	श्वभ्याम्	श्वभ्यः
G	पुंसः	पुंसोः	पुंसाम्	शुनः	शुनोः	शुनाम्
L	पुंसि	पुंसोः	पुंसु	शुनि	शुनोः	श्वसु
V	पुमन्	पुमांसौ	पुमांसः	श्वन्	श्वानौ	श्वानः

	युवन् (m) "young man"			अहन् (n) "day"		
N	युवा	युवानौ	युवानः	अहः	अह्नी/अहनी	अहानि
Acc	युवानम्	युवानौ	यूनः	अहः	अह्नी/अहनी	अहानि
I	यूना	युवभ्याम्	युवभिः	अह्ना	अहोभ्याम्	अहोभिः
D	यूने	युवभ्याम्	युवभ्यः	अह्ने	अहोभ्याम्	अहोभ्यः
Abl	यूनः	युवभ्याम्	युवभ्यः	अह्नः	अहोभ्याम्	अहोभ्यः
G	यूनः	यूनोः	यूनाम्	अह्नः	अह्नोः	अह्नाम्
L	यूनि	यूनोः	युवसु	अह्नि/हनि	अह्नोः	अहस्सु
V	युवन्	युवानौ	युवानः	अहः	अह्नी/अहनी	अहानि

	वृत्रहन् (m) "Indra"			मघवन् (m) "Indra"		
N	वृत्रहा	वृत्रहणौ	वृत्रहणः	मघवा	मघवानौ	मघवानः
Acc	वृत्रहणम्	वृत्रहणौ	वृत्रघ्नः	मघवानम्	मघवानौ	मघोनः
I	वृत्रघ्ना	वृत्रहभ्याम्	वृत्रहभिः	मघोना	मघवभ्याम्	मघवभिः
D	वृत्रघ्ने	वृत्रहभ्याम्	वृत्रहभ्यः	मघोने	मघवभ्याम्	मघवभ्यः
Abl	वृत्रघ्नः	वृत्रहभ्याम्	वृत्रहभ्यः	मघोनः	मघवभ्याम्	मघवभ्यः
G	वृत्रघ्नः	वृत्रघ्नोः	वृत्रघ्नाम्	मघोनः	मघोनोः	मघोनाम्
L	वृत्रघ्नि/हणि	वृत्रघ्नोः	वृत्रहसु	मघोनि	मघोनोः	मघवसु
V	वृत्रहन्	वृत्रहणौ	वृत्रहणः	मघवन्	मघवानौ	मघवानः

	पूषन् (m) "the sun"			पथिन् (m) "path"		
N	पूषा	पूषणौ	पूषणः	पन्थाः	पन्थानौ	पन्थानः
Acc	पूषणम्	पूषणौ	पूष्णः	पन्थानम्	पन्थानौ	पथः
I	पूष्णा	पूषभ्याम्	पूषभिः	पथा	पथिभ्याम्	पथिभिः
D	पूष्णे	पूषभ्याम्	पूषभ्यः	पथे	पथिभ्याम्	पथिभ्यः
Abl	पूष्णः	पूषभ्याम्	पूषभ्यः	पथः	पथिभ्याम्	पथिभ्यः
G	पूष्णः	पूष्णोः	पूष्णाम्	पथः	पथोः	पथाम्
L	पूष्णि/षणि	पूष्णोः	पूषसु	पथि	पथोः	पथिषु
V	पूषन्	पूषणौ	पूषणः	पन्थाः	पन्थानौ	पन्थानः

The word मथिन् (m) "churning stick" is declined like पथिन् above.

Vocabulary

तृषित (a)	thirsty	कण्ठे कृ (8P, A)	to memorize
आ+क्रुश् (1P)	to scream	उदरपूरम्	filling one's belly

Exercises

1) **Translate the following into English:**

१. स्मारं स्मारं रामः शिवं नमति ।
२. तृषितो नरो जलं पायं पायं तुष्यति ।
३. पाठं पाठं ब्राह्मणबालः ऋचं कण्ठे करोति ।
४. काव्यं गायं गायं कविः सभां तोषयति ।
५. नृपस्याग्रेभोजं दासो न गच्छेत् ।
६. रात्रौ शब्दान् श्रुत्वा स चौरङ्कारमाक्रोशति ।
७. यदि बालो वेदमन्यथाकारं पठेत्तर्हि गुरुर्न प्रसीदेत् ।
८. यथाकारं भुञ्जे तथाकारं भुञ्जे, किं तवानेन ।
९. स उदरपूरं भक्षयति ।
१०. अकृतकारं करोति शूरः ।
११. स भूभृच्छत्रून्समूलघातं हन्ति ।
१२. कृष्णः कालियं नाम नागं जीवग्राहमगृह्णात् ।
१३. चौरोऽयमिति मत्वा स मां पशुमारं मारितवान् ।

१४. गौरियं मे सस्यं खादतीति दृष्ट्वाहं तां दण्डताडं ताडयेयम् ।
१५. केशग्राहं ता नार्यः युध्यन्ते ।

2) **For every irregular consonant noun introduced in this lesson, write any two sentences making use of forms of that noun.**

ADDITIONAL SANSKRIT READINGS

पुरा भारतदेशे कपिलवस्तुनगरे शुद्धोदनो नाम नृपोऽभवत्। तस्मिन्नगरे सर्वे जनाः सुखेनावसन्। जनानां सुखेन नृपोऽपि सुखमलभत। स नृपः सर्वाणि शास्त्राण्यबोधत्, सर्वदा च सत्यमेवाभाषत। तस्य भार्या मायादेवी। तस्याः सर्वे गुणा अवर्तन्त। यदा यदा जनाश्शुद्धोदनं मायादेवीं चैक्षन्त, तदा तदा तेऽमन्यन्त - य एतयोः पुत्रो भवेत् सोऽप्यस्माकं नृपो भवेत्। ईश्वरोऽस्माकं नृपाय पुत्रं यच्छत्विति। शुद्धोदनस्य भार्या सर्वदेश्वरमार्थयत - मम पुत्रो जायताम्। तस्य मतिश्शक्तिर्गुणाश्च वर्तन्ताम्। स्वैर्गुणैः शक्त्या मत्या च स सर्वाँल्लोकाञ्जयतु। सर्वे जना मम पुत्रं सर्वदा नमन्तु पूजयन्तु च। मम पुत्रः सर्वेभ्यो जनेभ्यः सुखय्ँयच्छतु। स सर्वेषाञ्जनानान्दुःखं हरत्विति।

यदा मायादेवी सुखार्थं वनेऽभ्राम्यत्तदा वन एव तस्याः पुत्रोऽजायत। स सिद्धार्थः। यदा बालं सिद्धार्थम्मुनयोऽपश्यंस्तदा तेऽभाषन्त - हे शुद्धोदन, एष तव पुत्रो यदि नृपो भवेत्तर्हि स सर्वस्य लोकस्य नृपो भवेत्। किन्तु यदि स लोके दुःखं पश्येत्तर्हि स मुनिरेव भवेत्। तदा स सर्वस्य लोकस्य गुरुर्भवेदिति। यदा शुद्धोदनो नृपो मुनीनां तद्वचनमबोधत् तदा सोऽचिन्तयत् - मम पुत्रो नृप एव भवतु। स सर्वस्य लोकस्य नृपो भवतु। स मा वनङ्गच्छतु। मा च स मुनिर्भवत्विति। नृपः सिद्धार्थस्य कृते कनकस्य प्रासादमरचयत्। स तं प्रासादं रत्नैरभूषयत्। तस्य प्रासादस्य पुरतः पश्चाच्च वनेषु ह्रदा अभवन्। तेषु ह्रदेषु सर्वदा कमलान्यवर्धन्त। हंसाश्च तेषु ह्रदेषु सुखेनानृत्यन्। तस्मिन् प्रासादे प्रतिदिनं नार्यः कुसुमानां माला अरचयन् सिद्धार्थाय चायच्छन्। तत्र सिद्धार्थः सुखमेवालभत। स दुःखं न कदाप्यपश्यत्। सोऽचिन्तयत् - लोके सुखमेव भवति। दुःखं न कुत्रचिदपि वर्तत इति। एकदा सिद्धार्थः प्रासादाद् बहिरगच्छत्। स ग्रामेऽभ्राम्यत्। तत्र ग्रामे स कञ्चिद् व्याधितं नरं, कञ्चिद्वृद्धं नरं, कञ्चिच्च मृतं नरमैक्षत। ततः स दुःखमबोधत्। स कञ्चन मुनिं चापश्यत्। तस्य मुनेर्मुखे सिद्धार्थः सुखमेवापश्यत्। सिद्धार्थोऽमन्यत - अहं दुःखं नेच्छामि। ततः सुखायाहं मुनिर्भवेयमिति। स पुनः स्वं प्रासादमगच्छत्। यद्यपि स भार्यया पुत्रेण च सह प्रासादेऽवसत्तथापि स सर्वदा दुःखस्य कारणमचिन्तयत्। कुतो नरस्य जीवनं दुःखं भवति। कुतो मुनिर्गृहन्त्यजति वनञ्च गच्छति। कथं स वने सुखं लभते। यशोधरा मम भार्या। राहुलो मम पुत्रः। कुत्र मम सुखम्। अहं ताभ्यां सह वसानि? अथवा तौ त्यजानि वनञ्च गच्छानि? एतत्स सर्वदाचिन्तयत्।

एकदा रात्रौ सिद्धार्थो भार्यां पुत्रं प्रासादञ्चात्यजत्। सोऽश्वमारोहद्वनञ्चागच्छत्। वने सोऽश्वमप्यत्यजत्। स केशानकृन्तन्नद्याञ्चाक्षिपत्। स सर्वाणि भूषणान्यप्यनलेऽक्षिपत्। सोऽवदत् - अधुनाहम्मुनिर्भवेयमिति। ततः स सत्यस्य दर्शनाय ग्रामाद्ग्रामं वनाद्वनं देशाद्देशमभ्राम्यत्। स यं यं मुनिमपश्यत्तं तं सोऽपृच्छत्। स यद्यत्पुस्तकमलभत, तत्तत् पुस्तकं सोऽपठत्। तथापि स सत्यं नाबोधत्। एकदा सोऽचिन्तयत् - यद्यहमन्नं न

भक्षयेयम्, जलमपि न पिबेयम्, तर्ह्यहं सत्यं पश्येयमिति। ततः सोऽन्नं जलञ्चात्यजत्। स वृक्षस्याधोऽसीदत्। किन्तु स सत्यं नाबोधत्। सोऽमन्यत - यद्यहमन्नञ्जलञ्च त्यजेयमहं मरणमेव लभेय न सत्यम्। ततो ध्यानेनैवाहं मुनिर्भवेयमिति। ततोऽनन्तरं स यदा वृक्षस्याधो ध्यानायासीदत्तदा स सत्यमबोधत्। तदा स बुद्धोऽभवत्।

स सर्वेषाञ्जनानां गुरुरभवत्। जना बुद्धमपृच्छन् - हे गुरो, नमस्ते। अस्मभ्यं सत्यं कथय। कथं वयं दुःखं त्यजेमेति। बुद्धस्तानभाषत - हे जनाः, इच्छा दुःखस्य कारणम्। यदि यूयमिच्छां त्यजेत, तर्हि युष्माकं जीवने दुःखं नैव जायेत। ये सुखमिच्छन्ति त एव दुःखं विन्दन्ति। ये सुखं नेच्छन्ति त एव सुखं लभन्त इति। जना बुद्धमनमन्। ते तं कुसुमैरपूजयन्। तस्य वचनानि च पुस्तकेष्वलिखन्। तानि च पुस्तकान्यपूजयन्। किन्तु जना इच्छां न कदाप्यत्यजन्। ततस्तेषां दुःखमद्यापि न शाम्यति।

Vocabulary

भारतदेश (m)	India	शुद्धोदन (m)	name of a king
कपिलवस्तु (n)	name of city	मुख (n)	face
मायादेवी (f)	name of the queen	सिद्धार्थ (m)	name of a prince
व्याधित (a)	hurt, sick	वृद्ध (a)	old man
मृत (a)	dead	कारण (n)	cause
कथम्	how?	यशोधरा (f)	Siddhārtha's wife
राहुल (m)	Siddhārtha's son	केश (m)	hair
दर्शन (n)	vision, experience	ध्यान (n)	meditation
बुद्ध (a)	awakened one	इच्छा (f)	desire
प्रतिदिनम् (ind)	everyday	अथवा (ind)	or, else
सुखार्थम्	for pleasure		

पुरा स्वर्गलोके इन्द्रो देवानां नृपोऽभवत् । यथा पृथिव्यां नराणां नृपा भवन्ति, तथैव स्वर्गलोके देवानां नृप इन्द्रः । तस्य सभायां बह्व्यो देवकन्याः प्रतिदिनं नृत्यन्ति स्म । तासु देवकन्यासु मेनका नाम काचित् सुन्दर्यवर्तत । कदाचित् सा स्वर्गलोकात् पृथिवीमगच्छत् । यदा सा पृथिव्यामभ्राम्यत्तदा सा कस्मिन्नपि वने कञ्चन मुनिमपश्यत् । सा तस्य मुनेः समीपं गत्वा चिरं तस्य मुखमैक्षत । स मुनिर्नेत्रे निमील्येश्वरमेव चिन्तयति स्म । तस्य मुनेः पुरतः स्थित्वा मेनका तमपृच्छत् । हे मुने, कस्त्वम्? किं तव नाम? त्वं कं चिन्तयसि? त्वं सुन्दरो भवसि । त्वां दृष्ट्वाहं सुखं लभे । अपि त्वं मां दृष्ट्वा सुखं लभसे? इति । तस्या नार्यास्तद्वचनं श्रुत्वा स मुनिस्तां नारीमैक्षत । अतीव सुन्दरं तस्या मुखं शरीरं चेक्षित्वा स मुनिरीश्वरमपि व्यस्मरत् । सोऽचिन्तयत् - कैषा नारी? नाहमेतां कदाप्यत्र वन ऐक्षे । एषातीव सुन्दरी । एतस्या मुखं चन्द्र इव शोभते । यद्येषा मे भार्या भवेत्तर्ह्यहमेतस्याः कृत ईश्वरमपि त्यजेयम् । इति चिन्तयित्वा स मुनिस्तां नारीमभाषत - हे नारि, अहं विश्वामित्रो नाम मुनिः । पुराहं नृपोऽवर्ते । किन्त्वीश्वरं द्रष्टुमहं वनमागत्य तपः करोमि । अहं चिरं न कामपि नारीमपश्यम् । तथाप्यद्य त्वां दृष्ट्वाहं तुष्यामि । अहं तुभ्यमेवाद्य स्पृहयामि । त्वं मे भार्या भवेति त्वामद्याहमर्थये । त्वया सहाहं सुखं लभेय, मया च सह त्वमपि सुखं लभेथाः । मम तपसा प्रसन्न ईश्वर एव मम भक्तेरेतत्फलं मह्यं यच्छतीत्यहं मन्य इति । तस्य मुनेस्तन्मधुरं वचनं श्रुत्वा प्रसन्ना सा मेनका तेन मुनिना सहैव तस्मिन् वनेऽवसत् । अथ तयोरेका कन्याजायत । यदा सा कन्याजायत, तदैव विश्वामित्रो मुनिर्मेनकां त्यक्त्वान्यत्रागच्छत् । तदैव स्वर्गलोक इन्द्रो मेनकामस्मरत् - क्व सा मेनका? सा स्वर्गलोकं पुनरागत्य मम सभायां नृत्यत्विति । ततः सा मेनकापि स्वां कन्यां पृथिव्यां वन एव त्यक्त्वा स्वर्गलोकमगच्छत् । तदा तां वने पतितां बालां दृष्ट्वा सर्वे शकुन्तास्तस्याः समीपमागच्छंस्तस्यै च स्वमन्नं जलं चायच्छन् । एवं शकुन्तास्तामरक्षन् सा चावर्धत । अथैकदा कण्वो नाम मुनिस्तां बालिकां वनेऽविन्दत् । स च तां स्वमाश्रमं नीत्वा तामपालयत् । स कण्वो मुनिरेव मे जनक इति सामन्यत । स च तां स्वां कन्याममन्यत । यदा सा कन्या तरुण्यभवत्, तदा दुष्यन्तो नाम नृपस्तां कण्वस्य मुनेराश्रम ऐक्षत । तां दृष्ट्वा प्रसन्नो दुष्यन्तो नृपस्तामार्थयत - किं तव नाम? त्वां दृष्ट्वा प्रसन्नोऽहं त्वां मे भार्यामिच्छामीति । ततः सावदत् - हे नृप, मम नाम शकुन्तलेति । यदि मम पुत्र एव त्वदनन्तरं नृपो भवेत्तर्ह्येवाहं तव भार्या भवेयमिति । तथा भवत्विति दुष्यन्तः शकुन्तलामभाषत । ततः सा तस्य भार्याभवत् । तयोर्भरतो नाम पुत्रोऽजायत । स एव दुष्यन्तादनन्तरं नृपोऽभवत् । भरतो यस्य देशस्य नृपः स भारतो देशः । तस्माज्जनास्तं देशं भारतदेशं वदन्ति ।

Vocabulary

पुरा	(ind)	in the past	
देव	(m)	god	
बह्वी	(f)	many	
प्रतिदिनम्	(ind)	everyday	
नाम	(ind)	name	
समीपम्	(ind)	near	
मुख	(n)	face	
निमील्य		gerund, having closed	
श्रुत्वा		gerund, having heard	
वि+स्मृ	(1P)	to forget	
शुभ्	(1A)	to shine	
आगत्य		gerund, having come	
प्रसन्न	(a)	pleased	
अथ	(ind)	then	
अन्यद्	(prn)	another	
शकुन्त	(m)	bird	
बालिका	(f)	little girl	
वर्धयति,		caus. of वृध् (1A), to raise, to bring up	
दुष्यन्त	(m)	name of a king	
देश	(m)	country, region	
इन्द्र	(m)	name of a god	
पृथिवी	(f)	earth	
देवकन्या	(f)	nymph	
मेनका	(f)	name of a nymph	
सुन्दरी	(f)	beautiful girl	
चिरम्	(ind)	for a long time	
नेत्र	(n)	eye	
सुन्दर	(a)	beautiful, handsome	
अतीव	(ind)	exceedingly	
इव	(ind)	like	
विश्वामित्र	(m)	name of a sage	
तपस्	(n)	penance	
मधुर	(a)	sweet	
कन्या	(f)	daughter, girl	
पतित	(a)	fallen	
कण्व	(m)	name of a sage	
आश्रम	(m)	hermitage	
भारतदेश	(m)	India, Bharata's country	
भरत	(m)	Duṣyanta's son	
तरुणी	(f)	young girl	

वानर-मकर-कथा (3)

अथ पुरा नर्मदा-नदी-तीरे कस्मिंश्चिद्वृक्षे सुमतिर्नाम वानरो वसति स्म। स सदैव तस्य वृक्षस्य मधुराणि फलान्यखादत्। एकदा तस्य हस्तादेकं फलं नद्या जलेऽपतत्। तदा च मधुरः ध्वनिः "टप् टप्" इत्यजायत। तेन ध्वनिना प्रसन्नः स वानरो बहूनि फलानि जले प्राक्षिपदमाद्यच्च। तस्यां नद्यां कश्चिन्मकरो मकरी चावसताम्। स मकरः कदाचित् नद्यास्तीरमागच्छत्। वानरेण क्षिप्तानि फलानि चाभक्षयत्। तानि मधुराणि फलानि मकरायारोचन्त। एवं स मकरः प्रतिदिनं तत्र नदीतीरमगच्छत् फलानि चाखादत्। मकरो मकर्याः कृते तानि फलानि गृहमनयत्। कालेन वानर-मकरयोर्मैत्र्यभवत्। वानरः प्रतिदिनं मित्राय मकराय मधुराणि फलान्ययच्छत्।

एकदा मकर्यचिन्तयत् - यो वानरः प्रतिदिनं मधुराणि फलानि खादति तस्य हृदयमपि मधुरं भवेदिति। सा मकरी मकरायावदत् - हे प्रिय, अहं तव मित्रस्य वानरस्य हृदयं खादितुमिच्छामीति। तदा मकरोऽवदत् - स वानरो मे मित्रम्। कथं मित्रस्य हृदयं भक्षयेरिति। ततः मकरी अभाषत - यद्यहं वानरस्य हृदयं न लभेय, नाहं जीवेयम्। वानरस्य हृदयं मे यच्छ, अन्यथा मां मृतां पश्येति। ततो मकरोऽवदत् - एवं भवतु। वानरस्य हृदयं तव कृत आनयेयमिति।

मकरो नदीतीरमगच्छद्वानरं चावदत् - हे मित्र, अद्य त्वं भोजनाय मम गृहमागच्छेति। वानरोऽभाषत - हे मकर, तव गृहं जले, मम गृहं भूमौ। कथमहं तव गृहमागच्छेयमिति। मकरोऽवदत् - मम पृष्ठे त्वमुपविश, ततोऽहं त्वां मम गृहं नयेयमिति। वानरो मकरस्य पृष्ठ उपाविशत्। मकरश्च जलस्य मध्येऽगच्छद्वानरं चावदत् - अधुनेश्वरं स्मर। मम भार्या तव हृदयं खादितुमिच्छतीति। वानरो भीतोऽपि मार्गमचिन्तयत्। स मकरमवदत् - हे मित्र, अहं मम हृदयं सदा वृक्षस्य कोटरे रक्षामि। यदि मां पुनर्वृक्षं प्रति नयेस्तर्ह्यहं तुभ्यं मम हृदयं यच्छेयमिति। मूर्खो मकरो वानरं पुनस्तीरं प्रत्यनयत्। वानरस्तीरमगच्छद्वृक्षमरोहन्मकराय चावदत् - हे मूर्ख, भक्षय मकर्या हृदयमिति।

Vocabulary

पृष्ठ	(n)	back	अन्यथा	(ind)	otherwise, or else
वानर	(m)	monkey	क्षिप्त	(a)	thrown
मकर	(m)	crocodile	मकरी	(f)	female crocodile
हृदय	(n)	heart	भोजन	(n)	meal
कोटर	(n)	hollow of a tree	खादितुम्	inf.	to eat, infinitive
नर्मदा	(f)	name of river	ध्वनि	(m)	noise
मैत्री	(f)	friendship	सदा	(ind)	always

रामकथा (4)

पुरा भारतदेशेऽयोध्यानगरे दशरथो नाम नृपोऽभवत् । तस्य नृपस्य कौसल्या सुमित्रा कैकेयीति तिस्रो भार्या अवर्तन्त । ईश्वरस्य प्रसादेन दशरथस्य चत्वारः पुत्रा अजायन्त । रामो लक्ष्मणो भरतः शत्रुघ्नश्चेति । रामस्य माता कौसल्या । लक्ष्मणः शत्रुघ्नश्च सुमित्रायाः पुत्रौ । भरतश्च कैकेय्याः पुत्रः । एकदा केनचित्कारणेन प्रसन्नो दशरथः कैकेयीमभाषत - यत् त्वयेष्यते, तदहं करिष्यामीति । तां नृपस्य वाचं श्रुत्वा कैकेय्यभाषत - हे भर्तः, अद्य मया न किमपीष्यते, किन्तु यदा मम काचिदिच्छा भविष्यति तदाहं तुभ्यं कथयिष्यामीति । बहोः कालादनन्तरं दशरथो रामं युवराजं कर्तुमैच्छत् । यदा पूर्वो राजा म्रियते तदा युवराजो राजा भवति । मम मरणादनन्तरं राम एव राजा भवत्विति दशरथ ऐच्छत् । दशरथो रामं युवराजं कर्तुमिच्छतीति यदा कैकेय्यबोधत्तदा तस्या मनः क्रोधेनानल इवाभवत् । मम पुत्रो भरत एव युवराजो भवत्विति साचिन्तयत् । एवं चिन्तयित्वा सा दशरथायावदत् - यदहमिच्छामि तत्त्वं करिष्यसि । तव वाचं स्मर । त्वं सत्यमेव भाषस इत्यहं मन्ये । मम पुत्रो भरत एव युवराजो भवतु । कौसल्यायाः पुत्रो रामश्च चतुर्दश वर्षाणि वनाय गच्छत्विति म इच्छा । यदि त्वं तथा न करिष्यसि तर्हि तव वागसत्या भविष्यति त्वं च नरकं गमिष्यसीति । तच्छ्रुत्वा शोकेन दशरथोऽवदत् - हे कैकेयि, अहं तव पुत्रं भरतं युवराजं करिष्यामि । किन्तु रामो मा वनाय गच्छत्विति । कैकेय्या मनः पाषाण इव कठिनमजायत । सावदत् - हे नृप, भरतो युवराजो भवतु, रामोऽपि वनाय गच्छत्विति । तथेति भाषित्वा दुःखेन दशरथो रामायाकथयत् - हे राम, त्वं न युवराजो भविष्यसि । कैकेय्या वचनेन त्वं चतुर्दश वर्षाणि वनाय गच्छेति । तथेति भाषित्वा रामः सीतया लक्ष्मणेन च सह वनाय प्रातिष्ठत । रामो वनं गच्छतीति श्रुत्वा दुःखेन दशरथोऽम्रियत ।

यत्र वने रामः सीतया लक्ष्मणेन च सहावसत्तत्रैव शूर्पणखा नाम राक्षसी वसति स्म । सा लङ्काया नृपस्य रावणस्य भगिनी । सा रामं दृष्ट्वा प्रसन्ना तस्मा अभाषत - हे राम, सुन्दरस्त्वम् । अहं तव भार्या भवितुमिच्छामि । आवामेतां सीतां परित्यज्य सुखेन जीविष्याव इति । तच्छ्रुत्वा क्रोधेन रामो लक्ष्मणायाभाषत - हे लक्ष्मण, एतस्या राक्षस्याः कर्णौ नासिकां च शस्त्रेण कृन्तेति । भ्रातुर्वचनं श्रुत्वा लक्ष्मणः शूर्पणखायाः कर्णौ नासिकां च शस्त्रेणाकृन्तत् । दुःखेन क्रन्दन्ती सा शूर्पणखा धावित्वा लङ्कामगच्छत् । भ्रात्रे रावणाय चावदत् - हे भ्रातः, पश्य मे कर्णौ नासिकां च । तवारे रामस्य वचनात्तस्य भ्राता लक्ष्मणो मे कर्णौ नासिकां चाकृन्तत् । भ्रातः, कथं तव क्रोधो न जायते । त्वमपि रामस्य भार्यामपहरेति । ततोऽनन्तरं रावणो रामस्य भार्यां सीतामपाहरत् । सीतां मोचयितुं रामो लङ्कां गत्वा रावणमहन् । रावणस्य भ्रातरं बिभीषणं लङ्काया नृपत्वे स्थापयित्वा रामः सीतया लक्ष्मणेन च सह पुनरयोध्यानगरीमगच्छत् । तत्र स दशवर्ष-सहस्राणि राजाभवदिति रामायणकाव्ये कथ्यते ।

Vocabulary

दशरथ (m) name of a king
सुमित्रा (f) name of a queen
तिस्रः < त्रि (f) three
चत्वारः < चतुर् (m) four
लक्ष्मण (m) name of a prince
शत्रुघ्न (m) name of a prince
श्रुत्वा gerund, having heard
युवराज (m) crown-prince
पूर्व (prn) former, previous
करिष्यसि < कृ (8P) to make, do
वर्ष (n) year
नरक (m) hell
पाषाण (m) rock
सीता (f) Rāma's wife
राक्षसी (f) demoness
रावण (m) demon-king of Lanka
नासिका (f) nose
अप+हृ (1P) to snatch, carry off
दशवर्षसहस्र (n) 10,000 years
अहन् < हन् (2P) to kill, killed
नृपत्वे स्थापयित्वा having made him the king, caus. of स्था 1P

कौसल्या (f) name of a queen
कैकेयी (f) name of a queen
प्रसाद (m) kindness, favor
राम (m) name of a prince
भरत (m) name of a prince
करिष्यामि < कृ (8P) to make, do
काल (m) time
कर्तुम् inf. कृ(8P, A) to make, do
क्रोध (m) anger
चतुर्दश (a) fourteen
असत्य (adj) untrue, false
शोक (m) pain, grief
कठिन (a) hard
शूर्पणखा (f) Rāvaṇa's sister
लङ्का (f) island of Sri Lanka
कर्ण (m) ear
क्रन्दन्ती (f) screaming, crying
मोचयितुम् inf. caus. of मुञ्च (6P) to release, to free
बिभीषण (m) Rāvaṇa's brother

श्रावणो नाम कश्चिद्युवकः कस्मिंश्चिन्नगरेऽवसत् । तस्य माता पिता च वृद्धावभवताम् । तस्य न कश्चिद् भ्राता वा भगिनी वावर्तत । तौ वृद्धौ पितरौ चलितुं द्रष्टुं चासमर्थावविद्येताम् । तथापि श्रावणस्य पितरौ प्रति महती भक्तिरभवत् । अथैकदा श्रावणस्य माता भर्तारमवदत् - हे भर्तः, आवामधुना वृद्धौ । कदा नौ मरणं भविष्यतीत्यावां न बोधावः । मरणात्प्रागहं काशीनगरं गत्वा तत्र गङ्गानद्यां स्नातुमिच्छामि । तत आवां श्रावणं प्रक्ष्यावः । स आवां काशीनगरीं नेष्यतीति । एवं मन्त्रयित्वा तौ पितरौ श्रावणमभाषेताम् - हे प्रियपुत्र श्रावण, आवां गङ्गायां स्नातुं काशीपुरं गन्तुमिच्छाव इति । पित्रोर्भक्त्या श्रावणेनाभाष्यत - यथा युवामिच्छथस्तथाहं युवां काशीपुरं नेष्यामीति । दरिद्रस्य श्रावणस्य गृहे किञ्चित्पुराणं शकटमवर्तत । किन्तु तच्छकटं क्रष्टुमश्वो नाभवत् । चलितुमसमर्थौ तौ पितरौ शकटे स्थापयित्वा श्रावणः स्वयमेव तच्छकटं मार्गेणाकर्षत् । शकटं कर्षन्तं श्रावणं दृष्ट्वा मार्गेण गच्छन्तो जनास्तस्य भक्तिमशंसन् । पितरौ काशीनगरीं नयतः तस्य मार्गे किञ्चिद्वनमवर्तत । शकटं कृष्ट्वा परिश्रान्तः स श्रावणो रात्रौ कस्यचिद्वृक्षस्याधस्तत् शकटं स्थापयित्वा मात्रा पित्रा च सह निद्रां लब्धुमैच्छत् । तस्य पितरावपि परिश्रान्तौ पयः पातुमिच्छन्तौ पुत्रायाकथयताम् - हे पुत्र, आवां पयः पातुमिच्छावः । तत एतस्मिन् पात्रे कुतश्चित्किञ्चिज्जलमानय । अत्रैव काचिन्नदी कश्चिद् ह्रदः कूपो वा भवेदिति । जलमानेष्यामीत्युदित्वा श्रावणो जलमानेतुं करयोः पात्रमेकमादाय कञ्चिद् ह्रदं गत्वा तत्र जलेन तत्पात्रं पूरयितुमारब्धवान् ।

तस्यैव ह्रदस्य समीपं कस्मिंश्चिद्वृक्षे मृगयार्थं स्थितो दशरथो नाम नृपतिस्तमसि जलस्य ध्वनिमशृणोत् । सोऽचिन्तयत् - रात्रौ कश्चित्पशुर्ह्रदस्य जलं पातुमागत इति । एवं मत्वा स भूभृद्यस्यां दिशि जलस्य ध्वनिरभवत्तस्यां दिशि निशितमिषुं प्राक्षिपत् । दशरथस्येषुणा विद्धः श्रावणो भूमौ पतन्नेवाभाषत - हा हा पितः, हा हा मातः, इषुणा विद्धोऽहं प्रिय इति । तन्मनुष्यस्य वचनं श्रुत्वा - हा किमेतदभवदिति भाषमाणो नृपः श्रावणं प्रत्यधावत् । तस्योरसः स तमिषुं निष्कृष्य तस्मै म्रियमाणायावदत् - नाहं त्वां हन्तुमिषुं प्राक्षिपम् । किन्तु तमसि त्वमेव ममेषुणा विद्धः । किमहं करिष्यामि? कथं त्वां रक्षिष्यामीति । एवं नृपेण भाष्यमाणो म्रियमाणः श्रावणोऽवदत् - हे नृप, अहं तु मरिष्याम्येव । किन्तु मे मात्रे पित्रे चैतज्जलं प्रयच्छेति । इति वदन्नेव श्रावणोऽम्रियत । दुःखेन कराभ्यां शीर्षं स्पृशन् स नृपः पात्रे जलमादाय श्रावणस्य वृद्धौ पितरावुपागच्छत् । द्रष्टुमसमर्थौ तौ श्रावणं प्रतीक्षमाणौ पितरौ श्रावण एव आगच्छतीति मत्वामोदेताम् । किमप्यभाषित्वैव नृपस्ताभ्यां जलं दातुं प्रायतत । किन्तु वृद्धौ तौ पितरावभाषेताम् - हे श्रावण, कुतस्त्वं न भाषसे? कुतस्त्वं कुप्यसि? यदि त्वं न भाषेथास्तर्हि नावां जलं पास्याव इति । अगतिको नृपोऽवदत् - दशरथो नाम नृपोऽहम् । अज्ञानान्मया क्षिप्तेनेषुणा विद्धः श्रावणो ह्रदस्य तीर एवाम्रियत । नाहं तं हन्तुमैच्छम् । किन्तु पशुं हन्तु-

मिच्छता मया तमसि युवयोः पुत्र एवेषुणा हतः । कथमहमेतत्पापं निराकरिष्यामि । अहं युवां मम प्रासादं नीत्वा सेविष्ये । मामेव युवां पुत्रं मन्येयाथामिति । पुत्रस्य मरणेन विद्धौ तौ पितरौ नृपमवदताम् - हे नृप, यत्रावयोः पुत्रस्तत्रैवावां गमिष्यावः । नावामेतज्जलं पास्यावः । पुत्रस्य मरणेन यदावयोर्दुःखमजायत तत्त्वं नाधुना बोधसि । किन्तु यथावां पुत्रस्य शोकेन मरिष्यावस्तथा त्वमपि तव पुत्रस्य शोकेन मरिष्यसीति । एवं भाषित्वा तौ वृद्धौ तत्रैव वने जीवनमत्यजताम् । मृतं श्रावणं तस्य पितरौ च तत्रैव वने दग्ध्वा दशरथो दुःखेन स्वं प्रासादं प्रत्यगच्छत् । यदा दशरथस्य पुत्रो रामो राज्यं त्यक्त्वा वनाय प्रातिष्ठत तदा दशरथोऽपि शोकेनाम्रियत ।

Vocabulary

श्रावण (m)	name of a young man	युवक (m)	young man
महती (adj, f)	great	काशीनगर (n)	city of Kāśī
गङ्गानदी (f)	the river Ganges	स्नातुम् inf.	स्ना (2P) to bathe
दरिद्र (a)	poor	पुराण (a)	old
शकट (n)	cart	परिश्रान्त (a)	tired
स्थापयित्वा,	caus. स्था (1P) having placed, stopped	निद्रा (f)	sleep
		अगतिक (a)	having no choice
पूरयितुम्	inf. of पॄ to fill	आरब्धवत् (a)	began
मृगयार्थम्	(ind) for hunting	अशृणोत्, श्रु	5P, to hear
ध्वनि (m)	noise	निशित (a)	sharp
विद्ध (a)	hurt	मनुष्य (m)	man, human
श्रुत्वा, श्रु	(5P, A) to hear	निष्कृष्य, निस्+कृष्	1P, to pull
हन्तुम्, हन्	(2P) to kill	करिष्यामि, कृ	8P, to make, do
प्रतीक्षमाण	awaiting, प्रति+ईक्ष्, 1A.	अभाषित्वा, भाष्	1A, to speak with negative अ
प्रायतत, प्र+यत्,	1A, to strive		
दशरथ (m)	name of a king	क्षिप्त (a)	thrown, shot
हत (a)	killed	पाप (n)	sin
निराकरिष्यामि, निर्+आ+कृ	remove	सेविष्ये, सेव्	1A, to serve
शोक (m)	grief	क्रष्टुम् inf. कृष्	1P, to pull
आकर्षत्, आ+कृष्,	1P, to pull	आगत (a)	he who had come
प्रिय (a)	dear	समीपम् (ind)	near
स्थित (a)	standing	राज्य (n)	kingdom

मृग-काक-शृगाल-कथा (6)

भारतदेशे दण्डकं नाम वनमवर्तत। बहवः पशवः खगाश्च तच्चारु वनमध्यतिष्ठन्। तस्मिन् वने बह्व्यो नद्यो बहवश्च ह्रदा अविद्यन्त। तत्र सुमतिर्नाम काकश्चित्राङ्गो नाम मृगश्च सुखेनावसताम्। काको मृगस्य मित्रं मृगश्च काकस्य। यथा काकस्य दुःखेन मृगो दुःखमन्वभवत्, तथैव मृगस्य दुःखेन काकोऽपि दुःखमन्वभवत्। एकस्य सुखेनान्यस्य सुखमजायत। एकदा स मृगस्तृणं खादितुं वने पर्यभ्राम्यत्। कश्चिच्छृगालस्तं पीनं मृगमपश्यत्। तमीक्षित्वा स शृगालोऽचिन्तयत् - कथमेतस्य पीनस्य मृगस्य स्वादु मांसं भक्षयेयमिति। एतया क्षुद्रया मत्या स शृगालस्तं मृगमुपगम्य व्याहरत् - हे मित्र, नमस्ते। अपि ते सुखं वर्धत एतस्मिंश्चारुणि वन इति। तं शृगालं सर्वतो निरीक्ष्य स मृगोऽवदत् - कस्त्वम्? सर्वाणि मम मित्राणि बोधाम्यहम्। त्वां त्वहं न कदाप्येतस्मिन् वनेऽपश्यम्। कुतस्त्वमागच्छसि। कुतस्त्वं मां मित्रं मन्यस इति। शृगालोऽभाषत - क्षुद्रमतिर्नाम शृगालोऽहम्। मम सर्वा भार्याः पुत्राश्चानले मृताः। मित्राणि च मे न क्वापि भवन्ति। ततोऽहमेक एव मृत इव जीवामि। यस्य नरस्य मित्राणि न भवन्ति तस्य जीवने सर्वमेव दुःखम्। तस्य जीवनं मरणमेव। अधुना त्वां दृष्ट्वा प्रसन्नोऽहं त्वां मित्रं मन्ये। त्वया मित्रेण सहाहं सुखेन जीवेयमिति। मृगोऽवदत् - यस्त्वमेवं भाषसे, स त्वं साधुरेव। अहमपि त्वां मित्रं लब्ध्वा प्रसन्नः। आगच्छ। एतस्मिन् वन आवां सुखेन वसेवेति। मृगस्य मित्रं काकस्तस्मा अवदत् - एष शृगालो यद्यपि स्वादूनि वचनानि भाषते, तथापि तस्य सर्वाणि वचनानि सर्वदा परीक्षस्व। सर्वे शृगालाः सर्वदा क्षुद्रा एव भवन्ति। एतस्य नामापि क्षुद्रमतिरिति।

एकदा शृगालो मृगमवदत् - एतस्मिन्नेव वने किञ्चित् क्षेत्रमहमैक्षे। तद्धान्येन पूर्णं भवति। तत्राहं त्वां नेतुमिच्छामि। तद्धान्यं खादित्वा यदि त्वं पीनो भवेस्तर्हि त्वां पीनं दृष्ट्वा सुखेनैवाहं पीनो भवेयमिति। मित्रस्य वचनेन प्रसन्नः स मृगो धान्यं खादितुं तत् क्षेत्रमगच्छत्। तत्रैव स जालेऽपतत्। मृगं जाले पतितं दृष्ट्वा प्रसन्नः स शृगालः सुखेनानृत्यत्। सोऽचिन्तयत् - यदैतस्य क्षेत्रस्य पतिर्मृगं हत्वा भूमौ क्षिपेत्, तदाहं सुखेन तत् स्वादु मांसं खादेयमिति। जाले पतितो मृगस्तत्रैव मृत इवातिष्ठत्। तं मृतं मत्वा क्षेत्रस्य पतिस्तं जालादमुञ्चत्। जालान्मुक्तः स मृगो वेगेन वनं प्रत्यधावत्। तं मृगं हन्तुं क्षेत्रस्य पतिर्दण्डं प्राक्षिपत्। तेन दण्डेन स क्षुद्रः शृगाल एवाम्रियत।

Vocabulary

धान्य	(n)	grain	पूर्ण	(a)	filled
जाल	(n)	net, trap	क्षेत्र	(n)	field, farm
वेग	(m)	speed	दण्ड	(m)	stick, club

नल-दमयन्ती-कथा (7)

पुरा भारतदेशे वीरसेनो नाम नृपोऽभवत् । तस्य पुत्रो नलो नाम । वीरसेनादनन्तरं नलो राज्यमविन्दत् । स वीरतमो नलः सर्वेषाञ्जनानां प्रिय आसीत् । महत्तमं तस्य तेजः । तं दृष्ट्वा तस्य सर्वेऽरयो भयेनाकम्पन्त, मित्राणि चामोदन्त ।

तस्मिन्नेव काले विदर्भदेशे भीमो नाम भूभृदवर्तत । चिराय पुत्रमिच्छन्नपि स पुत्रं नालभत । सर्वाः सम्पदस्तस्य प्रासाद आसन् । किन्तु पुत्रं विना स नृपः स्वमायुर्दुःखमेव अमन्यत । एकदा दमनो नाम कश्चिन्मुनिस्तस्य भीमस्य नगरीमागच्छत् । भीमो भार्यया सह दमनस्य मुनेराश्रमं यात्वा तं मुनिं नत्वा बहुभिर्वचनैरस्तवीत् । स मुनिर्भूभृतेऽब्रवीत् - हे नृप, तुभ्यमहमिदं फलं दास्यामि । य इदमद्यात् स यदाशासीत तद्भविष्यतीति । मुनेस्तद्वचनं श्रुत्वा भूभृता तत्फलं खादितम् । अनन्तरं तस्य नृपस्य दमयन्ती नाम कन्या त्रयः पुत्राश्चाजायन्त । दमयन्ती सर्वासु नारीषु रूपेण तेजसा च महत्तमं यशोऽलभत । सर्वे नृपा देवाश्च दमयन्तीं भार्यात्वेनैच्छन् ।

एकदा वने भ्राम्यन् नलः कञ्चन हंसं जग्राह । भीतः स हंसोऽरोदीत् । नलाय चाब्रवीत् - हे नृप, मा मां जहि । यदि त्वं मां मोक्ष्यसि तर्हि तव प्रियं किञ्चित् करिष्यामि । दमयन्तीं प्रति गत्वाहं तव गुणान् तस्यै कथयिष्यामीति । नलेन मुक्तः स हंसो विदर्भदेशं गत्वा भीमस्य नृपस्य प्रासादं प्रविश्य दमयन्त्यै नलस्य गुणानकथयत् । भीमस्य कन्या नलस्य गुणैः प्रसन्ना तमेव भर्तारमैच्छत् । हंसश्च प्रतिनिवृत्य तत्सर्वं नलायाकथयत् ।

सर्वदा नलमेव चिन्तयन्ती दमयन्ती न किमप्यन्नमादत् कृशा चाभवत् । कन्यायाः स्वयंवरः कार्य इति मत्वा भीमो नृपः सर्वान् भूभृतो विदर्भदेशं न्यमन्त्रयत् । दमयन्तीमिच्छन्तः सर्वे नृपाः विदर्भदेशमयुः । देवा अपि दमयन्तीमिच्छन्तो विदर्भदेशमयुः । दमयन्ती नलमेव भर्तारं लब्धुमाशास्त इति बोधन्तो देवा नलस्यैव रूपं धारयित्वा स्वयंवरस्य स्थानमगच्छन् । बहून् नलान् स्वयंवरस्य स्थाने दृष्ट्वा दमयन्ती सम्भ्रान्ताभवत् । एतेषु नरेषु कः सत्यमेव नलः के च देवा इति अजानन्ती सा तानेव देवान् भक्त्या प्राणमत् । ततस्ते देवाः स्वानि रूपाण्यधारयन् । दमयन्ती च नलं वरयामास । गुणवन्तं नलं गुणवतीं च दमयन्तीं सर्वे जना देवाश्चास्तुवन् ।

Vocabulary

नल (m)	name of a king	दमयन्ती (f)	name of a princess
पुरा (ind)	in ancient times	वीरसेन (m)	name of a king

राज्य (n) kingdom
कम्प् (1A) tremble
विदर्भदेश (m) region of Vidarbha
चिराय (ind) for a long time
त्रयः < त्रि three
भीत (a) afraid, scared
कृश (a) thin, emaciated
नि+मन्त्र् (10P) to invite
सम्भ्रान्त (a) confused
वरयामास chose (Perfect of वृ 10P)
भय (n) fear
काल (m) time
भीम (m) name of a king
दमन (m) name of a sage
रूप (m) form, shape, beauty
प्रति+नि+वृत् 1A to return
स्वयंवर (m) the election of husband by a princess at a public assembly of suitors

कालिदासकथा (8)

भारतदेशे पुरा कालिदासो नाम महाकविर्बभूव । तस्येयं कथा श्रूयते । तरुणः कालिदास उज्जयिनीनगरेऽवसत् । तस्य बुद्धिर्नासीदेव । किन्तु स सुरूपोऽभवत् । एकदा राजा राजकन्याया विवाहः कार्य इत्यघोषयत् । यो नरः सर्वेषु जनेषु पण्डिततमो भवेत्तस्मै राजकन्या प्रदीयेत । केचिद्दुर्जना राजकन्यां प्रति गत्वा तामेवमकथयन् - हे राजकन्ये, नगरेऽस्मिन् कालिदासो नाम महापण्डितो निवसति । स एव तव पतिर्भवतु । तेन सह तव जीवितं सुखमयं भवेदिति । तद्वचनं श्रुत्वा सा राजकन्या कालिदासमेवाचिन्तयत् । नान्यं पुरुषम् । अन्ते च तस्याः कालिदासेन सह विवाहो जातः । अपि तु कालिदासो महान् अपण्डित इति सा विवाहादनन्तरमबोधत् । सा कालिदासमवदत् - रे मूर्ख, मा मां स्पृश । नाहमिच्छामि त्वामपण्डितं द्रष्टुम् । यत्र क्वापि गच्छेति । ततः कालिदासस्तन्नगरं त्यक्त्वा वनं गतः । वने च स कालीदेव्या मन्दिरमपश्यत् । तत्र स देव्या भक्तिं चकार । बहुना कालेन प्रसन्ना देवी तस्मै बुद्धिं प्रायच्छत् । एवं देव्याः प्रसादेन स महाकविर्बभूव । तस्मात्तं जनाः कालिदास इति वदन्ति ।

Vocabulary

कालिदास (m)	name of a poet	तरुण (a)	young
महाकवि (m)	great poet	उज्जयिनी (f)	name of a city
महापण्डित (a)	great scholar	महा+अपण्डित (a)	great fool
विवाह (m)	wedding	कालीदेवी (f)	goddess Kālī
सुखमय (a)	full of happiness		

सुकन्याकथा (9)

पुरा भारतदेशे गङ्गानद्यास्तीरे खाण्डवं नाम महद्वनमासीत्। तस्मिन्वने केचिन्मुनयो गोपाला अविपालाश्चावसन्। ते मुनय ईश्वरमेव चिन्तयितुमिच्छन्तो ग्रामनगराणि परित्यज्य वनमागत्य तपः पूजां यज्ञांश्चान्वतिष्ठन्। तस्मिन्वने न केवलं मुनयोऽपि तु पशवोऽपि बभूवुः। किन्तु ते पशवो मुनीनां प्रभावेण शान्तिभावमागता न परस्परमहिंसन्। सिंहा व्याघ्राः शृगालाश्च धेनुभिर्मृगैश्च सह तस्मिन्वने सुखेनावसन्। तत्रैव कस्यचिद्वृक्षस्याधः स्थितश्च्यवनो नाम मुनिर्वर्षसहस्रं यावत्तीव्रं तपश्चकार। स सर्वेषां मुनीनां पितामह इवाभूत्। दीर्घं कालं यावत् स च्यवनो मुनिरेकस्मात्स्थानादन्यत्र न जगाम। सोऽन्नमपि नाभक्षयज्जलमपि च नापिबत्। स वर्षशतं यावद्वृक्ष इवातिष्ठत्। नैष नरो नेत्रमपि विचालयतीति यदा सर्पा विहगाश्चाबोधंस्तदा ते भीतिं परित्यज्य तस्य समीपमागत्यावसन्। केचित्सर्पाश्च्यवनस्य केशेषु निजं गृहं चक्रुः।

अथैकदा शर्यातो नाम कश्चिद्राजा पुत्रैः कन्याभिर्भार्याभिश्चम्वा च सह ग्रामान्तरं गच्छंस्तस्मिन्वने कानिचिद्दिनान्यवसत्। तत्र वसतस्तस्य नृपस्य पुत्रा वने खेलन्तस्तं च्यवनं मुनिमद्राक्षुः। सर्पैर्वेष्टितं निश्चलं तं वृद्धं नरं समीक्ष्य ते मूर्खा राजपुत्राश्चिन्तयामासुः - कोऽयं जीर्णो नरोऽत्र मृत इव वृक्षस्याधः सीदति? मृतो वा जीवति वेति कथं बोधाम इति। एवं चिन्तयित्वा ते बालाः किञ्चित्काष्ठमादाय च्यवनस्य ऋषेर्नेत्रे अभिन्दंस्तं च हसन्तो लोष्टैरतुदन्। यदा ते बालास्तमृषिमुपाहसंस्तदा सोऽकुप्यत्। कुपितः स मुनिः शर्यातं शशाप - सर्वे शर्यातजना असंज्ञा भवन्त्विति। च्यवनस्य शापेन सर्वे शर्यातजना असंज्ञा बभूवुः। पुत्रा मातृर्लोष्टैरतुदन्। मातरो दुहितृरताडयन्। सर्वे जना इतस्ततो भ्रमन्तो धावन्तश्च निजानि वस्त्राणि परित्यज्य वृक्षानारुह्य कपय इव बभ्रमुः। शर्यातश्च तत्सर्वमवलोक्य संभ्रान्तः कुतः समुत्पन्नापदेषेति चिन्तयामास। बहु चिन्तयन्नपि स एतस्या आपदः कारणं नाबोधत्।

तदा स शर्यातो गोपालांश्चाविपालांश्च समाहूयाब्रवीत् - अपि यूयमेतस्या आपदः कारणं बोधथेति। त ऊचुः - हे राजन्, तव पुत्रा एतं मृतमिव तिष्ठन्तं महामुनिमुपहसन्तो लोष्टैस्तमतुदंस्तस्य च नेत्रे काष्ठैरभिन्दन्। एतेनापकारेण कुपितः स महामुनिस्त्वामशपत्। एतत्कारणं तव जनानामसंज्ञाया इति। तद्गोपालानामविपालानाञ्च वचनं श्रुत्वा स राजा तस्य मुनेः क्रोधमपनेतुमुपायं चिन्तयामास।

कुपितं च्यवनं मुनिमुपगम्य शर्यात उवाच - हे मुने, त्वामजानद्भिर्मम पुत्रैर्महानपकारः कृतः। तं क्षन्तुमर्हति भवानिति। तमपकारमपनेतुं मम जनानां संज्ञाप्रतिलाभाय च यत्तवेष्टं तदहं करिष्यामि। तवेच्छां कथयेति। तच्छ्रुत्वा स मुनिरुवाच - हे नृप, महानपराधस्त्वया कृतः। मम क्रोधमपनेतुं मह्यं तव सुकन्यां नाम कन्यां प्रयच्छ। अन्यथा तव

जनानां संज्ञाप्रतिलाभो न कदापि भविष्यतीति। एतस्मा अतिवृद्धाय मुनये स्वीया तरुणी कन्या सुकन्या प्रदेयेति चिन्तयित्वा स शर्यातो दुःखितो बभूव। सुकन्यां प्रति गत्वा स उवाच - प्रियकन्ये सुकन्ये, अस्माकं जनानां संज्ञाप्रतिलाभायैक एवोपायो नान्यः कश्चित्। यदि त्वमेतस्यातिवृद्धस्य महामुनेश्च्यवनस्य भार्या भवेस्तर्ह्येवास्माकं जनानां संज्ञाप्रतिलाभो भविष्यतीति। पितुस्तामगतिकां वाचं श्रुत्वा निजकुलरक्षणाय सा सुकन्याब्रवीत् - हे तात, अलं चिन्तया। भवत्वेष वृद्धमुनिर्मे पतिरिति। पितृकुलरक्षणाय निजसुखमपि परित्यजन्ती सा सुकन्या वृद्धमुनेश्च्यवनस्य भार्या बभूव। पतिव्रता च सा तरुणी भार्या सुखहीनापि निजं वृद्धपतिं भक्त्या सेवमाना न कदापि परपुरुषमचिन्तयत्।

अथैकदा स्वर्गलोकादश्विनौ भूमावागतौ। अश्विनौ देवानां भिषजौ। तौ चातिसुन्दरौ बभूवतुः। वने विचरद्भ्यां ताभ्यां सुन्दरी सुकन्या वृद्धपतिं सेवमाना दृष्टा। तां दृष्ट्वा तयोर्मनसि कामो बभूव। तौ तां सुकन्यामभाषेताम् - हे सुकन्ये, परित्यज्यैतं वृद्धपतिमावां प्रति आगच्छ यथा त्वं कामसुखं लप्स्यस इति। तच्छ्रुत्वा साब्रवीत् - नाहमधर्ममाचरिष्यामि। यस्मै मां पितायच्छत्तं मे पतिं जीवन्तं न त्यक्ष्यामि। गच्छतं युवामन्यत्रेति। एवं भाषित्वा सा सुकन्या च्यवनं प्रति गत्वा सर्वं वृत्तान्तं न्यवेदयत्। च्यवनोऽब्रवीत् - साधु साधु सुकन्ये। धन्यासि। यदि तावश्विनौ पुनरागत्य तदेव वदेतां तर्हि त्वं तौ प्रति एवं भाषस्व - अज्ञौ युवामधर्मचारिणौ नरकं गमिष्यथः। यदि युवां मम पतिं पुनर्युवानं करिष्यथस्तर्हि स युवाभ्यां धर्ममुपदेक्ष्यतीति। तावश्विनौ पुनरागत्य सुकन्यां प्रति तदेवाभाषेताम्। सा च तौ प्रति पत्युर्वचनमभाषत। धर्मज्ञानमिच्छन्तावश्विनौ देवभिषजौ सुकन्यामवदताम् - सुकन्ये, अस्मात् स्थानान्नातिदूरं चिरयौवनो नाम दिव्यो ह्रदः। यदि तव पतिस्तस्मिन् ह्रदेऽवगाहेत तर्हि स युवा भविष्यतीति। अनन्तरं च्यवनस्तस्मिन् ह्रदेऽवगाह्य युवा बभूव। पतिव्रतया सुकन्यया सह युवा च्यवनश्चिरकालं रेमे। तौ दृष्ट्वा जना एवमभाषन्त - धन्या खल्वेषा सुकन्या या पतिव्रता भूत्वा धर्मबलेन पतिं युवानं चकार। अहो बलं धर्मस्येति।

Vocabulary

सुकन्या (f)	name of a princess	**खाण्डव** (n)	name of a forest
गोपाल (m)	cowherd	**अविपाल** (m)	shepherd
अनु+स्था (1P)	to perform	**न केवलम्**	not only
प्रभाव (m)	power	**शान्तिभाव** (m)	state of peace
परस्परम् (ind)	one another	**हिंस्** 7P	to kill, injure
व्याघ्र (m)	tiger	**च्यवन** (m)	name of a sage
वर्षसहस्र (n)	1000 years	**तीव्र** (a)	intense, harsh
पितामह (m)	grandfather	**वर्षशत** (n)	100 years

विचालयति, caus. of चल् to move
भीति (f) fear
निज (a) one's own
मग्न (a) immersed in
ग्रामान्तर (n) another town
निश्चल (a) motionless
जीर्ण (a) old, decrepit
ऋषि (m) sage
लोष्ट (m) clod, lump of earth
शप् 1P to curse
शाप (m) curse
वस्त्र (n) clothes
अवलोक्य, gerund, having seen
समुत्पन्न (a) produced
अ+विज्ञाय, neg gerund, not having recognized
क्रोध (m) anger
उपाय (m) means
अर्ह् 1P to be able, ought to
प्रतिलाभ (m) regaining
स्वीय (a) one's own
दुःखित (a) saddened
अगतिक (a) desperate
रक्षण (n) protection, preservation
दिव्य (a) divine
परिरक्षण (n) protection, preservation
हीन (a) without
पर (prn) another
काम (m) desire, love
वृत्तान्त (m) incident
धन्या असि Bravo! you are great
चारिन् (a) acting, doing
चिरयौवन (m) Eternal Youth

विहग (m) bird
केश (m) hair
चिन्तन (n) contemplation
शर्याति (m) name of a king
वेष्टित (a) surrounded, encircled
समीक्ष्य, gerund, having looked closely
काष्ठ (n) stick, club
भिद् 7P, A, to break, pierce
उप+हस् 1P to laugh at
असंज्ञ (a) crazy, mindless
इतस्ततः (ind) here and there
कपि (m) monkey
संभ्रान्त (a) confused
समाहूय, gerund, having called
अपकार (m) bad treatment
अव+गाह् 1A to plunge into
अपनेतुम्, inf. to take away
क्षन्तुम्, inf. to forgive
भवान् < भवत्, voc. sg. Sir
अपराध (m) offense, transgression
तरुणी (adj, f) young
प्रिय (a) dear
कुल (n) family
चिन्ता (f) worry, anxiety
धन्य (a) virtuous, happy, fortunate
पतिव्रता (f) dedicated to her husband
चिरकालम् (ind) for a long time
सेवमान (a) serving
अश्विनौ (m, dual) name of two divinities
अधर्म (m) unrighteous behaviour
निवेदयति to report
अज्ञ (a) ignorant
न अतिदूरम् not too far

सुभाषितानि (10)

पृथिव्यां त्रीणि रत्नानि जलमन्नं सुभाषितम् ।
मूढैः पाषाणखण्डेषु रत्नसंज्ञा विधीयते ॥ १ ॥

सुभाषितम् 'good saying'. मूढः 'fool'. पाषाणखण्डः 'piece of rock'. रत्नसंज्ञा 'the designation of jewel'. वि+धा (3P, A) 'to make, do'.

संसारकटुवृक्षस्य द्वे फले ह्यमृतोपमे ।
सुभाषितरसास्वादः सङ्गतिः सुजनैः सह ॥ २ ॥

संसारः 'mundane world'. कटु 'bitter'. अमृत+उपम 'comparable to nectar'. रस+आस्वादः 'enjoying the juice'. सङ्गतिः 'companionship'.

अपूर्वः कोऽपि कोशोऽयं विद्यते तव भारति ।
व्ययतो वृद्धिमायाति क्षयमायाति सञ्चयात् ॥ ३ ॥

अपूर्वः 'amazing'. कोशः 'treasure'. भारती 'goddess of learning, Sarasvatī'. व्ययः 'spending'. वृद्धिः 'prosperity'. क्षयः 'decrease'. सञ्चयः 'hoarding, accumulation'.

अहो खलभुजङ्गस्य विपरीतो वधक्रमः ।
अन्यस्य दशति श्रोत्रमन्यः प्राणैर्विमुच्यते ॥ ४ ॥

खलः 'rogue'. भुजङ्गः 'snake, cobra'. विपरीत 'reverse'. वध-क्रमः 'order, sequence of killing'. श्रोत्रम् 'ear'. प्राणः 'life, breath'. वि+मुच् 'to release, to separate'.

खलानां कण्टकानां च द्विविधैव प्रतिक्रिया ।
उपानन्मुखभङ्गो वा दूरतो वा विसर्जनम् ॥ ५ ॥

कण्टकः 'thorn'. द्विविध 'two-fold'. प्रतिक्रिया 'counter-measure'. उपानह् (f) 'shoes'. भङ्गः 'breaking'. विसर्जनम् 'leaving alone'.

दुर्जनः परिहर्तव्यो विद्यया भूषितोऽपि सन् ।
मणिना भूषितः सर्पः किमसौ न भयङ्करः ॥ ६ ॥

दुर्जनः 'wicked person'. परि+हृ 'to avoid'. मणिः 'jewel'. सर्पः 'snake'. भयङ्करः 'terrifying'.

सर्पदुर्जनयोर्मध्ये वरं सर्पो न दुर्जनः ।
सर्पो दशति कालेन दुर्जनस्तु पदे पदे ॥ ७ ॥

वरम् 'better'.

श्रोत्रं श्रुतेनैव न कुण्डलेन दानेन पाणिर्न तु कङ्कणेन ।
विभाति कायः खलु सज्जनानां परोपकारेण न चन्दनेन ॥ ८ ॥

श्रोत्रम् 'ear'. श्रुतम् 'learning'. कुण्डलम् 'ear-ornament'. दानम् 'gift-giving'. पाणिः 'hand'. कङ्कणम् 'bracelet'. वि+भा 'to shine'. कायः 'body'. खलु 'indeed'. परोपकारः 'benefitting others'. चन्दनम् 'sandalwood paste, a fragrant paste'.

योजनानां सहस्राणि शनैर्गच्छेत्पिपीलिका ।
अगच्छन् वैनतेयोऽपि पदमेकं न गच्छति ॥ ९ ॥

योजनम् '8 miles'. सहस्रम् '1000'. शनैः 'slowly'. पिपीलिका 'ant'. अ+गच्छन् 'not going'. वैनतेयः 'eagle'.

एकेनापि सुपुत्रेण विद्यायुक्तेन भासते ।
कुलं पुरुषसिंहेन चन्द्रेणेव हि शर्वरी ॥ १० ॥

युक्त 'endowed with'. भास् 'to shine'. पुरुष-सिंहः 'lionlike man' शर्वरी 'night'.

अलसस्य कुतो विद्या अविद्यस्य कुतो धनम् ॥
अधनस्य कुतो मित्रममित्रस्य कुतः सुखम् ॥ ११ ॥

अलसः 'lazy'. अ+विद्यः 'unlearned'. अ+धनः 'one without wealth'

अ+मित्रः 'one without friends'.

न कश्चित्कस्यचिन्मित्रं न कश्चित्कस्यचिद्रिपुः ।
कारणेन हि जायन्ते मित्राणि रिपवस्तथा ॥ १२ ॥

रिपुः 'enemy'. कारणम् 'reason'. हि 'certainly, indeed'.

शैले शैले न माणिक्यं मौक्तिकं न गजे गजे ।
साधवो न हि सर्वत्र चन्दनं न वने वने ॥ १३ ॥

शैलः 'mountain'. माणिक्यम् 'ruby, jewel'. मौक्तिकम् 'pearl'. There is a folk belief that the skull of an elephant contains pearls. साधुः 'righteous, good person'.

पण्डिते हि गुणाः सर्वे मूर्खे दोषाश्च केवलाः ।
तस्मान्मूर्खसहस्रेभ्यः प्राज्ञ एको विशिष्यते ॥ १४ ॥

पण्डितः 'learned, scholar'. दोषः 'fault'. प्राज्ञः 'learned'. विशिष्यते 'stands distinguished'. केवल 'only'.

यत्र विद्वज्जनो नास्ति श्लाघ्यस्तत्राल्पधीरपि ।
निरस्तपादपे देशे एरण्डोऽपि द्रुमायते ॥ १५ ॥

विद्वत्-जनः 'learned people'. श्लाघ्यः 'praiseworthy'. अल्पधीः 'person of lesser intelligence'. निरस्तपादपः 'that in which all trees are destroyed'. एरण्डः 'castor-oil plant'. द्रुमायते 'becomes a tree'.

अतिपरिचयादवज्ञा सन्ततगमनादनादरो भवति ।
मलये भिल्लपुरन्ध्री चन्दनतरुकाष्ठमिन्धनं कुरुते ॥ १६ ॥

अतिपरिचयः 'excessive familiarity'. अवज्ञा 'lack of respect'. सन्तत-गमनम् 'constant visiting'. अनादरः 'insult, lack of respect'. मलयः southern mountain'. भिल्लः 'tribal people'. पुरन्ध्री 'woman'. काष्ठम् wood'. इन्धनम् 'fuel, firewood'.

बालस्यापि रवेः पादाः पतन्त्युपरि भूभृताम् ।
तेजसा सह जातानां वयः कुत्रोपयुज्यते ॥ १७ ॥

रविः 'sun'. **पादः** 'foot, ray'. **भूभृत्** 'mountain, king'. **वयस्** (n) 'age'. **उप+युज्** 'to use'.

काकः कृष्णः पिकः कृष्णः को भेदः पिककाकयोः ।
प्राप्ते वसन्तसमये काकः काकः पिकः पिकः ॥ १८ ॥

पिकः 'cuckoo bird'. **कृष्णः** 'black'. **भेदः** 'difference'. **प्राप्त** 'arrived'. **वसन्त-समयः** 'spring time'.

हंसः श्वेतो बकः श्वेतः को भेदो बकहंसयोः ।
नीरक्षीरविवेके तु हंसो हंसो बको बकः ॥ १९ ॥

बकः 'heron'. **नीर-क्षीर-विवेकः** 'distinguishing milk from water in a mixture of milk and water'. There is a folk belief that a swan can drink only the milk from a mixture of milk and water.

यस्य कस्य तरोर्मूलं येन केनापि मिश्रितम् ।
यस्मै कस्मै प्रदातव्यं यद्वा तद्वा भविष्यति ॥ २० ॥

मूलम् 'root'. **मिश्रितम्** 'mixed'. **प्रदातव्यम्** 'should be given'.

कमले कमला शेते हरः शेते हिमालये ।
क्षीराब्धौ च हरिः शेते मन्ये मत्कुणशङ्कया ॥ २१ ॥

कमला 'Lakṣmī'. **हरः** 'Śiva'. **क्षीराब्धिः** 'ocean'. **हरिः** 'Viṣṇu'. **मत्कुणः** 'bedbug'. **शङ्का** 'fear'.

आशा नाम मनुष्याणां काचिदाश्चर्यशृङ्खला ।
यया बद्धाः प्रधावन्ति मुक्तास्तिष्ठन्ति पङ्गुवत् ॥ २२ ॥

आशा 'hope'. **आश्चर्य-शृङ्खला** 'amazing kind of chain'. **बद्धः** 'tied'. **मुक्तः** 'free'. **पङ्गुः** 'lame'.

अहं च त्वं च राजेन्द्र लोकनाथावुभावपि ।
बहुव्रीहिरहं राजन् षष्ठीतत्पुरुषो भवान् ॥ २३ ॥

राजेन्द्रः 'great king'. लोकनाथ 'he who is the lord of the world, he for whom the whole world is his lord'. बहुव्रीहि and षष्ठीतत्पुरुष are different types of compounds in Sanskrit.

द्वन्द्वो द्विगुरपि चाहं मद्गेहे नित्यमव्ययीभावः ।
तत् पुरुष कर्म धारय येनाहं स्यां बहुव्रीहिः ॥ २४ ॥

This is a pun on the names of Sanskrit compounds. द्वन्द्वः 'a pair'. द्विगुः 'one with two cows'. अव्ययीभावः 'a state of no spending'. कर्म धारय 'hold a job'. बहुव्रीहिः 'one with a lot of rice'.

अशनं मे वसनं मे जाया मे बन्धुवर्गो मे ।
इति मे मे कुर्वाणं कालवृको हन्ति पुरुषाजम् ॥ २५ ॥

अशनम् 'food'. वसनम् 'clothing'. जाया 'wife'. बन्धुवर्गः 'flock of relatives'. कालवृकः 'the wolf of time'. पुरुष+अजः 'goatlike man'.

सत्सङ्गाद्भवति हि साधुता खलानां साधूनां न हि खलसङ्गमात्खलत्वम् ।
आमोदं कुसुमभवं मृदेव धत्ते मृद्गन्धं न हि कुसुमानि धारयन्ति ॥ २६ ॥

सत्सङ्गः 'company of good people'. साधुता 'goodness'. खल-सङ्गमः 'company of bad folks'. खलत्वम् 'wickedness'. आमोदः 'fragrance'. कुसुमभवः 'born from flowers'. मृद् 'mud, soil'. गन्धः 'smell'.

शरदि न वर्षति, गर्जति, वर्षति वर्षासु निःस्वनो मेघः ।
नीचो वदति, न कुरुते, वदति न सुजनः, करोत्येव ॥ २७ ॥

शरद् (f) 'autumn'. वृष् 'to rain'. गर्ज् 'to roar'. वर्षा 'rainy season'. निःस्वनः 'soundless'. नीचः 'lowly person'.

केयूरा न विभूषयन्ति पुरुषं, हारा न चन्द्रोज्वलाः
न स्नानं, न विलेपनं, न कुसुमं, नालङ्कृता मूर्धजाः ।
वाण्येका समलङ्करोति पुरुषं या संस्कृता धार्यते
क्षीयन्ते खलु भूषणानि सततं वाग्भूषणं भूषणम् ॥ २८ ॥

केयूरः 'bracelet on upper arm' for men and women. हारः 'jewel necklace'. चन्द्र+उज्वलः 'bright like the moon'. विलेपनम् 'using fragrant ointments'. अलङ्कृत 'adorned'. मूर्धजः 'hair'. वाणी 'speech'. सम्+अलं+कृ 'to adorn'. संस्कृता 'polished, civilized'. क्षीयते 'diminish'. वाग्भूषणम् 'ornament of speech'.

रात्रिर्गमिष्यति भविष्यति सुप्रभातम्
भास्वानुदेष्यति हसिष्यति पङ्कजश्रीः ।
इत्थं विचिन्तयति कोशगते द्विरेफे
हा हन्त हन्त नलिनीं गज उज्जहार ॥ २९ ॥

सुप्रभातम् 'good morning'. भास्वत् (m) sun. उद्+इ 'to come up, rise'. पङ्कज+श्रीः 'beauty of the lotus'. कोशगत 'caught in the bud'. द्विरेफः 'honey bee'. हन्त 'alas'. नलिनी 'lotus vine'. उद्+हृ 'pull out'.

रामो राजमणिः सदा विजयते, रामं रमेशं भजे
रामेणाभिहता निशाचरचमू, रामाय तस्मै नमः ।
रामान्नास्ति परायणं परतरं, रामस्य दासोऽस्म्यहम्
रामे चित्तलयः सदा भवतु मे, भो राम मामुद्धर ॥ ३० ॥

राजमणिः 'jewel among kings'. रमेशः 'Viṣṇu, lord of Ramā (= Lakṣmī)'. अभिहत 'struck down'. निशाचरः 'demon'. परायणम् 'goal'. परतर 'farther'. चित्तलयः 'concentration of mind'. उद्+हृ 'pull out (of the misery of life and death)'.

GLOSSARY

SANSKRIT - ENGLISH GLOSSARY

This glossary contains only the words used in this book, and provides only those meanings in which these words have been used in this book. Therefore, it does not replace more elaborate dictionaries. However, it is sufficient for the purpose of this book.

The Sanskrit words are listed according to the order of the Sanskrit (Devanāgarī) alphabet. You must keep in mind the following order:

a ā i ī u ū ṛ ṝ ḷ e ai o au ṃ ḥ k kh g gh ṅ c ch j jh ñ ṭ ṭh ḍ ḍh ṇ t th d dh n p ph b bh m y r l v ś ṣ s h

All combinations of verb roots with pre-verbs (*upasarga*) are alphabetically listed in the same place as the verb root. For all verbs, their third-person singular present tense form has been provided in addition to the verb root. The following grammatical information has been supplied with the words:

Verb conjugation number 1-10
A = ātmanepada
adj = adjective (declined in all genders)
adv = adverb
f = feminine
ind = indeclinable
m = masculine
n = neuter
P = parasmaipada
prn = pronoun
prp = preposition

Words which have either an *anusvāra* or a homorganic consonant should be checked for both. In the given alphabetical order the *anusvāra* comes before other consonants. The *visarga* also comes before other consonants.

अ

aṃśa, (m), part, portion
aṃśu, (m), ray
akṛtakāram, (ind), doing an amazing, previously unknown thing
akṣi, (n), eye
agada, (m), medicine
agni, (m), fire
agra, (n), tip, front, beginning
agraṇī, (m), leader
agre, (ind), in the begining, at the front
agrebhojam, (ind), having eaten before someone
aṅga, (n), body, limb
aṅgaṇa, (n), yard, field

acala (adj), unmoving; (m), mountain
aja, (m), goat
ajapāla, (m), shepherd
ajā, (f), female goat
ajña, (adj), ignorant
ajñāna, (n), ignorance
aṭ, *aṭati*, (1P), to wander, to roam around
aṇḍa, (n), egg
aṇḍaja, (m), bird, 'egg-born'
ataḥ, (ind), for this reason, from here, hence
atandrita, (adj), alert, without sloth
ati, (ind), very, excessive
atithi, (m), guest
atra, (ind), here
atrabhavat, (prn), his honor over here
atha, (ind), now, then
ad, *atti*, *atte*, (2P, A), to eat
adas, (prn), that (he, she, it, those)
adya, (ind), today
adhaḥ, (ind), below, beneath, down, downward
adhana, (adj), poor, without money
adhastāt, (ind), downward, below, beneath
adhika, (adj, adv), additional, additionally, more
adhipati, (m), king, overlord
adhunā, (ind), now
adhyayana, (n), study
adhvan, (m), path, way, road, distance
anaḍuh, (m), bull
ananta, (adj), infinite
anantaram, (ind), after, afterwards, later
ananya, (adj), no other, the same
anartha, (m), disaster, difficulty, calamity, adversity
anala, (m), fire
anādara, (m), disrespect
anila, (m), wind
anu, (prp), after, in accordance with
anujñā, (f), permission
anubhava, (m), experience
anurāga, (m), love, passion
anta, (m), end
antara, (n), distance, gap
antarā, (ind), between
antarikṣa, (n), sky
antarikṣaga, (m), bird, 'sky-goer'
antareṇa, (ind), concerning
antikam, (ind), nearby, in the vicinity
andha, (adj), blind
anna, (n), food
anya, (prn), other, another
anyatra, (ind), elsewhere
anyathā, (ind), otherwise
anyathākāram, (ind), having done something otherwise
anyonya, (adj), each other, one another
anvac, (adj), following

apakāra, (m), insult, bad treatment, offense
apamāna, (m), insult
apara, (prn), another, other
aparādha, (m), sin, offense
api, (ind), also, a question-marker in clause-initial position
apūrva, (adj), amazing, previously unknown
abhaya, (n), protection, lack of fear
abhāva, (m), absence, non-existence
abhitaḥ, (prp), near, around
abhidhāna, (n), name, title, designation
abhibhava, (m), insult, defeat
abhimāna, (m), pride, conceit
abhimukham, (ind), facing someone
abhilāṣa, (m), desire, passion, greed
amara, (adj), immortal, god
amitra, enemy, someone without friends
amutra, (ind), in the other world
amṛta, (n) ambrosia, nectar, drink of immortality; (adj), not dead
ambara, (n), cloth, garment, sky
ambu, (n), water
araṇya, (n), forest
aravinda, (n) lotus flower
ari, (m), enemy
arc, *arcayati*, (10P), to worship
arjuna, (m), name of a prince
arth, *arthayate*, (10A), to request
artha, (m), meaning, purpose, object, money
ard, *ardati*, (1P), to beg, approach with a request
arh, *arhati*, (1P), to deserve, should, ought to
alam, (ind), sufficient, enough (= no more), capable, able to
alasa, (adj), lazy
alpa, (adj), small, little
alpadhī, (adj), small-witted, fool, unintelligent
avakāśa, (m), opportunity, occasion, space
avajñā, (f), insult, disrespect
avamāna, (m), insult, disrespect
avalipta, (adj), excessively proud, conceited
avasthā, (f), condition, state of affairs
avahita, (adj), attentive
avāc, (adj), downward
avi, (m), goat
avidya, (adj), ignorant
avidyā, (f), ignorance
avidyāvat, (adj), ignorant
avipāla, (m), shepherd
aś, *aśnāti*, (9P), to eat, enjoy
aś, *aśnute*, (5A), to enjoy, get, pervade
aśana, (n), food
aśru, (n), tears
aśva, (m), horse
aṣṭa(ā)pañcāśat, (f), fifty-eight
aṣṭa(ā)ṣaṣṭi, (f), sixty-eight
aṣṭacatvāriṃśat, (f), forty-eight
aṣṭan, eight

aṣṭā(a)navati, (f), ninety-eight
aṣṭāasaptati, (f), seventy-eight
aṣṭātriṃśat, (f), thirty-eight
aṣṭādaśan, eighteen
aṣṭāviṃśati, (f), twenty-eight
aṣṭāśīti, (f), eighty-eight
as, *asti*, (2P), to be
as, *asyati*, (4P), to throw
asaṃjña, (adj), senseless, crazy, unconscious, mindless
asi, (m), sword
asu, (m), life, breath
asura, (m), demon
astam gam, *astam gacchati*, (1P), to set (as in sunset)
asthi, (n), bone
asmad, (prn), first person pronoun, I, we
ahan, (n), day
ahiṃsā, (f), non-injury, non-killing

आ

ākāśa, (m), sky
ākhu, (m), mouse
ākhyā, (f), title, name, designation
ākhyāna, (n), narrative, story
ācārya, (m), teacher
ātmaja, (m), son; (f), daughter
ātman, (m), self, soul
ādi, (m), beginning
āditya, (m), sun
āp, *āpnoti*, (5P), to attain, obtain, get, achieve
āpad, (f), disaster, calamity, adversity
āmoda, (m), fragrance
āmra, (m), mango tree, mango fruit
āyata, (adj), long, elongated
āyuṣmat, (adj), long-lived one
āyus, (n), life, life-span
ālāna, (n), post to tie an elephant
āśā, (f), hope
aśīti, (f), eightly
āśu, (adj, adv), swift
āśrama, (m), hermitage
ās, *āste*, (2A), to sit, remain, stay
ās, *pari+upa+*, *paryupāste*, (2A), to serve, attend upon, be devoted to
āsana, (n), seat
āsanna, (adj), nearby
āsvāda, (m), taste, flavor, enjoyment

इ

i, *eti*, (2P), to go
i, *adhi+*, *adhīte*, (2A), to study

i, adhi+, adhyeti, (2P), to remember
icchā, (f), desire
ijyā, (f), sacrifice, ritual
itara, (prn), other, another. *itarad* in nt.
iti, (ind), thus, quotation-marker
ittham, (ind), thus
idam, (prn), this (he, she, it, these)
indra, (m), a Vedic god
indriya, (n), sense organs
indhana, (n), fuel, fire-wood
iyat, (adj), this much, these many
iva, (ind), like
iṣ, icchati, (6P), to desire, want, wish
iṣu, (m), arrow
iṣṭa, (adj), desired, desirable
iha, (ind), here

ई

īkṣ, īkṣate, (1A), to see
īkṣ, nir+, nirīkṣate, (1A), to observe, examine
īkṣ, pari+, parīkṣate, (1A), to examine, investigate
īkṣ, prati+, pratīkṣate, (1A), to await
īśa, (m), God, lord, powerful
īśvara, (m), God, lord, powerful, capable, ruler
īs, īṣṭe, (2A), to rule, control
īh, īhate, (1A), to desire
īhā, (f), desire

उ

ujjayinī, (f), name of a city in central India
ujvala, (adj), bright
uttāna, (adj), facing upwards
udaka, (n), water
udac, (adj), upwards, northwards,
udara, (n), belly, stomach
udarapūram, (ind), filling one's belly
udāra, (adj), generous
udgama, (m), origin, source
udbhava, (m), origin, source, birth
udyāna, (n), garden
unmatta, (adj), drunk, intoxicated, crazy, conceited
unmanas, (adj), crazy
upajīvikā, (f), livelihood
upamā, (f), comparison
upari, (ind), above
upavana, (n), garden
upādhyāya, (m), teacher
upānah, (f), shoe
upāya, (m), means
upeyivas, < *upa+i,* (adj), one who approached (perfect ppl.)

ubha, (prn), both
ubhayataḥ, (ind), on both sides
uraga, (m), snake, 'chest-goer'
uras, (n), chest
uru, (adj), big, great, valuable, large
uṣas, (f), dawn, goddess of dawn
uṣṭra, (m), camel

ऊ

ūnatriṃśat, (f), twenty-nine
ūnaviṃśati, (f), nineteen
ūrdhvam, (ind), upwards, above
ūṣṇa, (adj), hot, warm

ऋ

r̥ṇa, (n), debt
r̥tu, (m), season
r̥te, (ind), except, without
r̥tvij, (m), priest at a sacrifice
r̥ṣi, (m), sage, hermit

ॠ

ऌ

ए

eka, (m,n,f), one
ekacatvāriṃśat, (f), forty-one
ekatriṃśat, (f), thirtyone
ekadā, (ind), once
ekanavati, (f), ninety-one
ekapañcāśat, (f), fifty-one
ekaviṃśati, (f), twenty-one
ekaṣaṣṭi, (f), sixty-one
ekasaptati, (f), seventy-one
ekādaśan, eleven
ekānta, (m), seclusion, one corner
ekānnaviṃśati, (f), nineteen
ekāśīti, (f), eighty-one
ekonacatvāriṃśat, (f), thirty-nine
ekonatriṃśat, (f), twenty-nine
ekonanavati, (f), eighty-nine
ekonapañcāśat, (f), forty-nine
ekonaviṃśati, (f), nineteen
ekonaśata, (n), ninety-nine
ekonaṣaṣṭi, (f), fifty-nine

ekonasaptati, (f), sixty-nine
ekonāśīti, (f), seventy-nine
etad, (prn), this (he, she, it, these)
etāvat, (adj), this much, these many
eraṇḍa, (m), castor oil plant
eva, (ind), only, certainly | *evam*, (ind), thus, this way

ऐ

ओ

odana, (m), cooked rice

औ

auṣadha, (n), medicine

क

kaṃsa, (m), name of a demon-king of Mathurā
kakubh, (f), direction
kaṅkaṇa, (n), bracelet
kacchapa, (m), turtle, tortoise
kaṭhina, (adj), hard, harsh, tough
kaṇṭaka, (m), thorn
kaṇṭha, (m), throat
kaṇṭhe kṛ, karoti, kurute, (8P, A), to memorize
kaṇva, (m), name of a sage
kath, kathayati, (10P), to tell, narrate, report
kathaṅkāram, (ind), in what way?, how?
katham, (ind), how?, why?
kathā, (f), story
kadā, (ind). when?
kadācit, (ind), sometime
kanaka, (n), gold
kanyā, (f), girl, daughter
kaparda, (m), a shell used as dice, a shell used as a coin
kapi, (m), monkey
kapilavastu, (n), name of a city
kam, kāmayate, (10A), to desire
kamala, (n), lotus flower
kamalā, (f), goddess Lakṣmī
kamp, kampate, (1A), to tremble, to shake (intransitive), to vibrate
kambala, (m), blanket
kara, (m), hand, ray, tax
karuṇā, (f), compassion
karṇ, ā+, ākarṇayati, (10P), to listen, to hear
karṇa, (m), ear
kartṛ, (adj), doer, maker, creator
karman, (n), action, ritual

kalevara, (n), body
kavala, (adj), only, alone
kavi, (m), poet
kavitā, (f), poem, poetry
kavirāja, (m), king among poets, great poet
kāṃsya, (n), bronze
kāka, (m), crow
kākī, (f), female crow
kāṅkṣ, *kāṅkṣati*, (1P), to want, wish, desire
kāṇa, (adj), blind, one-eyed
kānana, (n), forest
kānti, (f), beauty, brilliance, luster, shining
kāma, (m), desire, passion, god of love, love
kāmaduh, (f), wish-yielding cow
kāmam, (adv), certainly, as one wishes
kāya, (m), body
kāraṇa, (n), cause, reason
kārya, (n), duty, obligation
kāla, (m), time
kālidāsa, (m), name of a Sanskrit poet
kālīdevī, (f), goddess Kālī
kāvya, (n), poem, poetry
kāṣṭha, (n), wood, stick
kintu, (ind), however, but
kim, (prn), what? who? which?
kiyat, (adj), how much? how many?
kiraṇa, (m), ray
kila, (adj), supposedly, reportedly
kīrt, *sam+*, *saṃkīrtayati/te*, (10P, A), to announce, declare, tell
kīrti, (f), fame
kīrtimat, (adj), famous
kuṭumba, (n), family, wife
kuṭhāra, (m), axe
kuḍava, (m), measuring cup
kuṇḍala, (n), ear-ornament
kutaḥ, (ind), why? for what reason? from where?
kutra, (ind), where
kudhī, (adj), wicked person, ignorant, evil-minded
kup, *kupyati*, (4P), to get angry
kumbha, (m), water pot made out of clay
kula, (n), family
kuśala, (n), well-being, welfare
kuśala, (adj), skillful, clever
kusuma, (n), flower
kusumapura, (n), name of a city
kūpa, (m), water well
kūrma, (m), turtle, tortoise
kṛ, *karoti*, *kurute*, (8P, A), to do, make
kṛ, *apa+*, *apakaroti/kurute*, (8P, A), to offend, insult
kṛ, *alam+*, *alaṃkaroti/kurut*, (8P, A), to decorate, adorn
kṛ, *upa+*, *upakaroti/kurute*, (8P, A), to benefit others
kṛt, *kṛntati*, (6P), to cut
kṛtaka, (adj), false, made, adopted
kṛtam, (ind), enough

kr̥te, (ind), for the sake of
kr̥pā, (f), compassion, pity
kr̥ṣ, *karṣati*, (1P), to pull, drag
kr̥ṣ, *ā+*, *ākarṣati*, (1P), to attract, pull
kr̥ṣ, *kr̥ṣati*, (6P), to plough
kr̥ṣaka, (m), farmer
kr̥ṣṇa, (adj), dark, black; (m), name of a prince-god
kr̥ṣṇavarman, (m), name of a person
kr̥ṣṇasarpa, (m), a deadly snake
kr̥ṣṇā, (adj. f.), dark, black; (f), name of a queen
keyūra, (m), bracelet for the upper arm
keli, (f), play, sport, game
kevalam, (ind), only
keśa, (m), hair
kaikeyī, (f), name of a queen
kopa, (m), anger
kovidāra, (m), a kind of tree
kośa, (m), treasure, enclosure, flower-bud
kausalyā, (f), name of a queen
krand, *krandati*, (1P), to cry, weap, scream, shout
kram, *ati+*, *atikrāmati*, (1P), to cross, transgress
kram, *ati+*, *atikrāmyati*, (4P), to cross, transgress
kram, *pra+*, *prakramate*, (1A), to begin, to start
krama, (m), order, sequence
kriyā, (f), action
krī, *krīṇāti*, *krīṇīte*, (9P, A), to buy, purchase
krīḍ, *krīḍati*, (1P), to play, sport
krīḍā, (f), game, play, sport
krudh, *krudhyati*, (4P), to get angry
kruś, *krośati*, (1P), to scream, cry, weap, accuse
kruś, *ā+*, *ākrośati*, (1P), to scream, blame, cry, accuse
kroṣṭu, (m), jackal, fox
kliś, *kliśnāti*, (9P), to torture, bother, disturb
kliś, *kliśyate*, (4A), to suffer, be bothered, pained
kva, (ind), where?
kṣam, *kṣamate*, (1A), to tolerate, withstand, bear
kṣaya, (m), decrease, decay, diminishing
kṣal, *kṣālayati/te*, (10P, A), to wash, clean
kṣi, *kṣiṇāti*, (9P), to diminish
kṣi, *kṣiṇoti*, (5P), to destroy
kṣiti, (f), ground, earth
kṣip, *kṣipati*, (6P), to throw
kṣip, *adhi+*, *adhikṣipati*, (6P), to accuse, abuse, curse, insult
kṣip, *ni+*, *nikṣipati*, (6P), to throw down
kṣip, *pra+*, *prakṣipati*, (6P), to throw forcefully
kṣip, *sam+*, *saṃkṣipati*, (6P), to summarize, shorten, contract
kṣipra, (adj), quick, swift
kṣipram, (adv), quickly, swiftly
kṣīra, (n), water, milk
kṣīranidhi, (m), ocean, 'treasure of water'
kṣudra, (adj), mean, small
kṣudh, (f), hunger
kṣudhita, (adj), hungry

kṣetrapati, (m), owner of a field, farmer
ksubh, kṣubhyati, (4P), to be upset, agitated, angry

ख

kha, (n), sky, space
khaga, (m), bird, 'sky-goer'
khañja, (adj), lame
khan, khanati, (1P), to dig
khan, ud+, utkhanati, (1P), to dig up
khala, (adj), scoundral, rogue, evil, wicked person
khala, (n), threshing ground
khalapū, (m), one who sweeps the threshing ground
khalu, (ind), indeed
khāṇḍava, (n), name of a forest
khād, khādati, (1P), to eat
khid, khidyate, (4P), to be depressed, upset, dejected
khel, khelati, (1P), to play, sport
khyā, khyāti, (2P), to tell, narrate, report

ग

gaṅgā, (f), name of the river Ganges
gaja, (m), elephant
gaṇ, gaṇayati/te, (10P, A), to count
gaṇ, ava+, avagaṇayati, (10P), to insult, disrespect, look down upon
gaṇa, (m), flock, tribe, group
gaṇḍa, (m), cheek
gati, (f), course, movement, choice
gantṛ, (adj), goer
gandha, (m), fragrance, smell
gandharva, (m), divine musicians
gam, gacchati, (1P), to go
gam, adhi+, adhigacchati, (1P), to acquire, attain
gam, anu+, anugacchati, (1P), to follow
gam, ava+, avagacchati, (1P), to learn, know, understand
gam, ā+, āgacchati, (1P), to come
gam, upa+, upagacchati, (1P), to approach
gam, nir+, nirgacchati, (1P), to go out, leave
gam, prati+ā+, pratyāgacchati, (1P), to return
gam, sam+, saṃgacchate, (1A), to unite, go together
gariman, (m), magnitude, greatness
garuḍa, (m), eagle
garga, (m), a clan name
garj, garjati, (1P), to roar
gardabha, (m), ass
gardabhī, (f), she ass
garva, (m), pride, conceit
gala, (m), throat
gahana, (adj), dense, thick, deep
gāndharva, (adj), pertaining to Gandharva's, e.g. form o marriage, love marriage

gāmin, (adj), goer
gāh, gāhate, (1A), to dive, plunge, swim
gir, (f), speech, words, language
giri, (m), mountain
gīta, (n), song
guṇa, (m), quality, virtue, property
guṇin, (adj), virtuous
guru, (m), teacher
gṛha, (m, n), house
geha, (n), house
gai, gāyati, (1P), to sing
gopa, (m), cowherd
gopā, (m), cowherd
gopāla, (m), cowherd
granth, grathnāti, (9P), to weave a garland, compose, construct
gras, grasate, (1A), to devour, swallow, eat like an animal
grah, gṛhṇāti, gṛhṇīte, (9P, A), to catch, take, grab, hold
grāma, (m), village
grīṣma, (m), hot, summer season
glau, (m), moon

घ

ghaṭa, (m), water pot, jar
ghuṣ, ghoṣayati/te, (10P, A), to announce, declare
ghṛta, (n), ghee, clarified butter
ghrā, jighrati, (1P), to smell

ङ

च

cakṛvas, (adj), one who did (perfect ppl. < *kṛ*)
cakra, (n), wheel, discus (a weapon of Viṣṇu)
cakṣus, (n), eye
cañcu, (f), beak of a bird
catuḥpañcāśat, (f), fifty-four
catuḥṣaṣṭi, (f), sixty-four
catur, (m, n, f), four
caturaśīti, (f), eighty-four
caturṇavati, (f), ninety-four
caturdaśan, fourteen
caturviṃśati, (f), twenty-four
catuścatvāriṃśat, (f), forty-four
catustriṃśat, (f), thirty-four
catussaptati, (f), seventy-four
catvāriṃśat, (f), forty
candana, (n), Sandal-wood tree, Sandal-wood
candra, (m), moon
candramas, (m), moon
camū, (f), army
car, carati, (1P), to move, go, walk

car, ā+, ācarati, (1P), to perform, behave, conduct
carcā, (f), discussion, debate
carcita, (adj), smeared
cal, calati, (1P), to move, go, walk
cātaka, (m), a type of bird
cāpa, (m, n), bow
cāru, (adj), beautiful, attractive
ci, cinoti, cinute, (5P, A), to collect, pick, pluck, select
ci, ava+, avacinoti, (5P), to collect, pluck, pick
ci, nis+, niścinoti/cinute, (5P, A), to decide, determine
cittalaya, (m), concentration of mind, meditation
cint, cintayati/te, (10P, A), to think, contemplate
cintana, (n), contemplation, thinking
cud, codayati, (10P), to instigate, object, question
cur, corayati/te, (10P, A), to steal, rob
cūrṇa, (n), powder, dust
cūrṇapeṣam, (ind), like beating something into powder
cet, (ind), if
cetas, (n), mind
caura, (m), thief
cauraṅkāram, (ind), saying that there is a thief
cyavana, (m), name of a sage

छ

chad, chādayati, (10P), to cover
chatra, (n), umbrella, cover
chātra, (m), student, disciple
chid, chinatti, chinte, (7P, A), to cut, slice, chop

ज

jagat, (n), world
jagmivas, (adj), one who went (perfect ppl. < *gam*)
jan, jāyate, (4A), to be born, happen, occur
jana, (m), person, people
janaka, (m), father, name of a king
jananī, (f), mother
janitṛ, (adj), progenitor, creator
janman, (n), birth
jarā, (f), old age
jala, (n), water
jāgṛ, jāgarti, (2P), to awaken, keep awake
jāmātṛ, (m), son-in-law
jāyā, (f), wife
jāla, (n), net, trap
ji, jayati, (1P), to win, conquer
ji, parā+, parājayate, (1A), to defeat
ji, v+, vijayate, (1A), to win, conquer, be victorious
jigīṣā, (f), desire to win
jigīṣu, (adj), desirous to be victorious
jijñāsā, (f), desire to know, curiosity
jijñāsu, (adj), desirous to know, curious

jihvā, (f), tongue
jīrṇa, (adj), old, delapidated, decrepit
jīv, jīvati, (1P), to live, be alive
jīva, (m), life, soul, creature
jīvagrāham, (ind), taking one's life, intensely
jīvana, (n), life, water
jīvikā, (f), livelihodd
jetṛ, (adj), winner, victor
jñā, jānāti, jānīte, (9P, A), to know, understand, realize
jñā, anu+, anujānāti/jānīte, (9P, A), to allow, permit
jñā, ava+, avajānāti/jānīte, (9P, A), to insult, disrespect
jñāna, (n), knowledge
jyrṣṭha, (adj), eldest, oldest
jyotis, (n), light, star
jyotsnā, (f), moon-shine
jval, jvalati, (1P), to burn (intransitive)
jval, pra+, prajvalati, (1P), to burn forcefully (intransitive)
jvālā, (f), flame

झ

ञ

ट

ṭīkā, (f), commentary

ठ

ड

ḍamaru, (m), a small two-faced hand-held drum

ढ

ण

त

takṣaku, (m), carpenter, name of a mythical snake
taṭa, (m, n), bank of a river
taḍ, tāḍayati, (10P), to beat, to hit, to strike
taṇḍula, (m), rice-grain
tataḥ, (ind), therefore, from there, then
tatra, (ind), there

tatrabhavat, (prn), his/her honor over there
tathā, (ind), so, that way
tathākāram, (ind), doing that way
tathāpi, (ind), even then, even so (*tathā+api*)
tad, (prn), that (he, she, it, those); (ind), then, therefore
tadā, (ind), then, at that time
tan, tanoti, tanute, (8P, A), to spread, stretch, pervade, do
tanaya, (m), son; (f), daughter
tanu, (adj), thin; (f), body
tantu, (m), thread
tantrī, (f), lute
tap, tapati, (1P), to heat, to do penance, to torture
tapas, (n), heat, penance, mortification
tamas, (n), darkness
tarī, (f), boat
taru, (m), tree
taruṇa, (adj), young
tarhi, (ind), then (as in 'if, then')
tāta, (m), father, occasionally also refers to son
tāpasa, (m), ascetic
tāpasī, (f), female ascetic
tārā, (f), star
tāvat, (ind), that long; (adj), that much, that many
tiryac, (adj), transverse, horizontal
tīkṣṇa, (adj), sharp
tīra, (m), bank of a river, lake etc.
tīrtha, (n), a holy place, pilgrimage place
tud, tudati, (6P), to strike, beat, hit, inflict pain
tulya, (adj), equal, similar, identical
tuṣ, tuṣyati, (4P), to be pleased, be happy
tuṣ, sam+, santuṣyati, (4P), to be happy, pleased
tṛ̥, tarati, (1P), to cross, swim
tṛ̥ṇa, (n), grass
tṛ̥ṣita, (adj), thirsty
tejas, (n), luster, brilliance
tejasvin, (adj), brilliant, shining
toya, (n), water
toyada, (m), cloud, 'water-giver'
tyaj, tyajati, (1P), to abandon
tyaj, pari+, parityajati, (1P), to abandon
trayaḥ(tri)ṣaṣṭi, (f), sixty-three
traya(tri)pañcāśat, (f), fifty-three
trayaścatvāriṃśat, (f), forty-three
trayastriṃśat, (f), thirty-three
trayas(tri)saptati, (f), seventy-three
trayo(tri)navati, (f), ninety-three
trayodaśan, thirteen
trayoviṃśati, (f), twenty-three
tri, (m, n, f), three
triṃśat, (f), thirty
trai, trāyate, (1A), to protect
tryaśīti, (f), eighty-three
tvac, (f), skin

tvar, tvarate, (1A), to hasten, rush
tvarā, (f), haste

द्

daiva, (n), fate
daṃś, daśati, (1P), to bite
daṃṣṭrā, (f), jaws
dakṣiṇā, (f), priestly fee, fee for the teacher
daṇḍ, daṇḍayati, (10P), to punish
daṇḍa, (m), stick, club, punishment
dadhi, (n), yogurt, curds
danta, (m), tooth
damana, (m), name of a sage
dampatī, (m), husband-and-wife, couple
damya, (m), bullock
day, dayate, (1A), to be compassionate
dayā, (f), compassion
dayālu, (adj), compassionate
daridra, (adj), poor
daridrā, daridrāti, (2P), to become poor
dardura, (m), frog
darśana, (n), vision, sight, appearance
daviṣṭha, (adj), farthest
daśan, ten
daśaratha, (m), name of a sage
dah, dahati, (1P), to burn (transitive)
dah, ava+, avadahati, (1P), to burn down (transitive)
dā, yacchati, (1P), to give
dā, ā+, āyacchati, (1P), to take, bring
dā, pra+, prayacchati, (1P), to give
dā, dadāti, datte, (3P, A), to give
dā, dāti, (2P), to cut, slice
dātṛ, (adj), donor, giver
dāna, (n), gift, giving
dāru, (n), wood
dāsa, (m), servant
dāsī, (f), maid-servant
dina, (n), day
div, (f), heaven
div, dīvyati, (4P), to play dice, gamble.
divya, (adj). divine, heavenly
diś, (f), direction
diś, diśati, (6P), to point, show
diś, ā+, ādiśati, (6P), to order, command, instruct
diś, upa+, upadiśati, (6P), to teach, advise
diś, nir+, nirdiśati, (6P), to point out, show
dīp, dīpyate, (4P), to shine
dīpa, (m), lamp
dīpaka, (m), lamp
duḥkha, (n), pain, sorrow
duḥkhita, (adj), in pain, sorrowful, suffering
durjana, (m), wicked person, evil person, rogue

durbhikṣa, (n), famine
durlabha, (adj), rare, difficult to get
duṣyanta, (m), name of a king
duh, dogdhi, dugdhe, (2P, A), to milk
duhitṛ, (f), daughter
dūra, (adj), far
dūram, (ind), far
dṛś, paśyati, (1P), to see
deva, (m), god, divinity
devakanyā, (f), nymph
devatā, (f), divinity, spirit
devadatta, (m), name of a person
deśa, (m), region, country
dolā, (f), swing
doṣa, (m), fault, defect
dyut, dyotate, (1A), to shine
dyūta, (n), game of dice, gambling
dyo, (f), heaven
dravya, (n), thing, object, money, substance
dvandva, (n), pair
dvā(i)navati, (f), ninety-two
dvā(i)ṣaṣṭi, (f), sixty-two
dvā(i)saptati, (f), seventy-two
dvācatvāriṃśat, (f), forty-two
dvātriṃśat, (f), thirty-two
dvādaśan, twelve
dvā(dvi)pañcāśat, (f), fifty-two
dvār, (f), door, gate
dvāra, (n), door, gate
dvāviṃśati, (f), twenty-two
dvi, (m, n, f), two
dvirepha, (m), honey bee
dvividha, (adj), two-fold
dviṣ, dveṣṭi, dviṣṭe, (2P, A), to hate
dvyaśīti, (f), eighty-two

ध

dhana, (n), wealth, money
dhanavat, (adj), rich, wealthy
dhanus, (n), bow
dhanya, (adj), fortunate, lucky, worthy
dharma, (m), religious and moral duties
dhavala, (adj), bright white
dhā, dadhāti, dhatte, (3P, A), to place, bestow
dhā, ava+, avadadhāti, -dhatte, (3P, A), to place down, fix
dhā, vi+, vidadhāti, vidhatte, (3P, A), to do, perform, make
dhānya, (n), grain, crops
dhāv, dhāvati, (1P), to run
dhāv, abhi+, abhidhāvati, (1P), to attack
dhik, (ind), curse upon x!, fie upon x!
dhī, (f), intellect, thought, mind
dhīmat, (adj), intelligent, thoughtful, wise

dhīra, (adj), courageous
dhīvara, (m), fisherman
dhur, (f), yoke of a cart
dhurā, (f), yoke of a cart
dhū, *dunāti*, *dhunīte*, (9P, A), to shake (transitive)
dhūma, (m), smoke
dhr̥, *dhārayati*, (10P), to hold, owe (a debt)
dhr̥tarāṣṭra, (m), name of a person
dhenu, (f), cow
dhyāna, (n), concentration, meditation, attention
dhyai, *dhyāyati*, (1P), to meditate
dhruva, (adj), firm
dhvani, (m), noise, sound

न

na kadāpi, (ind), never (*na kadā api*)
naga, (m), mountain
nagara, (n), city, town
nagarī, (f), city, town
nadī, (f), river
nanāndr̥, (f), sister-in-law, husband's sister
nand, *ā+*, *ānandati*, (1P), to rejoice, be happy
naptr̥, (m), grandson
nam, *namati*, (1P), to bend, salute
nam, *pra+*, *praṇamati*, (1P), to salute
namaḥ, (ind), salutations
namana, (n), salutation
namaskāra, (m), salutation
nayana, (n), eye
nara, (m), man
naraka, (m), hell
narmadā, (f), name of a river
nala, (m), name of a king
nalinī, (f), lotus vine
nava, (adj), new
navacatvāriṃśat, (f), forty-nine
navati, (f), ninety
navatriṃśat, (f), thirty-nine
navadaśan, nineteen
navan, nine
navanavati, (f), ninety-nine
navanīta, (n), butter
navapañcāśat, (f), fifty-nine
navaviṃśati, (f), twenty-nine
navaṣaṣṭi, (f), sixty-nine
navasaptati, (f), seventy-nine
navāśīti, (f), eighty-nine
navīna, (adj), new
naś, *naśyati*, (4P), to perish, be destroyed
nāga, (m), snake, elephant
nāth, *nāthate*, (1A), to beg, request
nāda, (m), sound, noise

nānā, (ind), various
nāma, (ind), named (as in '*x nāma y*' = 'y named x'); indeed
nāman, (n), name
nārikela, (m), cocoanut
nārī, (f), woman
nāśaya, nāśayati, causative of *naś* (4P), to destroy
nāsikā, (f), nose
nitya, (adj), constant, obligatory, permanent
nityam, (ind), always
nidhi, (m), store, treasure
nind, nindati, (1P), to blame, accuse
nipuṇa, (adj), clever, skillful, learned
nibhṛtam, (adv), secretly
nirjara, (m), god, ageless
nirmala, (adj), clean, clear, free of dirt
niś, (f), night
niśā, (f), night
niśācara, (m), demon, 'night-walker'
niśita, (adj), sharp
niścaya, (m), decision, determination
niścala, (adj), unmoving, still
niṣkāraṇam, (ind), for no reason
nī, nayati, (1P), to take, lead, carry
nī, apa+, apanayati, (1P), to take away
nī, ā+, ānayati, (1P), to bring
nī, nir+, nirṇayati, (1P), to decide, determine
nī, pari+, pariṇayati, (1P), to marry, wed
nī, pra+, praṇayati, (1P), to compose (a poem etc.)
nīca, (adj), lowly person, wicked person
nīla, (adj), dark, blue
nīlakaṇṭha, (m), name of Śiva, 'blue-throat'
nu, nauti, (2P), to praise
nud, nudati, nudate, (6P, A), to incite, push
nūtana, (adj), new
nṛt, nṛtyati, (4P), to dance
nṛpa, (m), king
nṛpati, (m), king
netṛ, (adj), leader
netra, (n), eye
nyac, (adj), downward

प

pakṣin, (m), bird
paṅka, (m), mud, mire
paṅkaja, (n), lotus flower, 'mud-born'
pac, pacati, (1P), to cook
pañcacatvāriṃśat, (f), forty-five
pañcatriṃśat, (f), thirty-five
pañcadaśan, fifteen
pañcan, five
pañcanavati, (f), ninety-five
pañcapañcāśat, (f), fifty-five

pañcaviṃśati, (f), tewnty-five
pañcaṣaṣṭi, (f), sixty-five
pañcasaptati, (f), seventy-five
pañcāśat, (f), fifty
pañcāśīti, (f), eighty-five
pañcikā, (f), a particular game of dice
paṭh, paṭhati, (1P), to recite, read, study
paṇḍita, (adj), scholar, learned
pat, patati, (1P), to fall
pati, (m), husband, lord, master
pativratā, (f), woman dedicated to her husband
pattana, (n), city
patnī, (f), wife
patra, (n), leaf, letter
pathika, (m), traveller
pathin, (m), road, way, path
pada, (n), foot, word, place, abode
padma, (n), lotus flower
padmā, (f), name of Lakṣmī
payas, (n), milk, water
para, (prn), other, another; (adj), highest
parataḥ, (ind), beyond
paratra, (ind), in the other world, elsewhere
parama, (adj), highest
paraloka, (m), the other world
paraśu, (m), axe
parākrama, (m), valor
parāc, (adj), turned away
parābhava, (m), defeat
parāyaṇa, (n), highest goal, dedication
paricaya, (m), familiarity, acquintance
pariṇati, (f), final culmination
pariṇaya, (m), marriage, wedding
paritaḥ, (ind), around
paridevana, (n), wailing, crying, weeping
parivrāj, (m), mendicant, wandering ascetic
pariśrama, (m), exertion, effort
pariṣad, (f), assembly, court, meeting, conference
parīkṣā, (f), examination, investigation
paropakāra, (m), benefit for others
parvata, (m), mountain
palāy, palāyate, (1A, quasi-root from *parā+i*), to run away, flee
paśu, (m), animal, beast
paśumāram, (ind), like beating an animal
paścāt, (ind), behind, after, westwards
pā, pāti, (2P), to protect, save
pā, pibati, (1P), to drink
pāṇi, (m), hand
pātra, (n), pot, vessel, dish
pātrī, (f), pot, vessel, dish
pāda, (m), foot, quarter, ray
pādapa, (m), tree, 'foot-drinker'
pāpa, (n), sin, evil; (adj), sinner, evil person
pārthiva, (m), king; (adj), earthly, made of clay

pāl, pālayati, (10P), to protect, raise, nourish
pāvaka, (m), fire, 'purifier'
pāvana, (adj), purifying, sanctifying
pāśa, (m), net, noose, trap
pāṣāṇakhaṇḍa, (m), piece of rock
pika, (m), cuckoo bird
pitāmaha, (m), father's father
pitṛ, (m), father, ancestor
pipāsā, (f), desire to drink
pipāsu, (adj), desirous to drink, thirsty
pipīlikā, (f), ant
piśita, (n), flesh
piśuna, (adj), wicked person, evil person
piṣ, pinaṣṭi, (7P), to crush, grind, beat
pīḍ, pīḍayati, (10P), to bother, torment, torture
pīta, (adj), yellow; drunk
pīna, (adj), fat
puṃs, (m), man
puccha, (n), tail
puṇya, (n), religious merit
putra, (m), son
putrin, (adj), he who has sons
putrī, (f), daughter
punar, (ind), again
punarbhū, (f), remarried widow
pur, (f), city, walled town
pura, (n), city
purataḥ, (ind), in front of
purandhrī, (f), woman
purā, (ind), previously, once upon a time
purī, (f), city
puruṣa, (m), man
purohita, (m), priest
puṣ, puṣṇāti, (9P), to nourish (transitive)
puṣ, puṣyati, (4P), to nourish (intransitive)
puṣpa, (n), flower
pustaka, (n), book
pū, punāti, punīte, (9P, A), to purify, sanctify
pūj, pūjayati/te, (10P, A), to worship
pūjā, (f), worship
pūrva, (adj), previous, eastern
pūrvam, (ind), previously, beforehand
pūṣan, (m), a Vedic divinity, sun
pṛ, pūrayati, (10P), to fill, complete
pṛthivī, (f), earth, ground
pṛthvī, (f), earth, ground
pṛṣṭha, (n), back, top, surface
paurava, (m), a king born in the lineage of Puru
prakāra, (m), kind, type, variety
prakāśa, (m), light
pracch, pṛcchati, (1P), to ask
pracch, ā+, āpṛcchate, (1A), to take leave
prajā, (f), progeny, subjects of a king
prajñāta, (adj), well known

praṇaya, (m), love, romance
prati, (ind), toward, to
pratikriyā, (f), counter-measures
pratidinam, (ind), everyday
pratibhū, (adj), garantor
pratilābha, (m), regaining
pratyac, (adj), backward
pratyaham, (ind), everyday
prabala, (adj), strong
prabhāva, (m), power, influence
prabhu, (m), lord, able, master, king
prayāga, (m), name of a holy place
praśasya, (adj), praiseworthy
praśna, (m), question
prasanna, (adj), pleased, favorable, clear
prasāda, (m), favor, grace
prasiddha, (adj), famous, well known
prāk, (ind), before
prāc, (adj), eastern
prācī, (f), eastern direction
prājña, (adj), wise
prāṇa, (m), life, breath
prātar, (ind), in the morning
prāsāda, (m), palace
prī, *prīṇāti*, *prīṇīte*, (9P, A), to love, be affectionate
prīti, (f), love, affection

फ

phal, *phalati*, (1P), to succeed, blossom
phala, (n), fruit, result

ब

baka, (m), heron
badhira, (adj), deaf
bandh, *badhnāti*, (9P), to bind, tie
bandhu, (m), relative
bala, (n), strength, power, ability, army
balavat, (adj), strong, powerful
bali, (m), ritual offering; name of a demon-king
balin, (adj), strong, powerful
bahiḥ, (ind), outside
bahu, (adj), much, many
bāḍha, (adj), firm, well
bāṇa, (m), arrow
bādh, *bādhate*, (1A), to bother, affect, afflict
bāla, (m), boy, child
bālā, (f), girl
bālikā, (f), little girl
bibhīṣaṇa, (m), name of a demon
buddhi, (f), intellect, thought
budh, *bodhati*, (1P), to know

budh, pra+, prabodhati, (1P), to awaken, wake up, recognize
bubhukṣā, (f), hunger
bubhukṣu, (adj), hungry
brāhmaṇa, (m), person belonging to the priestly caste, a Brahmin
brū, bravīti, brūte, (2P, A), to speak, say

भ

bhakta, (adj), devotee
bhakti, (f), devotion
bhakṣ, bhakṣayati/te, (10P, A), to eat
bhakṣaka, (adj), eater, predator
bhakṣya, (n), food, edible
bhagavat, (adj), powerful, lord, prosperous
bhaginī, (s), sister
bhaṅga, (m), breakage
bhaj, bhajati, bhajate, (1P, A), to serve, to be devoted to
bhañj, bhanakti, (7P), to break
bhadra, (adj), fortunate one, gentle person
bhaya, (n), fear
bhayaṅkara, (adj), terrifying
bharata, (m), name of a prince
bhartṛ, (m), husband, lord, master, supporter
bhallūka, (m), bear
bhavat, (prn), your honor (like German *Sie*)
bhā, bhāti, (2P), to shine, seem, appear
bhā, prati+, pratibhāti, (2P), to seem, appear
bhāga, (m), portion, division
bhāgīrathī, (f), name of the river Ganges
bhānu, (m), sun
bhāra, (m), burden
bhāratadeśa, (m), land of Bharata, India
bhāratī, (f), speech, goddess of learning, Sarasvatī
bhāryā, (f), wife
bhāva, (m), existence, being, emotion, state
bhāṣ, bhāṣate, (1A), to speak, say
bhāṣ, prati+, pratibhāṣate, (1A), to reply, respond
bhās, bhāsate, (1A), to shine, seem
bhāsvat, (adj), shining; (m), sun
bhikṣ, bhikṣate, (1A), to request, beg
bhid, bhinatti, (7P), to break, split
bhilla, (m), tribal person
bhiṣaj, (m), doctor
bhī, (f), fear
bhī, bibheti, (3P), to fear, be afraid
bhīti, (f), fear
bhīma, (adj), awsome, terrifying; (m), name of a king
bhuj, bhunakti, bhuṅkte, (7P, A), to enjoy, eat, rule
bhujaṅga, (m), snake
bhuvana, (n), world
bhū, (f), earth
bhū, bhavati, (1P), to be, become
bhū, anu+, anubhavati, (1P), to experience, feel, enjoy

bhū, āvir+, āvirbhavati, (1P), to become manifest, appear
bhū, ud+, udbhavati, (1P), to originate
bhū, nyak+, nyagbhavati, (1P), to bend down
bhū, pari+, paribhavati, (1P), to overcome
bhū, pra+, prabhavati, (1P), to originate, be able
bhū, prādur, prādurbhavati, (1P), to become manifest, to appear
bhūbhṛt, (m), king, mountain
bhūmi, (f), earth, ground
bhūloka, (m), earthly world
bhūṣ, bhūṣayati/te, (10P, A), to decorate, adorn, ornament
bhūṣaṇa, (n), ornament, decoration
bhṛ, bibharti, bibhṛte, (3P, A), to support, bear, hold
bhṛśam, (adv), a lot, greatly
bheda, (m), difference, distinction
bhaimī, (f), daughter of Bhīma, i.e. Damayantī
bhoḥ, (ind), respectful form of addressing
bhoga, (m), enjoyment; snake-coil
bhojana, (n), meal
bhram, bhrāmyati/bhramati, (1, 4P), to wander, roam
bhram, pari+, paribhramati, (1P), to wander around
bhram, pari+, paribhrāmyati, (4P), to wander around
bhramara, (m), bee
bhramarī, (f), female bee
bhrū, (f), brow

म

makara, (m), alligator, crocodile
makarī, (f), female alligator, crocodile
maghavan, (m), name of Indra
maṇi, (m), jewel
maṇḍita, (adj), decorated, adorned, ornamented
mati, (f), intellect, thought, mind
matimat, (adj), intelligent, wise
matkuṇa, (m), bedbug
matsya, (m), fish
mathin, (m), churning stick
mathurā, (f), name of a city
mad, mādyati, (4P), to rejoice, to be intoxicated
madhu, (n), honey, mead; (m), spring season
madhukara, (m), *madhukarī*, (f), honey-bee
madhura, (adj), sweet
madhulih, (m, f), bee
madhya, (n), middle point; (adj), middle
madhyāhna, (m), mid-day
man, manute, (8A), to think
man, manyate, (4A), to think
man, anu+, anumanyate, (4A), to consent, agree
manas, (n), mind
manu, (m), Manu, the progenitor of human race
manuja, (m), man, human
manuṣya, (m), man, human
mantr, mantrayate, (10A), to consult, converse with

manth, *mathnāti*, (9P), to churn, destroy
manda, (adj), slow
maraṇa, (n), death
marut, (m), wind
marudeśa, (m), desert region
malaya, (m), southern mountain
mahat, (adj), great, big, large
mahārha, (adj), expensive, costly
mahiman, (m), greatness
mahī, (f), earth
mā, *māti*, (2P), to measure
mā, *mimīte*, (3A), to measure
māṃsa, (n), meat, flesh
māṇavaka, (m), boy
māṇikya, (n), ruby, jewel
mātṛ, (f), mother
mādhava, (m), name of a person
mānin, (adj), proud
mānuṣa, (m), man, human
māyā, (f), illusion, deception
māruti, (m), the monkey-warrior in Rāmāyaṇa
mārga, (m), path, road, way
mārjāra, (m), cat
mālā, (f), garland
māsa, (m), month
mitra, (n), friend; (m), sun
miśra, (adj), mixed
mukha, (n), face
muc, *muñcati*, (6P), to free, release
mud, *modate*, (1A), to rejoice
muni, (m), sage
mumukṣā, (f), desire for freedom, salvation
mumukṣu, (adj), desirous of freedom, salvation
mumurṣā, (f), desire to die
mumurṣu, (adj), desirous to die
murāri, (m), enemy of the demon Mura, Kṛṣṇa
muṣ, *muṣṇāti*, (9P), to steal, take away
muh, *muhyati*, (4P), to faint, be confused, deluded
mūḍhadhī, (adj), fool, stupid
mūrdhaja, (m), hair
mūla, (n), root
mṛ, *mriyate*, (6A), to die
mṛga, (m), deer, animal
mṛgayā, (f), hunting
mṛta, (adj), dead
mṛtyu, (m), death
mṛd, (f), mud, clay
mṛdu, (adj), soft
megha, (m), cloud
menakā, (f), name of a nymph
maitrī, (f), friendship
moha, (m), delusion, confusion
mauktika, (n), pearl

य

yaj, *yajati/te*, (1P, A), to sacrifice, perform a ritual
yajus, (n), text from Yajurveda
yajña, (m), sacrifice, ritual
yajñadatta, (m), name of a person
yat, *yatate*, (1A), to try, attempt, exert
yataḥ, (ind), since
yatra, (ind), where (relative usage)
yathā, (ind), as
yathākāram, (ind), doing in such a way
yad, (ind), that (as in 'he said that'); (prn), relative prn
yadā, (ind), when (relative usage)
yadi, (ind), if
yadyapi, (ind), even if, even though (*yadi+api*)
yama, (m), god of death
yaśas, (n), fame
yaśodharā, (f), name of Buddha's wife
yā, *yāti*, (2P), to go
yā, *ā+*, *āyāti*, (2P), to come
yā, *upa+*, *upayāti*, (2P), to approach
yāc, *yācate*, (1A), to request, beg
yāvajjīvam, (ind), as long as someone is alive
yāvat, (ind), as long as; (adj), as much, as many
yuga, (n), age, long cosmic span of time
yuj, *yunakti*, *yuṅkte*, (7P, A), to join
yudh, (f), fight, battle
yudh, *yudhyate*, (4A), to fight, battle
yuvaka, (m), young man
yuvan, (adj), young
yuvarāja, (m), crown prince
yuṣmad, (prn), second person pronoun ('you')
yūtha, (m), flock, herd, group
yūpa, (m), sacrificial post to tie the sacrificial animal
yojana, (n), a distance of about 8 miles

र

rakta, (adj), red, colored
rakṣ, *rakṣati*, (1P), to protect
rac, *racayati/te*, (10P, A), to construct, build, arrange
rajju, (f), rope
raṭ, *raṭati*, (1P), to utter, shout, scream, recite mindlessly
ratna, (n), jewel
ratha, (m), chariot
rabh, *ā+*, *ārabhate*, (1A), to begin
ram, *ramate*, (1A), to sport, rejoice in, enjoy
ram, *v+*, *viramati*, (1P), to cease, stop, desist
rasa, (m), juice, emotion
rākṣasa, (m), demon
rākṣasī, (f), demoness
rāj, *rājate*, (1A), to shine
rājakanyā, (f), princess

rājan, (m), king
rājanya, (m), a person of warrior class
rājaputra, (m), prince
rājapuruṣa, (m), king's servant
rājñī, (f), queen
rājya, (n), kingdom
rātri, (f), night
rāma, (m), name of a prince-god
rāvaṇa, (m), name of a demon-king
rāśi, (m), heap
rāsabha, (m), ass, donkey
rāsabhī, (f), she ass, she donkey
rāhu, (m), demon who devours the sun and the moon during eclipse
rāhula, (m), name of Buddha's son
rikta, (adj), empty
riktha, (n), property, inheritance
ric, riṇakti, riṅkte, (7P, A), to empty
ripu, (m), enemy
ru, rauti, (2P), to make noise, cry
ruc, rocate, (1A), to appeal to, shine (in older Sanskrit)
rud, roditi, (2P), to cry, weap
rudra, (m), name of Śiva
rudh, ruṇaddhi, rundhe, (7P, A), to obstruct, stop, prevent
rudh, ava+, avaruṇaddhi/rundhe, (7P, A), to obstruct, confine
ruh, rohati, (1P), to climb, mount
ruh, ā+, ārohati, (1P), to climb, mount
reṇu, (f), dust
rohaṇa, (n), mounting, climbing

ल

lakṣmaṇa, (m), name of a prince
lakṣmī, (f), prosperity, wealth, goddess Lakṣmī
laghu, (adj), small, little
laṅkā, (f), island of Sri Lanka
latā, (f), vine, creeper
labh, labhate, (1A), to get, obtain, attain, achieve
lalāṭa, (n), forehead
lābha, (m), acquisition, getting, attainment
likh, likhati, (6P), to write
lipsu, (adj), desirous of acquiring
lih, leḍhi, līḍhe, (2P, A), to lick
lup, lumpati, (6P), to bite off, steal
lubdhaka, (m), hunter
lubh, lubhyati, (4P), to covet
lū, lunāti, lunīte, (9P, A), to cut, pluck
loka, (m), world
loṣṭa, (m), clod of earth, lump of earth
lohita, (adj), red; (n), blood

व

vaktṛ, (adj), speaker

vac, vakti, (2P), to speak

vacana, (n), saying, speech, words

vacas, (n), saying, speech, words

vajra, (n), thunderbolt, Indra's weapon against demons

vañc, vañcayati, (10P), to deceive, cheat

vaṭa, (m), banyan tree

vaṇij, (m), merchant

vatsa, (m), child, calf

vad, vadati, (1P), to speak

vad, abhi+, abhivadati, (1P), to greet

vad, vi+, vivadate, (1A), to debate, argue

vadana, (n), face, mouth

vadha, (m), killing

vadhū, (f), bride, young woman, daughter-in-law

van, vanute, (8A), to request, beg

vana, (n), forest

vanīyaka, (m), beggar

vand, vandate, (1A), to salute

vayas, (n), age

vara, (m), boon, wish, desire, bride-groom

varam, (ind), better

varṇa, (m), color, complexion, caste, letter of the alphabet

varṣa, (n), year

varṣā, (f), rain

varṣābhū, (m), frog

valgā, (f), bridle, rein

vas, vasati, (1P), to live, dwell

vasana, (n), clothes, garment

vasanta, (m), spring-time

vasudhā, (f), earth, 'bearer of wealth'

vastu, (n), thing, object

vastra, (n), clothes, garment

vah, vahati, (1P), to flow (intransitive); carry (transitive)

vah, nir+, nirvahati, (1P), to carry out

vahana, (n), carrying, flowing

vā, vāti, (2P), to blow (intransitive, as in 'the wind blows')

vāc, (f), speech, language, words, saying

vāñch, vāñchati, (1P), to desire, want, wish

vāṇī, (f), language, speech, words

vāta, (m), wind

vātapramī, (m), antelope, 'swift as wind'

vānara, (m), monkey

vānarī, (f), female monkey

vāpaya, nir+, nirvāpayati, causative of *vā* (2P), to extinguish

vāyu, (m), wind

vāri, (n), water

vālmīki, (m), name of a poet, author of Rāmāyaṇa

vāsas, (n), clothes, garment

viṃśati, (f), twenty

vighna, (m), obstacle, difficulty, adversity

vid, vidyate, (4A), to be

vid, vindati, (6P), to get, obtain, attain
vid, vetti, (2P), to know, recognize, understand
vidyāvat, (adj), learned
vidyut, (f), lightening
vidvas, (adj), learned, wise
vidhi, (m), rule, ceremony, fate, creator
vinaśana, (n), name of place where the river Sarasvatī disappears
vinā, (ind), without
vinoda, (m), entertainment, ammusement
vipad, (f), calamity, disaster, adversity
viparīta, (adj), reverse
viyat, (f), sky
virahita, (adj), without
virāma, (m), cessation, stopping, end
vilepana, (n), anointing, anointment
vivāha, (m), marriage, wedding
viveka, (m), proper discrimination, judgement
viś, (m), people
viś, viśati, (6P), to enter
viś, abhi+ni+, abhiniviśate, (6A), to resort to
viś, upa+, upaviśati, (6P), to sit
viś, pra+, praviśati, (6P), to enter
viśāla, (adj), large, big
viśeṣa, (m), distinction, specialty, difference
viśvapā, (m), world-protector, god
viśvāmitra, (m), name of a king-sage
viṣa, (n), poison
viṣṇu, (m), name of a divinity, Viṣṇu
viṣṇumitra, (m), name of a person
viṣvac, (adj), all-pervading
visarjana, (n), releasing, leaving something
vihaga, (m), bird, 'sky-goer'
vīthī, (f), path, streat, road
vīra, (adj), brave
vīrasena, (m), name of a king
vṛ, vṛṇoti, vṛṇīte, (5P, A), to choose, select, elect
vṛka, (m), wolf
vṛkī, (f), she wolf
vṛkṣa, (m), tree
vṛkṣatva, (n), treeness
vṛt, vartate, (1A), to be
vṛt, ni+, nivartate, (1A), to return, retire, turn away
vṛt, pari+, parivartate, (1A), to change, turn
vṛt, pra+, pravartate, (1A), to begin, proceed, move on
vṛt, prati+ni+, pratinivartate, (1A), to return
vṛt, sam+, saṃvartate, (1A), to happen
vṛttānta, (m), event, incident, happening
vṛtti, (f), livelihood, conduct
vṛtrahan, (m), killer of Vṛtra, Indra
vṛddha, (adj), grown, old, old person
vṛdh, vardhate, (1A), to grow, prosper
vṛṣṭi, (f), rain
vṝ, vṛṇāti, vṛṇīte, (9P, A), to choose, select, elect
vega, (m), speed

veda, (m), Vedic scriptures
vedārtha, (m), the meaning of Vedic scriptures
vedhas, (m), creator, god
vep, vepate, (1A), to tremble, shake
vainateya, (m), eagle
vyaya, (m), expenditure, diminishing
vyavasita, (adj), determined
vyākaraṇa, (n), grammar
vyāghra, (m), tiger
vyādhita, (adj), sick, ill
vyāpaka, (adj), pervading
vraj, vrajati, (1P), to go
vraja, (m), cowpen
vrata, (n), vow, religious commitment
vrīhi, (m), rice

श

śaṃs, śaṃsati, (1P), to praise
śak, śaknoti, (5P), to be able to
śakaṭa, (n), cart
śakunta, (m), bird
śakuntalā, (f), name of a princess
śakti, (f), power, ability
śakya, (adj), possible, feasible
śaṅkā, (f), fear, doubt
śacī, (f), Indra's wife
śata, (n), hundred
śatamanyu, (m), name of Indra
śatru, (m), enemy
śatrughna, (m), name of a prince
śanaiḥ, (ind), slowly
śap, śapati, (1P), to curse, swear, take an oath
śabda, (m), word, noise, sound
śam, śāmyati, (4P), to be quiet, cease, become peaceful
śarad, (f), autumn, year
śarīra, (n), body
śaryāta, (m), name of a king
śarvarī, (f), night
śastra, (n), weapon
śāka, (m), vegetables
śākhā, (f), branch
śānti, (f), peace
śārdūla, (m), tiger
śās, śāsti, (2P), to teach, instruct, rule
śās, anu+, anuśāsti, (2P), to teach, instruct
śās, ā+, āśāste, (2A), to hope, wish
śāstṛ, (adj), teacher, ruler, instructer
āstra, (n), sacred text, traditional sciences
ikṣ, śikṣati/te, (1P, A), to learn, study
ikhara, (n), peak of mountain, dome of palace or temple
ikhā, (f), tuft of hair, flame
iras, (n), head, top

śilā, (f), stone, rock
śiva, (adj), holy, good, auspicious; (m), name of divinity, Śiva
śiśu, (m), baby, child
śiṣya, (m), disciple, student
śī, *śete*, (2A), to lie down, sleep
śīta, (adj), cold, cool
śītala, (adj), cold, cool
śīrṣa, (n), head
śuka, (m), parrot
śukī, (f), female parrot
śukla, (adj), white
śuc, (f), grief, pain, sorrow
śuc, *śocati*, (1A), to grieve
śuci, (adj), pure, clean
śuddhodana, (m), name of a king
śubh, *śobhate*, (1A), to shine
śulka, (n), price, nuptial gift
śuṣ, *śuṣyati*, (4P), to dry up
śūnya, (adj), empty, vacant
śūra, (adj), brave, heroic
śūrpaṇakhā, (f), name of a demoness
śūla, (m), spike, stake
śṛgāla, (m), jackal
śṛṅkhalā, (f), chain
śṛṅga, (n), peak, horn
śobhā, (f), beauty, splendor, shining
śyāma, (adj), dark, black
śram, *śrāmyati*, (4P), to exert, toil, get tired
śram, *pari+*, *pariśrāmyati*, (4P), to exert, toil
śram, *vi+*, *viśrāmyati*, (4P), to rest
śrāvaṇa, (m), name of a young man
śrī, (f), prosperity, wealth, goddess Lakṣmī
śrīmat, (adj), prosperous, wealthy, rich
śru, *śṛṇoti*, *śṛṇute*, (5P, A), to hear, listen
śruta, (n), learning, heard word
śrotṛ, (adj), listener, hearer
śrotra, (n), ear
ślāgh, *ślāghate*, (1A), to praise
śloka, (m), verse, praise
śvaḥ, (ind), tomorrow
śvan, (m), dog
śvaśura, (m), father-in-law
śvaśrū, (f), mother-in-law
śvas, *śvasiti*, (2P), to breath
śvas, *vi+*, *viśvasiti*, (2P), to trust
śveta, (adj), white

ष

ṣaṭcatvāriṃśat, (f), forty-six
ṣaṭtriṃśat, (f), thirty-six
ṣaṭpañcāśat, (f), fifty-six
ṣaṭṣaṣṭi, (f), sixty-six

ṣaṭsaptati, (f), seventy-six
ṣaḍaśīti, (f), eighty-six
ṣaḍviṃśati, (f), twenty-six
ṣaṇṇavati, (f), ninety-six
ṣaṣ, six
ṣaṣṭi, (f), sixty
ṣoḍaśan, sixteen

स

saṃjñā, (f), consciousness, designation, name
saṃvāda, (m), conversation
sakthi, (n), thigh
sakhi, (m), friend (male)
sakhī, (f), friend (female)
saṅkaṭa, (n), disaster, adversity, calamity
saṅgati, (f), association, company
saciva, (m), minister, companion
sajjana, (m), good, virtuous person
sañcaya, (m), accumulation, hoarding
satya, (adj), true; (n), truth
satra, (n), long sacrificial session
sad, *sīdati*, (1P), to sit
sad, *pra+*, *prasīdati*, (1P), to be pleased, be clear
sad, *vi+*, *viṣīdati*, (1P), to be depressed, sad, dejected
sadā, (ind), always
saptacatvāriṃśat, (f), forty-seven
saptati, (f), seventy
saptatriṃśat, (f), thirty-seven
saptadaśan, seventeen
saptan, seven
saptanavati, (f), ninety-seven
saptaviṃśati, (f), twenty-seven
saptaṣaṣṭi, (f), sixty-seven
saptasaptati, (f), seventy-seven
saptāśīti, (f), eighty-seven
saptāha, (m), week
sabhā, (f), assembly, court
sama, (adj), equal, similar, identical
samakṣam, (ind), in the presence of
samara, (n), battle
samarcā, (f), worship
samartha, (adj), capable, able
samā, (f), year
samākula, (adj), crowded
samāna, (adj), equal, similar, identical
samīpam, (ind), in the vicinity of
samudra, (m), ocean
samūlaghātam, (ind), destroying the roots and all
sampad, (f), prosperity, wealth
sambaddha, (adj), tied together, related
sambhava, (m), origin, possibility
samyac, (adj), right, proper
samrāj, (m), emperor

sarasvatī, (f), goddess of learning, Sarasvatī
sarit, (f), river
sarpa, (m), snake
sarpī, (f), female snake
sarva, (prn), all
sarvataḥ, (ind), on all sides, from all sides
sarvadā, (ind), always
sarṣapa, (m), mustard seed
sasya, (n), grain, corn, crops
sah, sahate, (1A), to tolerate, withstand, bear
saha, (ind), with (in the sense of accompaniment)
sahasra, (n), thousand
sahādhyāyin, (m), co-pupil
sahita, (adj), together
sādh, sādhnoti, (5P), to accomplish
sādhu, (adj), good, virtuous; (ind), bravo!
sāman, (n), text from Sāmaveda
sāhasra, (adj), consisting of a thousand (*sahasra*)
sāhāyya, (n), assistance
siṃha, (m), lion
siṃhī, (f), lioness
sic, siñcati, (6P), to water, to sprinkle
siddhārtha, (m), given name of Buddha
su, sunoti, sunute, (5P, A), to press the Soma vine for ritual
sukanyā, (f), name of a princess
sukha, (n), happiness, pleasure
sukhamaya, (adj), full of happiness
sugandhi, (adj), fragrant
sucarita, (n), good conduct
sudurācāra, (adj), a person of very wicked behavior
sudhā, (f), ambrosia, nectar, drink of immortality
sudhī, (adj), wise, intelligent, with good mind
sundara, (adj), beautiful
suprabhāta, (n), good morning
subhāṣita, (n), good, wise saying
subhikṣa, (n), prosperity in food, good for getting alms
subhrū, (f), woman with beautiful eye-brows
sumadhyamā, (f), woman with beautiful waist-line
sumanas, (n), flower, good mind; (adj) good minded person
sumitrā, (f), name of a queen
suvarṇa, (n), gold; (adj), with good color
suhṛd, (adj), friend, with a good heart
sū, sūte, (2A), to produce, to give birth
sūtra, (n), thread, concise statement, aphorism
sūrya, (m), sun
sṛ, sarati, (1P), to move, to flow
sṛ, anu+, anusarati, (1P), to follow
sṛj, sṛjati, (6P), to create, produce
sṛp, sarpati, (1P), to move, crawl
senā, (f), army
senānī, (m), commander of army
senāpati, (m), commander of army
sev, sevate, (1A), to serve, partake, be devoted to
sainika, (m), soldier

soma, (m), Soma plant, whose juice is used in Vedic rituals
skandha, (m), shoulder
stambh, *stabhnāti*, (9P), to stop, obstruct
stu, *stauti*, *stute*, (2P, A), to praise
strī, (f), woman
sthā, *tiṣṭhati*, (1P), to stand, remain, stay
sthā, *adhi+*, *adhitiṣṭhati*, (1P), to stay in, dwell in
sthā, *ud+*, *uttiṣṭhati*, (1P), to stand up
sthā, *pra+*, *pratiṣṭhate*, (1A), to set out, begin
sthā, *sam+*, *santiṣṭhate*, (1A), to remain
sthāna, (n), place
sthālī, (f), dish, pot
sthira, (adj), firm, stable
sthūla, (adj), big, large
snā, *snāti*, (2P), to bathe
snāna, (n), bath
snih, *snihyati*, (4P), to love, be affectionate
sneha, (m), affection
spardh, *spardhate*, (1A), to compete
spṛś, *spṛśati*, (6P), to touch
spṛh, *spṛhayati*, (10P), to long for, desire intensely
smita, (n), smile
smṛ, *smarati*, (1P), to remember
smṛ, *vi+*, *vismarati*, (1P), to forget
syand, *syandate*, (1A), to flow
sva, (adj), one's own; (prn), oneself
svad, *svadate*, (1A), to taste, appeal (intransitive), like *ruc*.
svad, *svādayati*, (10P), to taste (transitive)
svap, *svapiti*, (2P), to sleep
svayaṃvara, (m), ceremony for a princess to choose a groom
svarga, (m), heaven
svargaloka, (m), heaven
svasti, (ind), hail!
svāgata, (n), welcome
svāduṅkāram, (ind), having made something sweet
svīya, (adj), one's own
svsṛ, (f), sister

ह

haṃsa, (m), swan
hata, (adj), killed
han, *hanti*, (2P), to kill
hanta, (ind), alas!
hara, (m), name of Śiva
hari, (m), name of Viṣṇu
haridvāra, (n), name of a holy place
havis, (n), oblation in a sacrifice
has, *hasati*, (1P), to laugh
has, *pari+*, *parihasati*, (1P), to laugh at
hasta, (m), hand
hastin, (m), elephant
hastinī, (f), she elephant

hā, (ind), alas!
hā, *jahāti*, *jahīte*, (3P, A), to abandon, leave
hāra, (m), garland, jewel necklace
hi, (ind), because, indeed
hiṃs, *hinasti*, (7P), to injure, kill
himavat, (m), Himalaya mountain
himācala, (m), Himalaya mountain
hīna, (adj), lacking, deprived of, without
hu, *juhoti*, (3P), to sacrifice
hṛ, *harati*, (1P), to take, carry
hṛ, *anu+vi+ā+*, *anuvyāharati*, (1P), to repeat words
hṛ, *apa+*, *apaharati*, (1P), to steal, rob
hṛ, *ā+*, *āharati*, (1P), to bring
hṛ, *pari+*, *pariharati*, (1P), to avoid
hṛ, *pra+*, *praharati*, (1P), to strike, hit
hṛ, *vi+*, *viharati*, (1P), to wander, roam
hṛ, *vi+ava+*, *vyavaharati*, (1P), to behave
hṛ, *vi+ā+*, *vyāharati*, (1P), to speak, say
hṛcchaya, (m), love, 'lying in the heart'*hṛd*, (n), heart
hṛdaya, (n), heart
hyaḥ, (ind), yesterday
hrada, (m), lake, pond
hrī, (f), shame

ENGLISH - SANSKRIT GLOSSARY

A

a lot, *bhṛśam* (ind)
(to) abandon, *hā, jahāti,* (3P); *tyaj, tyajati* (1P)
ability, *śakti* (f); *sāmarthya* (n)
able, *prabhu* (m); *samartha* (adj); *alam* (ind); *śakta* (adj)
(to be) able, *bhū, pra+, prabhavati* (1P); *śak, śaknoti* (5P)
above, *upari* (ind); *ūrdhvam* (ind)
absence, *abhāva* (m)
abundance of alms, *subhikṣa* (n)
(to) abuse, (verbally), *kṣip, adhi+, adhikṣipati* (6P); *nind, nindati* (1P); *bhāṣ, apa+, apabhāṣate* (1A); *man, ava+, avamanyate* (4A)
accompanied by, *sahita* (adj)
(to) accomplish, *sādh, sādhnoti* (5P)
accumulation, *sañcaya* (m)
(to) accuse, *kṣip, adhi+, adhikṣipati* (6P); *nind, nindati* (1P); *bhāṣ, apa+, apabhāṣate* (1A); *man, ava+, avamanyate* (4A)
acquaintance, familiarity, *paricaya* (m)
(to) acquire, *gam, adhi+, adhigacchati* (1P); *labh, labhate* (1A); *vid, vindati* (6P); *āp, āpnoti* (5P)
acquisition, *lābha* (m); *prāpti* (f); *samadhigama* (m)
action, *karman* (n); *kriyā* (f)
(to) adorn, *bhūṣ, bhūṣayati/te* (10P, A); *kṛ, alam+, alaṃkaroti/kurute* (8P, A)
adorned, *maṇḍita* (adj); *alaṃkṛta* (adj); *bhūṣita* (adj); *śobhita* (adj)
adversity, *anartha* (m); *āpad* (f); *saṅkaṭa* (n); *vipad* (f)
(to) advise, *diś, upa+, upadiśati* (6P)
(to) affect, *bādh, bādhate* (1A)
affection, *prīti* (f); *sneha* (m)
after, *anantaram* (ind); *anu* (ind); *paścāt* (ind)
again, *punar* (ind)
age, *vayas* (n)
(to) agitate, *manth, mathnāti* (9P); *cal, vi+,* causative, *vicālayati*
(to be) agitated, *ksubh, kṣubhyati* (4P)
(to) agree, *man, anu+, anumanyate* (4A)
alas!, *hanta* (ind); *hā* (ind)
all, *sarva* (prn); *sakala* (adj); *samasta* (adj); *aśeṣa* (adj)
alligator, *makara* (m)
alligator (female), *makarī* (f)
(to) allow, *man, anu+, anumanyate* (4A); *jñā, anu+, anujānāti/jānīte* (9P, A)
along, *anu* (ind)
also, *api* (ind)
although, *yadyapi* (ind)
always, *sarvadā* (ind); *sadā* (ind); *aniśam* (ind); *sarvakālam* (ind); *satatam* (ind); *santatam* (ind)

amazing, *apūrva* (adj); *āścarya* (n)
ambrosia, *amṛta* (n); *sudhā* (f)
amusement, *vinoda* (m)
and, *ca* (ind)
anger, *kopa* (m), *krodha* (m), *amarṣa* (m)
(to be) angry, *krudh, krudhyati* (4P); *kup, kupyati* (4P)
animal, *paśu* (m); *prāṇin* (m); *jantu* (m)
(to) announce, *ghuṣ, ghoṣayati/te* (10P, A); *kīrt, sam+, saṃkīrtayati /te* (10P, A)
another, *anya* (prn), *apara* (prn), *para* (prn)
ant, *pipīlikā* (f)
antelope ('swift as the wind'), *vātapramī* (m)
aphoristic statements, *sūtra* (n)
(to) appeal, *ruc, rocate* (1A)
(to) appear, *bhā, prati+, pratibhāti* (2P)
(to) approach, *gam, upa+, upagacchati* (1); *yā, upa+, upayāti* (2P)
(to) arise, *bhū, ud+, udbhavati* (1P); *bhū, sam+, sambhavati* (1P); *bhū, pra+, prabhavati* (1P); *gam, ud+, udgacchati* (1P)
army, *bala* (n); *camū* (f); *senā* (f)
around, *paritaḥ* (ind)
(to) arrange, *granth, grathnāti* (9P); *rac, racayati/te* (10P, A)
arrow, *iṣu* (m); *bāṇa* (m); *śara* (m); *ayomukha* (m); *śilīmukha*
as long as X is alive, *yāvajjīvam* (ind)
as much, as many, *yāvat* (adj)
ascetic, *parivrāj* (m); *tāpasa* (m); *yati* (m); *muni* (m); *ṛṣi* (m)
(to) ask, *pracch, pṛcchati* (1P)
ass, *gardabha* (m); *rāsabha* (m)
ass (female), *gardabhī* (f); *rāsabhī* (f)
assembly, *pariṣad* (f); *sabhā* (f)
assistance, *sāhāyya* (n)
associate, *saciva* (m); *sahāya* (m)
(to) attack, *dhāv, abhi+, abhidhāvati* (1P)
(to) attend upon, *ās, pari+upa+, paryupāste* (2A); *sev, sevate* (1A); *bhaj, bhajate* (1A)
attentive, *avahita* (adj)
(to) attract, *kṛṣ, ā+, ākarṣati* (1P)
autumn, *śarad* (f)
(to) avoid, *hṛ, pari+, pariharati* (1P)
(to) await, *īkṣ, prati+, pratīkṣate* (1A)
axe, *kuṭhāra* (m); *paraśu* (m)

B

baby, *śiśu* (m); *bālaka* (m)
back, *pṛṣṭha* (n)
backward, *pratyac* (adj)
bad poem, *kukāvya* (n)
bank of a river, *taṭa* (m); *taṭa* (n); *taṭī* (f); *tīra* (n)
banyan tree, *vaṭa* (m)
bath, *snāna* (n)
(to) bathe, *snā, snāti* (2P)
battle, *samara* (n); *yudh* (f); *yuddha* (n)
(to) battle, *yudh, yudhyati* (4P)

(to) be, *as, asti* (2P); *bhū, bhavati* (1P); *vid, vidyate* (4A); *vṛt, vartate* (1A)
beak, *cañcu* (f)
bear, *bhallūka* (m); *ṛkṣa* (m)
beautiful, *cāru* (adj); *sundara* (adj); *rucira* (adj)
beauty, *kānti* (f); *śobhā* (f); *saundarya* (n)
because, *hi* (ind); *yataḥ* (ind)
(to) become, *bhū, bhavati* (1P)
bedbug, *matkuṇa* (m)
bee, *bhramara* (m); *madhukara* (m); *dvirepha* (m); *madhulih* (m)
bee (female), *bhramarī* (f); *madhukarī* (f)
before, *prāk* (ind); *pūrvam* (ind)
(to) beg, *ard, ardati* (1P); *bhikṣ, bhikṣate* (1A); *nāth, nāthate* (1A); *van, vanute* (8A); *yāc, yācate* (1A)
beggar, *vanīyaka* (m); *bhikṣuka* (m); *yācaka* (m)
(to) begin, *rabh, ā+, ārabhate* (1A); *vṛt, pra+, pravartate* (1A); *kram, pra+, prakramate* (1A)
beginning, *ādi* (m)
(to) behave, *hṛ, vi+ava+, vyavaharati* (1P); *car, ā+, ācarati* (1P)
behind, *paścāt* (ind)
(to) belittle, *gaṇ, ava+, avagaṇayati* (10P); *jñā, ava+, avajānāti/jānīte* (9P, A); *man, ava+, avamanyate* (4A)
below, *adhaḥ* (ind); *adhastāt* (ind)
(to) bend (intransitive), *nam, namati* (1P)
(to) bend down, *bhū, nyak+, nyagbhavati* (1P)
beneath, *adhastāt* (ind)
(to) benefit others, *kṛ, upa+, upakaroti/kurute* (8P, A)
benefitting others, *paropakāra* (m)
best, *śreṣṭha* (adj), *variṣṭha* (adj)
better, *varam* (ind), *śreyas* (adj), *varīyas* (adj)
between, *antarā* (ind); *madhye* (ind)
beyond, *parataḥ* (ind)
big, *guru* (adj); *sthūla* (adj); *viśāla* (adj)
(to) bind, *bandh, badhnāti* (9P)
bird, *antarikṣaga* (m); *khaga* (m); *pakṣin* (m); *śakunta* (m); *vihaga* (m); *aṇḍaja* (m)
birth, *janman* (n); *jāti* (f)
(to) bite, *daṃś, daśati* (1P)
(to) bite off, *lup, lumpati* (6P)
(to) blame, *nind, nindati* (1P); *vad, apa+, apavadati* (1P); *kṣip, adhi+, adhikṣipati* (6P); *bhāṣ, apa+, apabhāṣate* (1A)
blanket, *kambala* (m)
blessed, *bhadra* (adj); *dhanya* (adj)
blind, *andha* (adj)
to) blossom, *phal, phalati* (1P)
to) blow, (intransitive, 'wind blows, *vā*', *vāti* (2P)
lue, *nīla* (adj)
oat, *nau* (f); *tarī* (f)
ody, *aṅga* (n); *kalevara* (n); *kāya* (m); *śarīra* (n); *tanu* (f); *vapus* (n)
one, *asthi* (n)
ook, *pustaka* (n); *grantha* (m)
oon, *vara* (m)
to be) born, *jan, jāyate* (4A)

both, *ubha* (prn); *ubhaya* (prn)
(to) bother, *bādh, bādhate* (1A); *pīḍ, pīḍayati* (10P)
bound together, *sambaddha* (adj); *saṃyukta* (adj)
bow, *dhanus* (n); *cāpa* (n); *śarāsana* (n)
boy, *bāla* (m); *kumāra* (m); *māṇavaka* (m)
bracelet, *kaṅkaṇa* (n)
bracelet on upper arm, *keyūra* (m)
Brahmin, *brāhmaṇa* (m)
branch, *śākhā* (f)
brave, *vīra* (adj); *śūra* (adj)
bravo!, *sādhu* (ind)
(to) break, *bhañj, bhanakti* (7P); *bhid, bhinatti* (7P)
breaking, *bhaṅga* (m); *bhedana* (n)
(to) breathe, *śvas, śvasiti* (2P); *an, aniti* (2P); *an, pra+, prāṇiti* (2P)
bride, *vadhū* (f)
bridegroom, *vara* (m)
bride-price, *śulka* (n)
bridle, rein, *valgā* (f)
bright, *ujvala* (adj); *śubhra* (adj); *dhavala* (adj)
(to) bring, *hṛ, ā+, āharati* (1P); *nī, ā+, ānayati* (1P)
bronze, *kāṃsya* (n)
brow, *bhrū* (f)
bud, *kośa* (m); *kalikā* (f)
(to) build, *rac, racayati/te* (10P, A)
bull, *anaḍuh* (m); *go* (m, f); *damya* (m); *vṛṣabha* (m); *balīvarda* (m)
burden, *bhāra* (m)
(to) burn down, (transitive), *dah, ava+, avadahati* (1P)
(to) burn forcefully, (intransitive), *jval, pra+, prajvalati* (1P)
(to) burn, (intransitive), *jval, jvalati* (1P)
(to) burn, (transitive), *dah, dahati* (1P)
but, *kintu* (ind); *tu* (ind); *api tu* (ind)
butter, *navanīta* (n)
(to) buy, *krī, krīṇāti, krīṇīte* (9P, A)

C

calamity, *anartha* (m); *āpad* (f); *saṅkaṭa* (n); *vipad* (f)
calf, *vatsa* (m)
camel, *uṣṭra* (m); *kramelaka* (m)
carpenter, *takṣaka* (m)
(to) carry, *vah, vahati* (1P); *nī, nayati* (1P)
(to) carry out, *vah, nir+, nirvahati* (1P)
carrying, *vahana* (n)
cart, *śakaṭa* (n)
castor oil plant, *eraṇḍa* (m)
cat, *biḍāla* (m); *mārjāra* (m)
(to) catch, *grah, gṛhṇāti, gṛhṇīte* (9P, A)
cause, *kāraṇa* (n)
(to) cease, *ram, vi+, viramati* (1P); *śam, śāmyati* (4P)
ceremony, *vidhi* (m)
certain, *dhruva* (adj)
certainly, *kāmam* (ind); *avaśyam* (ind); *dhruvam* (ind); *bāḍham* (ind)

certainly, *eva* (ind) (with the verb)
chain, *śṛṅkhalā* (f)
(to) change, (intransitive), *vṛt, pari+, parivartate* (1A)
chariot, *ratha* (m)
(to) cheat, *vañc, vañcayati* (10P)
cheek, *gaṇḍa* (m); *kapola* (n)
chest, *uras* (n)
child, *bāla* (m); *śiśu* (m); *kumāra* (m); *vatsa* (m)
(to) choose, (esp. in marriage), *vṛ, vṛṇāti, vṛṇīte* (9P, A)
(to) churn, *manth, mathnāti* (9P)
churning stick, *mathin* (m)
city, *nagarī* (f); *nagara* (n); *pur* (f); *pura* (n); *purī* (f); *pattana* (n)
(to) clean, *kṣal, kṣālayati/te* (10P, A)
clear, *prasanna* (adj); *svaccha* (adj); *nirmala* (adj)
clever, *nipuṇa* (adj); *catura* (adj); *kuśala* (adj)
(to) climb, *ruh, rohati* (1P); *ruh, ā+, ārohati* (1P)
clod of earth, *loṣṭa* (m)
clothes, *ambara* (n); *vasana* (n); *vāsas* (n); *vastra* (n)
cloud, *megha* (m); *toyada* (m); *jaladhara* (m); *jalada* (m)
cold, *śīta* (adj); *śītala* (adj)
co-pupil, *sahādhyāyin* (adj)
coconut, *nārikela* (m)
(to) collect, *ci, cinoti, cinute* (5P, A)
(to) come, *gam, ā+, āgacchati* (1P); *yā, ā+, āyāti* (2P)
(to) command, *diś, ā+, ādiśati* (6P)
commander of an army, *senānī* (m); *senāpati* (m)
commentary, *ṭīkā* (f)
companionship, *saṅgati* (f); *sahavasati* (f); *saṅga* (m)
comparison, *upamā* (f)
compassion, *karuṇā* (f); *kṛpā* (f); *dayā* (f); *kāruṇya* (n)
compassionate, *dayālu* (adj); *kṛpālu* (adj); *kāruṇika* (adj)
(to) compete, *spardh, spardhate* (1A)
(to) compose, (a book etc.), *nī, pra+, praṇayati* (1P); *rac, racayati,* (10P); *mā, nir+, nirmimīte* (3A)
conceited, *avalipta* (adj); *garvita* (adj)
concentration of mind, *cittalaya* (m); *dhyāna* (n)
concerning, *antareṇa* (ind)
(to) concur with, *gam, sam+, saṃgacchate* (1A)
condition, *bhāva* (m); *avasthā* (f); *sthiti* (f)
conduct, *vṛtti* (f); *vartana* (n); *ācāra* (m); *ācaraṇa* (n)
(to) confine, *rudh, ava+, avaruṇaddhi/rundhe* (7P, A)
(to) conquer, *ji, jayati* (1P); *ji, parā+, parājayate* (1A); *ji, vi+, vijayate* (1A); *bhū, parā+, parābhavati*
conquerer, *jetṛ* (adj); *vijayin* (adj)
(to) consent, *man, anu+, anumanyate* (4A); *jñā, anu+, anujānāti/jānīte* (9P, A)
(to) consider, *man, manute* (8A); *man, manyate* (4A); *cint, cintayati* (10P)
(to) construct, *rac, racayati/te* (10P, A); *mā, nir+, nirmimīte* (3A)
(to) consult, *mantr, mantrayate* (10A)
(to) contemplate, *cint, cintayati/te* (10P, A); *dhyai, dhyāyati* (1P)

contemplation, *cintana* (n); *manana* (n); *dhyāna* (n)
(to) cook, *pac, pacati* (1P)
cool, *śīta* (adj); *śītala* (adj); *anuṣṇa* (adj)
(to) counsel, *mantr, mantrayate* (10A)
(to) count, *gaṇ, gaṇayati/te* (10P, A)
counter-measure, *pratikriyā* (f)
country, *deśa* (m); *rāṣṭra* (n)
courageous, *dhīra* (adj)
(to) cover, *chad, chādayati* (10P)
cow, *dhenu* (f); *go* (f) (*go* in masc. refers to a bull)
cowherd, *gopā* (m); *gopāla* (m); *gopa* (m)
cowpen, *vraja* (m)
crazy, *unmatta* (adj); *pramatta* (adj); *unmanas* (adj)
creator, *janitṛ* (adj); *kartṛ* (adj); *vedhas* (m); *vidhi* (m)
creeper, *latā* (f)
crocodile, *makara* (m)
crocodile (female), *makarī* (f)
crop, *dhānya* (n), *sasya* (n)
(to) cross, *kram, ati+, atikrāmati* (1P); *kram, ati+, atikrāmyati* (4P); *tṛ, tarati* (1P); *tṛ, ati+, atitarati* (1P)
crow, *kāka* (m); *vāyasa* (m)
crown, *mukuṭa* (m)
crown prince, *yuvarāja* (m)
(to) crush, *piṣ, pinaṣṭi* (7P); *mṛd, mṛdnāti* (9P); *cūrṇ, cūrṇayati* (10P); *bhaj, bhanakti* (7P); *bhid, bhinatti/bhinte* (7P, A)
(to) cry, *ru, rauti* (2P); *rud, roditi* (2P); *kruś, krośati* (1P); *krand, krandati* (1P); *lap, vi+, vilapati* (1P)
cuckoo bird, *pika* (m); *kokila* (m)
curds, *dadhi* (n); *navanīta* (n)
curse upon x, *dhik* (ind)
(to) curse, *śap, śapati* (1P); *kṣip, adhi+, adhikṣipati* (6P); *nind, nindati* (1P);
(to) cut, *chid, chinatti, chinte* (7P, A); *dā, dāti* (2P); *lū, lunāti, lunīte* (9P, A); *kṛt, kṛntati* (6P)

D

(to) dance,*nṛt, nṛtyati* (4P)
dark, *nīla* (adj); *śyāma* (adj); *kṛṣṇa* (adj)
darkness, *tamas* (n); *andhakāra* (m)
daughter, *duhitṛ* (f); *kanyā* (f); *putrī* (f); *tanayā* (f); *sutā* (f); *ātmajā* (f)
daughter-in-law, *vadhū* (f)
dawn, *uṣas* (f)
day, *ahan* (n); *dina* (n); *divasa* (m)
dead, *mṛta ‹ mṛ (past participle)* (adj)
deadly snake, *kṛṣṇasarpa* (m)
deaf, *badhira* (adj)
death, *maraṇa* (n); *mṛtyu* (m)
debate, *carcā* (f); *vāda* (m); *vivāda* (m)
(to) debate, *vad, vi+, vivadate* (1A)
debt, *ṛṇa* (n)
deceit, *māyā* (f); *vañcanā* (f);

(to) deceive, *vañc, vañcayati* (10P)
(to) decide, *nī, nir+, nirṇayati* (1P); *ci, nis+, niścinoti/cinute* (5P, A)
(to) declare, *ghuṣ, ghoṣayati/te* (10P, A)
(to) decorate, *bhūṣ, bhūṣayati/te* (10P, A); *kṛ, alam+, alaṃkaroti/kurute* (8P, A)
decorated, *maṇḍita* (adj); *bhūṣita* (adj); *alaṃkṛta* (adj)
decrease, *kṣaya* (m)
dedicated to husband, *pativratā* (f)
deep, *gahana* (adj)
deer, *mṛga* (m); *hariṇa* (m)
defeat, *parābhava* (m); *parājaya* (m); *abhibhava* (m)
(to) defeat, *bhū, pari+, paribhavati* (1P); *ji, parā+, parājayate* (1A); *bhū, abhi+, abhibhavati* (1P)
demon, *asura* (m); *niśācara* (m); *rākṣasa* (m)
demoness, *rākṣasī* (f)
dense, *gahana* (adj)
(to be) depressed, *khid, khidyate* (4A); *sad, vi+, viṣīdati* (1P)
desert region, *marudeśa* (m)
designation, *saṃjñā* (f); *nāman* (n); *ākhyā* (f); *abhidhāna* (n)
desire, *icchā* (f); *kāmanā* (f); *īhā* (f); *kāma* (m); *manīṣā* (f); *kāṅkṣā* (f); *abhilāṣa* (m)
desire for release, *mumukṣā* (f)
desire to die, *mumurṣā* (f)
desire to know, *jijñāsā* (f)
desire to win, *jigīṣā* (f)
(to) desire, *iṣ, icchati* (6P); *kāṅkṣ, kāṅkṣati* (1P); *vāñch, vāñchati* (1P); *īh, īhate* (1A); *laṣ, abhi+, abhilaṣati* (1P)
desired, *iṣṭa* (adj); *kāṅkṣita* (adj); *abhilaṣita* (adj); *vāñchita* (adj)
(to) desist, *ram, vi+, viramati* (1P); *vṛt, ni+, nivartate* (1A)
(to) despise, *gaṇ, ava+, avagaṇayati* (10P); *man, ava+, avamanyate* (4A); *jñā, ava+, avajānāti/jānīte* (9P, A)
destiny, *daiva* (n); *niyati* (f); *bhāgya* (n)
(to) destroy, *bhid, bhinatti* (7P); *kṣi, kṣiṇoti* (5P); *nāśaya, nāśayati*, causative, of *naś* (4P); *piṣ, pinaṣṭi* (7P)
(to be) destroyed, *naś, naśyati* (4P)
(to) determine, *nī, nir+, nirṇayati* (1P); *ci, nis+, niścinoti/cinute* (5P, A)
determined, *vyavasita* (adj)
devotee, *bhakta* (adj)
devotion, *bhakti* (f)
(to) devour, *gras, grasate* (1A)
(to) die, *mṛ, mriyate* (4A)
difference, *bheda* (m); *viśeṣa* (m)
different, *para* (prn); *anya* (prn); *bhinna* (adj)
difficult to get, *durlabha* (adj)
difficulty, *saṅkaṭa* (n); *vighna* (m)
(to) dig up, *khan, ud+, utkhanati* (1P)
(to) dig, *khan, khanati* (1P)
direction, *kakubh* (f); *diś* (f)
(to) disagree, *vad, vi+, vivadate* (1A)
disaster, *anartha* (m); *āpad* (f); *saṅkaṭa* (n); *vipad* (f)
disciple, *śiṣya* (m); *chātra* (m)

discus (a weapon), *cakra* (n)
discussion, *carcā* (f); *vimarśa* (m); *vāda* (m); *vivāda* (m)
(to) dispute, *vad, vi+, vivadate* (1A)
disrespect, *anādara* (m); *avajñā* (f); *avamāna* (m); *apamāna* (m)
distinction, *bheda* (m); *viśeṣa* (m)
(to) dive, *gāh, gāhate* (1A)
divine, *divya* (adj)
divine musicians, *gandharva* (m)
divinity, *devatā* (f)
(to) do, *dhā, vi+, vidadhāti, vidhatte* (3P, A); *kr̥, karoti, kurute* (8P, A); *tan, tanoti/tanute* (8P, A)
doctor, *bhiṣaj* (m); *vaidya* (m)
doer, *kartr̥* (m)
dog, *śvan* (m); *kukkura* (m)
donor, *dātr̥* (m)
door, *dvār* (f); *dvāra* (n)
down, *adhaḥ* (ind); *adhastāt* (ind)
downward, *avāc* (adj); *nyac* (adj)
(to) drink, *pā, pibati* (1P)
dust, *reṇu* (f); *dhūli* (f); *rajas* (f)
(to) dwell, *sthā, adhi+, adhitiṣṭhati* (1P); *vas, vasati* (1P)

E

eagle, *garuḍa* (m); *vainateya* (m)
ear, *karṇa* (m); *śrotra* (n)
ear-ornament, *kuṇḍala* (n); *karṇabhūṣaṇa* (n)
earth, *bhū* (f); *bhūmi* (f); *kṣiti* (f); *pr̥thivī* (f); *pr̥thvī* (f); *vasudhā* (f)
earthly world, *bhūloka* (m)
east, eastern, *prācī* (f); *pūrvā* (f)
eastern, *prāc* (adj)
(to) eat, *ad, atti, atte* (2P, A); *aś, aśnāti* (9P); *bhakṣ, bhakṣayati* (10P); *bhuj, bhunakti, bhuṅkte* (7P, A); *khād, khādati* (1P); *hr̥, abhi+ava+, abhyavaharati* (1P)
eater, *bhakṣaka* (adj)
egg, *aṇḍa* (n)
eight, *aṣṭan*
eighteen, *aṣṭādaśan*
eighty, *aśīti* (f)
eighty-eight, *aṣṭāśīti* (f)
eighty-five, *pañcāśīti* (f)
eighty-four, *caturaśīti* (f)
eighty-nine, *ekonanavati* (f); *navāśīti* (f)
eighty-one, *ekāśīti* (f)
eighty-seven, *saptāśīti* (f)
eighty-six, *ṣaḍaśīti* (f)
eighty-three, *tryaśīti* (f)
eighty-two, *dvyaśīti* (f)
eldest, *jyeṣṭha* (adj), *varṣiṣṭha* (adj)
elephant, *gaja* (m); *hastin* (m); *nāga* (m)
elephant (female), *hastinī* (f)
eleven, *ekādaśan*

elongated, *āyata* (adj)
elsewhere, *anyatra* (ind)
emotion, *bhāva* (m)
emperor, *samrāj* (m)
empty, *rikta* (adj); *śūnya* (adj)
(to) empty, *ric, riṇakti, riṅkte* (7P, A)
end, *anta* (m)
end of action, *virāma* (m)
enemy, *ari* (m); *ripu* (m); *śatru* (m)
(to) enjoy, *aś, aśnāti* (9P); *aś, aśnute* (5A); *bhū, anu+, anubhavati* (1P); *bhuj, bhunakti, bhuṅkte* (7P, A)
engage, *vṛt, pra+, pravartate,* (1A);
enjoyment, *āsvāda* (m); *bhoga* (m)
enough, *alam* (ind); *kṛtam* (ind)
(to) enter, *viś, viśati* (6P); *viś, pra+, praviśati* (6P)
entertainment, *vinoda* (m)
equal, *samāna* (adj); *tulya* (adj); *sama* (adj)
(to) evacuate, *ric, riṇakti, riṅkte* (7P, A)
even if, *yadyapi* (ind)
even so, *tathāpi* (ind)
even then, *tathāpi* (ind)
even though, *yadyapi* (ind)
everyday, *pratidinam* (ind); *pratyaham* (ind)
evil, *piśuna* (adj)
examination, *parīkṣā* (f)
(to) examine, *īkṣ, pari+, parīkṣate* (1A)
exceedingly, *parama* (ind); *atīva* (ind)
except, *ṛte* (ind); *vinā* (ind)
(to) exert, *śram, śrāmyati* (4P); *yat, yatate* (1A)
exertion, *pariśrama* (m); *yatna* (m); *prayatna* (m)
existence, *bhāva* (m); *sattā* (f)
expenditure, *vyaya* (m)
expensive, *mahārha* (adj)
(to) experience, *bhū, anu+, anubhavati* (1P)
(to) extend, *tan, tanoti, tanute* (8P, A)
extinguish, *vāpaya, nir+, nirvāpayati* causative of *vā* (2P)
eye, *netra* (n), *nayana* (n), *akṣi* (n)

F

face, *mukha* (n); *vadana* (n); *āsya* (n), *ānana* (n)
facing upwards, *uttāna* (adj); *unmukha* (adj)
(to) fall, *pat, patati* (1P)
fame, *kīrti* (f); *yaśas* (n)
family, *kula* (n); *kuṭumba* (n)
famine, *durbhikṣa* (n)
famous, *kīrtimat* (adj); *prasiddha* (adj); *yaśasvin* (adj); *suvijñāta* (adj)
far, *dura* (adj); *duram* (ind)
farmer, *kṣetrapati* (m); *kṛṣaka* (m)
farthest, *daviṣṭha* (adj); *dūratama* (adj)
fast, *kṣipra* (adj); *kṣipram* (ind); *āśu* (ind)
fat, *sthūla* (adj); *pīna* (adj)

fate, *daiva* (n); *niyati* (f)
father, *janaka* (m); *janitṛ* (adj); *pitṛ* (m); *tāta* (m)
father-in-law, *śvaśura* (m)
fault, *doṣa* (m)
favor, *prasāda* (m)
favorable, *prasanna* (adj)
(to be) favorable, *sad, pra+, prasīdati* (1P)
fear, *bhaya* (n); *bhī* (f); *śaṅkā* (f); *bhīti* (f)
(to) fear, *bhī, bibheti* (2P)
fearlessness, *abhaya* (n)
feasible, *śakya* (adj, adv)
(to) feel, *bhū, anu+, anubhavati* (1P)
field, yard, *aṅgaṇa* (n)
fifteen, *pañcadaśan*
fifty, *pañcāśat* (f)
fifty-eight, *aṣṭa(ā)pañcāśat* (f)
fifty-five, *pañcapañcāśat* (f)
fifty-four, *catuḥpañcāśat* (f)
fifty-nine, *ekonaṣaṣṭi* (f); *navapañcāśat* (f)
fifty-one, *ekapañcāśat* (f)
fifty-six, *ṣaṭpañcāśat* (f)
fifty-three, *traya(tri)pañcāśat* (f)
fifty-two, *dvā(dvi)pañcāśat* (f)
fight, *yudh* (f); *yuddha* (n); *samara* (n)
(to) fight, *yudh, yudhyati* (4P)
(to) fill, *pṛ, pūrayati* (10P)
final result, *pariṇati* (f)
(to) find, *vid, vindati* (6P); *labh, labhate* (1A)
fire, *anala* (m); *pāvaka* (m); *agni* (m); *vahni* (m)
firm, *bāḍha* (adj); *dhruva* (adj); *sthira* (adj); *dṛḍha* (adj)
fish, *matsya* (m)
fisherman, *dhīvara* (m)
five, *pañcan*
flame, *śikhā* (f); *jvālā* (f)
flesh, *māṃsa* (n); *piśita* (n)
flock, *gaṇa* (m); *yūtha* (m)
(to) flow, *syand, syandate* (1A); *vah, vahati* (1P)
flower, *kusuma* (n); *sumanas* (n); *puṣpa* (n)
(to) follow, *gam, anu+, anugacchati* (1P); *sṛ, anu+, anusarati* (1P); *yā, anu+, anuyāti* (2P); *i, anu+, anveti* (2P)
food, *anna* (n); *aśana* (n); *bhakṣya* (adj)
fool, *alpadhī* (adj); *mūḍhadhī* (adj); *mūrkha* (adj); *mūḍha* (adj)
foot, *pāda* (m)
for the sake of, *kṛte* (ind)
forehead, *lalāṭa* (n)
forest, *kānana* (n); *vana* (n); *araṇya* (n)
(to) forget, *smṛ, vi+, vismarati* (1P)
former, *pūrva* (adj)
(to) forsake, *tyaj, pari+, parityajati* (1P); *hā, jahāti/jahīte* (2P, A)
fortunate, *dhanya* (adj)
forty, *catvāriṃśat* (f)
forty-eight, *aṣṭacatvāriṃśat* (f)
forty-five, *pañcacatvāriṃśat* (f)

forty-four, *catuścatvāriṃśat* (f)
forty-nine, *ekonapañcāśat* (f); *navacatvāriṃśat* (f)
forty-one, *ekacatvāriṃśat* (f)
forty-seven, *saptacatvāriṃśat* (f)
forty-six, *ṣaṭcatvāriṃśat* (f)
forty-three, *trayaścatvāriṃśat* (f)
forty-two, *dvācatvāriṃśat* (f)
four, *catur* (m,n,f)
fourteen, *caturdaśan*
fragrance, *āmoda* (m); *sugandha* (m); *saurabhya* (n)
fragrant, *sugandhi* (adj); *surabhi* (adj)
(to) free, *muc, muñcati* (6P)
friend, *mitra* (n); *suhṛd* (m); *vayasya* (m); *sakhi* (m)
friend (female), *sakhī* (f)
frog, *varṣābhū* (m); *maṇḍūka* (m); *dardura* (m); *bheka* (m)
from there, *tataḥ* (ind)
from where?, *kutaḥ* (ind)
fruit, *phala* (n)
fuel, *indhana* (n)
full of, *samākula* (adj); *saṃkula* (adj); *pūrṇa* (adj)
future course, *gati* (f)

G

(to) gamble, *div, dīvyati* (4P)
gambling, *dyūta* (n)
game of dice, *dyūta* (n)
Ganges (the river), *gaṅgā* (f)
garantor, *pratibhū* (m)
garden, *udyāna* (n); *upavana* (n)
garland, *mālā* (f)
garment, *ambara* (n); *vasana* (n); *vāsas* (n); *vastra* (n)
gate, *dvār* (f); *dvāra* (n)
generous, *udāra* (adj)
(to) get angry, *kup, kupyati* (4P); *krudh, krudhyati* (4P)
(to) get up, *sthā, ud+, uttiṣṭhati* (1P)
(to) get, *āp, āpnoti* (5P); *aś, aśnute* (5A); *gam, adhi+, adhigacchati* (1P); *labh, labhate* (1A); *vid, vindati* (6P)
ghee, clarified butter, *ghṛta* (n)
gift, *vara* (m), *dāna* (n)
girl, *bālā* (f); *kanyā* (F)
(to) give up, *tyaj, pari+, parityajati* (1P); *hā, jahāti/jahīte* (3P, A)
(to) give, *dā, dadāti, datte* (3P, A); *dā, pra+, prayacchati* (1P); *dā, yacchati* (1P); *tṛ, vi+, vitarati* (1P)
(to) go beyond, *kram, ati+, atikrāmati* (1P); *kram, ati+, atikrāmyati* (4P); *tṛ, ati+, atitarati* (1P)
(to) go out, *gam, nir+, nirgacchati* (1P)
(to) go, *cal, calati* (1P); *gam, gacchati* (1P); *i, eti* (2P); *vraj, vrajati* (1P); *yā, yāti* (2P)
goal, *parāyaṇa* (n)
goat, *aja* (m); *avi* (m)
goat (female), *ajā* (f)

god, *deva* (m); *īśvara* (m); *viśvapā* (m); *nirjara* (m); *sura* (m); *amara* (m); *sumanas* (m); *divaukas* (m)
god of death, *yama* (m)
goddess Kālī, *kālīdevī* (f)
goddess Lakṣmī, *lakṣmī* (f); *śrī* (f)
goddess of learning, Sarasvati, *bhāratī* (f); *sarasvatī* (f)
goer, *gāmin* (adj); *gantṛ* (m)
gold, *kanaka* (n); *suvarṇa* (n)
gold coin, *suvarṇa* (m), *suvarṇamudrā*
good conduct, *sucarita* (n)
good mind, *sumanas* (n)
good morning, *suprabhāta* (n)
good people, *sajjana* (m); *sujana* (m); *sat* (m)
good, wise saying, *subhāṣita* (n); *suvacana* (n); *sūkti* (f)
good-hearted people, *sumanas* (m); *suhṛd* (m)
(to) grab, *grah, gṛhṇāti, gṛhṇīte* (9P, Ā)
grain, *dhānya* (n), *sasya* (n)
grammar, *vyākaraṇa* (n)
grandfather, *pitāmaha* (m) 'father's father'; *mātāmaha* (m) 'mother's father'
grandson, *naptṛ* (m)
grant, *vara* (m)
grass, *tṛṇa* (n)
great, *mahat* (adj)
greatness, *mahiman* (m)
green, *harita* (adj)
grief, *śuc* (f); *duḥkha* (n)
(to) grieve, *śuc, śocati* (1P); *lap, vi+, vilapati* (1P)
(to) grind, *piṣ, pinaṣṭi* (7P); *mṛd, mṛdnāti* (9P)
grinding something into fine powder, *cūrṇapeṣam* (ind)
ground, *bhū* (f); *bhūmi* (f); *kṣiti* (f); *pṛthivī* (f); *pṛthvī* (f);
(to) grow, (intransitive), *ruh, rohati* (1P); *vṛdh, vardhate* (1A)
(to) grow, (transitive), *vṛdh,* causative, *vardhayati* (1A)
guest, *atithi* (m)

H

hail to x (dative), *svasti* (ind)
hair, *keśa* (m); *mūrdhaja* (m)
hand, *hasta* (m); *kara* (m); *pāṇi* (m)
(to) happen, *vṛt, sam+, saṃvartate* (1A)
happiness, *sukha* (n); *pramoda* (m); *santoṣa* (m); *prīti* (f); *saumanasya* (n)
hard, harsh, *kaṭhina* (adj)
haste, *tvarā* (f)
(to) hasten, *tvar, tvarate* (1A)
(to) hate, *dviṣ, dveṣṭi, dviṣṭe* (2P, A)
head, *śiras* (n); *śīrṣa* (n); *mastaka* (n); *mūrdhan* (m)
heap, *rāśi* (m)
(to) hear, *śru, śṛṇoti, śṛṇute* (5P, A)
hearer, *śrotṛ* (m)
heart, *hṛdaya* (n); *hṛd* (n)
heat, *tapas* (n)

heaven, *div* (f); *dyo* (f); *svarga* (m); *svargaloka* (m)
heavenly, *divya* (adj)
heavy, *guru* (adj)
hell, *naraka* (m)
herd, *yūtha* (m); *gaṇa* (m)
here, *atra* (ind); *iha* (ind)
hermitage, *āśrama* (m)
hero, *vīra* (m); *śūra* (m)
heron, *baka* (m)
Himalaya mountain, *himācala* (m); *himavat* (m); *himālaya* (m)
hindrance, *vighna* (m)
his/her honor over here, *tatrabhavat* (prn)
(to) hit, *hṛ, pra+, praharati* (1P); *tud, tudati* (6P)
(to) hold, *dhṛ, dhārayati/te* (10P, A); *bhṛ, bibharti, bibhṛte* (2P, A)
honey, *madhu* (n)
honey bee, *dvirepha* (m); *madhulih* (m); *madhukara* (m); *bhramara* (m)
hope, *āśā* (f)
(to) hope, *śās, ā+, āśāste* (2A)
horn, *śṛṅga* (n)
horse, *aśva* (m)
hot, *uṣṇa* (adj); *aśīta* (adj)
house, *gṛha* (m, n)
how much, how many, *kiyat* (adj)
how?, by doing what?, *kathaṅkāram* (ind)
however, *kintu* (ind); *tu* (ind)
hundred, *śata* (n)
hunger, *bubhukṣā* (f); *kṣudh* (f); *bubhukṣu* (adj)
hungry, *kṣudhita* (adj); *bubhukṣita* (adj)
hunter, *lubdhaka* (m)
hunting, *mṛgayā* (f)
(to) hurt, *manth, mathnāti* (9P)
husband, *bhartṛ* (m); *pati* (m)
husband and wife, *dampatī* (m)
hymn, *sūkta* (n)

I

, first person pronoun, *asmad*
dentical, *samāna* (adj); *tulya* (adj); *sama* (adj)
f, *yadi* (ind)
gnorance, *ajñāna* (n); *avidyā* (f)
gnorant, *avidyāvat* (adj); *ajña* (adj); *mūḍha* (adj); *manda* (adj)
ll, *vyādhita* (adj), *rugṇa* (adj); *rogin* (adj); *asvastha* (adj)
llusion, *māyā* (f)
n front of, *purataḥ* (ind)
n the morning, *prātar* (ind)
n the next world, *amutra* (ind); *paratra* (ind)
n the past, *purā* (ind)
n the presence of, *agre* (ind); *samakṣam* (ind); *pratyakṣam* (ind)
ncident, *vṛttānta* (m)
o) incite, *und, nudati, nudate* (6p, A)

(to) increase, *puṣ, puṣṇāti* (9P); *vṛdh,* causative, *vardhayati* (1A); *puṣ,* causative, *poṣayati* (4P)
indeed, *hi* (ind); *kāmam* (ind); *khalu* (ind)
India, land of Bharata, *bhāratadeśa* (m); *bhāratavarṣa* (n); *bharatakhaṇḍa* (n)
influence, *prabhāva* (m)
inheritance, *riktha* (n)
(to) injure, *hiṃs, hinasti* (7P)
inquisitive, *jijñāsu* (adj)
inspection, *parīkṣā* (f)
(to) instruct, *diś, upa+, upadiśati* (6P); *śās, anu+, anuśāsti* (2P); *śās, śāsti* (2P)
insult, *apakāra* (m); *apamāna* (m); *adhikṣepa* (m)
intellect, *dhī* (f); *mati* (f); *buddhi* (f); *prajñā* (f)
intelligent, *dhīmat* (adj); *matimat* (adj); *sudhī* (adj); *prājña* (adj)
intoxicated, *unmatta* (adj); *pramatta* (adj); *matta* (adj)
(to) investigate, *īkṣ, pari+* (1A)
investigation, *parīkṣā* (f)
island of Sri Lanka, *laṅkā* (f)

J

jackal, *kroṣṭu* (m); *śṛgāla* (m)
jaw, *daṃṣṭrā* (f)
jewel, *maṇi* (m); *ratna* (n)
jewel necklace, *hāra* (m)
(to) join, (transitive), *yuj, yunakti, yuṅkte* (7P, A)
juice, *rasa* (m)
just as, *yathā* (ind)

K

(to) kill, *han, hanti* (2P); *hiṃs, hinasti* (7P)
killing, *vadha* (m); *hiṃsā* (f); *hatyā* (f); *hanana* (n)
kind, type, *prakāra* (m)
kind, compassionate, *dayālu* (adj); *kṛpālu* (adj); *kāruṇika* (adj)
king, *bhartṛ* (m); *bhūbhṛt* (m); *nṛpa* (m); *pārthiva* (m); *rājan* (m)
kingdom, *rājya* (n)
(to) know, *budh, bodhati* (1P); *gam, ava+, avagacchati* (1P); *jñā, jānāti, jānīte* (9P, A); *vid, vetti* (2P)
knowledge, *jñāna* (n); *bodha* (m); *avabodha* (m); *grahaṇa* (n)

L

lake, *hrada* (m); *saras* (n); *taṭāka* (n)
lame, *khañja* (adj)
lamp, *dīpa* (m); *dīpaka* (m)
(to) laugh at, *has, pari+, parihasati* (1P)
(to) laugh, *has, hasati* (1P)
lazy, *alasa* (adj); *manda* (adj)

(to) lead, *nī, nayati* (1P)
leader, *agraṇī* (m); *netr̥* (m)
leaf, *patra* (n)
(to) learn, *gam, ava+, avagacchati* (1P); *śikṣ, śikṣati/te* (1P, A); *i, adhi+, adhīte* (2A)
learned, *vidvas* (adj); *vidyāvat* (adj); *paṇḍita* (m); *prājña* (m)
learning, scholarship, *śruta* (n); *vidyā* (f); *pāṇḍitya* (n); *vidvattva* (n)
(to) leave, (= get out) *gam, nir+, nirgacchati* (1P)
(to) leave, (= to abandon) *hā, jahāti, jahīte* (3P, A)
(to) lick, *lih, leḍhi, līḍhe* (2P, A)
(to) lie down, *śī, śete* (2A)
life, *āyus* (n); *jīva* (m); *jīvana* (n); *prāṇa* (m); *asu* (m)
light, *jyotis* (n); *prakāśa* (m)
lightning, *vidyut* (f)
like, *iva* (ind); *yathā* (ind)
(to) like, *ruc, rocate* (1A)
limb, *aṅga* (n)
lion, *siṃha* (m)
lioness, *siṃhī* (f)
(to) listen, *śru, śr̥ṇoti, śr̥ṇute* (5P, A); *karṇ, ā+, ākarṇayati* (10P)
listener, *śrotr̥* (m)
little, *alpa* (adj)
little girl, *bālikā* (f); *kanyakā* (f); *dārikā* (f)
(to) live, (= to be alive) *jīv, jīvati* (1P)
(to) live, (= to dwell) *vas, vasati* (1P)
livelihood, *jīvikā* (f); *vr̥tti* (f); *upajīvikā* (f)
long, *āyata* (adj)
(to) long for, *spr̥h, spr̥hayati* (10P)
long span of time, an age, *yuga* (n)
long-lived, *āyuṣmat* (adj)
(to) look down upon, *gaṇ, ava+, avagaṇayati* (10P); *man, ava+, avamanyate* (4A); *jñā, ava+, avajānātijānīte* (9P, A)
lord, *bhagavat* (adj)
lotus flower, *aravinda* (n); *kamala* (n); *paṅkaja* (n); *nalina* (n); *padma* (n); *saroja* (n); *sarasija* (n); *jalaja* (n); *vārija* (n)
lotus vine, *nalinī* (f); *kamalinī* (f); *padminī* (f)
love, *kāma* (m); *prīti* (f); *sneha* (m); *hr̥cchaya* (m)
(to) love, *prī, prīṇāti, prīṇīte* (9P, A); *snih, snihyati* (4P)
lowly person, *nīca* (adj); *adhama* (adj)
lute, *tantrī* (f)

M

made up, adopted, not natural, *kr̥taka* (adj)
magnitude, *mahiman* (m); *gariman* (m); *māhātmya* (n)
(to) make, *dhā, vi+, vidadhāti, vidhatte* (3P, A); *kr̥, karoti, kurute* (8P, A); *tan, tanoti/tanute* (8P, A)
maker, *kartr̥* (m)
man, *manuṣya* (m); *nara* (m); *puṃs* (m); *puruṣa* (m); *mānuṣa* (m); *manuja* (m)
mango tree, *āmra* (m)

many, *bahu* (adj)
(to) marry, *nī, pari+, pariṇayati* (1P); *vah, ud+, udvahati* (1P)
master, *prabhu* (m); *svāmin* (m); *bhartṛ* (m)
mean, *kṣudra* (adj)
means, *upāya* (m)
(to) measure, *mā, mimīte* (2A)
measuring cup, *kuḍava* (m)
meat, *māṃsa* (n); *āmiṣa* (n); *piśita* (n)
medicine, *agada* (m); *auṣadha* (n)
(to) meditate, *dhyai, dhyāyati* (1P)
meditation, *dhyāna* (n)
(to) memorize, *kaṇṭhe kṛ, karoti, kurute* (8P, A)
mendicant, *parivrāj* (m)
merchant, *vaṇij* (m)
merit, religious, *puṇya* (n)
mid-day, *madhyāhna* (m)
middle, *madhya* (n); *madhya* (adj)
mighty, *prabala* (adj)
milk, *kṣīra* (n); *payas* (n)
(to) milk, *duh, dogdhi, dugdhe* (2P, A)
mind, *cetas* (n); *manas* (n); *mati* (f); *citta* (n)
minister, *saciva* (m); *amātya* (m)
mixed, *miśra* (adj)
money, *dhana* (n); *vitta* (n)
monk, *bhikṣu* (m); *sanyāsin* (m)
monkey, *kapi* (m); *vānara* (m)
monkey (female), *vānarī* (f)
month, *māsa* (m)
moon, *candra* (m); *candramas* (m); *glau* (m)
moon-shine, *jyotsnā* (f)
moral, ritual duty, *dharma* (m)
morsel, *kavala* (n)
mother, *jananī* (f); *mātṛ* (f)
mother-in-law, *śvaśrū* (f)
motionless, *niścala* (adj)
(to) mount, *ruh, ā+, ārohati* (1P)
mountain, *bhūbhṛt* (m); *parvata* (m); *giri* (m); *acala* (m); *naga* (m)
mounting, *rohaṇa* (n), *ārohaṇa* (n)
mouse, *ākhu* (m); *mūṣaka* (m)
mouth, *mukha* (n); *vadana* (n); *asya* (n)
(to) move, *cal, calati* (1P); *car, carati* (1P)
movement, *gati* (f); *gamana* (n); *calana* (n); *saraṇa* (n)
much, *bahu* (adj)
mud, *mṛd* (f); *paṅka* (m)
multitude, *yūtha* (m); *gaṇa* (m)
mustard seed, *sarṣapa* (m)

N

name, *nāman* (n); *saṃjñā* (f); *abhidhāna* (n); *ākhyā* (f)
(to) narrate, *kath, kathayati* (10P); *khyā, khyāti* (2P)
near, *abhitaḥ* (ind); *antika* (adj); *āsanna* (adj)
necessary, *āvaśyaka* (adj), *avaśyam* (ind)

necklace, *hāra* (m); *kaṇṭhābharaṇa* (n)
nectar, *amṛta* (n); *sudhā* (f)
net, *jāla* (n); *pāśa* (m)
never, *na kadāpi* (ind)
new, *nava* (adj); *nūtana* (adj); *navīna* (adj); *abhinava* (adj)
night, *rātri* (f); *śarvarī* (f); *niś* (f); *niśā* (f)
nine, *navan* (no gender agreement)
nineteen, *ekānnaviṃśati* (f); *ekonaviṃśati* (f); *navadaśan*; *ūnaviṃśati* (f)
ninety, *navati* (f)
ninety-eight, *aṣṭā(a)navati* (f)
ninety-five, *pañcanavati* (f)
ninety-four, *caturṇavati* (f)
ninety-nine, *ekonaśata* (n); *navanavti* (f)
ninety-one, *ekanavati* (f)
ninety-seven, *saptanavati* (f)
ninety-six, *ṣaṇṇavati* (f)
ninety-three, *trayo(tri)navati* (f)
ninety-two, *dvā(i)navati* (f)
no other, *ananya* (adj)
noise, *dhvani* (m); *śabda* (m); *rava* (m); *nāda* (m)
northern, *udac* (adj)
nose, *nāsikā* (f)
not, *na* (ind)
(to) nourish, *puṣ, puṣṇāti* (9P)
(to) nourish (intransitive), *puṣ, puṣyati* (4P)
now, *adhunā* (ind); *idānīm* (ind)
nuptial gift, *śulka* (n)
nymph, *devakanyā* (f); *apsaras* (f)

O

object, *vastu* (n)
oblation in a sacrifice, *havis* (n)
(to) observe, *īkṣ, nir+, nirīkṣate* (1A); *lok, ava+, avalokayati* (10P)
obstacle, *vighna* (m)
(to) obstruct, *rudh, ruṇaddhi, rundhe* (7P, A); *stambh, stabhnāti* (9P)
(to) obtain, *āp, āpnoti* (5P); *gam, adhi+, adhigacchati* (1P); *labh, labhate* (1A)
occasion, *avakāśa* (m); *prasaṅga* (m)
(to) occupy, *sthā, adhi+, adhitiṣṭhati* (1P); *ās, adhi+, adhyāste* (2A); *vas, adhi+, adhivasati* (1P)
ocean, *samudra* (m); *kṣīranidhi* (m)
offense, *apakāra* (m); *aparādha* (m)
(to) offer, *dā, pra+, prayacchati* (1P); *dā, dadāti/datte* (3P, A); *hṛ, upa+, upaharati* (1P)
offering, *bali* (m)
ointment, *vilepana* (n)
old, *vṛddha*
old age, *jarā* (f)
old, decrepit, *jīrṇa* (adj)

oldest, *jyeṣṭha* (adj), *vṛddhatama* (adj)
on all sides , *sarvataḥ* (ind)
on both sides , *ubhayataḥ* (ind)
once, *ekadā* (ind)
one, *eka* (m,n,f)
one's own, *sva* (adj); *svīya* (adj)
oneself, *sva* (prn)
one-eyed, *kāṇa* (adj)
only, *eva* (ind); *kevalam* (ind)
opportunity, *avakāśa* (m)
or, *vā* (ind); *athavā* (ind)
(to) order, *diś, ā+, ādiśati* (6P)

origin, *udgama* (m); *prabhava* (m); *udbhava* (m); *sambhava* (m) *yoni* (f)
(to) originate, *bhū, pra+, prabhavati* (1P); *bhū, ud+, udbhavati* (1P)
ornament, *bhūṣaṇa* (n); *alaṃkāra* (m); *ābharaṇa* (n)
other, *anya* (prn); *para* (prn); *apara* (prn)
otherwise, *anyathā* (ind)
(to) ought; *arh, arhati* (1P)
outside, *bahiḥ* (ind)
(to) overcome, *bhū, pari+, paribhavati* (1P); *bhū, abhi+, abhibhavati* (1P)
(to) owe, *dhṛ, dhārayati* (10P)
owners of fields, *kṣetrapati* (m)

P

pain, *duḥkha* (n); *śuc* (f)
pair, *yuga* (n); *yugala* (n); *dvandva* (n)
palace, *prāsāda* (m)
parrot, *śuka* (m); *śukī* (f)
passion, *kāma* (m); *abhilāṣa* (m); *rāga* (m)
path, *adhvan* (m); *mārga* (m); path, *pathin* (m); *vīthī* (f)
peace, *śānti* (f)
peak of a mountain, *śṛṅga* (n); *śikhara* (n)
pearl, *mauktika* (n)
penance, *tapas* (n)
people, *jana* (m); *viś* (m); *loka* (m)
(to) perform, *car, ā+, ācarati* (1P); *dhā, vi+, vidadhāti, vidhatte* (3P, A); *tan, tanoti, tanute* (8P, A); *kṛ, karoti/kurute* (8P, A)
(to) perish, *naś, naśyati* (4P)
(to) permit, *man, anu+, anumanyate* (4A); *jñā, anu+, anujānāti/jānīte* (9P, A)
person, *jana* (m); *nara* (m)
(to) pervade, *aś, aśnute* (5A); *vi+āp, vyāpnoti* (5P)
pervading, *viṣvac* (adj); *vyāpaka* (adj)
(to) pick, *ci, cinoti, cinute* (5P, A)
place, *sthāna* (n)
(to) place down, *dhā, ava+, avadadhāti,-dhatte* (3P, A)
play, *keli* (f); *krīḍā* (f)
(to) play, *khel, khelati* (1P); *div, dīvyati* (4P); *krīḍ, krīḍati* (1P)

(to) please, *prī, prīṇāti, prīṇīte* (9P, A); *tuṣ*, causative, *toṣayati* (4P); *nand*, causative, *nandayati* (1P)
pleased, *prasanna* (adj); *tuṣṭa* (adj); *mudita* (adj); *nandita* (adj)
(to be) pleased, *sad, pra+, prasīdati* (1P); *tuṣ, sam+, santuṣyati* (4P); *tuṣ, tuṣyati* (4P); *mud, modate* (1A)
(to) plough, *kṛṣ, kṛṣati* (6P)
(to) pluck, *lū, lunāti, lunīte* (9P, A)
(to) plunge, *gāh, gāhate* (1A)
poem, *kāvya* (n); *kavitā* (f)
poet, *kavi* (m)
poetry, *kāvya* (n); *kavitā* (f)
(to) point out, *diś, nir+, nirdiśati* (6P); *diś, ud+, udhiśati* (6P)
poison, *viṣa* (n)
poor, *adhana* (adj); *daridra* (adj); *nirdhana* (adj)
(to be) poor, *daridrā, daridrāti* (2P)
portion, *bhāga* (m); *aṃśa* (m)
possible, *śakya* (adj, adv)
pot, (different types) *kumbha* (m); *pātra* (n); *pātrī* (f); *sthālī* (f); *ghaṭa* (m)
power, *prabhāva* (m); *śakti* (f); *sāmarthya* (n); *bala* (n)
powerful, *balavat* (adj); *balin* (adj); *prabhu* (adj); *samartha* (adj)
(to) praise, *nu, nauti* (2P); *śaṃs, śaṃsati* (1P); *ślāgh, ślāghate* (1A); *stu, stauti, stute* (2P, A)
praiseworthy, *praśasya* (adj); *stutya* (adj); *ślāghanīya* (adj)
predator, *bhakṣaka* (adj)
(to) press juice of the Soma vines, *su, sunoti, sunute* (5P, A)
(to) prevail, *bhū, pra+, prabhavati* (1P)
(to) prevent, *rudh, ruṇaddhi, rundhe* (7P, A)
pride, *garva* (m); *abhimāna* (m); *māna* (m)
priest, *ṛtvij* (m); *śrotriya* (m); *purohita* (m)
priestly fee, *dakṣiṇā* (f)
prince, *rājaputra* (m)
princess, *rājakanyā* (f)
(to) proceed, *vṛt, pra+, pravartate* (1A)
progenitor, *janitṛ* (adj)
proper, *samyac* (adj)
proper discrimination, *viveka* (m)
property, *riktha* (n)
prosperity, *lakṣmī* (f); *sampad* (f); *śrī* (f)
(to) protect,*pā, pāti* (2P); *pāl, pālayati* (10P); *rakṣ, rakṣati* (1P)
protection, *abhaya* (n); *rakṣaṇa* (n); *pālana* (n)
proud, *mānin* (adj); *garvita* (adj)
(to) pull, *kṛṣ, karṣati* (1P)
(to) punish, *daṇḍ, daṇḍayati* (10P)
punishment, *daṇḍa* (m)
pure, *śuci* (adj)
(to) purify, *pū, punāti, punīte* (9P, A)
purifying, *pāvana* (adj)
purpose, *prayojana* (n); *hetu* (m)
(to) put together, *granth, grathnāti* (9P); *rac, racayati* (10P)

Q

quality, *guṇa* (m)
queen, *rājñī* (f); *mahiṣī* (f)
question, *praśna* (m)
(to) question, *cud, codayati* (10P); *pracch, pr̥cchati* (1P)
quickly, *kṣipram* (ind); *āśu* (ind); *satvaram* (ind)
(to) quieten, *śam, śāmyati* (4P); *ram, vi+, viramati* (1P); *vr̥t, ni+, nivartate* (1A); *vr̥t, parā+, parāvartate* (1A)

R

rain, *varṣā* (f); *vr̥ṣṭi* (f); *prāvr̥ṣa* (m)
(to) raise, *pāl, pālayati/te* (10P, A); *puṣ,* causative, *poṣayati* (4P); *vr̥dh,* causative, *vardhayati*
rare, *durlabha* (adj)
ray, *kara* (m); *raśmi* (m); *aṃśu* (m); *pāda* (m); *kiraṇa* (m)
(to) read, *paṭh, paṭhati* (1P); *vac,* causative, *vācayati* (2P)
reason, *hetu* (m); *kāraṇa* (n)
(to) receive, *labh, labhate* (1A); *vid, vindati* (6P)
(to) recite, *paṭh, paṭhati* (1P)
red, *lohita* (adj); *rakta* (adj)
refuge, *śaraṇa* (n); *āśraya* (m)
regaining, *pratilābha* (m)
region, *deśa* (m)
(to) reject, *khyā, prati+ā+, pratyākhyāti* (2P); *kr̥, nir+ā, nirākaroti/kurute* (8P, A)
(to) rejoice, *mud, modate* (1A); *nand, ā+, ānandati* (1P); *ram, ramate* (1A)
relative, *bandhu* (m)
relative pronoun (that which, he wh, *yad* (prn)
release, *visarjana* (n); *mocana* (n); *mokṣa* (m)
(to) release, *muc, muñcati* (6P); *sr̥j, vi+, visr̥jati* (1P)
(to) remain, *sthā, sam+, santiṣṭhate* (1A); *ās, āste* (2A)
remarried widow, *punarbhū* (f)
(to) remember, *i, adhi+, adhyeti* (2P); *smr̥, smarati* (1P)
(to) repeat, (someone's words), *hr̥, anu+vi+ā+, anuvyāharati* (1P); *vad, anu+, anuvadati* (1P)
(to repeat, (someone's action), *kr̥, anu+, anukaroti/kurute* (8P, A); *dhā, anu+vi+, anuvidadhāti/dhatte* (3P, A)
reply, *bhāṣ, prati+, pratibhāṣate* (1A); *vac, prati+, prativakti,* (2P)
reportedly, *kila* (ind)
(to) request, *arth, arthayate* (1A); *yāc, yācate* (1A)
(to) resort *viś, abhi+ni+, abhiniviśate* (6A); *śaraṇam gam, śaraṇaṃ gacchati* (1P)
(to) rest, *śram, vi+, viśrāmyati* (4P); *viśrāmaṃ labh, viśrāmaṃ labhate* (1A)
(to) return, *gam, ā+, āgacchati* (1P); *gam, prati+ā+, pratyāgacchati* (1P); *vr̥t, prati+ni+, pratinivartate* (1A)
reverse, *viparīta* (adj)
rice (cooked), *odana* (m)
rice-grains, *taṇḍula* (m), *vrīhi* (m)

rich, *dhanavat* (adj); *śrīmat* (adj); *dhanin* (adj)
right, *samyac* (adj)
(to) rise, *sthā, ud+, uttiṣṭhati* (1P)
river, *nadī* (f); *sarit* (f)
river bank, *tīra* (n); *taṭa* (m, n); *taṭī* (f)
road, *mārga* (m); *vīthī* (f); *adhvan* (m); *pathin* (m)
(to) roam, *bhram, bhramati/bhrāmyati* (1P, 4P); *bhram, pari+, paribhramati* (1P); *bhram, pari+, paribhrāmyati* (4P)
(to) roar, *raṭ, raṭati* (1P)
(to) rob, *cur, corayati* (10P); *muṣ, muṣṇāti* (9P)
rock, *śilā* (f); *pāṣāṇa* (m)
rogue, *khala* (m); *piśuna* (m); *durjana* (m)
root, *mūla* (n)
rope, *rajju* (f)
ruby, *māṇikya* (n)
rule, *vidhi* (m)
(to) rule, *bhuj, bhunakti, bhuṅkte* (7P, A); *īs, īṣṭe* (2A); *śās, śāsti* (2P)
ruler, *adhipati* (m); *śāstṛ* (m)
(to) run away, *palāy, palāyate* (10A)
(to) run, *dhāv, dhāvati* (1P)

S

sacred place, *tīrtha* (n)
sacred text, *śāstra* (n)
sacrifice, *ijyā* (f); *satra* (n); *yajña* (m); *yāga* (m); *iṣṭi* (f); *homa* (m)
(to) sacrifice, *hu, juhoti* (3P); *yaj, yajati/te* (1P, A)
sacrificial post (to tie the animal), *yūpa* (m)
saddened, *duḥkhita* (adj); *śokārta* (adj)
sage, *muni* (m); *ṛṣi* (m)
salutation, *namas* (ind); *namana* (n); *namaskāra* (m); *vandana* (n)
(to) salute, *nam, namati* (1P); *nam, pra+, praṇamati* (1P); *vand, vandate* (1A); *namas+karoti/kurute* (8P, A)
(to) sanctify, *pū, punāti, punīte* (9P, A)
Sandal-wood, *candana* (n)
(to) say, *bhāṣ, bhāṣate* (1A); *brū, bravīti, brūte* (2P, A); *hṛ, vi+ā+, vyāharati* (1P); *vac, vakti* (2P); *vad, vadati* (1P)
saying, *vacana* (n); *vāṇī* (f); *bhāṣita* (n); *ukti* (f)
scholar, *paṇḍita* (m); *vidvas* (m); *bahuśruta* (m); *budha* (m)
(to) scream, *kruś, ā+, ākrośati* (1P); *krand, krandati* (1P)
season, *ṛtu* (m)
seat, *āsana* (n)
secretly, *nibhṛtam* (ind)
(to) see, *dṛś, paśyati* (1P); *īkṣ, īkṣate* (1A); *lok, ava+, avalokayati* (10P); *lok, ā+, ālokayati* (10P); *lok, vi+, vilokayati* (10P)
(to) seem, *bhā, prati+, pratibhāti* (2P)
(to) sell, *krī, vi+, vikrīṇāti/krīṇīte* (9P, A)
sense organ, *indriya* (n)
senseless, *asaṃjña* (adj)
sequence, *krama* (m)

servant, *dāsa* (m); *dāsī* (f); *kiṅkara* (m); *sevaka* (m)
(to) serve, *sev, sevate* (1A); *ās, pari+upa+, paryupāste* (2A); *bhaj, bhajate* (1A)
(to) set out, *sthā, pra+, pratiṣṭhate* (1A); *vṛt, pra+, pravartate* (1A); *kram, pra+, prakramate* (1A)
(to) set, (as in sunset), *astam gam, astam gacchati*
seven, *saptan*
seventeen, *saptadaśan*
seventy, *saptati* (f)
seventy-eight, *aṣṭā(a)saptati* (f)
seventy-five, *pañcasaptati* (f)
seventy-four, *catussaptati* (f)
seventy-nine, *ekonāśīti* (f); *navasaptati* (f)
seventy-one, *ekasaptati* (f)
seventy-seven, *saptasaptati* (f)
seventy-six, *ṣaṭsaptati* (f)
seventy-three, *trayas(tri)saptati* (f)
seventy-two, *dvā(i)saptati* (f)
(to) shake, (transitive), *dhū, dunāti, dhunīte* (9P, A)
shame, *hrī* (f); *lajjā* (f)
sharp, *niśita* (adj); *tīkṣṇa* (adj)
shepherd, *avipāla* (m); *ajapāla* (m)
(to) shine, *bhā, bhāti* (2P); *bhās, bhāsate* (1A); *dīp, dīpyate* (4A); *dyut, dyotate* (1A); *rāj, rājate* (1A); *śubh, śobhate* (1A)
shoe, *upānah* (f)
(to) shorten, *kṣip, sam+, saṃkṣipati* (6P)
shoulder, *skandha* (m)
(to) show, *diś, diśati* (6P); *dṛś*, causative, *darśayati* (1P)
(to) show compassion, *day, dayate* (1A); *kṛpām/dayām/karuṇām kṛ*, (8P, A)
sick, *vyādhita* (adj); *rugṇa* (adj); *rogin* (adj); *asvastha* (adj)
similar, *samāna* (adj); *tulya* (adj)
sin, *pāpa* (n)
since, *ā* (ind) (indicative of time or space)
since, *yataḥ* (ind) (indicative of reason)
sinful, *pāpa* (adj); *durācārin* (adj); *duṣkarman* (adj)
(to) sing, *gai, gāyati* (1P)
singing, *gāna* (n), *gāyana* (n)
Sir, pronoun of respect, *bhavat*
sister, *bhaginī* (f); *svsṛ* (f)
sister-in-law, husband's sister, *nanāndṛ* (f)
(to) sit, *ās, āste* (2A); *sad. sīdati* (1P); *viś, upa+, upaviśati* (6P)
six, *ṣaṣ* (no gender agreement
sixteen, *ṣoḍaśan*
sixty, *ṣaṣṭi* (f)
sixty-eight, *aṣṭa(ā)ṣaṣṭi* (f)
sixty-five, *pañcaṣaṣṭi* (f)
sixty-four, *catuḥṣaṣṭi* (f)
sixty-nine, *ekonasaptati* (f); *navaṣaṣṭi* (f)
sixty-one, *ekaṣaṣṭi* (f)
sixty-seven, *saptaṣaṣṭi* (f)
sixty-six, *ṣaṭṣaṣṭi* (f)
sixty-three, *traḥ(tri)ṣaṣṭi* (f)

sixty-two, *dvā(i)ṣaṣṭi* (f)
skillful, *kuśala* (adj)
skin, *tvac* (f)
sky, *ākāśa* (m); *antarikṣa* (n); *kha* (n); *viyat* (n)
(to) sleep, *śī, śete* (2A); *svap, svapiti* (2P)
slow, *manda* (adj)
slowly, *śanaiḥ* (ind); *mandam* (ind)
small, *alpa* (adj); *kṣudra* (adj); *laghu* (adj)
smeared, *carcita* (adj); *vilipta* (adj)
smell, *gandha* (m)
smile, *smita* (n)
smoke, *dhūma* (m)
snake, *bhujaṅga* (m); *nāga* (m); *sarpa* (m); *uraga* (m)
snake (female), *sarpī* (f)
snake-coil, *bhoga* (m)
so, in that manner, *tathā* (ind)
soft, *mṛdu* (adj)
soldier, *sainika* (m)
sometimes, *kadācit* (ind)
son, *putra* (m); *ātmaja* (m); *suta* (m); *nandana* (m)
son-in-law, *jāmātṛ* (m)
song, *gīta* (n)
sorrow, *duḥkha* (n); *śuc* (f)
soul, *jīva* (m); *ātman* (m)
sound, *dhvani* (m); *śabda* (m); *rava* (m); *nāda* (m)
source, *udgama* (m); *prabhava* (m); *sambhava* (m); *yoni* (f)
southern, *avāc* (adj); *dakṣiṇa* (adj)
southern mountain, *malaya* (m)
(to) speak, *bhāṣ, bhāṣate* (1A); *brū, bravīti, brūte* (2P, A); *hṛ, vi+ā+, vyāharati* (1P); *vad, vadati* (1P); *vac, vakti* (2P)
speaker, *vaktṛ* (m)
speech, *gir* (f); *vāc* (f); *vāṇī* (f); *bhāṣā* (f); *bhāratī* (f)
speed, *vega* (m)
spike, *śūla* (m)
splendor, *kānti* (f); *śobhā* (f); *tejas* (n); *ruci* (f); *rocis* (f)
(to) split, *bhid, bhinatti* (7P); *chid, chinatti* (7P); *kṛt, kṛntati* (6P); *dvidhā kṛ* (8P, A)
sport, *keli* (f); *krīḍā* (f)
(to) sport, *ram, ramate* (1A); *khel, khelati* (1P); *krīḍ, krīḍati* (1P)
spring season, *vasanta* (m); *madhu* (m)
stake, *śūla* (m)
(to) stand, *sthā, tiṣṭhati* (1P)
(to) stand up, *sthā, ud+, uttiṣṭhati* (1P)
star, *jyotis* (n); *tārā* (f)
state, *bhāva* (m); *avasthā* (f); *sthiti* (f)
(to) stay, *sthā, sam+, santiṣṭhate* (1A); *ās, āste* (2A)
(to) steal, *cur, corayati* (10P); *cur, corayati/te* (10P, A); *hṛ, harati* (1P); *muṣ, muṣṇāti* (9P); *hṛ, apa+, apaharati* (1P)
stick, *daṇḍa* (m); *kāṣṭha* (n); *laguḍa* (m)
stone, *śilā* (f); *pāṣāṇa* (m)
(to) stop, *ram, vi+, viramati* (1P); *stambh, stabhnāti* (9P); *vṛt, ni+, nivartate* (1A); *vṛt, parā+, parāvartate* (1A)
story, *kathā* (f); *ākhyāna* (n)

strength, *bala* (n); *sakti* (f); *sāmarthya* (n); *prabhāva* (m)
(to) strengthen, *puṣ, puṣṇāti* (9P)
(to) stretch, *tan, tanoti, tanute* (8P, A)
(to) strike, *hṛ, pra+, praharati* (1P); *tud, tudati* (6P); *taḍ, tāḍayati* (10P)
strong, *balavat* (adj); *balin* (adj); *samartha* (adj); *śakta* (adj); *prabhu* (adj)
student, *śiṣya* (m); *chātra* (m); *vidyārthin* (adj)
study, *adhyayana* (n); *paṭhana* (n)
(to) study, *i, adhi+, adhīte* (2A); *śikṣ, śikṣati/te* (1P, A); *paṭh, paṭhati* (1P)
stupid, *mūḍhadhī* (adj); *mūrkha* (adj); *avidvas* (adj); *manda* (adj); *adhī* (adj); *ajña* (adj); *bāla* (adj)
(to) suffer, *kliś, kliśyate* (4A)
(to) summarize, *kṣip, sam+, saṃkṣipati* (6P)
summer, hot season, *grīṣma* (m)
summit, *śṛṅga* (n); *śikhara* (n)
sun, *āditya* (m); *bhānu* (m); *bhāsvat* (m); *pūṣan* (m); *sūrya* (m)
(to) support, *bhṛ, bibharti, bibhṛte* (3P, A); *dhā, dadhāti, dhatte* (2P, A); *dhṛ, dhārayati* (10A)
(to) swallow, *gras, grasate* (1A)
swan, *haṃsa* (m)
sweet, *madhura* (adj)
swift, *āśu* (adj); *kṣipra* (adj); *savega* (adj)
swing, *dolā* (f)

T

tail, *puccha* (n)
(to) take an oath, *śap, śapati* (1P)
(to) take away, *hṛ, apa+, apaharati* (1P); *hṛ, harati* (1P)
(to) take leave, *pracch, ā+, āpṛcchate* (1A)
(to) take rest, *śram, vi+, viśrāmyati* (4P)
(to) take, *dā, ā+, āyacchati* (1P); *nī, nayati* (1P)
(to) taste, *svad, svadate* (1A)
tax, *kara* (m)
(to) teach, *diś, upa+, upadiśati* (6P); *śās, anu+, anuśāsti* (2P); *śās, śāsti* (2P)
teacher, *ācārya* (m); *guru* (m); *śāstṛ* (m); *upādhyāya* (m)
tears, *aśru* (n)
(to) tease, *kliś, kliśnāti* (9P); *pīḍ, pīḍayati* (10P)
(to) tell, *kath, kathayati* (10P); *khyā, khyāti* (2P)
ten, *daśan*
terrifying, *bhayaṅkara* (adj); *bhīma* (adj)
that (he, she, it), *adas* (prn); *tad* (prn)
that much, those many, *tāvat* (adj)
then, *atha* (ind); *tadā* (ind)
then (as in 'if, then'), *tarhi* (ind)
there, *tatra* (ind)
therefore, *tataḥ* (ind)
these, *idam* (prn); *etad* (prn)
thief, *caura* (m); *taskara* (m)
thigh, *sakthi* (n)

thin, *tanu* (adj); *kṛśa* (adj)
thing, *vastu* (n)
thing, the best of things, *dravya* (n)
(to) think, *cint, cintayati/te* (10P, A); *man, manute* (8A); *man, manyate* (4A)
thirst, *pipāsā* (f); *tṛṣṇā* (f)
thirsty, *pipāsu* (adj); *tṛṣita* (adj); *tṛṣārta* (adj)
thirteen, *trayodaśa*
thirty, *triṃśat* (f)
thirty-eight, *aṣṭātriṃśat* (f)
thirty-five, *pañcatriṃśat* (f)
thirty-four, *catustriṃśat* (f)
thirty-nine, *ekonacatvāriṃśat* (f); *navatriṃśat* (f)
thirty-one, *ekatriṃśat* (f)
thirty-seven, *saptatriṃśat* (f)
thirty-six, *ṣaṭtriṃśat* (f)
thirty-three, *trayastriṃśat* (f)
thirty-two, *dvātriṃśat* (f)
this (he, she, it), *etad* (prn); *idam* (prn)
this much, these many, *etāvat* (adj); *iyat* (adj)
thorn, *kaṇṭaka* (m)
those, *tad* (prn); *adas* (prn)
thought, *dhī* (f); *mati* (f); *buddhi* (f)
thousand, *sahasra* (n)
thread, *sūtra* (n); *tantu* (m)
three, *tri* (m,n,f)
throat, *kaṇṭha* (m); *gala* (m)
(to) throw, *kṣip, kṣipati* (6P); *as, asyati* (4P)
(to) throw down, *kṣip, ni+, nikṣipati* (6P)
(to) throw forcefully, *kṣip, pra+, prakṣipati* (6P)
thunderbolt, Indra's weapon, *vajra* (n)
thus, *iti* (ind); *evam* (ind)
tiger, *śārdūla* (m); *vyāghra* (m)
time, *kāla* (m); *samaya* (m); *velā* (f)
(to) tire, (to get tired), *śram, śrāmyati* (4P)
(to) *prati* (ind)
to the east of, *prāk* (ind)
today, *adya* (ind)
(to) toil, *śram, śrāmyati* (4P)
(to) tolerate, *kṣam, kṣamate* (1A); *sah, sahate* (1A)
tomorrow, *śvaḥ* (ind)
tongue, *jihvā* (f)
(to) torment, *kliś, kliśnāti* (9P); *pīḍ, pīḍayati* (10P)
tortoise, *kūrma* (m); *kacchapa* (m)
(to) torture, *pīḍ, pīḍayati* (10P); *kliś, kliśnāti* (9P)
(to) touch, *spṛś, spṛśati* (6P)
towards, *prati* (ind)
towards one's face, *abhimukham* (ind); *sammukham* (ind)
town, *nagarī* (f); *nagara* (n); *pur* (f); *purī* (f); *pura* (n); *pattana* (n)
transgression, *aparādha* (m); *atikramaṇa* (n)
transverse, *tiryac* (adj)
trap, *pāśa* (m); *jāla* (n)
traveller, *pathika* (m); *pāntha* (m); *adhvaga* (m)

treasure, *kośa* (m); *nidhi* (m)
tree, *pādapa* (m); *taru* (m); *vṛkṣa* (m); *druma* (m)
(to) tremble, *vep, vepate* (1A); *kamp, kampate* (1A)
tribal person, *bhilla* (m)
true, *satya* (adj)
(to) trust, *śvas, vi+, viśvasiti* (2P)
truth, *satya* (n)
tuft of hair, *śikhā* (f)
(to) turn, *vṛt, pari+, parivartate* (1A), (intransitive)
turned away, *parāc* (adj)
turtle, *kūrma* (m); *kacchapa* (m)
twelve, *dvādaśan*
twenty, *viṃśati* (f)
twenty-eight, *aṣṭāviṃśati* (f)
twenty-five, *pañcaviṃśati* (F)
twenty-four, *caturviṃśati* (f)
twenty-nine, *ekonatriṃśat* (f); *navaviṃśati* (f); *ūnatriṃśat* (f)
twenty-one, *ekaviṃśati* (f)
twenty-seven, *saptaviṃśati* (f)
twenty-six, *ṣaḍviṃśati* (f)
twenty-three, *trayoviṃśati* (f)
twenty-two, *dvāviṃśati* (f)
two, *dvi* (m,n,f)
two-fold, *dvividha* (adj)
type, *prakāra* (m)

U

umbrella, *chatra* (n)
(to) unite, *gam, sam+, saṃgacchate* (1A); *yuj, yunakti/yuṅkte* (7P, A)
unlearned, *avidya* (adj); *ajña* (adj); *apaṇḍita* (adj);
until, *ā* (ind); *yāvat* (ind)
up, *upari* (ind)
upward, *udac* (adj)
upwards, *ūrdhvam* (ind)

V

valor, *parākrama* (m); *śaurya* (n); *vīrya* (n)
various, *nānā* (ind); *vividha* (adj); *nānāvidha* (adj)
Vedic scripture, *veda* (m)
Vedic verse, *ṛc* (f)
vegetable, *śāka* (m)
verse, *śloka* (m)
very, *ati* (adv)
vessel, *pātra* (n); *pātrī* (f); *sthālī* (f); *bhāṇḍa* (n)
village, *grāma* (m)
vine, *latā* (f); *vallarī* (f); *vallī* (f)
virtue, *guṇa* (m)
virtuous, *guṇin* (adj); *sādhu* (adj)
vision, *darśana* (n)

voice, *gir* (f); *vāc* (f); *bhāṣā* (f); *śabda* (m)
vow, *vrata* (n)

W

(to) wake up, *budh, pra+, prabodhati* (1P); *jāgṛ, jāgarti* (2P)
(to) wander, *bhram, bhrāmyati/bhramati* (1P, 4P); *bhram, pari+, paribhramati* (1P); *bhram, pari+, paribhrāmyati* (4P); *hṛ, vi+, viharati* (1P); *aṭ, aṭati* (1P)
(to) want, *iṣ, icchati* (6P); *vāñch, vāñchati* (1P); *kāṅkṣ, kāṅkṣati* (1P); *laṣ, abhi+, abhilaṣati* (1P)
wanting release, *mumukṣu* (adj)
wanting to die, *mumurṣu* (adj)
wanting to win, *jigīṣu* (adj)
(to) wash, *kṣal, kṣālayati/te* (1)P, A)
water, *ambu* (n); *ap* (f); *jala* (n); *jīvana* (n); *kṣīra* (n); *payas* (n); *toya* (n); *udaka* (n); *vāri* (n)
water well, *kūpa* (m)
way, *adhvan* (m); *pathin* (m); *mārga* (m)
we, first person pronoun, *asmad*
wealth, *dhana* (n); *lakṣmī* (f); *rai* (m, f); *sampad* (f); *śrī* (f)
wealthy, *dhanavat* (adj); *śrīmat* (adj); *dhanin* (adj)
weapon, *śastra* (n)
(to) wed, *nī, pari+, pariṇayati* (1P); *vah, ud+, udvahati* (1P)
wedding, *vivāha* (m); *pariṇaya* (m)
week, *saptāha* (m)
(to) weep, *rud, roditi* (2P); *lap, vi+, vilapati* (1P); *kruś, krośati* (1P), *krand, krandati* (1P)
welcome, *svāgata* (n)
welfare, *śiva* (n), *kuśala* (n)
well-being, *kuśala* (n); *śiva* (n)
well-known, *prajñāta* (adj); *prasiddha* (adj); *vikhyāta* (adj); *suvijñāta* (adj)
westward, *pratyac* (adj)
what?, interrogative pronoun, *kim*
which?, interrogative pronoun, *kim*
who?, interrogative pronoun, *kim*
wheel, *cakra* (n)
when (relative), *yadā* (ind)
when?, *kadā* (ind)
where (relative), *yatra* (ind)
where?, *kutra* (ind); *kva* (ind)
while, *yāvat* (ind)
white, *dhavala* (adj); *śukla* (adj); *śveta* (adj)
wicked, *kudhī* (adj); *piśuna* (adj); *piśuna* (adj); *durjana* (m); *khala* (m)
wide, *uru* (adj)
wife, *bhāryā* (f); *jāyā* (f); *patnī* (f)
to) win, *ji, vi+, vijayate* (1A)
wind, *anila* (m); *marut* (m); *vāyu* (m)
wine, *madhu* (n); *madirā* (f); *surā* (f); *vāruṇī* (f)
winner, *jetṛ* (m)
wise, learned, *prājña* (adj); *paṇḍita* (adj); *sudhī* (adj); *bahuśruta* (adj); *vidvas* (adj)

(to) wish, *iṣ, icchati* (6P); *vāñch, vāñchati* (1P); *kāṅkṣ, kāṅkṣati* (1P); *laṣ, abhi+, abhilaṣati* (1P)
wish-yielding cow, *kāmaduh* (f)
with, *saha* (ind) (for accompaniment); *samam* (ind); *sākam* (ind); *sārdham* (ind)
without, *antareṇa* (ind); *ṛte* (ind); *vinā* (ind); *virahita* (adj)
without friends, *amitra* (m)
without lassitude, *atandrita* (adj)
(to) withsthand, *sah, sahate* (1A); *kṣam, kṣamate* (1A)
wolf, *vṛka* (m)
wolf (female), *vṛkī* (f)
woman, *nārī* (f); *purandhrī* (f); *strī* (f)
woman with beautiful brows, *subhrū* (f)
wood, *dāru* (n); *kāṣṭha* (n)
word, *śabda* (m); *vacana* (n)
world, *bhuvana* (n); *jagat* (n); *loka* (m)
worship, *pūjā* (f); *samarcā* (f)
(to) worship, *pūj, pūjayati* (10P); *arc, arcayati* (10P)
(to) write, *likh, likhati* (6P)

X

Y

year, *samā* (f); *śarad* (f); *varṣa* (n); *samvatsara* (m)
yellow, *pīta* (adj)
yesterday, *hyaḥ* (ind)
yogurt, *dadhi* (n)
yoke (of a cart), *dhur* (f); *dhurā* (f)
you, second person pronoun, *yuṣmad*
you (prn of respect), *bhavat* (prn)
young, *yuvan* (adj); *taruṇa* (adj), *yuvaka* (adj)
your honor over here, *atrabhavat* (prn)

Z